»Richtig reisen«

Südwesten · USA
Arizona · New Mexico
Utah · Nevada

W0086442

In der vorderen Umschlagklappe: Übersichtskarte von Arizona und New Mexico

In der hinteren Umschlagklappe: Übersichtskarte von Utah und Nevada

»Richtig reisen«

Südwesten · USA

Arizona · New Mexico · Utah · Nevada

Manfred Braunger

DuMont Buchverlag Köln

Umschlagvorderseite: Monument Valley, Utah
Umschlagrückseite: Downtown Las Vegas bei Nacht
Innenklappe: Indianische Tonfigur Storyteller
Frontispiz: Rodeo-Stilleben
Signet: Roadrunner, Symbolvogel New Mexicos

Der Autor dankt allen, die durch Anregungen und Mithilfe zu diesem Buch beigetragen haben. Ganz besonders gilt das für Simone Holzhäuser, die bei der Materialsammlung in den USA unermüdlich und engagiert half und einen eigenen Textbeitrag verfaßte. Der Dank richtet sich außerdem an Cheryl Wilson (University Library – New Mexico State University, Las Cruces), Jutta Matalka (El Paso Convention & Visitors Bureau), Robin Holabird (State of Nevada – Division of Motion Pictures, Carson City), die Tombstone Vigilantes Jack Fiske und B. L. Rodgers, Hugie J. Schoff (Winnemucca Convention & Visitors Bureau), Pansilee Larson (North Central Nevada Historical Society, Winnemucca) und Herb Robbins aus Gold Point. Holger Holzhäuser trug zur Illustration des Buches bei. Ihnen allen herzlichen Dank.

© 1989 DuMont Buchverlag, Köln
3. Auflage 1991
Alle Rechte vorbehalten
Satz: Rasch, Bramsche
Druck: Interdruck GmbH, Leipzig
Buchbinderische Verarbeitung:
Leipziger Verlags- und Druckereigesellschaft mbH

Printed in Germany   ISBN 3-7701-2426-X

Inhalt

Praktische Reiseinformationen

Faszination
SÜDWEST

Bis heute blieb es ein Geheimnis wie sie sich selbst nannten. Jahrhunderte nach ihrem Verschwinden gab man ihnen den Navajo-Namen ›Anasazi‹ – die Alten, diejenigen, die früher da waren. Als Zeitgenossen von Kaiser Barbarossa und Richard Löwenherz, von Walther von der Vogelweide und Dschingis Khan lebten sie in einem Kontinent, der bis dahin wohl nur den Wikingern bekannt war und noch rund 300 Jahre auf seine ›offizielle‹ Entdeckung durch den Genueser Christoph Kolumbus warten mußte. Im 12. und 13. Jh. erlangte diese Indianerzivilisation in der Four Corners-Region eine kulturelle Blüte, die sich noch heute, rund 700 Jahre später, in den großartigen Klippenwohnungen von Mesa Verde in Colorado, von Betatkin, Keet Seel und Inscription House in Arizona und vielen anderen Ruinen des Südwestens dokumentiert. Manche dieser *cliff dwellings* (Klippenwohnungen) liegen so extrem, daß die Indianer Steigpfähle oder Grifflöcher im Fels benötigten, um überhaupt in ihre Behausungen zu gelangen.

Die Anasazi sind verschwunden, vermutlich in den heute in New Mexico und Arizona lebenden Pueblo-Gruppen aufgegangen. Ihre spektakulären Bauten blieben jedoch teilweise ebenso erhalten wie Zeugnisse viel älterer Indianerkulturen, die schon vor mehr als 2000 Jahren etwa im Gila-Becken in Arizona vom Feldbau auf der Basis eines ausgeklügelten Bewässerungssystems existierten.

Seit jener grauen Vorzeit hat der Südwesten Kulturen aufsteigen und verschwinden sehen, Forschungsreisende und Kolonisatoren, Missionare und Prospektoren erlebt, Kriege und Grenzveränderungen, zähe Stagnation und Fortschritt in Siebenmeilenstiefeln mitgemacht. Das Land der Indianer wurde vom weißen Mann erobert, gegen die Einwohner führten die Bleichgesichter wahre Vernichtungsfeldzüge. Die Restbevölkerung wurde zwangsumgesiedelt und zwangsintegriert, schließlich zwangsamerikanisiert. Diese dunkle Geschichte prägte den Südwesten ebenso wie die glänzenden Kulturleistungen der Indianer, die Wandlungsfähigkeit und erstaunliche Kreativität bewiesen. Das indianische Element bildet in der Region heute mit spanischer Tradition, mexikanischem Einfluß und amerikanischer Zivilisation einen Kulturraum, wie er eindrucksvoller wohl nirgends auf dem Boden der USA existiert.

Und dann ist da das Land: Wüstenstriche mit endlosen Kakteenwäldern, tiefeingeschnittene Canyonlabyrinthe, in die zum Teil noch kein Mensch den Fuß gesetzt hat, Bergspitzen, um die sich die heftigen Sommergewitter balgen. Erodierte, wie außerirdische Science-Fiction-Kulissen anmutende Sandsteintäler, darüber ein blanker und zum Greifen naher Nachthimmel, in dem schon John Steinbeck glaubte, mit den Fingern nach den Sternen tasten zu können. Als ›Land der Naturwunder‹ firmiert der Südwesten gemeinhin in Reisebeschreibungen. Aber wie wenig sagt ein derartiges Prädikat doch aus angesichts der Schluchten des Colorado River, der Naturbögen von Arches National Park oder der steinernen Zwerge von Goblin Valley.

Weißen liegt die gefühlvolle Ausdrucksweise der Indianer wenig. »Orte der pochenden Herzen« könnte man sie sonst nennen – jene unverwechselbaren Punkte des Südwestens, von denen man auf Landschaften blickt, die einem den Atem verschlagen. Inspiration Point im Bryce Canyon und Hopi Point an der Südkante des Grand Canyon sind solche Traumplätze, Dead Horse Point im Canyonlands National Park gehört ebenso dazu wie das weltbekannte Monument Valley mit trutzigen

Felstürmen und zerborstenen Tafelbergen, hoch aufragenden Sandsteinpfeilern und roten Schuttbergen, die Assoziationen wecken an die Reste einer uralten, verfallenen Märchenstadt. Hier im Südwesten fügen sich Naturwunder aneinander wie Mosaiksteine, die zusammen ein Bild von überwältigender Schönheit und grandiosen Dimensionen bieten: Zion Canyon, Lake Tahoe, Petrified Forest, Sunset Crater, Carlsbad Caverns, Uinta Mountains, Großer Salzsee...

Daß der Südwesten der USA solch spektakuläre Landschaften gleich zu Dutzenden aufweist, läßt Rückschlüsse auf den einzigartigen Charakter dieser Region zu, die vollkommener als jeder andere Teil der Neuen Welt dem Slogan ›Faszination Amerika‹ gerecht wird. Aber worin besteht dieser Zauber, dem sich offenbar niemand entziehen kann? In der landschaftlichen Szenerie mit urgewaltigen Canyons, versteinerten Dünen, wüstenhaften Einöden und riesigen Salzseen? In den unterschiedlichen Klima- und Vegetationszonen mit sonnendurchglühten Kakteenebenen und Bergblumenwiesen am Rande von Schneeflächen? In den Klippenwohnungen der vorkolumbianischen Anasazi-Indianer, die wie Wespennester in den Steilwänden des Canyon de Chelly kleben? Oder läßt sich diese Faszination vielleicht entlang der fast endlosen Highways aufspüren, die weit hinter dem Horizont beginnen und nirgendwo zu enden scheinen?

Wahrscheinlich ist die einzigartige Vielfalt das Aufregendste am amerikanischen Südwesten – der Reichtum an Kontrasten, die krassen Gegensätze, das enge Nebeneinander von Unterschieden. Innerhalb eines Tages kann man in dieser Region aus dem sprühenden Wassernebel der Havasu Falls in die ausgedörrte Wüste aufsteigen, über Grasland hinweg die frische Kühle des Kaibab National Forest erreichen, um den Sonnenuntergang aus der Wärme eines Daunenschlafsacks heraus von der Spitze der knapp 4000 m hohen San Francisco Mountains zu beobachten. Innerhalb eines halben Tages lassen sich Samt und Seide eines vollklimatisierten Spielcasinos mit dem gestampften Lehmboden und den Wellblechwänden eines verfallenen *ghost town*-Saloons aus dem 19. Jh. vertauschen. Und innerhalb einer Stunde kann man sich in der Zeitmaschine Auto von der Gegenwart einige hundert Jahre zurück in die Vergangenheit versetzen lassen, wenn man etwa von der Innenstadt in Flagstaff ins archäologische Freilichtmuseum des Walnut Canyon im Osten der Stadt fährt, wo vor 800 Jahren die Sinagua-Indianer lebten.

Der Südwesten der USA mit den Bundesstaaten Arizona, New Mexico, Utah und Nevada ist ein riesiges Gebiet von rund 1,1 Mio. km² Fläche – etwa viereinhalbmal so groß wie die Bundesrepublik Deutschland. In diesem ausgedehnten Territorium verliert sich die Bevölkerung von rund 7,5 Mio. Menschen geradezu, vor allem wenn man berücksichtigt, daß in den vier Ballungszentren Phoenix/Valley of the Sun, Tucson, Salt Lake City und Las Vegas allein rund die Hälfte der Einwohner der Region leben. Und eben diese Tatsache gehört zu den faszinierendsten Erfahrungen einer Reise durch den Südwesten: Man hat Platz, man sieht den Horizont, man findet in der Abgeschiedenheit Nähe zu den elementaren Dingen des Lebens und vielleicht sogar zu sich selbst.

Naturlandschaften nennt man solche Gegenden, in denen man die Errungenschaften der Zivilisation oft nicht einmal mehr ahnt. Solche Naturlandschaften findet man

im Südwesten noch in größerem Umfang als sonst im zusammenhängenden Staatsgebiet der USA. Große Teile des Südwestens sind ausgeprägte, zum Teil sogar lebensfeindliche Trockenzonen, in welche erst die moderne Technik den Menschen führte. Natürliche Bedingungen verhindern die Bewirtschaftung großer Teile. Was dem Menschen als nicht nutzbares Land gilt, gerät der Natur zum ungestörten Lebensraum, häufig auch zum letzten Rückzugsgebiet. Wasser spielt in diesen Regionen nicht nur als lebenserhaltendes Element eine Rolle. Als Architekt hat es seit Jahrmillionen auch weite Landstriche gestaltet – die märchenhaften Canyons sind die schönsten Beispiele dafür.

Seit einigen Jahrzehnten hat bei dieser Landschaftsgestaltung auch der Mensch die Hand im Spiel. So wurden gewaltige Dämme gebaut und riesige künstliche Seen geschaffen, die aus Wüstenregionen innerhalb kurzer Zeit Badeoasen und Wassersportparadiese machten. Lake Mead und Lake Powell sind die bekanntesten Beispiele für die gigantische ›Flurbereinigung‹, die den Charakter mancher Landstriche vollkommen veränderte. Die nationale wie internationale Reise- und Ferienindustrie hat den Südwesten als bevorzugtes Zielgebiet entdeckt. Und neue Industrien vor allem des High Tech-Bereichs sehen in den klimatisch begünstigten Regionen auch aufgrund der staubfreien Luft Standorte für zukünftige Produktionsstätten. Davon abgesehen zählen die Bundesstaaten Arizona, New Mexico, Utah und Nevada zu den Gebieten mit der am schnellsten wachsenden Bevölkerung in Nordamerika. Im Südwesten stehen die Zeichen langfristig auf Veränderung. Noch lebt der Alte Westen in Geisterstädten und Landschaften, Canyons und Indianerdörfern. Aber wie lange noch?

◁ Klippenwohnungen der Anasazi im Mesa Verde National Park

15

Chronik des SÜDWESTENS

Wann die ersten Menschen, vermutlich über die Bering-Landbrücke zwischen Sibirien und Alaska, nach Nordamerika einwanderten, läßt sich nicht mit Sicherheit feststellen. Archäologische Funde lassen eine Zeit vor bereits ca. 30–40000 Jahren möglich erscheinen. Gesicherte Beweise dafür existieren jedoch nicht. Die frühesten Funde, die zweifelsfrei auf Menschen im zusammenhängenden Staatsgebiet der USA schließen lassen, sind ungefähr 13000 Jahre alt.

36000 ?– **18000 v. u. Z.**	Prä-Speerspitzen-Stadien
23000 ?– **9000 v. u. Z.**	Sandia-Kultur (Sandia-Speerspitzen)
13000 ?– **9000 v. u. Z.**	Llano- oder Clovis-Kultur
9000–7000 v. u. Z.	Folsom-Kultur
8000–5000 v. u. Z.	Plainview-Kultur
7500–5000 v. u. Z.	Plano-Kultur
300 v. u. Z.–1350	Mogollon-Kultur, Phasen I bis V
100 ? v. u. Z.–1400	Hohokam-Kultur von der Pionier- bis zur Klassischen Periode
100 v. u. Z.–1300	Anasazi-Kultur von der Korbmacher-Phase bis zur klassischen Pueblo-Phase
ab etwa 1300 ?	Einwanderung von Süd-Athapasken (Navajo und Apachenstämme) in den Südwesten
1540–42	Spanische Expedition unter Francisco Vasquez de Coronado dringt von Mexiko bis zum Grand Canyon vor.
1598	Juan de Oñate beginnt mit der Unterwerfung des Südwestens.
1609–10	Gründung von Santa Fe
1680	Mit der Pueblo-Revolte erheben sich die Pueblo-Indianer New Mexicos gegen die spanische Herrschaft.
1692	Spanische Truppen erobern die Pueblos zurück.
1709	Gründung von Albuquerque durch spanische Siedler
1776	Die Dominguez-Escalante-Expedition sucht vergeblich eine Überlandroute nach Kalifornien.
1821	Der Handel über den *Santa Fe Trail* zwischen Independence (Missouri) und New Mexico beginnt.

1824	Der Trapper und Pelzhändler James Bridger entdeckt den Großen Salzsee in Utah.
1830	Am 6. 4. gründet Joseph Smith in Fayette (New York) die Kirche Jesu Christi der Heiligen der Letzten Tage (Mormonenkirche).
1835	Samuel Colt erfindet einen Revolver mit drehendem Patronenzylinder.
1840	Brigham Young unternimmt in England einen Werbefeldzug für die Mormonen. Bis 1846 kommen etwa 4000 Engländer nach Amerika.
1842	Der Entdecker John C. Fremont begibt sich auf eine vier Jahre dauernde Forschungsreise in den amerikanischen Westen.
1846	Die amerikanische ›Armee des Westens‹ marschiert unter General Kearny nach New Mexico und annektiert das Land.
1847	Eine Mormonengruppe unter Führung von Brigham Young erreicht den Großen Salzsee in Utah und gründet Salt Lake City als Hauptstadt des Gottesstaates Deseret.
1846–48	Amerikanisch-mexikanischer Krieg
1848	Im Vertrag von Guadalupe Hidalgo tritt Mexiko die heutigen Staaten Arizona, Nevada, Süd-Kalifornien, Utah, Teile New Mexicos, Colorado und Wyoming an die USA ab.
1850	New Mexico und Utah werden Territorien der USA.
1851	Der *Indian Appropriation Act* schafft die Grundlage für die Zuweisung von Reservationen an die Indianer.
1853	Der *Gadsden Purchase* besiegelt den Verkauf eines Gebietsstreifens im heutigen Arizona und New Mexico durch Mexiko an die USA. Dieser Landstrich ist für den Bau einer Eisenbahn vorgesehen.
1859	In Comstock Lode (Nevada) werden die reichsten Gold- und Silberadern der Welt entdeckt. In 20 Jahren beläuft sich die Ausbeute auf 300 Mio. Dollar.
1860	Am 3. 4. nimmt der Pony Express zwischen St Joseph in Missouri und Sacramento in Kalifornien seinen Betrieb auf, der bis zum 24. 10. 1861 andauert, als die transkontinentale Telegrafenlinie fertiggestellt ist.
1861	Aus einem Teil des Utah-Territoriums wird das Nevada-Territorium gebildet.
1863	Bildung des Arizona-Territoriums aus einem Teil des bisherigen New Mexico-Territoriums
1863–64	Feldzug der ›Verbrannten Erde‹ gegen die Navajo unter Leitung von Kit Carson
1864	›Langer Marsch‹ von 8000 Navajo in die Gefangenschaft in Bosque Redondo (New Mexico)
1864	Am 31. 10. wird Nevada als 36. Staat in die Amerikanische Union aufgenommen.

Trading Posts

Lange bevor in den USA der Supermarkt erfunden wurde, war der Westen Amerikas übersät von sogenannten *Trading Posts*, einfachen Handelsstationen, bei denen sich frühe Siedler und Indianer mit allen notwendigen Waren eindecken konnten. Vor allem für die in der zweiten Hälfte des 19. Jh. entstandenen Indianerreservationen waren diese *Trading Posts* nicht nur als Versorgungszentren wichtig, sondern auch als Kontaktstellen, an denen die Indianer mit der Gesellschaft der Weißen in Berührung kamen. Viele Veränderungen der indianischen Lebensweise wurden durch das initiiert, was die Handelsstationen den Indianern an materiellem und geistigem Gut vermittelten. Andererseits gelangten erst über diese Handelskontakte fundiertere Kenntnisse über Gesellschaft und Kultur der Indianer in die Welt der Weißen.

Die heute im Südwesten wohl bekannteste Handelsstation aus dem vergangenen Jahrhundert ist *Hubbell Trading Post* in der Navajo-Reservation westlich von Ganado an der Straße 191. Der Laden wurde im Jahre 1876 von dem in New Mexico geborenen John Lorenzo Hubbell aufgebaut, der rund ein halbes Jahrhundert lang in der Reservation mit den Navajo aufs engste zusammenlebte und neben seiner Händlertätigkeit auch als Lehrer, Übersetzer, Rechtsberater, Schlichter und Kreditgeber fungierte. Als im Jahre 1886 eine Pockenepidemie im Indianergebiet wütete, kümmerte sich Hubbell um die Kranken und richtete in seinem Haus ein Hospital ein. Double Glasses, wie Hubbell wegen seiner Nickelbrille von den Indianern genannt wurde, betrieb den für die damalige Zeit typischen Tauschhandel. Die Indianer lieferten Wolle, Teppiche und Decken, Silber, Schmuck und Vieh und erhielten dafür Mehl, Kaffee, Haushaltsgeräte und industriell gefertigte Kleider. *Trading Posts* nahmen auch häufig wertvolle Schmuckstücke, Sättel oder Waffen als Pfand an, so daß sich in den Regalen Hab und Gut der Indianer zu stapeln begann. Tilgten die Indianer die Schulden bzw. Kredite inklusive fälliger Zinsen pünktlich, bekamen sie ihr Pfand zurück, falls nicht, wurde ihr einstiger Besitz verkauft. Einige Handelsstationen gaben auch eigene Zahlungsmittel heraus, die aus Bronze, Aluminium oder anderen Metallen gefertigt waren.

Um die Jahrhundertwende herrschte unter den *Trading Posts* des amerikanischen Südwestens ein lebhafter Wettbewerb. Einzelne Händler traten als Sponsoren von Rodeo-Veranstaltungen oder Indianerfesten auf, um Kunden auf sich aufmerksam zu machen. Double Glasses hatte keinen Grund, sich über mangelnde Geschäfte zu beklagen. Zeitweise leitete er zusammen mit seinen zwei Söhnen 24 Handelsstationen, ein Kaufhaus in Winslow sowie andere Geschäftsunternehmen und Ranches. Auch politisch war Hubbell aktiv, indem er etwa für das Frauenwahlrecht eintrat und die Navajo bei ihren Verhandlungen mit der US-Regierung um finanzielle Hilfe für Bewässerungsprojekte unterstützte. Der ob seiner Ehrlichkeit und Integrität bei den Indianern geschätzte Hubbell starb am 12. 11. 1930. Er wurde neben seiner Frau Lina Rubi und seinem besten Navajo-Freund Many Horses auf einem Hügel neben der Handelsstation beerdigt. Sein unter Denkmalschutz stehendes Anwesen ist dem *National Park Service* angegliedert.

Nach dem Zweiten Weltkrieg ging vor allem in der Navajo-Reservation die Ära der *Trading Posts* langsam zu Ende. Viele Indianer hatten während des Krieges Kontakt mit der modernen Zivilisation bekommen und waren aufgrund der verkehrstechni-

Kramladen auf amerikanisch; historisches Photo aus dem Jahre 1904

schen Entwicklung nicht mehr auf die isolierten Handelsposten angewiesen. Supermärkte entstanden in den größeren Orten, Eisenbahnen erschlossen ganze Landstriche wie etwa die Black Mesa im Norden des Navajo-Reservats, wo Kohle gefördert und zum Kraftwerk nach Page transportiert wird.

Obwohl das moderne Amerika sich längst seinen Weg auch in die Indianerreservationen gebahnt hat, existiert neben dem *Hubbell Trading Post* noch eine Reihe derartiger Handelsstationen wie etwa an der Straße 160 zwischen Kayenta und Tuba City (*Cow Springs Trading Post*; *Red Lake Trading Post*, heute *Tonalea General Store*, *Tuba Trading Post* etc).

In Utah liegt die ehemalige Handelsstation des legendären Harry Goulding, der in den 20er Jahren dieses Jahrhunderts ins Monument Valley kam. Auch in New Mexico existieren noch einige *Posts*, allein drei an der Straße 44 südlich von Bloomfield auf dem Weg zum Chaco Canyon (*Huerfano*, *Blanco* und *Nageezi Trading Post*). Die wahrscheinlich älteste Handelsstation in Taos ist El Rincon in der Old Kit Carson Road, wo heute Indianerschmuck und spanische Holzschnitzereien verkauft werden und ein kleines Museum seinen Platz fand. Zahlreiche noch bestehende *Trading Posts* sind trotz der tiefgreifenden Veränderungen in Lebens- und Wirtschaftsweise in den Reservationen einen Besuch wert. Man fühlt sich an europäische Krämerläden erinnert, die vom Kaugummi bis zum Pannenset so ziemlich alles verkaufen, was der Mensch in stadtfernen Regionen braucht.

1868	Gründung der Navajo-Reservation im Staatsgebiet von Arizona, New Mexico und Utah
1869	Am 10.5. werden die Schienenwege der *Union Pacific Railroad* und der *Central Pacific Railroad* bei Promontory Point in Utah zur ersten transkontinentalen Bahnstrecke verbunden.

Der Mormonenführer Brigham Young bei seiner Ankunft am Großen Salzsee; historischer Stich aus dem 19. Jh.

1869–70	Erste Colorado-Expedition unter Major Wesley Powell durch den Grand Canyon
1879	Ende des *Lincoln County War* in New Mexico, an dem auch Billy the Kid beteiligt war.
1881	Historische Schießerei im O. K. Corral in Tombstone zwischen Wyatt Earp und Doc Holliday sowie der Clanton-Bande am 26. 10.
1886	Mit der Kapitulation des Apachenhäuptlings Geronimo endet die Ära der Indianerkriege im Südwesten.
1888	Erstes reguläres Rodeo der Welt in Prescott
1889	Phoenix wird Hauptstadt Arizonas.
1896	Nach fünf vergeblichen Versuchen wird Utah als 46. Staat in die Union aufgenommen. Voraussetzung war die Abschaffung der Polygamie.
1905	Gründung von Las Vegas (Nevada) als Bahnstation der neuerbauten Linie der *San Pedro, Los Angeles and Salt Lake Railroad*
1912	Am 6.1. wird New Mexico als 47. Staat in die Amerikanische Union aufgenommen. Am 14.2. folgt Arizona als 48. Staat.
1924	Die Indianer der USA erhalten die vollen Bürgerrechte. Bis zu diesem Zeitpunkt wurden sie als Angehörige einer eigenen Nation, nicht als Bürger der USA betrachtet.

1931	Nevada legalisiert das Glücksspiel.
1935	Fertigstellung des Hoover-Staudamms am Colorado River
1945	Die USA zünden in New Mexico die erste Atombombe.
1964	Fertigstellung des Glen Canyon-Damms am Colorado, der den Lake Powell aufstaut
1968	Gründung der militanten Indianerbewegung *American Indian Movement* (AIM), die in den folgenden Jahren mit aufsehenerregenden Protestaktionen an die Öffentlichkeit tritt.
1971	Fertigstellung der wiederaufgebauten London Bridge in Lake Havasu City
1975	*Indian Selfdetermination and Education Assistance Act*: gesetzliche Grundlage für weitgehende Selbstverwaltung der Indianerreservationen
1988	Die Entdeckung der Kartchner Caverns (Süd-Arizona), die man aus Naturschutzgründen 14 Jahre lang geheimgehalten hat, wird öffentlich bekanntgegeben.
1989	Prescott feiert den 101. ›Geburtstag‹ des Rodeo-Sports.

Der Bau von Eisenbahnlinien trug zur schnellen Erschließung des Südwestens bei

INDIANER-LAND

Archäologische Funde weisen untrüglich nach, daß der Südwesten der USA schon Jahrtausende vor der Zeitenwende bevölkert war. In den 30er Jahren entdeckte der Anthropologe Frank C. Hibben in einer Höhle in den Sandia Mountains östlich von Albuquerque neben Resten eines Holzkohlenfeuers sowie zerschlagenen Mammut- und Bisonknochen auch grob behauene Speerspitzen, die auf ein Jagd- oder Wohnlager früher Großwildjäger schließen ließen. Das Alter der primitiven Waffen schätzte er auf 12000 bis 25000 Jahre. Hinweise auf eine jüngere, wesentlich weiter verbreitete Jägerkultur gaben die sogenannten Clovis-Speerspitzen. Sie wurden in allen Teilen der kontinentalen USA gefunden und auf 12000 bis 14000 Jahre geschätzt. Der Clovis-Kultur folgte zeitlich die zwischen 9000–7000 v. u. Z. datierte Folsom-Kultur, deren Träger ebenfalls eiszeitliche Jäger waren und deren Name sich von einem Fundort in New Mexico ableitet.

Zu allen drei Kulturen gibt es selbst heute noch mehr offene Fragen als Antworten. Kontrovers bleibt auch, wann und auf welche Weise der Mensch überhaupt nach Amerika kam, weil eindeutig Beweise für die von vielen Wissenschaftlern vertretene Beringia-Theorie bislang nicht erbracht werden konnten. Danach wanderte der Mensch von Sibirien über eine Landbrücke, die mit Unterbrechungen einige zehntausend Jahre lang den asiatischen mit dem amerikanischen Kontinent verband, vor ca. 27 000 Jahren nach Alaska ein und gelangte auf der Fährte von jagdbarem Wild bis zur Südspitze Südamerikas, wo er vor etwa 11 000 Jahren ankam. Neben dem ›wie‹ und dem ›wann‹ interessiert die Wissenschaftler auch das ›wieviel‹. Doch auch hier muß vieles Spekulation bleiben. Die neuesten Zahlen über die Indianerbevölkerung zwischen Rio Grande und der Arktis zur Zeit der Wiederentdeckung Amerikas durch Kolumbus schwanken zwischen 9,8 und 12,5 Mio.

Navajo-Felszeichnungen im Canyon de Chelly, Arizona

Träger der Sandia-, Clovis- und Folsom-Kulturen waren Jäger, die nach Klimaveränderungen und dem Aussterben eiszeitlicher Säugetiere ihre Existenzgrundlage verloren. Mit dem Wandel der natürlichen Umwelt ging eine Anpassung der Lebensformen an die veränderten Gegebenheiten einher. In den zunehmend austrocknenden Landstrichen des Südwestens hatte der Mensch als Großwildjäger keine Überlebenschance mehr. Er mußte sich nun von gesammelten Wurzeln, Samen und Körnern ernähren. Damit gewannen Pflanzen für ihn eine andere, lebenswichtige Bedeutung – aus der archaischen Wüstenkultur entstanden allmählich die Grundvoraussetzungen für neue, durch Ackerbau gekennzeichnete Kulturformen.

Das vorrangigste Problem Amerikas frühester ›Farmer‹ war, wie sie das Land in einer Trockenzone kultivieren konnten, deren Niederschläge für Bodenbau nicht ausreichten. Die Lösung hieß künstliche Bewässerung: Schon vor 2000 Jahren bauten

Waren die Anasazi Kannibalen?

Ihre architektonischen Leistungen waren bemerkenswert, und selbst die Ruinenstätten ihrer Wohnanlagen nötigen dem heutigen Besucher Respekt und Bewunderung ab. Ihr planerisches und handwerkliches Können dokumentierte sich in der Anlage von ausgeklügelten Bewässerungssystemen, in der Herstellung von Gebrauchsgegenständen von schlichter Schönheit und frappierender Zweckmäßigkeit. Die große Zahl von Zeremonialräumen (Kivas, s. S. 196) läßt Rückschlüsse auf ein überaus reges und vielfältiges religiöses, künstlerisches und vor allem gemeinschaftsbezogenes Leben zu.

Wenn im Südwesten der USA von den Anasazi die Rede ist, sind romantisch-verklärte Vorstellungen offenbar unvermeidlich und – so schien es bislang – gerechtfertigt. Neueste Forschungsergebnisse aus dem Bereich der physischen Anthropologie wollen deshalb ganz und gar nicht ins Konzept passen. Christy G. Turner und seine Frau Jacqueline von der Arizona State University untersuchten seit 1978 zahlreiche archäologische Fundstellen in den US-Bundesstaaten Colorado, Utah, New Mexico und Arizona und machten dabei eine Entdeckung, die sie der *Pecos Conference of Southwestern Archaeologists* in Colorado im August 1988 vortrugen. Quintessenz ihrer Forschung: Die Anasazi praktizierten Kannibalismus. Viele von Turners Kollegen verwarfen die These, andere stützten sie durch eigene Erkenntnisse. Professor Turner bleibt bei seinen Forschungsergebnissen. Er untersuchte im *Museum of Northern Arizona* in Flagstaff beinahe 900 Anasazi-Skelette, von denen seinen Angaben zufolge jedes Zwölfte eindeutige Spuren von Kannibalismus aufwies. Nachdem bereits die Frage des Verschwindens der Anasazi aus ihrer Heimat der Wissenschaft seit Jahrzehnten Kopfzerbrechen macht, scheint sich der Anthropologie ein neues ›Geheimnis‹ aufzutun.

die Indianer des Südwestens Dämme und Kanäle wie etwa am Gila und Salt River in Arizona oder am oberen und mittleren Rio Grande in New Mexico. Wo Flüsse nicht vorhanden waren, setzte man auf den sogenannten Sturzwasserfeldbau, indem man Regenwasser über künstliche Rinnen dorthin leitete, wo man es brauchte. Hopi und Navajo arbeiten heute noch mit dieser Technik. Ähnlich wie in Ägypten vor dem Bau des Assuan-Staudamms betrieben die Stämme am unteren Colorado in den Flußniederungen Überschwemmungsfeldbau, der im 20. Jh. durch den Bau moderner Staudämme unmöglich gemacht wurde.

Eine wichtige Kultur, die sich u. a. auf der Basis künstlich bewässerter Felder durch die Anlage von Regenzisternen und Ablaufkanälen im Südwesten entwickelte, war die der Anasazi. Ihre Anfänge liegen im 1. Jh. v. u. Z. im sogenannten Four Corners-Gebiet, der Region um das heutige Vierländereck Utah, Colorado, New Mexico, Arizona. Über verschiedene Entwicklungsstadien hinweg bildete sich bis um 1100–1300 eine klassische Pueblo-Phase aus, während der die Klippenwohnungen entstanden, die man u. a. im Canyon de Chelly, im Navajo National Monument bei Kayenta, im Chaco Canyon (New Mexico) sowie in Mesa Verde (Colorado) besichtigen kann.

Um 1300 verließen die Anasazi ihre Wohnungen innerhalb kurzer Zeit und wanderten wahrscheinlich auf die Mesas von Nord-Arizona sowie in die Region von Santa Fe und Albuquerque in New Mexico ab. Was diesen plötzlichen Exodus veranlaßte, ist bis heute unklar. Denkbar ist jedoch eine sehr ›moderne‹ Erklärung: eine Öko-Katastrophe. Systematische Abholzung, damit einhergehende Auslaugung der Felder und Erosionserscheinungen könnten gemeinsam mit einer damals herrschenden Dürreperiode, die durch Baumringanalysen nachgewiesen wurde, das Verschwinden der Anasazi verursacht haben.

Vermutlich um die Zeit dieser Abwanderung rückten von Norden mit den Navajo und verschiedenen Apachenstämmen Athapasken-Gruppen in den Südwesten vor, die in der Region eine wichtige Rolle spielen sollten. Beide Gruppen wehren sich heute vehement gegen die These, sie seien erst vor einigen Jahrhunderten in ihre jetzige Heimat gekommen. Sie betrachten den Südwesten vielmehr als ihr Stammland schon seit prähistorischer Zeit. Archäologie und Anthropologie weisen nach, daß Navajo wie Apachen vielleicht sogar schon um 1000 nach der Zeitenwende aus dem Norden zugewandert sind, wo heute noch sprachverwandte Athapasken-Stämme leben.

Vergleicht man den Südwesten mit anderen Kulturarealen Nordamerikas, fällt die dort vorherrschende kulturelle Vielfalt auf. Von halbnomadischen Jägern, Sammlern und Fischern reicht das Spektrum bis zu seßhaften, hochentwickelten Bodenbauern in geschlossenen Siedlungen, mit einem auf Bewässerungstechnik basierenden Ackerbau und mit komplexen Sozialstrukturen. Stark vergröbernd lassen sich diese teils sehr unterschiedlichen Kulturen in drei Gruppen einteilen.

Am höchsten entwickelt ist die Gruppe der **Pueblo-Indianer** (*pueblo*, span. Dorf), die als Nachfahren der Anasazi betrachtet werden. Ihr Kerngebiet ist der obere und mittlere Rio Grande sowie das Gebiet am Jemez River (New Mexico). Zu den Pueblos zählen neben den Hopi, die in acht Dörfern auf den drei Mesas inmitten der Navajo-Reservation in Arizona leben, auch die Zuni im westlichen Zentral-New Mexico. Die Pueblos leben vom Ackerbau und wohnen in geschlossenen, zum Teil noch aus Adobe-Bauten bestehenden Dörfern, von denen Taos Pueblo wahrscheinlich das bekannteste ist. Aber auch hier scheint sich allmählich die typisch amerikanische Einzelhausbauweise durchzusetzen. Über eine gemeinsame Sprache verfügen die dieser Gruppe zugeordneten Stämme nicht. Es gibt nahe beieinanderliegende Dörfer, deren Einwohner sich nicht in ihren Muttersprachen verständigen können.

Berge von Veröffentlichungen und damit verbundene Mystifizierungen haben seit Jahrzehnten einen wahren Pueblo-Kult geschaffen, in dessen Mittelpunkt die Zuni und vor allem die Hopi stehen. Sie werden häufig als Repräsentanten einer idealen menschlichen Gesellschaft dargestellt und in einer stark romantisierenden Sichtweise in das Klischee der Friedenspropheten und Ökoheiligen gepreßt. Ethnologen haben derartige Darstellungen längst als von Verherrlichungstendenzen gefärbtes Wunschdenken entlarvt und nachgewiesen, daß es solcher Glorifizierungen nicht bedarf, um der Pueblo-Kultur Respekt und Bewunderung abgewinnen ›zu können‹.

Zu den sogenannten **Rancher-Stämmen** werden die Yuma-sprechenden Stämme am unteren Colorado River gerechnet: die Mohave, Yuma, Maricopa und Cocopa sowie die Pima und Papago – sie sprechen eine uto-aztekische Sprache – im zentralen und südlichen Arizona bzw. jenseits der mexikanischen Grenze. Sie lebten traditionell vom Bodenbau in den Überschwemmungsgebieten bzw. in künstlich bewässerten Regionen, aber auch vom Sammeln von Pflanzen. Eine besondere Gruppe unter diesen Rancheria-Stämmen bilden die als Süd-Athapasken bezeichneten Navajo- und Apachenstämme, die nur in sehr geringem Maße Ackerbau trieben. Beide Gruppen sind mit den im heutigen Nordwest-Kanada lebenden Nord-Athapasken sprachverwandt, von denen sie sich vor Jahrhunderten trennten, um nach Süden zu ziehen. Die Navajo stellen heute mit schätzungsweise 160000 Menschen das größte Indianervolk Nordamerikas dar.

Zur **Shoshone-Sprachfamilie** des Uto-Aztekischen zählen alle im Großen Becken und dessen Randzonen lebenden Stammesverbände wie Shoshone, Paiute und Ute-Indianer, denen eine karge Umwelt hier ein mageres Dasein als Sammler, Fischer und Kleintierjäger erlaubte. Diese Gruppen verfügen über eine weniger differenzierte materielle Kultur wie auch ein geringeres sozioökonomisches Niveau.

Heute hat der Südwesten eine rund 500jährige Geschichte des Kulturkontakts zwischen Indianern und Weißen hinter sich. Seit den ersten Begegnungen der Spanier mit Pueblos im frühen 16. Jh. waren die Weißen bestrebt, im Indianerland Reichtümer aufzuspüren, den ›roten Mann‹ zu missionieren, zu kolonisieren, abzuschieben, zu demütigen, zu enteignen, zu vernichten und, als eine ›militärische Lösung‹ des Problems scheiterte, zu domestizieren und schließlich zu amerikanisieren. So sind die Indianer seit Jahrhunderten einem ungeheuren Druck seitens der weißen Zivilisation ausgesetzt, der tiefgreifende Veränderungen nach sich zog.

Assimilierungsprozesse bzw. Kulturangleichungen führten dazu, daß etwa die Navajo mit der Übernahme der Schafzucht einen grundsätzlichen Wandel ihrer Kultur vollzogen. Apachen, die von den Spaniern das Pferd übernahmen, gaben ihre traditionelle Sammelwirtschaft und Kleinwildjagd auf, weil sie ihren Aktionsradius erheblich vergrößern und ausgedehnte Kriegs- und Beutezüge unternehmen konnten. Sie wurden zu einem neuen Machtfaktor in der Region, der mit der spanischen Herrschaft ernsthaft konkurrierte.

Die Pueblo-Indianer hingegen nahmen nur wenige sekundäre Kulturelemente von den Spaniern auf. Zwar sind die Hopi auf ihren Mesas heute mit amerikanischen Kleintransportern unterwegs, tragen Jeans und wohnen zum Teil in Häusern aus modernem Baumaterial, über denen der Himmel voller Fernsehantennen hängt. Dieser oberflächliche Eindruck ist jedoch kein Beweis dafür, daß sie die Kultur des weißen Amerika angenommen haben. In höherem Maße als andere Indianer konnten gerade die Pueblos viel von ihrer materiellen Kultur, ihrer sozialen Organisation sowie ihrer Religion über die Zeit retten.

Die Bewahrung traditioneller Kultur und Identität ist den Indianern des Südwestens offensichtlich in weit größerem Umfang gelungen als in anderen Regionen Nordamerikas. Es zeigt sich, daß die Bewohner von Reservationen selbstbewußter zu ihrer Rassenzugehörigkeit stehen als außerhalb lebende indianische Gruppen. Dabei war die Reservationspolitik ursprünglich keineswegs aus dem Gedanken heraus gewachsen, Inseln für indianische Selbstverwirklichung zu schaffen. Vielmehr

Junge Navajo im Canyon de Chelly, Arizona

dachte man daran, Amerikas erste Bewohner in abgelegene und oft unwirtliche Landstriche zu verdammen und sie dort in Isolationsverwahrung zu halten.
Bis Mitte des 19. Jh. wurden sie Schritt für Schritt vom sich territorial von Osten
ausbreitenden weißen Amerika nach Westen abgedrängt. Als sich die USA nach dem
amerikanisch-mexikanischen Krieg 1848 den gesamten Südwesten einverleibten,
waren die Möglichkeiten erschöpft, die dortige, zahlenmäßig relativ starke Indianerbevölkerung in eine andere Region zu verdrängen. Als Lösung des Problems sah die
Bundesregierung in Washington die Zusammenfassung und Umsiedlung von Indianern in bestimmte Gebiete, in denen sie getrennt von den Weißen leben konnten.
Diese sogenannten Reservationen wurden auf der Basis des *Indian Appropriation Act*
von 1851 errichtet und ›treuhänderisch‹ vom *Bureau of Indian Affairs* in Washington,
D. C., verwaltet. Allerdings erwies sich diese Administration in der Praxis weniger
als ein Instrument verantwortungsvoller Sachverwaltung, sondern vielmehr als ein
Organ der weißen Vorherrschaft über eine rassische Minderheit. Zwar erhielten die
Indianer 1924 die vollen Bürgerrechte, bis in die 30er Jahre mußten sie aber in Reservaten leben. Nachdem dieser Zwang aufgehoben war, zogen viele in die Städte, häufig
ohne dort Wurzeln zu schlagen – die Rückwanderungsquote betrug Schätzungen
zufolge zwischen 35 und 40 %.
Am Beispiel der *Navajo Indian Reservation*, mit rund 6 Mio. ha die größte Reservation auf amerikanischem Boden, läßt sich zeigen, wie ein solches Gebiet heutzutage
verwaltet wird. Grundsätzlich erhielten die Reservationsindianer 1975 mit dem

Indianisches Kunsthandwerk

Seit Beginn der 20er Jahre dieses Jahrhunderts findet jeden August in den Straßen um die Plaza von Santa Fe der *Indian Market* statt, der sich seit jener Zeit zu einem der größten und bedeutendsten Märkte für Kunst und Kunsthandwerk der Indianer des Südwestens entwickelte. An den überdachten Ständen wird von Weidenkörben bis zu

Navajo-Frau beim Weben

Sandbildern, von Türkisschmuck bis zu Zeremonialtrommeln, von Kachinas bis zu verzierten Tonschüsseln alles angeboten, was das indianische Kunsthandwerk im Südwesten zu bieten hat.

Die Hersteller bemühen sich seit einigen Jahren, dem Problem imitierter und häufig aus dem Ausland importierter Waren Herr zu werden. Sogar der amerikanische Kongreß beschäftigte sich schon mit dieser Frage und schuf mit dem *Indian Arts and Crafts Sales Act* gesetzliche Vorkehrungen zum Schutz des indianischen Kunsthandwerks. Für Laien ist es manchmal schwierig, echte von unechten Produkten zu unterscheiden, zumal sie meist nicht einmal darüber informiert sind, was einzelne Indianergruppen überhaupt herstellen. So soll hier auf einige wichtige Stilrichtungen und Arbeitstechniken eingegangen werden.

Zu den ältesten Formen indianischen Kunsthandwerks gehört die Korbflechterei, die sich im Südwesten der USA seit Jahrhunderten großer Beliebtheit erfreut. Archäologische Funde bewiesen, daß bereits die frühen Anasazi in der Spiralwulsttechnik Behältnisse herstellten. Während dieses Handwerk bei den Pueblo-Indianern durch den Import industriell gefertigter Handelswaren an Bedeutung verlor, entwickelten die Hopi traditionelle Formen und Dekors sogar weiter. Zu den erlesensten Produkten zählen die Weidenkörbe (*wicker baskets*) von Moenkopi und den Dörfern Oraibi, Hotevilla und Bacabi auf der dritten Mesa.

Teil eines silbernen Concha-Gürtels

Korbflechtexperten sind auch die Pima und Papago, letztere haben sich in jüngerer Zeit mehr und mehr auf die durch den Tourismus wachsende Nachfrage eingestellt und die Herstellung von Produkten aus Yucca-Fasern kommerzialisiert. Zu den gebräuchlichsten Farben bei Flechtwerken gehören Schwarz, Weiß und Grün, weniger häufig sieht man Rotbraun, Orange und Gelb. Traditionelle Arbeiten werden aus Weiden gefertigt, die schwerer zu verarbeiten, aber auch haltbarer sind. Körbe oder Teller mit Tier- und Menschenmustern erzielen wegen der großen Nachfrage hohe Preise. Die Papago haben sich auf Minikörbe und winzige, münzgroße Teller aus Roßhaar oder Yucca spezialisiert, die etwa den fünffachen Arbeitsaufwand von großen Stücken verlangen und dementsprechend teuer sind. Zu den typischen Touristenartikeln zählen geflochtene Tierfiguren.

Auch die Westlichen Apachen der San Carlos- und White Mountain-Gebiete in Arizona fertigen schöne Flechtereien – vor allem mit geometrischen Mustern verzierte offene Schalen und große Vorratskörbe in Krugform, sogenannte *ollas*. Teilweise strich man geflochtene Krüge mit Harz aus, um darin Wasser aufzubewahren. Eine Meisterin des Korbflechtens war um die Jahrhundertwende die Washoe-Indianerin Dat-So-La-Lee, deren Spiralwulst-Arbeiten man im *Nevada Historical Museum* in Reno betrachten kann.

Die Navajo, die von den Spaniern die Verarbeitung der Wolle übernahmen – die Webtechnik war schon den Anasazi bekannt – stellen heute die bedeutendsten Webarbeiten im Südwesten her. Touristen staunen häufig über die hohen Preise für Navajo-Teppiche, weil sie nicht wissen, daß ein etwa 2 m² großer *rug* in rund 400 Stunden Arbeit entsteht. Dabei gilt die Regel: je feiner das verarbeitete Material (handgesponnene Wolle) und die Webtechnik, desto wertvoller das Produkt. Neben pflanzlichen werden seit rund 100 Jahren auch chemische Farben verwendet. Im Gegensatz zur weitverbreiteten Meinung haben Navajo-Teppiche bei den Indianern keine zeremonielle Bedeutung.

Seit Beginn des 19. Jh. entwickelte sich die Navajo-Weberei über unterschiedliche Stadien und Stilrichtungen. Das häufig auftauchende Rautenmuster übernahmen die Navajo erst im ausgehenden 19. Jh., nachdem sie diese Dekortechnik in ihrer Verbannung in Bosque Redondo (Fort Sumner) kennengelernt hatten. Damals entstanden auch die ersten aus synthetischem Garn gefertigten *Germantown Blankets* mit ihren irritierenden, teils überlagerten Zickzackmustern.

Webereien mit bildhaften Motiven wie sogenannte Sandbild-Teppiche kamen erst zu Beginn des 20. Jh. in Mode, als das Interesse der Weißen an Navajo-Arbeiten zunahm und der Tourismus neue Märkte erschloß. Weberei ist auch bei den Hopi ein traditionelles Handwerk, wird dort, im Gegensatz zu den Navajo, aber von Männern betrieben. Kennzeichen der Hopi-Webarbeiten sind Decken mit Streifenmustern sowie das sogenannte Brokatgewebe, wobei die Verzierungen durch mit farbigem Garn umwundene Kettfäden entstehen.

Wer die Museen mit Exponaten zur Geschichte der Indianer besucht, kann sich von der Tradition der Schmuckherstellung überzeugen, die schon bei den Anasazi verbreitet war. Die Verarbeitung von Silber, unterschiedlichen Schmucksteinen und Muscheln zählt heute im Südwesten zu den populärsten handwerklichen Künsten. Auf diesem Sektor haben sich die Navajo, Zuni und Hopi sowie die Bewohner des Pueblo Santo Domingo besonders hervorgetan. Letztere sind für ihre Heishi-Ketten aus unterschiedlichen Steinen und Muscheln bekannt (*hee-shee* bedeutet Muschel). Die Qualität dieser Ketten richtet sich danach, ob die Schmucksteine und Muscheln gut geschliffen und poliert sind – je mehr Steine eine Kette pro Zentimeter schmücken, desto wertvoller ist sie.

Meister des Silberschmucks sind die Navajo, die diese Kunst von den Mexikanern lernten und um das Jahr 1875 bereits einen eigenen Stil entwickelt hatten. Damals schmolzen sie zur Gewinnung von Rohmaterial Münzen ein; später wurde gekauftes Silberblech verwendet. Bereits vor rund 80 Jahren hatte sich die Schmuckherstellung aus Silber soweit etabliert, daß von einer Kommerzialisierung dieses Kunsthandwerks gesprochen werden kann. Zu den typischen Produkten zählten früher silbernes Zaumzeug sowie aus Silber gefertigte Armschutzplatten für Bogenschützen, *ketohs* genannt. Häufig sieht man auch Concha-Gürtel (*concha*: span. Muschel), bei denen einzelne ovale, rechteckige oder quadratische kunstvoll ornamentierte Silberstücke auf den eigentlichen Gürtel aufgesetzt sind. Auch die Hopi stellen derartige Gürtel her.

Zu den auffallendsten Schmuckstücken der Navajo gehören die *Squash blossoms*, die fälschlicherweise so bezeichnet werden, da man annahm, daß sie Kürbisblüten nachempfunden seien. Man erkennt diese Ketten leicht an der ›Blüte‹, dem untersten Stück, das meist aus einem hufeisenförmigen Silberguß mit zum Teil eingelassenen Schmucksteinen besteht.

Der verbreitete Zuni-Schmuck unterscheidet sich vom Schmuck anderer Indianergruppen durch die Vielfalt der verwendeten Steine sowie deren aufwendigere Bearbeitung. Das gilt z. B. für die *Needlepoint*-Türkise, zapfenförmige, an beiden Enden zugespitzte Steine, die man in breite Armreifen einläßt. Auch gitterförmige Einlegearbeiten mit polierten Oberflächen sind bei den Zuni sehr beliebt. Die Hopi begannen erst gegen Ende des 19. Jh. mit der Silberbearbeitung. Heute sind vor allem die durch eine relativ komplizierte, sogenannte Auflagetechnik entstehenden Schmuckstücke bekannt, die wie schwarze Silbergravuren aussehen.

Schon die Hohokam- und Mogollon-Indianer fertigten Töpferwaren, ebenso wie die Vorläufer der Anasazi, die Basketmaker. Die von den Anasazi abstammenden Pueblo-Indianer hatten die Keramikkunst bis zur ersten Hälfte des 18. Jh. zur Blüte entwickelt, ehe die Erschließung des amerikanischen Südwestens gegen Ende des 19. Jh. die traditionelle Töpferei durch eine Schwemme von Industriewaren fast völlig verdrängte.

Eine Renaissance zeichnete sich um das Jahr 1920 ab, als der Tourismus einen neuen Markt schuf und die Töpferei in fast allen Rio Grande-Pueblos einen Aufschwung erfuhr. Um diese Zeit wurde die vom Ehepaar Martinez im Pueblo San Ildefonso entwickelte schwarze Keramik bald zum begehrten Sammlerobjekt. Doch auch andere Pueblos, wie San Juan und Santa Clara, stellen schwarze Ware her,

Keramik aus dem Südwesten

Santa Clara z. B. mit vertieften Mustern wie Bärenpranken und gefiederten Schlangen sowie Tierfiguren und Hochzeitskrüge mit zwei Schnäbeln. Wertvolle Keramik wird traditionell auch im Pueblo Acoma gefertigt, dessen Arbeiten sich durch dünne Wände sowie häufig verwendete schwarz-weiße geometrische Muster, aber auch Tiermotive auszeichnen. In der Tradition der für das Pueblo Cochiti typischen Tonplastiken stehen die Arbeiten von Helen Cordero, welche die Geschichtenerzähler-Figuren (*storyteller*, s. vordere Innenklappe) schuf: Menschenfiguren, an denen kleinere Kinderplastiken hängen. Auch die Pueblos Acoma und Jemez stellen derartige *storyteller* her. Von einer Zeremonialkunst zur Souvenirware entwickelte sich im Laufe des 20. Jh. die Herstellung sogenannter Sandbilder bei den Navajo, die diese Kunst wahrscheinlich schon zur Zeit ihrer Ankunft im Südwesten von den Pueblo-Indianern erlernten. Auf flachen Sandflächen entstehen aus zeremoniellen Motiven Bilder, indem der ›Maler‹ unterschiedlich gefärbten Sand durch die Finger rieseln läßt und auf diese Weise Linien und Flächen streut. Um seine Funktion, etwa bei medizinischen Ritualen, zu erfüllen, muß ein solches *sandpainting* nach der Fertigstellung verwischt, also zerstört werden. Längst werden für Touristen aber derartige Gemälde als Massenware hergestellt, bei denen der Sand auf Spanplatten geklebt ist.

Indian Selfdetermination and Education Assistance Act weitgehende Autonomie unter Beibehaltung bundesstaatlicher Subventionen, über die sie in der Regel selbst verfügen können. Seit 1969 sprechen die Navajo von sich als der *Navajo Nation*, worin ihr Wunsch nach Souveränität und Unabhängigkeit zum Ausdruck kommt.

Das Volk wird von einem Stammesrat (*Tribal Council*) regiert, der aus 74 Mitgliedern besteht, welche die rund 100 lokalen Verwaltungseinheiten der Reservation, Kapitel genannte Gemeinden, vertreten. An der Spitze des Stammesrates, der in Window Rock tagt, steht ein gewählter Vorsitzender. Dieses Gremium wie auch die Kapitel sind nicht Bestandteile einer historisch gewachsenen Navajo-Organisation – eine zentrale Stammesautorität kannten die Navajo nicht – sie wurden vielmehr von der US-Bundesregierung ins Leben gerufen, um eine Selbstverwaltung der Reservation zu ermöglichen.

Navajo-Hogan im
Canyon de Chelly, Arizona

Inzwischen sind sowohl Stammesrat wie Kapitel von den meisten Navajo akzeptierte Einrichtungen, denen früher vom *Bureau of Indian Affairs* wahrgenommene Aufgaben übertragen wurden. So stellen die Indianer heute ihre eigene Polizei, sprechen Recht (außer bei Kapitalverbrechen) und leiten ihre eigenen kommerziellen und industriellen Unternehmen wie etwa den Kohleabbau auf der Black Mesa, von wo der fossile Brennstoff per Bahn in das Kraftwerk bei Page transportiert und in Elektrizität umgewandelt wird. Ein anderes von Navajo geführtes Unternehmen ist der *Navajo Tribal Industrial Park* bei Farmington, wo im Jahre 1988 die Zucht von Shiitake-Pilzen für den japanischen Markt aufgenommen wurde. Hauptgrund für die Shiitake-Vorliebe der Asiaten: Die Pilze gelten als Aphrodisiakum. Keinen Einfluß haben die Navajo auf die Außen- und Verteidigungspolitik sowie die Postverwaltung ihres Territoriums – für diese Bereiche ist Washington zuständig.

Fortschritte in der Selbstverwaltung können nicht darüber hinwegtäuschen, daß sowohl die Navajo als auch andere Indianergruppen in vielen Bereichen zu den unterprivilegierten Minderheiten Amerikas zählen. Die Reservationen gehören zu den strukturschwächsten Gebieten der Nation, kaum irgendwo grassiert die Arbeitslosigkeit so sehr wie hier. Nirgends haben sich Entbehrung und wirtschaftlich-soziale Desillusionierung auf Dauer in einer ganzen Bevölkerungsgruppe so festgesetzt wie unter den Indianern. Wie sich das Überleben dieser rassischen Minoritäten angesichts der Dominanz der weiß-amerikanischen Gesellschaft in Zukunft gestalten wird, steht in den Sternen. Die Aussichten sind jedenfalls ziemlich düster, da heute schon das starke Wachstum der Bevölkerung die bescheidenen Wirtschaftserfolge aufzehrt.

Geschmücktes Navajo-Kind

Ein Land wie im Kino

Was Edwin S. Porter im Jahre 1903 leistete, war bahnbrechende Pionierarbeit. Mit dem Stummfilm »Der große Zugraub« drehte er den ersten echten Western und damit den Prototyp eines Genres, das sich bei Kinogängern in der ganzen Welt großer Beliebtheit erfreuen sollte. Dem Erstling haftete allerdings ein Makel an: Drehort war anstelle des amerikanischen Westens der Staat New Jersey an der Ostküste. Erst Jahrzehnte später entdeckte der berühmte Hollywood-Regisseur John Ford jene stilechte Kinokulisse, die zum landschaftlichen Markenzeichen des Western schlechthin wurde – Monument Valley (s. Titelbild, Farbabb. 2–5). Im Jahre 1938 ließ Ford seine erste ›Pferde- und Desperado-Oper‹, »Höllenfahrt nach Santa Fe«, in dieser Szenerie spielen. Eine Reihe einschlägiger Klassiker wie »Fort Apache«, »My Darling Clementine« und »Cheyenne« folgte, und alle hatten eines gemein: Ford bannte sie zumindest teilweise in der Traumlandschaft Monument Valley auf Zelluloid, die auf der Kinoleinwand Weltkarriere machte und zum Inbegriff dessen wurde, was Cowboyfilmfans unter dem Wilden Westen verstehen. Kein Wunder also, wenn Westernschauplätze unter zahlreichen Amerikareisenden geradezu als cinema-

tographische Wallfahrtsorte gehandelt werden.

Der berühmteste aller Wildwestdrehorte, **Monument Valley** (12) liegt im äußersten Norden der *Navajo Indian Reservation*, die sich über die Staatsgrenze Arizonas nach Utah hinein bis zum San Juan River erstreckt. Wer von Westen anreist, biegt in Kayenta vom Highway 160 auf den Highway 163 ab und erreicht das Tal nach 24 Meilen. Fährt man von Utah über den Highway 163 zum Monument Valley, überquert man außerhalb der Ortschaft Mexican Hat den San Juan River und damit die Grenze zum Navajoland. 17 Meilen südwestlich der Flußbrücke bei Monument Pass (1588 m) ist das erste déjà vu-Erlebnis fällig – wenn man die Skyline von Monument Valley erblickt, die nicht nur als Filmkulisse, sondern in jüngerer Zeit auch als Zigarettenreklame Berühmtheit erlangte.

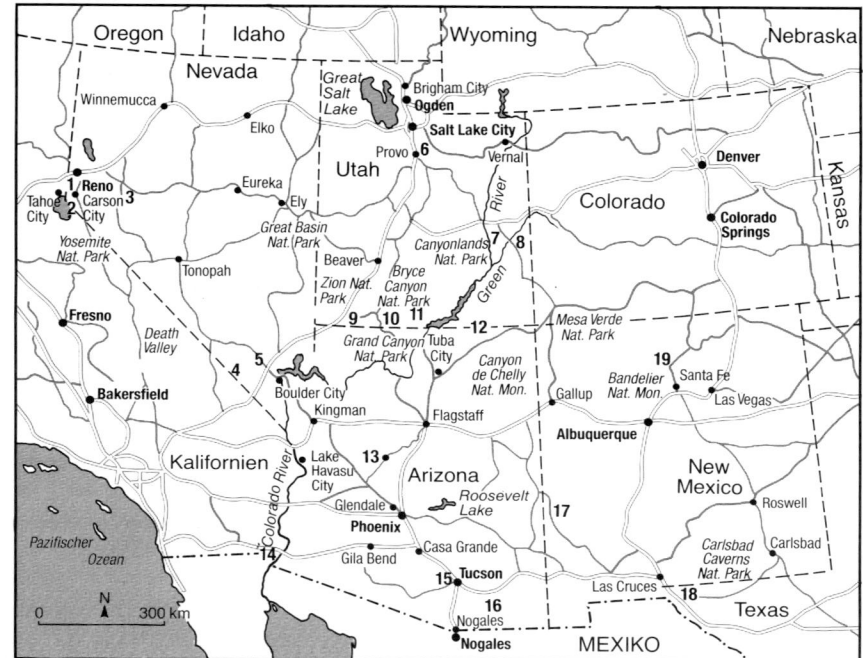

Filmland Südwesten 1 Ponderosa Ranch 2 Spooner Lake 3 Fallon 4 Pahrump 5 Las Vegas und Valley of Fire 6 Sundance Resort (Wasatch Range) 7 Dead Horse Point State Park 8 Arches National Park und Castle Valley bzw. White's Ranch 9 Grafton 10 Kanab 11 Paria 12 Monument Valley 13 Prescott 14 Yuma 15 Old Tucson 16 Tombstone 17 Mogollon 18 El Paso 19 Ojo Caliente

Fast genau auf der Staatsgrenze zwischen Utah und Arizona zweigt vom Highway 163 in südöstlicher Richtung eine geteerte Nebenstraße zum schönsten und bekanntesten Teil des Monument Valley ab. Die Navajo errichteten hier 1958 auf ihrer Reservation einen geschützten Park, um die Naturlandschaft soweit wie möglich in unverfälschtem Zustand zu erhalten. Inzwischen wurde ein Besucherzentrum aufgebaut, und der Tourismus hat diesen Teil des Colorado Plateaus längst entdeckt.

Dank der abgeschiedenen Lage ist die Gegend aber noch lange nicht so überlaufen wie manche Nationalparks. Auf der 17 Meilen langen Rundtour durch das Monument Valley kann man sich selbst während der Hauptsaison recht ungestört fühlen, weil viele Autofahrer durch die im ersten Teil steile, kurvige und schlechte Piste von einem Abstecher mit dem eigenen Fahrzeug abgeschreckt werden. Die Navajo bieten mit Kleinbussen Touren an, auf denen man teilweise über Wege chauffiert wird, die für Selbstfahrer gesperrt sind (s. S. 349).

Monument Valley ist eine Landschaft von fast unwirklicher erhabener Schönheit, die den Eindruck vermittelt, als erlebte man die Schöpfungsgeschichte des Planeten Erde. Nirgendwo empfindet man die unermeßliche Weite des amerikanischen Westens so hautnah wie hier, zwischen den Sandsteinruinen einer Hochebene, die schon vor Urzeiten von den Kräften der Natur aus den Sedimenten eines früheren Meeres herausgegraben wurden. Monument Valley ist kein ›Tal‹, die Landschaft entstand nicht durch die Arbeit eines Flusses, sondern durch Wind- und Regenerosion. Wenn am Spätnachmittag Schlagschatten anfangen, die rote Wunderwelt einzuschwärzen, fühlt man sich auf einen fernen Stern versetzt, wo die bröckelnden Skelette einer schon vor Urzeiten verlassenen Wolkenkratzerlandschaft von einer seltsamen und längst vergangenen Zivilisation zu zeugen scheinen.

Vom Monument Valley abgesehen, liegen im Südwesten der USA Hunderte von Drehorten, die nicht nur Western, sondern auch anderen Genres vom Science Fiction-Film bis zum Werbespot als Kulisse dienten. Wer eine Reise durch Amerika unternimmt, wird sicherlich manche Filmlandschaften in Erinnerung haben, die er gerne einmal in natura sehen würde. Die Tourorganisation Western Leisure etwa hat sich diesen Wunsch vieler USA-Besucher zueigen gemacht und bietet eine neuntägige *Movie Country Tour* mit dem Bus durch Utah an (Western Leisure, 1172 Brickyard Road, Salt Lake City, UT 84106, ✆ 8 01/ 4 67–61 00 oder gebührenfrei 8 00/ 5 32–21 13). Auf der Route liegen zahlreiche landschaftliche Höhepunkte Utahs, die Filmemacher als ›Bühnenbilder‹ benutzten. An Ort und Stelle werden den Teilnehmern Filme gezeigt, die an den entsprechenden Lokalitäten entstanden, so daß sich hinterher jene Stellen leicht ausmachen lassen, wo John Wayne aus dem Sattel geschossen wurde oder US-Kavalleristen in einen Hinterhalt gerieten.

Nordöstlich von Provo (Utah) gelangt man durch den Provo Canyon in die Bergwelt der Wasatch Mountains, wo der Schauspieler und Regisseur Robert Redford im **Sundance Resort** (6) ein Film- und Video-Institut aufbaute, das in Kennerkreisen seit einigen Jahren als hochkarätige Talentschmiede gilt. Die Gegend, heute zum renommierten Wintersportgebiet mit Sessellifts und Skischulen avanciert, war Schauplatz des Kultfilms »Jeremiah Johnson«, den Redford zu seinen Lieblingswestern zählt.

Ein ebenfalls von John Ford für den Film entdecktes Gebiet liegt um das Städtchen **Moab** (8) im südöstlichen Utah. Der Ort blieb nach seiner Gründung durch Mormonen 1855 beinahe ein Jahrhundert lang ein recht unbedeutender Provinzflecken, bis man auf Uranerzlager stieß. Ende der 40er Jahre drehte John Ford hier den Western »Wagonmaster« und begründete damit den Ruf Moabs als hervorragende Filmkulisse.

Zwischen 1949 und 1975 entstanden um Moab 21 Kinofilme, darunter Kassenschlager wie »Die Schlacht am Apachenpaß«, »Warlock« und »Cheyenne«. Wer die legendären Landschaften besuchen will, begibt sich am besten auf eine Rundtour, die einschließlich aller Abstecher etwa 150 Meilen lang ist und zu den schönsten Routen in Utah zählt. Die Tour kann an einem Tag bewältigt werden.

Am nördlichen Stadtausgang von Moab liegt links an der Straße eine Touristeninformation, die Karten und Informationen über die Gegend kostenlos abgibt. Zwei Meilen weiter biegt vor der

Colorado-Brücke die Straße 128 ab, die dem Fluß knapp 30 Meilen folgt. Nach etwa 12 Meilen liegt in einer Schleife des Colorado die **Ranch von George White** (8), auf dessen Grund und Boden John Ford 1950 ein Militärfort für den Film »Rio Grande« mit John Wayne und Maureen O'Hara aufbauen ließ. Nach der White Ranch biegt eine Teerstraße in südlicher Richtung ins Castle Valley ab, wo Teile von »Rio Grande« gedreht wurden. Wahrzeichen des Tals ist der Castle Rock, ein etwa 70 m hoher Felsfinger, auf dem im Jahre 1964 eine amerikanische Automobilfirma eine Neuentwicklung präsentierte und darüber einen Werbefilm drehen ließ. Der Fels machte erneut Schlagzeilen als George Willig ihn 1980 innerhalb von eineinhalb Stunden bestieg und die TV-Gesellschaft ABC über die Klettertat berichtete.

Folgt man von der Ranch dem malerischen Tal des Colorado, liegen nach etwa 10 Meilen die Fisher Towers rechts der Straße. Um diese isolierten und auserodierten Reste alter Ablagerungen führt ein Wanderpfad, für den man sich zweieinhalb Stunden Zeit nehmen sollte (Wasservorrat mitnehmen!). Einige Meilen weiter überquert die Straße den Colorado River bei Dewey Bridge und verläßt das Flußtal schließlich in nördlicher Richtung. Interessant ist, wie schlagartig die Landschaft auf den nächsten Meilen einen wüstenhaften Charakter annimmt.

Auf der Interstate 70 fährt man Richtung Westen bis Crescent Junction, wo man auf die Straße 191 abbiegt, um nach Moab zurückzukehren. Zwei landschaftliche Attraktionen sollte man auf diesem Streckenabschnitt keinesfalls auslassen. Über die Straße 313 erreicht man **Dead Horse Point State Park** (7, s. Farbabb. 13), der einen grandiosen Überblick über Canyonlands National Park und eine Schleife des Colorado bietet. An diesem Ausguck stand Henry Fonda für den Film »Warlock« 1958 vor der Kamera.

Zum anderen ist Arches National Park nördlich von Moab mit seinen zahlreichen Naturbögen und den phantastischen Formationen aus rotem Sandstein eine einmalige Sehenswürdigkeit. Die lohnendsten Teile des Parks kann man über eine Autostraße bzw. Fußwanderwege erreichen. Zum Delicate Arch, dem berühmtesten Bogen, gelangt man nach einem rund 5 km langen Marsch (Hin- und Rückweg) von Wolfe Ranch. Die zerklüftete Sandsteinlandschaft von Arches diente 1953 dem Film »Taza, Sohn des Cochise« als Szenerie. Jeff Chandler spielte den Apachenhäuptling Cochise, Rock Hudson seinen Sohn Taza.

Neben Moab entwickelte sich in den 50er Jahren vor allem das Städtchen **Kanab** (10) im Südwesten Utahs zu einem ›Little Hollywood‹. Die Produktionskosten waren in den Studios in Los Angeles nach dem Zweiten Weltkrieg so sehr gestiegen, daß sich viele Filmemacher auf natürliche Kulissen besannen und dabei auch auf Kanab stießen. Mitten im Ort steht heute noch Parry's Lodge, ein stilvolles altes Hotel, in dem während der Dreharbeiten Hollywood-Größen wie Frank Sinatra, Dean Martin, Sammy Davis jr., Ava Gardner und Robert Taylor logierten. Viele Türen der Lodge tragen heute noch die Namenschilder berühmter Stars.

Kanab bedeutet in der Shoshone-Sprache der Paiute Platz der Weiden. Aber nicht die Weiden, sondern Sandsteinfelsen, lachsrote Sanddünen, abgelegene Canyons und idyllische Täler machten die Gegend bekannt und waren für den Westernautor Zane Grey Grund genug, sich hier eine Zeitlang niederzulassen. Acht Meilen östlich von Kanab biegt in nördlicher Richtung eine geteerte Straße vom Highway 89 in den Johnson Canyon ab. Neben einigen Ranches findet man hier auf privatem Gelände die baufälligen Reste einer Filmstadt, in der zuletzt die Fernsehserie »Rauchende Colts« gedreht wurde.

Setzt man die Fahrt auf dem Highway 89 in Richtung Page fort, kommt man etwa 35 Meilen östlich von Kanab an ein kleines, steinernes Monument, wo eine Schotterstraße zum 5 Meilen entfernten Filmdrehort **Paria** (11) führt. In der Nähe bauten vor über 100 Jahren Mormonenpioniere eine landwirtschaftliche Gemeinde auf, die nach einer Reihe von katastrophalen Überflutungen Ende des 19. Jh. aufgegeben wurde. Als Western in den 50er Jahren immer beliebter wur-

den, zimmerten Hollywoods Filmarchitekten in der reizvollen Landschaft der Vermilion Cliffs den Drehort Paria zusammen, der sich zwischen den seltsam gefärbten Bergen wie eine vergessene Geisterstadt ausnimmt. Selbst wer sich weniger für die windschiefen Kulissenbauten interessiert, wird an der reizvollen Gegend Gefallen finden.

Rund 18 Meilen nördlich von Kanab beginnt in Mount Carmel Junction die Prachtstraße 9, die durch einen Teil des Zion National Park nach Westen führt. Am Ortseingang von Rockville biegt die Old Bridge Road, eine kleine Nebenstraße, Richtung Süden ab und führt über eine Brücke, die den aus dem Zion Park fließenden Virgin River überspannt. Am Fluß entlang fährt man nach Westen und erreicht nach etwa 4 Meilen die Geisterstadt **Grafton**, die seit den 20er Jahren verlassen ist (9, s. Farbabb. 18). Als einzige brachten Aufnahmeteams von Film

Der Colorado River unweit von White's Ranch, Utah

und Fernsehen sporadisch Leben in den Ort. Der berühmteste hier gedrehte Film war »Butch Cassidy und Sundance Kid«, ein Edelwestern mit Paul Newman und Robert Redford in den Hauptrollen. Wie anderen Geisterstädten hat der Vandalismus auch Grafton sehr zugesetzt, so daß nur noch wenige Gebäude erhalten sind, u. a. eine in den 80er Jahren des 19. Jh. aus Lehmziegeln erbaute Kirche. Dennoch zählt der Ort zu den fotogensten *ghost towns,* weil sich hier die rosafarbenen Berge des Zion National Park erheben und aus der Gegend eine wahre Theaterlandschaft formen.

Ähnliches läßt sich über die **Ponderosa Ranch** (1) bei Incline Village am Nordost-Ufer des Lake Tahoe sagen, die durch den TV-Renner »Bonanza« und die Filmfamilie Cartwright zum Inbegriff des amerikanischen Westens geworden ist. Auch der einige Meilen südlicher gelegene **Spooner Lake** (2) hat seine landschaftliche Idylle schon mehrfach als Kinokulisse zur Verfügung gestellt.

Auf dem Boden Nevadas liegen noch weitere Drehorte, was u. a. damit zusammenhängt, daß die staatliche Filmstelle nicht nur spektakuläre Landschaften, sondern steuerlich auch außerordentlich günstige Produktionsbedingungen anbieten kann. Zu den zahlreichen neueren Produktionen zählen die Kino-Hits »Top Gun« mit Tom Cruise, zum Teil gedreht auf der *U. S. Naval Air Station* bei **Fallon** (3) am Highway 50, sowie »Rain Man« mit Dustin Hofman, ein u. a. in Caesar's Palace in Las Vegas sowie in **Pahrump** (4) westlich von **Las Vegas** (5) aufgenommener Film.

Kulisse für das Genre der harten Killerfilme war schon einige Male das **Valley of Fire** (5) zwischen Lake Mead und der Interstate 15, das mit seiner von

Wind und Wetter auserodierten Sandsteinlandschaft ein geradezu klassisches Betätigungsfeld für den Filmbösewicht Lee Marvin in dem Thriller »The Professionals« war.

Ebenfalls dank seiner Landschaft ist **Yuma** (14) an der Grenze von Arizona und Kalifornien Filmdrehort geworden. Als »Lawrence von Arabien« gedreht

Drehort im Johnson Canyon östlich von Kanab, Utah

wurde, konnte man durch die Existenz von wunderschönen Sanddünen fast vor der Haustür Hollywoods sowohl teure Kulissen als auch Reisekosten sparen. Solche Beweggründe waren u. a. auch ausschlaggebend dafür, daß im Südwesten schon viele *ghost towns* Kinokarriere gemacht haben. In der ehemaligen Bergbausiedlung **Mogollon** (17) zum Beispiel stehen noch einige windschiefe Hütten, die manchem Besucher aus älteren Wildwestfilmen bekannt sein dürften.

Nicht spektakuläre Landschaften allein haben Western-Regisseure bei der Auswahl von Drehorten beeinflußt. Der ›reitende Cowboy‹ Tom Mix, in den 20er Jahren für seine Kunststücke im Sattel

John Wayne mit Double und Filmteam in Old Tucson, Arizona

bekannt, soll eine Vorliebe für die Gegend um **Prescott** (13) in Arizona gehegt und u. a. deswegen zahlreiche seiner Filme dort gedreht haben. Auch **Tombstone** (16) ist nicht seiner Landschaft wegen ›filmreif‹ geworden, sondern weil es zu jenen Orten zählt, die untrennbar mit der ›heißesten Phase‹ des Wilden Westens verbunden sind und damit für Authentizität bürgen – wie beispielsweise auch **El Paso** (18) an der mexikanischen Grenze, dessen Name jedem Wildwestfan die Ohren klingen läßt.

Da sich Tombstone bis heute einen Teil seines historischen Bildes erhalten hat, war dies für eine Reihe von Filmemachern Grund genug, sich mit der Kamera am Originalschauplatz auf die Suche nach der bleihaltigen Wildwestvergangenheit zu machen, die der Schriftsteller Walter Noble Burns so beschrieb: »Verbrecher, Viehdiebe, Posträuber und Spieler standen Ellbogen an

Ellbogen mit Bergwerksmillionären, Kaufleuten, Ärzten und Anwälten an den Bars. Colts krachten vor den Kirchen, Desperados sanken in den Staub, während der Geistliche seine Predigt hielt...«. Auch heute noch glänzt der Mond ab und zu über den Dragoon Mountains im Nordosten von Tombstone, und wenn über die nächtliche Mesquite-Prärie das Heulen eines Koyoten hallt, könnte man sich beinahe in alte Zeiten zurückversetzt fühlen. Aber eben nur beinahe. Denn Tombstone ist eine sehr lebendige Stadt und kein Freilichtmuseum und Filmstudio wie z. B. **Old Tucson** (15).

Dieses Filmdorf liegt 12 Meilen westlich von Süd-Arizonas Metropole Tucson mitten in der Kakteenwüste (s. S. 113). Im Winter 1939/40 begann die Gesellschaft *Columbia Pictures* diesen Flekken als Kulisse für den Western »Arizona« mit William Holden in der Hauptrolle aufzubauen. Die Idee dabei war, Gebäude und Straßenzüge so herzurichten, wie Tucson in den 60er Jahren des 19. Jh. aussah. Selbst in Baumaterial und Bautechnik wollte man sich dem alten Westen soweit wie möglich annähern. Deshalb ließ man manche Bauten von Papago-Indianern erstellen, die am besten mit Adobe-Ziegeln umzugehen wußten.

Nachdem die Arbeiten für »Arizona« beendet waren, diente das Kulissendorf bis heute mehr als 200 Kinofilmen und Fernsehproduktionen als Drehort. Regisseur Howard Hawks drehte hier seine Klassiker »Rio Bravo« und »El Dorado«, James Steward stand in »Winchester 73« vor der Kamera, und zwischen 1966 und 1971 war Old Tucson Schauplatz der populären Fernsehserie »High Chaparral«.

Inzwischen hat sich der Drehort zu einer vielbesuchten Touristenattraktion mit täglichen Revolverduellen und Saloonprügeleien entwickelt. Der Rummel mit Hamburgerständen, Limonadenbars und Karussells ist an manchen Tagen beträchtlich. Aber wer sich ein bißchen abseits hält, wird zwischen den Kulissenbauten, den ›Armleuchterkakteen‹ und den ausgebleichten falschen Häuserfronten doch noch das entdecken, was sich in allen Filmlandschaften des Südwestens

verbirgt: eine romantische Kulisse für Westernträume. Daß sie trotz der Abgesänge auf das Western-Genre noch nicht ausgeträumt sind, dokumentierte eine Wildwest-Produktion aus dem Jahre 1988. Der Streifen »Young Guns« nahm sich mit Billy the Kid eine schon klassische Geschichte zum Thema, was manche Kritiker zu der Vermutung verleitete, der Western werde wohl über kurz oder lang eine Renaissance erleben. In diesem Film spielt eine heute unter Denkmalschutz stehende Scheune in **Ojo Caliente** (19) etwa 27 Meilen nördlich von Española in New Mexico eine Rolle. Das Besondere an diesem im Jahre 1924 aus Holz und Adobe gebauten Kuhstall ist seine ungewöhnliche Kuppelform, an der die Filmemacher offenbar nicht vorbeikamen.

Paul Newman bei Dreharbeiten zu »Butch Cassidy und Sundance Kid« in Grafton, Utah

Entlang
der
KAKTUS-
grenze

Bekannte Städte sind El Paso, Las Cruces, Sierra Vista und Nogales. Flüsse heißen Rio Grande, Rio Pecos und San Pedro. Berge hat man auf klingende Namen wie Guadalupe, Chiricahua, Pinaleno und Sauceda getauft. Und die Menschen, die in dieser Gegend wohnen, nennt man Chicanos, Latinos oder Hispanics. Wer glaubt, hier sei von einem Land Lateinamerikas und seinen Bewohnern die Rede, täuscht sich. Vielmehr beziehen sich diese wenig amerikanisch klingenden Namen auf das Territorium der USA, genauer gesagt den Süden der beiden Bundesstaaten Arizona und New Mexico, die auf eine Länge von rund 550 Meilen eine gemeinsame Grenze mit Mexiko haben.

Nirgendwo gibt sich der Südwesten Amerikas farbiger, lebensfroher und multikultureller als hier, zwischen Yuma im Westen und El Paso im Osten, zwischen Colorado River und Rio Grande. Je mehr man sich der mexikanischen Grenze nähert, um so weniger typisch wird Amerika. Fast 300jähriger spanischer Einfluß hat Spuren hinterlassen, heute färbt die Nähe zu Mexiko auf Land und Leute und deren Kultur ab. Gäbe es die häßlichen und abweisenden Grenzbefestigungen zwischen den beiden Staaten nicht, fiele es schwer, den tatsächlichen Grenzverlauf ausfindig zu machen. Saguaro-Kakteen gedeihen hier wie da, und allem, was in der sonnendurchglühten Sonora-Wüste kreucht und fleucht, ist der Demarkationsstreifen ohnehin egal. Obwohl nicht ohne weiteres erkennbar, handelt es sich doch um eine Grenze, die zwei sehr verschiedene Kulturen trennt, wenngleich auf beiden Seiten Kulturangleichungen seit langem offensichtlich sind.

Um diesen Grenzstreifen und das teilweise gespannte Verhältnis der Menschen unterschiedlicher Rasse und Nationalität verstehen zu können, muß man die Geschichte der beiden Nachbarländer kennen. Die US-Bundesstaaten Arizona und New Mexico waren seit dem 17. Jh. Teile des spanischen Kolonialreiches. Aus dieser Epoche stammen viele spanische Namen und Bezeichnungen, und auch die *Hispanics*, spanische Abkömmlinge, sehen ihre Wurzeln in jener Zeit. Mit der Unabhängigkeit Mexikos von der spanischen Krone im Jahre 1821 kamen beide Staaten unter mexikanische Herrschaft. Damals entstand mit dem *Santa Fe Trail* zwischen Missouri und Santa Fe eine Handelsstraße, die den Norden Mexikos wirtschaftlich allmählich vom Rest des Landes löste und zunehmend in den Einflußbereich der USA

brachte. Infrastrukturell hatten Arizona und New Mexico für Amerika eine wichtige Brückenfunktion zum ›verheißenen Land‹ an der Pazifikküste. Auch vor diesem Hintergrund ist der amerikanische Expansionskrieg 1846–48 gegen Mexiko zu sehen. Die Niederlage Mexikos und die daraus resultierenden Konsequenzen spielen auch heute noch im amerikanisch-mexikanischen Verhältnis eine prägende Rolle. Mexiko mußte 1848 rund ein Drittel seines damaligen Staatsgebiets an die USA abtreten, darunter auch New Mexico und Arizona (Süd-Arizona wurde von den Amerikanern im *Gadsden Purchase* gekauft). Den dort lebenden Menschen gestand man zwar die amerikanischen Bürgerrechte zu, gesellschaftlich und wirtschaftlich bildeten sich jedoch Strukturen heraus, welche die *Chicanos* – so nennt man heute Amerikaner mexikanischer Abstammung – und andere rassische Minderheiten benachteiligten.

Mit der verstärkten Zuwanderung weißer Siedler, Farmer und Viehzüchter nahm die Vertreibung und Landenteignung der *Chicanos* durch diskriminierende Steuern und Bodengesetze so zu, daß viele sich schließlich als zwangsrekrutierte Arbeitskräfte auf den Ländereien und in den Bergwerken der neuen Landesherren verdingen mußten. In dieser ›Kolonialpolitik‹ haben manche Ressentiments der Mexikaner gegenüber Amerikanern heute noch ihren Ursprung. Zu Spannungen trägt aber auch bei, daß sich die wirtschaftliche Kluft zwischen dem reichen Industrieriesen USA und dem armen Schwellenland Mexiko nicht verringert, sondern vergrößert hat. In die Hunderttausende geht die Zahl derer, die jedes Jahr illegal von Mexiko in die USA

Tips für Mexiko-Besucher

Eine Stippvisite von New Mexico oder Arizona über die Grenze nach Mexiko ist unproblematisch. Am einfachsten geht es, wenn man das Auto in den USA zurückläßt und die Grenze zu Fuß überquert. In der Regel genügt ein Reisepaß für einen eintägigen Ausflug von den USA ins Nachbarland. Ein Visum für Mexiko wird für Kurzbesuche von Deutschen, Schweizern und Österreichern nicht verlangt, der Paß muß jedoch noch mindestens sechs Monate gültig sein. Wer länger in Mexiko bleiben will oder sich weiter von der Grenze entfernt, benötigt eine Touristenkarte, die von konsularischen Vertretungen Mexikos (auch von den Behörden an größeren Grenzübergängen) ausgestellt wird und für einen Aufenthalt von maximal 90 Tagen gilt.

Manche amerikanische Mietwagenfirmen erlauben Grenzübertritte mit Leihwagen, andere lassen dies nicht zu. Bevor ein Wagen angemietet wird, sollte man sich darüber erkundigen. Die meisten in den USA abgeschlossenen Autoversicherungen verlieren in Mexiko ihre Gültigkeit. In amerikanischen Grenzstädten gibt es aber Gesellschaften, die spezielle Policen für einen oder mehrere Tage ausstellen. Die jeweiligen Handelskammern und Informationsbüros in den größeren Grenzstädten geben Auskunft: **El Paso**, Convention & Visitors Bureau, 1 Civic Center Plaza, El Paso, TX 79901, ☏ 915/534–0698; **Douglas**, Chamber of Commerce, 1125 Pan American, P. O. Drawer F, AZ 85608, ☏ 602/364–2477; **Nogales**, Chamber of Commerce, Kino Park, AZ 85621, ☏ 602/287–3685; **Yuma**, Chamber of Commerce, P. O. Box 230, AZ 85366, ☏ 602/782–2567.

einwandern oder von Schlepperorganisationen zu hohen Preisen eingeschleust werden und dort ein Heer billiger, duldsamer und austauschbarer Schwarzarbeiter bilden.

Wer von Standorten außerhalb des Südwestens an die ›Kaktusgrenze‹ zwischen den USA und Mexiko fahren will, reist am besten über Phoenix oder Tucson in Arizona oder über El Paso an. Die Stadt liegt am Dreiländereck Texas, Mexiko und New Mexico und bildet zusammen mit dem benachbarten Ciudad Juarez, der viertgrößten Stadt Mexikos, einen Ballungsraum von mehr als 1,5 Mio. Einwohnern. Die ›Hauptstadt der Cowboystiefel‹, wie El Paso wegen seiner traditionellen lederverarbeitenden Industrie auch genannt wird, ist nicht nur ein zentraler Verkehrsknotenpunkt mit internationalem Flughafen, transkontinentalen Highways und Eisenbahnanschluß, sondern für ausländische Besucher in erster Linie auch ein offenes Tor ins benachbarte Mexiko.

Drei Brücken im Zentrum der Stadt führen über den Grenzfluß Rio Grande. An der Santa Fe International Bridge kann man das Auto auf einem der bewachten Parkplätze abstellen und zu Fuß nach Mexiko gehen. Die Avenida Juarez, die man von der Brücke aus erreicht, zählt zu den belebtesten Einkaufsstraßen mit vielen Geschäften, Souvenirläden und Restaurants. Zudem führt sie geradewegs zur sehenswerten Juarez-Kathedrale sowie zum vor Betriebsamkeit und Warenangebot fast platzenden Obst- und Gemüsemarkt, den man sich auf jeden Fall ansehen sollte. Unmittelbar hinter der Grenze kann man in zahlreichen Wechselstuben Geld tauschen. Die meisten Geschäfte nehmen aber lieber amerikanische Währung.

Wer von El Paso eine Tour entlang der ›Kaktusgrenze‹ durch den Südwesten New Mexicos und den Süden Arizonas unternimmt, lernt Landschaften wie aus dem Bilderbuch kennen. 42 Meilen nördlich von El Paso liegt vor Las Cruces das historische Dorf **La Mesilla** (Kleiner Tisch), das schon Anfang des 17. Jh. ein Rastplatz für spanische Kolonisatoren war, die über den *Camino Real* (Königstraße) von Mexico City ins nördliche New Mexico zogen. Im 19. Jh. diente der Ort als Stopp der Butterfield-Postkutschenlinie, wo Reisende die einzige Gelegenheit hatten, auf der Strecke zwischen Texas und Los Angeles in einem Bett zu schlafen.

Westlich von La Mesilla erstreckt sich der am dünnsten besiedelte Teil New Mexicos. Im Süden von Deming, am Fuße der Florida Mountains, liegt der **Rock Hound State Park**, der einzige Park New Mexicos, in dem Gestein- und Mineraliensammler ihrer Leidenschaft nachgehen dürfen. Folgt man der Straße 11 weiter, erreicht man in Grenznähe den **Pancho Villa State Park**. Hier fand die einzige militärische Attacke auf das zusammenhängende Staatsgebiet der USA statt, als der mexikanische Revolutionär Pancho Villa in der Nacht des 9. 3. 1916 amerikanische Truppen angriff.

Auf dem Territorium Arizonas beginnt die Reise durch den Grenzstreifen im ehemaligen Apachenland Cochise County (s. S. 74). Zunächst erreicht man an der mexikanischen Grenze die Industriestadt **Douglas** mit dem Nachbarort **Agua Prieta**, der seit den 70er Jahren seine Bevölkerung auf über 60 000 Einwohner verdreifachte. Hier wie auch in anderen Grenzorten haben US-Unternehmen

Entlang der Kaktusgrenze

eine neue Art industrieller Fertigung ins Leben gerufen: In Zweigwerken auf mexikanischer Seite werden Produkte aus zollfreien Rohmaterialien gefertigt, die als originale US-Halbfertigprodukte wieder zollfrei von den USA ›importiert‹ werden, um dort den letzten Schliff sowie den Stempel *Made in the United States* zu erhalten. Da dieses Produktionssystem den eigentlichen Ursprung der Erzeugnisse verschleiert, haben die Mexikaner einen Begriff dafür erfunden: *maquila*, was soviel wie Schminke bedeutet.

Folgt man in Bisbee der Straße 92, erreicht man auf halbem Weg nach Sierra Vista die Abzweigung zum **Coronado National Memorial**. Das Bergland ist nicht nur ein schönes Wandergebiet, sondern auch historischer Boden. Im Jahre 1540 gelangte hier die erste größere Expedition der Spanier unter Francisco Vasquez de Coronado auf das Staatsgebiet der heutigen USA. Westlich von Sierra Vista liegt das historische **Fort Huachuca**, das in den 80er Jahren des vorigen Jahrhunderts eine wichtige Rolle als vorderster Armeeposten im Krieg gegen die Apachen und deren Häuptling Geronimo spielte. Heute werden hier Agenten der amerikanischen Geheimdienste ausgebildet.

Bedeutendste amerikanisch-mexikanische Grenzstadt in Arizona ist **Nogales**. Schon in prähistorischer Zeit war dieser Durchgang in einer Bergkette ein Handelstor, und daran hat sich bis heute nichts geändert. Nogales-USA ist mit 24 000 Einwohnern kleiner als Nogales-Mexiko, wo 180 000 Menschen leben. Am Grenzübergang mitten in der Stadt herrscht eigentlich immer Hochbetrieb. Viele Mexikaner arbeiten auf amerikanischer Seite, US-Bürger und Touristen kaufen ›drüben‹ gerne ein, unternehmen einen Spaziergang oder lassen sich in einem der zahlreichen kleinen Restaurants auf echt Mexikanisch verkösten.

Von Nogales (span. Walnuß) erreicht man über die Interstate 19 (die einzige

Straße Arizonas, auf der die Entfernungen in Kilometern statt in Meilen angegeben sind) drei historische Sehenswürdigkeiten. Zunächst die **Mission San José del Tumacacori**, die seit etwa 1800 von Indianern unter der Leitung von Franziskanerpatres aufgebaut, aber nie ganz fertiggestellt wurde. Weiter nördlich liegt **Tubac Presidio State Historic Park**, die älteste spanische Ansiedlung in Arizona aus dem Jahre 1752, als die Kolonisatoren hier eine Garnison zum Schutz der Siedler vor Indianern gründeten. Maler, Bildhauer und Töpfer haben den Ort heute in eine kleine Künstlerkolonie verwandelt. Bevor man Tucson erreicht, findet man westlich der I-19 die **Mission San Xavier del Bac**, die als schönstes Beispiel der Missionsarchitektur in den USA gilt (s. Farbabb. 14).

Die Straße 86, die Tucson in südwestlicher Richtung verläßt, führt nach 38 Meilen am **Kitt Peak Observatory** vorbei, dessen weiße Dome man schon von weitem erkennen kann. Am Ende einer 12 Meilen langen Seitenstraße befindet sich das Besucherzentrum des Observatoriums (geöffnet: tägl. 10–16 Uhr außer Weihnachten; Eintritt frei). 12 Meilen vor Ajo biegt in südlicher Richtung die Straße 85 zum **Organ Pipe Cactus National Monument** (s. Farbabb. 9) ab, wo Orgelpfeifenkakteen (*Lemaireocereus thurberi*) die Wüstenlandschaft bestimmen. Am schönsten ist der Park im März und April, wenn sich der regenarme Landstrich in ein wahres Blütenmeer verwandelt. Der Sommer ist hier Nebensaison, weil die Temperaturen häufig auf über 40° C ansteigen. Vom Besucherzentrum führen zwei Pistentouren (53 und 21 Meilen) durch die Sonora-Wüste. Wanderfreunde können sich vom Campingplatz in der Nähe des Besucherzentrums auf einen der *Hiking Trails* durch den Park begeben.

Das Grenzland des Südwestens endet bei Yuma am Colorado River. 26 Meilen weit führt die Straße 95 nach **San Luis** an die mexikanische Grenze, wo Touristen vor allem Lederarbeiten wie Gürtel und Taschen zum Kauf angeboten werden. 17 Meilen westlich von Yuma zeigt sich der Südwesten nochmals von seiner einsamsten Seite. Teile des Kassenschlagers »Krieg der Sterne« wurden in dieser Dünenlandschaft gedreht, durch die zwischen 1915 und 1926 eine Holzbohlenstraße führte, von der noch einige Reste zu sehen sind. Der heutige Reisende hat es einfacher, er ›rauscht‹ im 65-Meilen-Tempo in der klimatisierten Limousine über den Interstate-Highway 8.

Natur im Belagerungszustand

Einst waren sie Prototypen einer weltweit kopierten Idee des Naturschutzes. Heute geraten sie offensichtlich immer schneller in die Krise: Amerikas Nationalparks, die beliebtesten und bekanntesten Touristenziele in der Neuen Welt. Die Besucherzahlen in diesen schönsten und eigenartigsten Landschaften der USA stiegen in den letzten Jahren derart, daß sich die Natur vielerorts bereits in einer Art Belagerungszustand befindet. Eine dem Massentourismus angepaßte Infrastruktur mit gut ausgebauten Zufahrtswegen, Hotels, Restaurants, Campingplätzen und Supermärkten erschloß der modernen motorisierten Freizeitgesellschaft Gebiete, die es eigentlich vor dem Menschen und seiner Zivilisation zu schützen galt. Pflanzen- und Tierarten werden aus den Parks immer weiter verdrängt, weil Millionen von Besuchern manche Naturlandschaften in wahre Rummelplätze verwandelt haben.

So wurde Amerikas ›Weltwunder‹ Grand Canyon die steigende Popularität in den letzten Jahren mehr und mehr zum Verhängnis. Im Jahre 1919, als der Canyon zum Nationalpark erklärt wurde, kamen 44 173 Besucher. Ende der 80er Jahre besuchten jährlich mehr als 4 Mio. Menschen die großartige Schlucht des Colorado, die meisten davon in den Sommermonaten. Die damit verbundene Überbeanspruchung der Natur gefährdet das sensible Gleichgewicht von Flora und Fauna. Pflücken Parkbesucher Blumen, beeinträchtigen sie damit die Existenzgrundlagen von Insekten, von denen wiederum kleine Nagetiere leben. Und ohne diese Beute kommen andere Canyonbewohner nicht aus. So ist der Mensch durch leichtfertiges, unüberlegtes Verhalten in der Lage, eine natürliche Balance zu stören und damit schwerwiegende Konsequenzen für ganze Ökosysteme herbeizuführen.

Trotz der Besuchermassen ist der Grand Canyon auch heute noch eine Attraktion besonderer Art, wenn sich die Touristen darauf einstellen, daß sie ihr Naturerlebnis mit vielen anderen teilen müssen. Schon im Jahre 1974 entschloß sich die Parkverwaltung, auf dem West Rim Drive während der Sommermonate nur noch Pendelbusse verkehren zu lassen, nachdem der private Autoverkehr geradezu großstädtische Formen angenommen hatte. Selbst innerhalb des Canyons wurde der Besucherandrang so groß, daß man die Zahl der Übernachtungen auf den Campingplätzen aus Gründen der ökologischen Schadensbegrenzung limitierte. Andere Einschränkungen wie etwa für den Flugverkehr über dem Grand Canyon blieben bislang aus, weil das freie Unternehmertum auch in und um den Park aufrechterhalten werden soll.

Seit einigen Jahren hat die Diskussion über die Zukunft der amerikanischen Nationalparks und anderer Naturdenkmäler an Schärfe erheblich zugenommen. Eine im Jahre 1987 veröffentlichte Studie des Wissenschaftlers William Newmark von der Universität Michigan wies nach, daß aus 14 Nationalparks des amerikanischen Westens 42 dort heimische Säugetierarten verschwanden. Solche Entwicklungen signalisieren den kritischen Zustand von Naturschutzgebieten und verlangen schnelle praktikable Lösungen.

Radikale Umweltfachleute traten bereits mit der Forderung an die Öffentlichkeit, Parks ganz oder zumindest zeitweise zu schließen oder nur eine bestimmte Zahl an Besuchern zuzulassen. Gegen diese Idee laufen private Geschäftsleute und Konzessionäre Sturm, die innerhalb der Parks Hotels und Restaurants, Schwimmbäder und

Besucher des Grand Canyon müssen ihr Naturerlebnis mit vielen anderen teilen

Tourunternehmen betreiben und an möglichst hohen Auslastungen interessiert sind. In diesem Streit zeigen sich deutlich die Fronten: Profitmotiv der Privatwirtschaft hie – Naturschutzidee der Ökologen da. Der frühere Innenminister W. J. Hickel, zu Amtszeiten auch oberster Chef der Nationalparks, hatte einen Kompromiß zwischen Schutz und Nutzung der Parks im Sinn: »Alle Amerikaner haben ein Recht auf einen angemessenen Anteil an Freizeit und Erholung in freier Natur. Gleichzeitig müssen wir mehr Wildnis vor zerstörerischen Eingriffen und Überbeanspruchung schützen – nicht, indem man Leute ausschließt, sondern indem man sicherstellt, daß es immer noch Naturregionen für zukünftige Generationen gibt.«

Umweltexperten halten nicht allzu viel von derartigen Worten angesichts der fortschreitenden Kommerzialisierung gerade der Naturwunder des Südwestens. Wie schnell und wie bedrohlich solche Entwicklungen ablaufen, zeigt Lake Powell an der Grenze zwischen Arizona und Utah. Im Jahre 1964 war der Glen Canyon-Damm fertiggestellt, der den Colorado zu einem 290 km langen See mit Hunderten von Seitenarmen und Verzweigungen sowie über 3000 km Uferlinie aufstaute. Das von Menschenhand geschaffene blaue Gewässer inmitten einer Wüstenlandschaft wurde in Windeseile zu einem Touristenspektakel und einem Mekka für Wassersportler, kein Wunder bei seiner berückenden Schönheit. Die Tatsache aber, daß der See ein Einzugsgebiet von etwa 25 Mio. Menschen hat, die seine Ufer innerhalb eines Tages per Auto erreichen können, ist Lake Powell zu einer dramatischen Gefahr erwachsen. Der *National Park Service*, der für Lake Powell zuständig ist, beschäftigt etwa 70 Ranger in diesem Gebiet, die nur die absolut notwendigen Aufgaben erfüllen können und der jährlichen Welle von rund 3 Mio. Besuchern fast hilflos entgegensehen.

Ausflugsdampfer und private Boote bringen jedes Jahr rund 100000 Neugierige zur Rainbow Bridge am Südufer des Sees. Der Steinbogen von fast 30 m Höhe wird von Mutigen als Sprungturm zweckentfremdet, wenngleich ein Informationsschild das Naturwunder als heilige Stätte der Navajo ausweist und Besucher zu entsprechendem Benehmen anhält.

Am nördlichen Seeufer westlich von Rainbow Bridge liegt Dangling Rope Marina, eine Versorgungsstation für Boote, die auf dem Landweg nicht erreicht werden kann. Die schwimmenden Tankstellen verkaufen jährlich mit rund 5,7 Mio. l Sprit mehr Treibstoff als jede andere Großtankstelle im Staat Utah. Andere Stationen wie Wahweap Marina, Bullfrog Marina und Hite Marina am östlichen Ende des Sees holten das Schnellbootzeitalter in die vor zwei Jahrzehnten noch abgelegene Canyonwelt. Hier fungieren Bürgerinitiativen, Pfadfinder und Schulklassen freiwillig als Müllabfuhr, um den überforderten *National Park Service* zu entlasten und die einsamen Sandbänke in Seitencanyons nicht zu Abfallkippen verkommen zu lassen.

Seitdem im Jahre 1872 mit Yellowstone der erste amerikanische Nationalpark gegründet wurde, haben sich Landschaft und Zivilisation Nordamerikas stark verändert. Der Gedanke, daß es in diesem Teil der Welt noch intakte Ökosysteme gibt, ist wahrscheinlich eine Illusion. Auch die Nationalparks sind nichts anderes als kleine Öko-Nischen, über die längst der Schatten der modernen Industriegesellschaft gefallen ist. Nicht erst mit dem Massentourismus haben die Parks ihre ›Unschuld‹ verloren. Aber die Veränderungen, die damit einhergehen, implizieren eine neue ›Qualität‹ und Dimension der Naturzerstörung gerade dort, wo man die Naturwunder heil und unverdorben vorzufinden hofft. Mit gutgemeinten Appellen wendet sich der *Park Service* in allen touristischen Ballungsgebieten an die Besucher, um sie zu verantwortungsvollem Verhalten anzuhalten. Mag sein, daß solche Aufrufe angesichts der drängenden Probleme fast wie Alibimaßnahmen wirken. Vielleicht schaffen sie aber auch ein verstärktes Bewußtsein für die Gefährdung der natürlichen Umwelt.

Feurige Küche

Die Reaktionen von Amerikabesuchern reichen von hellem Entzücken (bei *Fast Food*-Freunden) bis zu blankem Entsetzen. Wenn es um das leibliche Wohl geht, befürchten viele Europäer, lukullisches Niemandsland zu betreten. Manch einer glaubt, von Leberwurst und Schweinebraten getrennt, ausschließlich mit *Fast Food* überleben zu müssen.

Schnellimbisse gibt es in der Tat überall, und allein der Marktführer McDonald's bewirtet täglich mehr als 17 Mio. Gäste. Angeboten werden nicht nur Hamburger: Kentucky Fried Chicken brät Hähnchen, bei Pizza Hut bekommt man zur Pizza sogar offenes Bier, Dairy Queen ist etwas für Naschkatzen, Taco Bell serviert Mexikanisches. Sonic (z. B. in Ruidoso und Silver City in New Mexico) ist noch ein richtiges *Drive-In* und selbst für *Fast Food*-Gegner den Spaß wert, dort einmal ›einzukehren‹. Man bestellt über eine Sprechanlage und bekommt von der Bedienung das Tablett ans Wagenfenster gehängt.

Wer gerne Hamburger ißt, kann sich in diesen Imbißketten preiswert verpflegen. Eltern können mit ihren Kindern streßfrei essen, da Tischsitten kaum gefragt und Kinderspielplätze meistens vorhanden sind. Ein Vorteil dieser Restaurants liegt darin, daß einige sehr früh öffnen und spät schließen. Frühaufsteher können dort ihren Kaffee schon im Morgengrauen trinken, während es in den Motels zwar oft kostenlosen Kaffee (*courtesy coffee*) gibt, bis 7 Uhr aber meist alles noch selig schläft. Verwöhnte Kaffeetrinker sollten sich auf ›Blümchen-Kaffee‹ einstellen. Ein kleiner Trost mag sein, daß meist nur die erste Tasse bezahlt werden muß, die *refills* sind frei.

Zum Frühstück bieten sich die *Coffee Shops* an. Toast, Eier, Steaks und Bratkartoffeln, Pfannkuchen mit Ahornsirup – so gewappnet kann man den Tag bis zum abendlichen Dinner überstehen. Wer das Frühstück nicht ganz so üppig mag, versorgt sich am besten im Supermarkt. Oft gibt es sogar frische Brötchen (*Kaiser buns* entsprechen am ehesten dem europäischen Geschmack), in den *Delicatessen* manchmal Vollkornbrot und offene Wurst. Supermärkte bieten zudem häufig sehr gute Suppen und kleine Warmgerichte an.

Neben dem amerikanischen Durchschnittsessen hat der Südwesten eine eigene Eßkultur zu bieten. Durch indianische und spanische Einflüsse und die unterschiedlichen nationalen Geschmäcker der Pioniere bildete sich eine eigenständige, farbenfrohe und sehr schmackhafte Küche heraus. Chili ist das Zauberwort. Die roten

Früchte hängen in Bündeln und Girlanden (*ristras*) zum Trocknen an den Adobe-Häusern. Die grünen werden schon früher geerntet und auf dem Feuer geröstet. Rote und grüne Schoten gehören in nahezu jedes Gericht.

Chili heißt sowohl die Pflanze als auch das daraus geriebene Gewürz. Für *Chili con carne* (Chili mit Fleisch) etwa hat fast jede Familie ihr eigenes Rezept. Es gibt Chili-Kochwettbewerbe, eine eigene Zeitung, die nur über die ›Kochfront‹ der Chili-Liebhaber berichtet, und die Gemüter erhitzen sich im Glaubenskrieg darüber, ob in das Chili Bohnen gehören oder nicht. Warm wird es auch dem Neuling, denn die Chili-Gerichte sind in der Regel höllisch scharf. Die Tantalusqualen lassen sich selbst durch das gute, auch in Amerika servierte mexikanische Bier nicht löschen. Ausweg aus diesem Dilemma bieten Milchprodukte oder *sopaipillas*, ein fritiertes Gebäck, das mit Butter und Honig gegessen wird.

Vorsichtige Gemüter werden es erst einmal mit dem harmloseren Grundpfeiler der Südwest-Küche probieren, den aus Mais- oder Weizenmehl hergestellten *tortillas*. Je nach Weiterverarbeitung und Füllung mit verschiedenen Fleischsorten, Tomaten, Chilis, kleingeschnittenem Salat und Käse, kommen sie als *enchiladas, burritos, tacos* oder *tostadas* auf den Tisch, begleitet von einer Soße aus grünen oder roten Schoten. Man sollte nachfragen, welche schärfer ist; entgegen der landläufigen Meinung muß es nicht immer die rote sein. Sauerrahm oder eine grüne Avocadocreme mit Limonensaft, die *guacamole*, besänftigen den brennenden Gaumen, und bald gewöhnt man sich an diese Speisen, vor allem auch an die Bohnen, *frijoles*, die zu fast jeder Mahlzeit gehören. In Form von Bohnenmus sind die *refried beans* (gekocht, dann in Öl gebratene und zu Mus verarbeitete Pinto-Bohnen) eine ganz besondere Delikatesse.

In New Mexico werden als Spezialität *tortillas* aus blauem Mais angeboten. Wer Gelegenheit dazu hat, sollte sie ausprobieren, ebenso wie das indianische Brot *piki*, das als dünner Fladen auf heißen Steinen oder in den traditionellen *hornos* (s. S. 204) gebacken wird. *Navajo Fry Bread* ist ebenfalls ein indianisches, in schwimmendem Fett ausgebackenes Brot, das man vornehmlich in der Navajo Reservation bekommt.

Wer zur Abwechslung einmal ein richtiges Steak essen möchte, sollte dies in einem der zahlreichen und empfehlenswerten Steakhäuser tun. Ganz Hungrige können es dort mit einem zwei bis vier Pfund schweren T-Bone-Steak aufnehmen, kleinere Portionen gibt es natürlich auch. Die Mahlzeiten sind überall sehr reichlich. Und

Chili sorgt für Würze in der Südwest-Küche

wem das nicht genügt, der kann es mit *All you can eat* versuchen. Man bezahlt einen festen Preis und ißt soviel man will. Etwa unter dem gleichen Motto laden die Hotelcasinos in Nevada zur hemmungslosen Schlemmerei ein. Besonders erlesen ist das Dinnerbuffet bei Caesar's. Kaffee bzw. Limonade gibt es hier kostenlos, alkoholische Getränke muß man bezahlen. Ganz Mutige können im Südwesten hie und da auch Klapperschlange versuchen, während ›Heimwehkranke‹ genügend Gelegenheit haben, europäische Küche zu genießen.

Wie man ans Essen kommt

Im Südwesten geht es auch im Restaurant leger zu, aber nicht lässig. Das verbreitete Schild *NO SHOES, NO SHIRT, NO SERVICE* (Keine Schuhe, kein Hemd, kein Service) läßt auf leidgeprüfte Wirte schließen. Die ansonsten in Amerika so gepriesene ›Freiheit des Individuums‹ endet meistens abrupt beim Betreten eines Speiserestaurants.

In der Regel stoppt am Eingang ein Schild *Please wait to be seated* den Hungrigen, der nach einem geheimnisvollen Plan von der Bedienung (*waitress*, männlich: *waiter*) einen Platz zugewiesen bekommt. Manchmal muß der Gast allerdings warten, was oft nicht lange dauert, da der Besuch eines Restaurants in Amerika meist nur der Nahrungsaufnahme dient. Geselliges Beisammensein ist auf die Bar begrenzt, die auch dazu dient, die Wartezeit für einen Sitzplatz zu verkürzen. Dort sollte man eine der wirklich köstlichen Margaritas (Tequila mit Triple sec und Limonensaft) versuchen, was in New Mexico allerdings nur von Montag bis Samstag gelingt.

Alkohol wird sonntags weder ausgeschenkt noch verkauft (Mindestalter 21 Jahre – Wahltage sind alkoholfrei). Wer ohne sein abendliches Bier nicht sein mag, muß am Samstagabend im Supermarkt einkaufen und mehr oder weniger heimlich im Motel seinen Schlaftrunk genießen. New Mexico hat mit Curry und Roosevelt sogar zwei völlig ›trockene‹ Landkreise. Restriktive Alkoholgesetze sind auch im Mormonenstaat Utah in Kraft. Ansonsten lockt im Südwesten häufig die *happy hour* (Spätnachmittag etwa zwischen 16 und 18 Uhr), wenn es in vielen Bars die Drinks besonders preiswert gibt.

Nach dem Aperitif wird der Gast, der in der Zwischenzeit auch genug Muße gehabt hat, aus der Speisekarte (*menu*) seine Wahl zu treffen, an den Tisch geführt. In der Regel gibt es die Gerichte mit verschiedenen Beilagen, und um der Bedienung (und sich) die Bestellung zu erleichtern, sollte man die Art und Weise der Zubereitung mit angeben. Kartoffeln gibt es als Kartoffelbrei (*mashed potatoes*), gebackene Ofenkartoffel mit geschlagener Butter oder Sauerrahm (*baked potatoe with whipped butter or sourcream*), Pommes frites (*french fries*) oder Bratkartoffeln (*hash browns*).

Wer mit mehreren Leuten Essen geht, aber keine Gemeinschaftsrechnung wünscht, verlangt von der Bedienung *separate cheques* (getrennte Rechnungen), und zwar gleich bei der Bestellung. Das Trinkgeld in Höhe von 10–15 % ist ein Muß, da oft der einzige Verdienst der Bedienung. In nur wenigen gastronomischen Betrieben hat man bislang auf Inklusivpreise umgestellt. Man läßt das Trinkgeld einfach auf dem Tisch liegen oder erhöht den Rechnungsbetrag, falls man mit der Kreditkarte bezahlt, um den entsprechenden Prozentsatz.   Simone Holzhäuser

Arizona
Grand Canyon State

In Arizona gibt man sich, vorsichtig ausgedrückt, recht unbescheiden, wenn es darum geht, die eigene Heimat zu beurteilen. »Wir leben in einem wunderbaren Land«, sagen viele Einwohner, »in dem es alles gibt: das unvergleichliche Naturwunder Grand Canyon, über 4000 m hohe Berge, riesige Seen und menschenleere Wüsten, Feriengebiete, Wandermöglichkeiten, Indianerruinen und -reservate, große Städte mit luxuriösen Hotels, Bars und Restaurants, fast perfektes Wetter das ganze Jahr über... und 76 unterschiedliche Kaktusarten.« In der Tat könnte man dieser Vielfalt noch einiges hinzufügen, ohne in Lobhudelei zu verfallen.

Arizona hat Besuchern so viel zu bieten, daß sie Monate bleiben müßten, um sich zumindest das Wichtigste genauer anzusehen. Das liegt einerseits an dem Riesenaufgebot an Sehenswertem, von zwei Nationalparks und 14 *National Monuments* angefangen bis zum Wüstenmuseum von Tucson oder zur London Bridge in Lake Havasu City, die ein amerikanischer Industrieller der britischen Metropole abkaufte und am Colorado River wiederaufbauen ließ. Andererseits sind die Entfernungen in Arizona, verglichen mit europäischen Verhältnissen, gewaltig und nehmen längere Zeit in Anspruch.

Selbst Einheimische geben zu, daß für sie der Name Arizona noch nach Viehtrieb, Staub und weitem Himmel klingt. Obgleich in diesem jüngsten Bundesstaat – abgesehen vom außerhalb des zusammenhängenden US-Gebiets liegenden Alaska und Hawaii – viel von der ehemaligen Grenzlandatmosphäre erhalten blieb, ist nicht zu übersehen, daß das Land während der letzten 40 Jahre starken Veränderungen unterworfen war. Am deutlichsten kommt dies in der demographischen Entwicklung zum Ausdruck. Anfang der 40er Jahre zählte Arizona nicht einmal 500 000 Einwohner, heute leben allein im Großraum Phoenix mehr als dreimal soviele Menschen. Auch Ende der 80er Jahre hatte Arizona kaum etwas von seiner Anziehungskraft verloren: Die Wachstumsrate der Bevölkerung lag immer noch bei etwa 4 %.

In dem normalerweise als heiß und wüstenhaft bezeichneten Staat ist zwischen Mitte November und Mitte April in den San Francisco Mountains nördlich von Flagstaff Skisaison. Vier Sessellifte sind in Betrieb, um die Wintersportler im Gebiet der *snowbowl* auf die besten Pisten zu bringen. Bis weit in den Frühling hinein bleibt auf dem 4142 m hohen Humphrey's Peak der Schnee liegen. Wintervergnügen bieten auch die White Mountains im Osten Arizonas. Wenn dort an den Seen die Leute in dicken Mänteln beim traditionellen Eisfischen sitzen, sonnen sich am unteren Colorado die *snowbirds* in frühlingshaften Temperaturen. Jeden Winter findet im Südwesten eine wahre Völkerwanderung statt, wenn Zehntausende von ›Winterflüchtigen‹ aus anderen US-Staaten ihre Ausweichquartiere in den sonnenverwöhnten Teilen Arizonas aufsuchen.

Wer einen Blick in den Grand Canyon, die tiefste Schlucht der Erde wirft, unternimmt gewissermaßen eine Reise weit zurück in die Erdgeschichte. Denn dort wo sich der Colorado River schon beinahe 2000 m tief in den farbigen Felsen gegraben hat, liegen Gesteinsschichten offen, die vermutlich mehr als 2 Mrd. Jahre alt sind – beinahe halb so alt wie der Planet Erde. An dieser Zeitspanne gemessen, handelt es sich beim Sunset Crater 15 Meilen nördlich von Flagstaff am Highway 89 um eine geradezu ›neue‹ Erscheinung. Denn erst ›kürzlich‹, 1065/66, brach dort ein Vulkan

Arizona

Name: Der Name Arizona leitet sich von der indianischen Bezeichnung *arizonac* (kleine Quellen) für einen Ort ab, an dem 1736 Silber gefunden wurde.

Beiname: Grand Canyon State
Fläche: 295000 km^2 – sechstgrößter US-Bundesstaat
Bevölkerung: 3,18 Mio. nach dem Zensus von 1985. Die Bevölkerung setzt sich nach dem Zensus aus dem Jahre 1980 aus etwa 2,24 Mio. Weißen, 441000 Chicanos, 153000 Indianern, 75000 Schwarzen, 22000 Asiaten und 228000 anderen zusammen.

Hauptstadt: Phoenix 790000 Einwohner – der gesamte Ballungsraum Valley of the Sun mit Phoenix, Scottsdale und weiteren 18 Städten hat etwa 1,8 Mio. Einwohner, bis zum Jahre 2000 sollen es 2,8 Mio. sein.

Weitere größere Städte: Tucson 330500,Mesa 153000, Tempe 107000, Glendale 97000, Scottsdale 87000, Yuma 43000 Einwohner

Landesnatur: Der Nordosten Arizonas ist Teil des zwischen 1500 und 2400 m hoch gelegenen Colorado Plateaus mit tiefen Schluchten (Grand Canyon, Little Colorado) und hohen Bergen. Höchster Gipfel des Staates ist Humphrey's Peak nördlich von Flagstaff mit 4142 m. Das übrige Staatsgebiet neigt sich nach Südwesten hin zum Colorado River, der den größten Teil Arizonas entwässert. Etwa ein Drittel des Landes im Süden und Westen zählt zur Sonora-Wüste, in der Saguaro-Kakteen die typische Vegetation darstellen.

Wirtschaft: Wichtigster Wirtschaftszweig ist die industrielle Fertigung (Elektronik, Druckerei- und Metallerzeugnisse, Nahrungsmittel, Textilien, Rüstungsgüter). Der Tourismus hat für Arizona eine wachsende Bedeutung. Dritter wichtiger Bereich ist der Bergbau (Kupfer, Gold, Silber, Molybdän). Bedeutendste Sehenswürdigkeiten: Zwei Nationalparks (Grand Canyon, Petrified Forest), 14 *National Monuments* und sieben *State Parks* bzw. *State Historical Parks*.

aus, der eine Fläche von rund 2200 km^2 mit feiner schwarzer Asche bedeckte und die hier siedelnden Sinagua-Indianer aus ihren Dörfern vertrieb.

Wer von Flagstaff aus auf den Mars Hill westlich des Stadtzentrums steigt, stößt dort ebenfalls auf interessante Kontraste, wenn auch anderer Art. Im Jahre 1894 baute hier Percival Lowell ein Observatorium zur Beobachtung des Sonnensystems auf. Durch das Teleskop machte er in der klaren Luft während seiner nächtlichen Sitzungen imaginäre ›Kanäle‹ auf dem Mars aus, von denen er irrtümlich auf die Existenz von Leben auf dem roten Planeten schloß. Unzweifelhaft verifiziert wurde im Observatorium hingegen 1930 eine andere wissenschaftliche Hypothese, die der Existenz eines bislang verborgenen Planeten in Sonnensystem: Pluto war entdeckt. Auch in jüngster Zeit spielte das Observatorium im Rahmen des Voyager-Projekts der NASA eine Rolle.

Gegensätzliches auch auf anderen Gebieten. Inmitten der ältesten und bedeutendsten Kulturlandschaft der USA stieß man auf die Spuren der ersten Amerikaner, die mit steinernen Lanzen- und Pfeilspitzen inzwischen ausgestorbenen Tieren wie Mastodon und Mammut auf den Leib rückten. Als im 16. Jh. die Spanier in glänzenden Rüstungen und mit Musketen bewaffnet in Arizona einmarschierten, deutete dies ein neues Zeitalter an, nicht allein, aber auch in bezug auf die Waffentechnik. Sie veränderte sich dann noch stark bis zu jenem legendären Tag im Oktober 1881, als Wyatt Earp und Doc Holliday im O.K. Corral von Tombstone bei einer wilden Schießerei die gegnerische Clanton-Bande auf den Boothill Graveyard schickten, mit den Füßen voran.

Der Wilde Westen hätte seinen Namen nicht verdient und seinen Mythos nicht geschaffen, wären mit Pulver und ›blauen Bohnen‹ damals die unabdingbaren Voraussetzungen für Revolvergeschichten und Postkutschenlegenden nicht schon vorhanden gewesen. Und heute? Die Rüstungsgüter, die gegenwärtig in Arizona produziert werden, haben mit Wyatt Earps Schießprügel so wenig gemein wie Doc Hollidays ›Peacemaker‹ mit einem indianischen Wurfspeer. In Labors und Versuchsanstalten tüfteln amerikanische Wissenschaftler an Waffenneuheiten für den ›Krieg der Sterne‹, die im Ernstfall technisch den Kreis mit dem Archaikum wahrscheinlich schließen würden: Irgendwann in ferner Zukunft wären dann wohl wieder steinerne Lanzen und Pfeilspitzen modern.

Ein anderer Kontrast kennzeichnet das westliche Arizona, den trockensten und gleichzeitig feuchtesten Landstrich – je nachdem, welchen Standpunkt man einnimmt. Zwar fallen nirgends im Staat weniger Niederschläge als in der Wüste zwischen Yuma und Lake Havasu City. Aber der Colorado River, der über zahlreiche Staudämme einen wahren Hürdenlauf absolviert, hat an der Grenze zu Kalifornien eine rund 300 Meilen lange Freizeit- und Wassersportoase entstehen

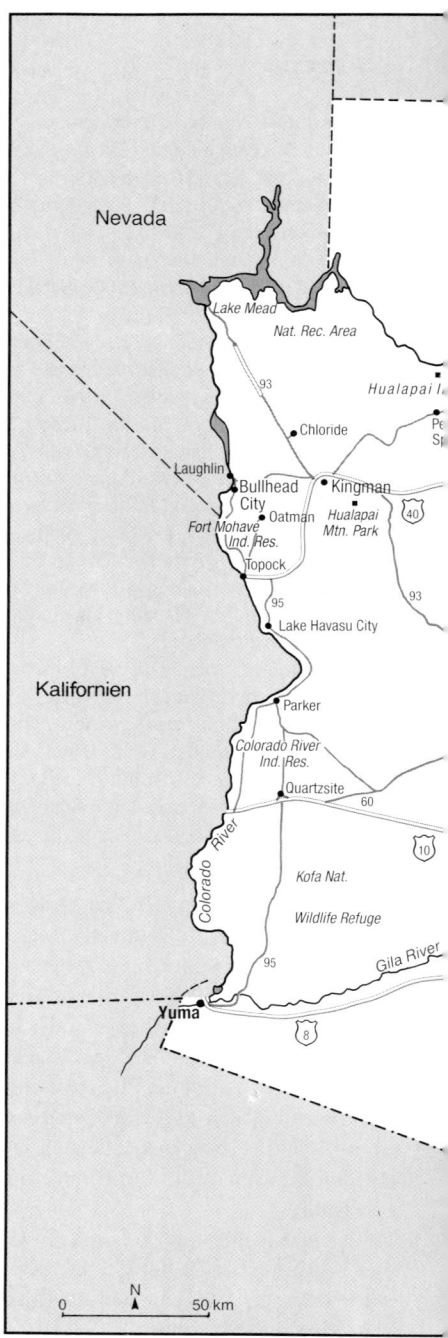

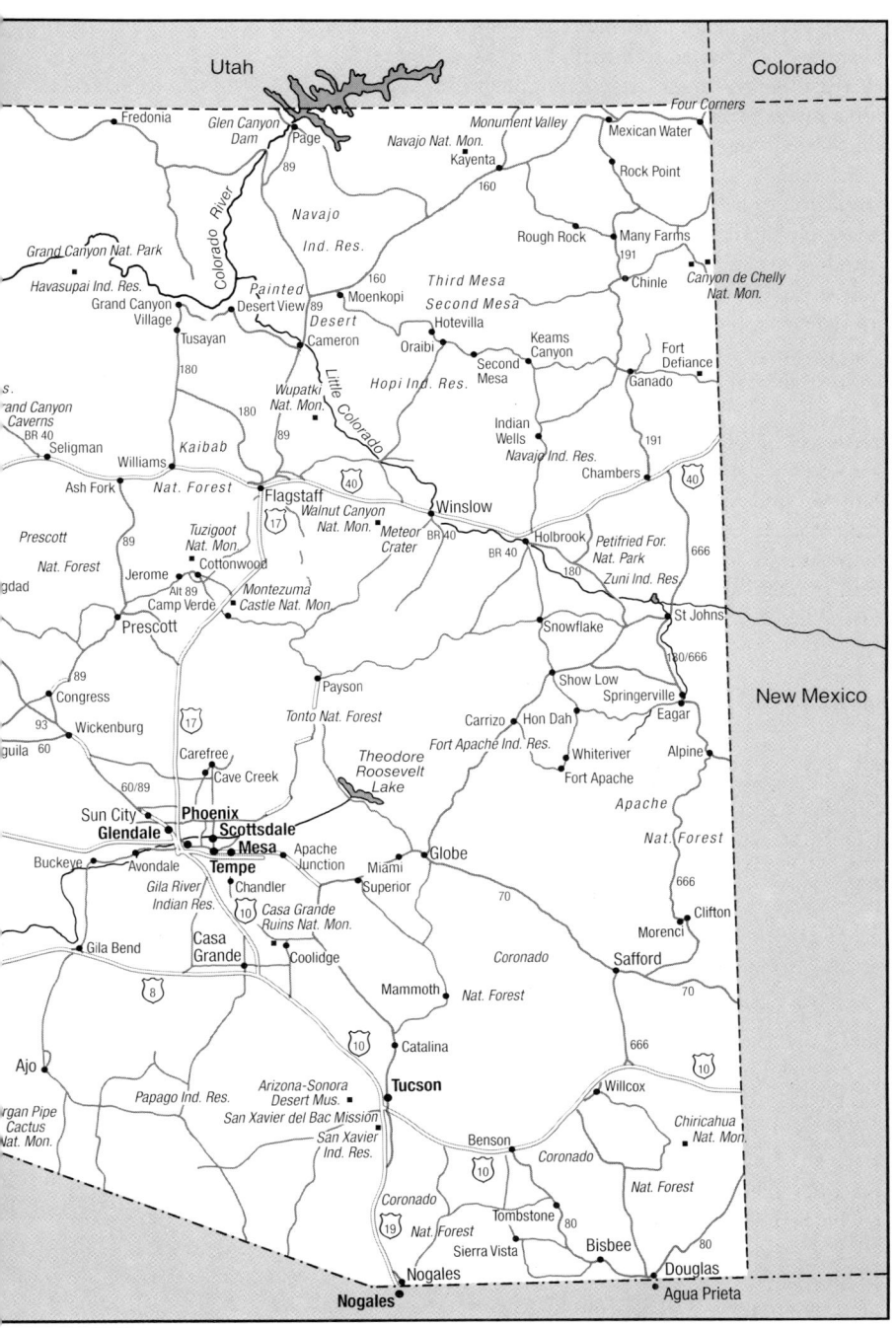

Utah   Colorado

Fredonia   Glen Canyon   Monument Valley   Four Corners
                  Dam   Page   Navajo Nat. Mon.   Mexican Water
                              89   Kayenta
                                                              Rock Point
                                                     160

                        Navajo   Rough Rock   Many Farms
Grand Canyon Nat. Park   Ind. Res.   191
                                        160   Chinle   Canyon de Chelly
Havasupai Ind. Res.   Painted   Third Mesa   Nat. Mon.
Grand Canyon   Desert View 89 Moenkopi   Second Mesa
Village   Desert   Hotevilla
        Tusayan   Cameron   Oraibi   Keams   Fort
                                                   Canyon   Defiance
        180   Second
                        Wupatki   Hopi Ind. Res. Mesa   Ganado
and Canyon   Nat. Mon. 180
Caverns   89   Indian
BR 40   Wells   191
Seligman   Kaibab   Navajo Ind. Res.
Williams   Chambers
Ash Fork   Nat. Forest   Flagstaff   40   40
Prescott   Tuzigoot   Walnut Canyon Winslow
                      Nat. Mon. 17 Nat. Mon. Meteor BR 40 Holbrook Petrified For.
Nat. Forest   Jerome   Cottonwood   Crater   BR 40   Nat. Park   666
gdad   Alt 89   180   Zuni Ind. Res.
        Camp Verde   Montezuma   Snowflake   St Johns
        Prescott   Castle Nat. Mon.
                                                                180/666
89   Show Low
Congress   Payson   Springerville   Eagar   New Mexico
93   Tonto Nat. Forest Carrizo Hon Dah
Wickenburg   17   Fort Apache Ind. Res.
guila 60   Carefree   Whiteriver   Alpine
        60/89   Cave Creek   Theodore   Fort Apache
Sun City   Phoenix   Roosevelt   Apache
Glendale   Scottsdale   Lake   Nat. Forest
Buckeye   Avondale   Mesa   Apache
            Gila River Tempe Junction   Miami   Globe   666
            Indian Res. Chandler   Superior   Clifton
                     10 Casa Grande   70   Morenci
Gila Bend   Casa   Ruins Nat. Mon.
            Grande   Coolidge   Coronado   Safford
            8   Mammoth   Nat. Forest   70
Ajo   10   Catalina   666   10
rgan Pipe   Papago Ind. Res. Arizona-Sonora Tucson   Willcox
Cactus   Desert Mus.   Chiricahua
Nat. Mon.   San Xavier del Bac Mission   Nat. Mon.
                     San Xavier   Benson
                     Ind. Res.   10   Coronado
                                                           Nat. Forest
        Coronado   Tombstone 80
        19 Nat. Forest   Bisbee   80
            Nogales   Sierra Vista   Douglas
            Nogales   Agua Prieta
Nogales

lassen, die mit ihren Unterhaltungs- und Erholungsmöglichkeiten manche Meeresküste in den Schatten stellt (s. S. 78 ff.). Es klingt fast absurd, daß in Arizona, jenem amerikanischen Bundesstaat, der auf den Autokennzeichen als Symbol den Saguaro-Kaktus, das Wahrzeichen der Sonora-Wüste, trägt, pro Kopf mehr Boote registriert sind als in jedem anderen Staat der USA.

Schließlich sorgt auch in Arizonas südlichem Landesteil das Gegensätzliche für attraktive Abwechslung. Auf Schritt und Tritt ist hier die Nähe Mexikos spürbar, knapp ein Fünftel der Bevölkerung des Staates spricht heute Spanisch – Trend: zunehmend. Wer zum Beispiel im Grenzort Nogales ein Hotelzimmer bucht, im Restaurant etwas zu essen bestellt oder den Staub der Wüste am Tresen einer Straßenkneipe mit einem kühlen Bier hinunterspülen will, kann sich auf Spanisch durchaus verständlich machen, weil muttersprachliche Amerikaner entlang der Grenze im Dienstleistungsgewerbe häufig in der Minderheit sind.

Es scheint, als habe Arizona jedem etwas zu bieten. Aktivurlauber finden ausgezeichnete Möglichkeiten zum Wandern, Skilaufen, Reiten und Wassersport; Pflanzenliebhaber können in abwechslungsreicher Landschaft Bergblumen und Wälder, Kakteen und andere Wüstenflora studieren; historisch Interessierte finden an alten indianischen Siedlungsplätzen und in Reservaten, in Museen und Ausstellungen Sehenswertes in Hülle und Fülle, und Freizeitgeologen wird ein Aufenthalt in Arizona ohnehin zu kurz vorkommen. Dafür sorgt allein schon der ›Stolz Amerikas‹, der Grand Canyon.

Wahweap Marina am Lake Powell bei Page, Arizona

Der Weg der Nummer 48

Die Geschichte Arizonas

Den frühesten Nachweis menschlicher Existenz auf dem Gebiet des heutigen Arizona fanden Archäologen in der Nähe von Cochise im Süden des Landes. Bereits etwa 7000 Jahre vor unserer Zeitrechnung hatte dort eine Jäger- und Sammlerkultur Bestand, die man nach dem Fundort Cochise-Wüstenkultur nannte. Unter dem Einfluß von Klimawechseln und dem sich von Mexiko nach Norden ausbreitenden Bodenbau veränderten sich über lange Zeiträume hinweg auch die Wirtschafts- und Siedlungsweisen der in diesem Raum lebenden Indianer, so daß schließlich regionale Kulturen entstanden, die man trotz mancher Gemeinsamkeiten und Vermischungen deutlich unterscheiden kann.

Eine solche Regionalkultur war die der Hohokam zwischen ca. 100 v. u. Z. und 1400. Als sich die ersten weißen Pioniere in den 60er Jahren des 19. Jh. im Salt River Valley niederließen, wo einige Jahre später Phoenix entstehen sollte, stießen sie auf ein weitverzweigtes Kanalsystem, das eindeutig der Bewässerung gedient hatte. Archäologische Untersuchungen ergaben, daß die Hohokam-Indianer hier schon vor der Zeitenwende über ein Hunderte von Kilometer langes Verteilungssystem Wasser auf ihre Felder geleitet hatten. Das durchdachte Kanalnetz war noch so gut instand, daß die weißen Farmer es nach Säuberung und Ausbesserung für den Aufbau ihrer eigenen Landwirtschaft in Betrieb nehmen konnten. Im Jahre 1888 umfaßte die kultivierte Fläche dank der indianischen ›Vorarbeit‹ bereits 45 000 ha.

Eine zweite Regionalkultur breitete sich im südlichen Grenzgebiet zwischen Arizona und New Mexico seit etwa dem 3. Jh. v. u. Z. aus: die Mogollon-Kultur, deren Errungenschaften auf die gesamte Region ausstrahlten. Im Laufe ihrer Entwicklung verfeinerten die Mogollon, die jahrhundertelang einfache und kaum dekorierte Töpferwaren hergestellt hatten, ihre Handwerkskunst unter dem Einfluß der Pueblo-Kultur um 1200 zur formen- und farbenreichen Keramik.

Noch heute gilt das Gila River Valley in Südost-Arizona als eine wahre Schatzkammer für archäologische Fundstücke aus der Zeit der Mogollon. Nicht von ungefähr wurde die Gegend zu einem bevorzugten Revier für Schatzsucher, die mit modernstem technischen Gerät auf die Jagd nach historischen Töpfereien gehen. Immerhin bringt ein bemaltes Mogollon-Gefäß auf dem schwarzen Kunstmarkt eine vierstellige Dollarsumme – gegebenenfalls aber auch saftige Strafen, weil Keramikpiraterie unnachgiebig geahndet wird.

Der Nordosten Arizonas, das heutige Stammland der Navajo, war um die Zeitenwende von den Anasazi bewohnt, die zwischen 1100 und 1300 ihre kulturelle Blüte erreichten. Zu den eindrucksvollsten Zeugnissen jener Epoche zählen die Klippenhäuser im Canyon de Chelly sowie die Klippenpueblos des *Navajo National Monument* westlich von Kayenta – Inscription House, Betatkin und Keet Seel, das nach dem Cliff Palace in Mesa Verde mit 160 Räumen das größte *cliff dwelling* im Südwesten ist.

Nach dem Untergang der präkolumbianischen Indianerkulturen bis etwa 1400 dauerte es über ein Jahrhundert, ehe aus dem Norden mit den Navajo und Apachen neue Völker nach Arizona einwanderten. In den Jahren 1540–1542 brachte die Coronado-Expedition die ersten Spanier in den Südwesten, die seit Beginn des 17. Jh. die Region gegen den wachsenden Widerstand der Indianer kolonisierten und missionierten. Die mexikanische Unabhängigkeit 1821 beschloß zwar drei Jahrhunderte spanischer Herrschaft, veränderte politisch aber wenig im Territorium von Arizona und New Mexico.

Ein neues Zeitalter begann erst 1848 mit dem Ende des amerikanisch-mexikanischen Krieges, als die USA sich die Großregion von Texas bis Kalifornien einverleibten. Teil dieses riesigen Gebiets waren in etwa die heutigen Bundesstaaten Arizona und New Mexico, die der Kongreß in Washington D.C. im Jahre 1850 unter dem Namen Territorium New Mexico zusammenfaßte. Diesem neugeschaffenen US-Territorium wurde drei Jahre später das heutige südliche Arizona zugeschlagen, als James Gadsden im Auftrag der Regierung den Mexikanern das Land zwischen Rio Grande und Colorado River für 10 Mio. Dollar abkaufte.

In den Wirren des Sezessionskrieges entstand mit der Unterschrift Präsident Lincolns am 24. 2. 1863 Arizona als eigenständiges Territorium mit der Hauptstadt Prescott. Als in den beiden nachfolgenden Dekaden die ersten Eisenbahnlinien das bisherige Grenzland erreichten, 1886 Apachenhäuptling Geronimo vor der US-Armee kapitulierte und der Kupferbergbau sich als profitabel herausstellte, waren für Arizona die *frontier days* endgültig vorüber. Dennoch blieb es entlegene Provinz, auch nachdem es am 14. 2. 1912 zum 48. Bundesstaat proklamiert worden war.

Arizonas wirtschaftlicher Aufstieg ging in kleinen Schritten voran. Baumwollanbau, Viehzucht und Kupferbergbau sorgten für ein Auskommen der geringen Bevölkerung, ehe der Zweite Weltkrieg Arizona zu einem Staat von nationaler Bedeutung machte. Entscheidendes Datum war der 7. 12. 1941, die Bombardierung von Pearl Harbor durch die Japaner und der darauf folgende Kriegseintritt der USA.

Innerhalb weniger Monate verwandelten sich menschenleere Wüstenstriche in Arizona, das damals insgesamt nicht einmal eine halbe Million Einwohner hatte, in Kasernenhöfe mit hektischer Betriebsamkeit. Im Salt River Valley befanden sich Flugbasen, auf denen Piloten ausgebildet wurden, und manchmal kam in Phoenix ein Truppenzug mit 10000 Soldaten an, welche die Läden des kleinen Zentrums innerhalb von Minuten um ihre Bestände an Fleisch, Zigaretten und Alkoholika brachten.

Khaki-Uniformen und in Tarnfarben gestrichene Fahrzeuge bestimmten das Straßenbild der Hauptstadt. Arizona hatte sich innerhalb von Monaten vom Ranch-Land mit Wildwestgeruch in ein hektisches Heerlager verwandelt. Auch Kriegsgefangene

Erinnerung an das Zeitalter der Pioniere in Arizona

wurden nach Arizona gebracht; ein Lager für Deutsche im Papago Park östlich von Phoenix machte Schlagzeilen in der Weltpresse. Dort brachen am 23. 12. 1944 25 Offiziere der deutschen Kriegsmarine durch einen etwa 60 m langen selbstgegrabenen Tunnel aus. Sie wurden jedoch wieder dingfest gemacht.

Die Entwicklungen zwischen 1940 und 1945 veränderten Arizona von Grund auf. In phänomenalem Tempo verwandelte sich der bisherige Agrar- und Bergbaustaat in ein Wachstumsgebiet für neue Industrien und eine Oase für technischen Fortschritt. Das trockene Klima und die staubfreie Luft ermöglichten günstige Produktionsbedingungen für die Herstellung hochempfindlicher Elektronik, die man für zivile und militärische Geräte benötigte. Viele Amerikaner, die erst durch den Krieg den Südwesten kennengelernt hatten, wählten den Sonnenstaat zur neuen Heimat.

Eine andere Wachstumsbranche entdeckten findige Geschäftsleute in der steigenden Zahl älterer und meist begüterter Menschen, die dem aufreibenden Stadtleben den Rücken kehren wollten. Im Jahre 1960 entstand westlich von Phoenix mit Sun City die erste Pensionärsstadt Arizonas, die gezielt Freizeitaktivitäten und erholsame Atmosphäre an die Stelle von Alltagsstreß und Hektik stellte.

In den 60er und 70er Jahren zählte Arizona hinsichtlich des Bevölkerungswachstums zu den absoluten Spitzenreitern in den USA. Inzwischen ist es mit einer Einwohnerzahl von 3,2 Mio. auf den 25. Platz unter allen US-Bundesstaaten vorgedrungen – und ein Ende dieser Entwicklung ist noch nicht abzusehen. Das gilt offenbar auch für die industrielle Fertigung, die Zuwachsraten verzeichnet, sowie für den Tourismus, der im attraktiven Wüsten- und Wasserstaat eine immer größere wirtschaftliche Rolle spielt.

Im Tal der Sonne

Phoenix und Umgebung

Phoenix, das Zentrum – keine andere Stadt in Arizona zählt mehr Einwohner, ist Standort größerer Firmen und Industrien oder übt stärkeren politischen Einfluß aus als Phoenix. Arizonas Hauptstadt ist mit Abstand die größte nicht an der Küste gelegene Stadt im Westen der USA. In der Nation steht sie mit ihrer Gesamtbevölkerung an neunter Stelle. Hier residieren in modernen Glaspalästen die Zentralen nationaler und multinationaler Konzerne, hier sind jedoch auch Kunst und Kultur, Sport, Freizeit und Erholung in konzentrierterem Maße zu Hause als sonst im Land. Phoenix ist eben das Zentrum.

Amerikaner, in Geographie im allgemeinen nicht eben beschlagen, mögen vielleicht nicht wissen, daß Phoenix Arizonas Hauptstadt ist. Aber daß die Stadt im Valley of the Sun liegt, wissen wohl die meisten. Zwar ist der Begriff Sonnental auf keiner Karte verzeichnet, er definiert jedoch einen Landstrich, der für viele Amerikaner vornehmlich zwischen Weihnachten und Ostern ein Traumziel darstellt, das ein Leben ohne vereiste Straßen und vor Kälte bockende Automotoren ermöglicht. Das Valley of the Sun, das geographisch mit dem Salt River Valley identisch ist, gilt als von der Sonne verwöhnt – sogar im tiefsten Winter. In einer Wüstenebene auf etwa 360 m Höhe gelegen, bewegen sich die Tagestemperaturen selbst im Januar um 17° C. Im Hochsommer hingegen sind Werte über 40° C keine Seltenheit. Für viele ›Phönizier‹ Grund genug, in höher gelegenen Regionen Sommerfrische zu suchen. Dabei haben Arizonas Hundstage einen großen Vorteil: Die Hitze ist trocken und somit relativ gut zu ertragen.

Wäre in den 40er Jahren nicht die Klimaanlage erfunden worden, hätte sich die Stadtentwicklung im Valley of the Sun wohl kaum in derart atemberaubendem Tempo vollzogen, wie sie in der Nachkriegszeit tatsächlich voranschritt. Die Einwohnerzahl des Großraumes Phoenix steuert heute die 2-Millionen-Grenze an, und ein Ende des Wachstums ist nicht abzusehen. Um Phoenix selbst gruppieren sich Städte wie Mesa, Tempe, Scottsdale und Glendale, die alle zwischen 90 000 und 160 000 Einwohner haben – Stadtgrenzen sind fließend. Wer etwa das Valley of the Sun in Ost-West-Richtung durchquert, ist auf 35 Meilen nur in Stadtlandschaften unterwegs, von den zahlreichen grünen Oasen, den Parks, einmal abgesehen.

Dabei fing Phoenix nach Ende des Bürgerkriegs 1865 ganz klein an, nachdem Soldaten des Armeepostens Camp McDowell das Tal des Salt River vor den häufigen

Angriffen der Pinal- und Tonto-Apachen schützten und somit für Siedler attraktiv machten. Viehzüchter und Farmer zogen nach, als man die Gegend für ›befriedet‹ hielt. Im Jahre 1870 wurde der künftige Standort der Stadt vermessen, in Parzellen aufgeteilt und für 20 bis 140 Dollar pro Grundstück verkauft. Da Holz als Baustoff an Ort und Stelle rar war, entstanden nach dem Vorbild der alten Hohokam-Siedlungen, auf die man vielerorts im Valley of the Sun stieß, vornehmlich Adobe-Gebäude. Phoenix, nach dem mythologischen Vogel benannt, erhob sich nicht aus der Asche, sondern aus den Ruinen dieser Indianerkultur, die 400 Jahre zuvor aus unerklärlichen Gründen verschwunden war. Am 4. 7. 1887 feierte die junge Stadt den amerikanischen Unabhängigkeitstag auf ganz besondere Weise. Über die eben erst fertiggestellte 26 Meilen lange Verbindung von Maricopa, wo die transkontinentale

Phoenix Zentrum
1 State Capitol
2 Arizona Museum
3 Arizona Hall of Fame
4 Heard Museum
5 Arizona Historical Society
  (Central Arizona Museum)
6 Phoenix & Valley of the
  Sun-Besucherzentrum
7 Amtrak-Bahnhof
8 Greyhound-Busstation
9 Heritage Square
10 Phoenix Civic Plaza
11 Symphony Hall
12 Arizona Museum of
   Science and Technology
13 Phoenix Performing Arts
   Theatre
14 Valley of the Sun
   International Hostel
   (Jugendherberge)

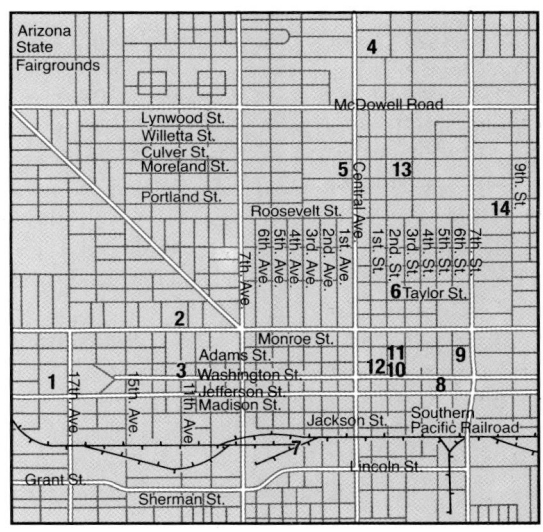

Southern Pacific Railroad vorbeiführte, erreichte die erste Eisenbahn Phoenix. Damit war die aufstrebende Gemeinde an die Wirtschaftszentren Amerikas angeschlossen.

Schon zwei Jahre später lief Phoenix seinem bisherigen Rivalen Prescott den Rang als Hauptstadt ab. Nach der Zählung von 1890 wohnten 3152 Einwohner in der neuen Metropole. Das Zentrum befand sich um den Schnittpunkt der heutigen Central Avenue mit der Washington Street, und hier liegt auch heute noch *downtown* östlich des alten *State Capitol* (1), erkennbar an einer 15 t schweren Kupferkuppel, über der sich eine weiße Engelsfigur erhebt. Einige interessante Erinnerungsstücke an die Geschichte Arizonas sind in diesem zum Museum umfunktionierten Bauwerk aus dem Jahre 1901 zu sehen. Die Staatsregierung zog schon vor Jahrzehnten in ein neues Gebäude um, das hinter dem alten Capitol liegt.

Im Stadtzentrum befindet sich eine ganze Reihe sehenswerter Museen wie das *Arizona Museum* (2, Geschichte und Indianer), das *Heard Museum* (4, Indianer), die *Arizona Hall of Fame* (3, Prominentengalerie) und die *Arizona Historical Society* (5, Pioniere und Aufbaugeschichte).

Andere wichtige Punkte sind das *Besucherzentrum für Phoenix und das Valley of the Sun* (6), der *Amtrak-Bahnhof* (7), die *Greyhound-Busstation* (8) sowie *Heritage Square* (9) mit einigen historischen Gebäuden, vor allem mit dem zur Besichtigung freigegebenen viktorianischen Rosson House, das 1895 errichtet, um die Jahrhundertwende zu den elegantesten Gebäuden der Hauptstadt zählte. Westlich des Heritage Square liegt *Phoenix Civic Plaza* (10), ein zentraler modern gestylter Treffpunkt in der City mit der *Symphony Hall* (11) und einem Tagungszentrum. Auf diesem Platz finden häufig kulturelle Veranstaltungen statt. Gleich in der Nachbarschaft befindet sich das *Arizona Museum of Science and Technology* (12). Ein Dutzend Blocks nördlich liegt das *Phoenix Performing Arts Theatre* (13) sowie einige Straßenzüge östlich davon das *Valley of the Sun International Hostel* (Jugendherberge, 14) zwischen Portland und Roosevelt Street.

Fragt man sich, wie eine Großstadt wie Phoenix mitten in einer Wüste überhaupt entstehen konnte, ist die Antwort einfach: Wasser. Wer vom Zentrum in östlicher Richtung nach Tempe fährt, überquert das Bett des Salt River, das wenig lebensspendend aussieht, weil es meist ausgetrocknet ist. Schon außerhalb des Ballungsraums Phoenix wird der aus den Superstition und Mazatzal Mountains kommende Salt River ebenso wie das Wasser des Verde River aus dem Coconino und Mogollon Plateau hinter Dämmen gestaut, in künstlichen Seen rationiert und über Kanäle auf die Felder und in die Städte geleitete.

Derartige Verteilersysteme sind mitnichten eine Erfindung des modernen Menschen. Schon vor mehr als 2000 Jahren waren weitverzweigte Wasserkanäle Existenzgrundlage der bodenbautreibenden Hohokam, die im Tal des Salt River siedelten. Zwischen 50 000 und 100 000 Menschen sollen hier einmal gelebt haben. Sie kultivierten neben den klassischen indianischen Feldfrüchten Bohnen, Mais und Kürbis auch Baumwolle und brachten es aufgrund ihrer ausgeklügelten Bewässerungstechnik zu einer erstaunlichen kulturellen Blüte, die sich u. a. in kunsthandwerklichen Produkten wie Webereien und Töpferwaren ausdrückte.

In und um Phoenix liegen vier Museen, die sich schwerpunktmäßig mit den Hohokam und anderen Indianerkulturen beschäftigen. Unweit des Cityzentrums befindet sich das *Heard Museum*, das anhand einer großen Anzahl von Exponaten über das Leben und Schaffen der Hohokam informiert. Daneben geben Ausstellungsstücke von nahezu allen übrigen Indianervölkern des Südwestens einen Überblick über deren Kulturen. Zu den Hauptattraktionen zählt die umfangreiche Kachina-Sammlung des ehemaligen Senators Barry Goldwater, der 1964 in den Präsidentschaftswahlen seinem Kontrahenten Lyndon B. Johnson unterlag.

Weiter östlich am Ufer des Salt River liegt das *Pueblo Grande Museum*, dessen Ausstellungsgelände einen originalen Siedlungsplatz der Hohokam mit Wohnhäusern, Lagerräumen und einem Ballspielplatz einschließt. Auch Reste des alten Bewässerungssystems können hier besichtigt werden. Rund 25 Meilen im Südosten kann man abseits der Interstate 10 (Exit 175) den **Gila Heritage Park** auf dem Territorium der Gila River Indian Reservation besichtigen. Die Indianer bauten typische Hoho-kam-Häuser so nach, wie sie vor rund 1000 Jahren von ihren Vorfahren bewohnt waren. Daneben sind auch heutige Indianervölker wie Pima, Papago, Maricopa oder Apachen mit Ausstellungsstücken vertreten.

Ein Laboratorium für Zukunftsmusik

Mitten in der von niedrigem Buschwerk und Kakteen bestandenen Wüste liegt etwa 65 Meilen nördlich von Phoenix die bekannteste Baustelle Arizonas: **Arcosanti**. Hier wurden die Visionen des italienischen Architekten, Künstlers und Philosophen Paolo Soleri Wirklichkeit, zumindest in ersten Anfängen. Bereits im Jahre 1970 trat der ›Prophet in der Wüste‹, wie man ihn auch genannt hat, an, um seine futuristischen Lösungsvorschläge für die akuten Probleme der Urbanisierung in einem Bauexperiment umzusetzen.

Arcosanti ist Soleris Laboratorium für die Verschmelzung von Architektur und Ökologie, für ›Arkologie‹. Die Grundidee ist, Stadtplanung und Städtebau mit Konzepten des Umwelt- und Landschaftsschutzes, des sparsamen Umgangs mit Energie und anderen Ressourcen in Einklang zu bringen. So existieren in Arcosanti keine Einrichtungen für individuellen Autoverkehr. In Zukunft bewegen sich die Menschen über Laufbänder, Rolltreppen und Lifts, die durch Sonnenenergie gespeist werden.

Seit Baubeginn hat die Fertigstellung von bislang 3 % der Traumstadt rund 7 Mio. Dollar gekostet. Die Arbeiten werden weitgehend von einem Heer Freiwilliger verrichtet, die für einen fünfwöchigen Arbeits- und Studienaufenthalt 350 Dollar bezahlen. Darüber hinaus finanziert die Soleri-Stiftung, die ihren Sitz in Scottsdale in der Doubletree Ranch Road hat, das Projekt u. a. durch den Verkauf von Glocken aus Ton.

Arcosanti ist über die I-17 von Phoenix bzw. Flagstaff aus erreichbar und liegt 3 Meilen nordöstlich von Cordes Junction (geöffnet: tägl. 9–17 Uhr, stündliche Führungen zwischen 10 und 16 Uhr – ein freiwilliger Beitrag von 4 Dollar pro Person wird erwartet).

Kachinas

Die künstlerische Bearbeitung von Holz spielte bei den Indianern des Südwestens nie eine ähnlich bedeutende Rolle wie etwa an der amerikanischen Nordwestküste zwischen Oregon und Alaska. Und dennoch zählt eine spezielle Form der Holzschnitzarbeit heute zu den beliebtesten und auf dem Markt für indianisches Kunsthandwerk teuersten Produkten: Kachinas, die in nennenswerten Mengen nur noch von den Hopi hergestellt werden. In geringerem Umfang fertigen auch die Zuni jene dekorierten Holzfiguren.

Der Begriff Kachina (ausgesprochen wie Katsina) ist dazu angetan, Verwirrung zu stiften, da er Unterschiedliches bedeutet. Die Hopi verstehen darunter Geister, die in den San Francisco-Bergen nördlich von Flagstaff zu Hause sind und in ihrer Eigenschaft als Boten und Vermittler ein Bindeglied zwischen Irdischem und übernatürlichen Mächten darstellen.

Der Hopi-Überlieferung zufolge lebten die Geister einst mit den Menschen zusammen, zogen sich aber zurück, als die Indianer ihnen nicht mehr genügend Respekt zollten. Vor ihrem Weggang lehrten sie einigen jungen Männern jedoch regenbringende und andere Zeremonien, so daß von nun an menschliche Stellvertreter ihre Funktion erfüllen konnten. Diese maskierten Tänzer, die heute bei entsprechenden Ritualen in Erscheinung treten, werden ebenfalls Kachinas genannt.

Die dritte Bedeutung des Begriffs bezieht sich auf die Kachina-Figuren (engl.: *kachina dolls*), welche die Hopi *tihu* nennen. Diese Holzskulpturen sind verkleinerte Abbilder der Kachina-Tänzer, die an Kinder verschenkt werden – nicht als Spielzeug, sondern um den Nachwuchs mit den unterschiedlichen Typen und Funktionen der Kachinas vertraut zu machen. Jeder Kachina sind charakteristische Tanzschritte und Gesänge ebenso eigen wie bestimmte Aufgaben etwa als Wächter, Spaßmacher, Verkör-

perung von Tieren und Pflanzen oder Kinderschreck. Wie und wann der Kachina-Kult entstand, läßt sich nicht genau sagen. Präkolumbianische Felszeichnungen, Maskenmuster auf Töpfereien und Darstellungen in Kivas lassen jedoch den Schluß zu, daß das Zeremonial schon vor Ankunft der ersten Europäer in Nordamerika praktiziert wurde.

Ausschließlich Männer stellen die Kachinas meist aus dem Holz des Baumwoll-

baums her, wobei sie der Detailtreue sehr unterschiedliche Bedeutung beimessen. Gliedmaßen etwa werden meist bis zur letzten Feinheit ausgearbeitet, oft getrennt angefertigt und dann angesteckt oder angeklebt. Als Farbgrundierung dient weißer Kalk, auf den heute chemische Farben aufgetragen werden. Bunte Baumwollröcke, Federn, Fichtenzweige, Perlen u. ä. schmücken die Figuren. Seit einigen Jahren stehen bei Sammlern zunehmend sogenannte *Action Dolls* hoch im Kurs – Figuren, die eine Bewegungshaltung einnehmen. Die seit langem feststellbare Kommerzialisierung der Kachina-Kunst läßt sich auch daran erkennen, daß bei manchen Schnitzern selbst Micky-Maus als Vorlage dient.

Kehrt man zur I–10 zurück und fährt Richtung Süden weiter bis zur Abzweigung der Straße 387, erreicht man, ihr folgend, nach 15 Meilen **Casa Grande Ruins National Monument**. Im Jahre 1694 entdeckte an dieser Stelle der Jesuitenmissionar Eusebio Francisco Kino neben einigen anderen Ruinen ein viergeschossiges, aus der Zeit um 1350 stammendes Hohokam-Gebäude, das sich von den üblichen Bauten durch seinen puebloähnlichen Stil abhebt. Noch heute herrscht Rätselraten über die Funktion von Casa Grande (Großes Haus). Neueste Forschungen legen die Vermutung nahe, daß es sich um eine Art Observatorium handelte, da einige runde Löcher in den Wänden des Obergeschosses vermutlich zur Beobachtung von Sonnen- und Sternbewegungen dienten. Um die Ruine vor dem Verfall zu schützen, wurde sie mit einer häßlichen Metallkonstruktion überdacht.

In den Museen des Valley of the Sun ist neben der präkolumbianischen Geschichte natürlich auch die jüngere Vergangenheit vertreten. Das **Pioneer Arizona Living History Museum** 25 Meilen nördlich des Stadtzentrums an der I–17 führt Besucher in die Pioniergeschichte Arizonas und zeigt neben einem Opernhaus aus dem Jahre 1870 u. a. ein Schulgebäude vom Ende des 19. Jh., ein Bürgerhaus im viktorianischen Stil und ein Bergbaucamp. Daß hier Pferdeschmiede, Bank, Kirche und das Büro des Sheriffs nicht fehlen, versteht sich von selbst.

Cave Creek, im Osten der I–17 gelegen, war in den 80er Jahren des 19. Jh. eine Bergbausiedlung, ehe die Einwohner auf Viehwirtschaft umsattelten. Bis heute hat sich der Ort eine gewisse Westernatmosphäre erhalten, wenngleich er in den letzten Jahren zunehmend zum ›Fluchtpunkt‹ großstadtmüder Hauptstädter und Pensionäre wurde. Zwei Meilen nordöstlich liegt **Carefree**, das sich rühmt, im Stadtzentrum die größte Sonnenuhr der Welt zu besitzen. Einige Meilen weiter nördlich folgt in einem Wohngebiet namens Tonto Hills ein weiterer Rekord: die mit etwa 16 m größte Kachina der Welt.

Verläßt man Carefree auf der Scottsdale Road in südlicher Richtung, erreicht man nach etwa 7 Meilen **Rawhide**, eine Westernstadt für Touristen im Stil der 80er Jahre des vorigen Jahrhunderts. Neben ›Wildwest-Dauerbrennern‹ wie Saloon, Postkutschenfahrten und Stuntmen-Vorführungen sind im örtlichen Museum einige Kuriositäten ausgestellt wie etwa die Stiefel von Tom Mix, Wyatt Earps Gewehr und die Mokassins des gefürchteten Apachenhäuptlings Geronimo, der neben Sitting Bull wahrscheinlich der bekannteste Indianer des späten 19. Jh. war.

Wer nach einem Aussichtspunkt sucht, um Phoenix und einen großen Teil des Valley überblicken zu können, sollte vom Zentrum der Stadt über die Central Avenue etwa 7 Meilen Richtung Süden bis zum **South Mountain Park** fahren, der größten städtischen Parkanlage der Welt. Auf dem mehr als 6000 ha großen Gelände mit typischer Wüstenvegetation gibt es rund 40 Meilen Wander- und Reitwege sowie eine für Autos zugelassene Panoramastraße, von der man einen ausgezeichneten Fernblick über das Tal der Sonne und seine Stadtlandschaft hat.

Einer der größten Besuchermagneten im Valley of the Sun ist ohne Zweifel **Scottsdale**, die Nachbarstadt von Phoenix. Im Jahre 1888 von dem Feldprediger Winfield Scott gegründet, entwickelte sich die Stadt von einer Agrargemeinde zu einem schnell wachsenden Ferien- und Freizeitzentrum, aber auch zu einer renommierten Künstlerkolonie. Die Altstadt zwischen 68th Street und Bronson Avenue, Second Street und Indian School Road bewahrte das Äußere einer Westernstadt, und das Warenangebot in den Dutzenden von Läden und Boutiquen ist häufig dementsprechend: Lederstiefel und breitkrempige Hüte, indianisches Kunstgewerbe, Freizeitkleidung u. ä. Im Kontrast dazu steht das vornehme Einkaufszentrum The Borgata an der Scottsdale Road zwei Meilen nördlich der Altstadt, da es in seiner Architektur mit Springbrunnen, Arkadengängen und Türmchen einem italienischen Dorf nachempfunden ist.

Scottsdale verfügt über 6000 Hotelzimmer, davon zahlreiche in Nobelherbergen, die an Luxus nichts zu wünschen übriglassen, ungefähr 200 Restaurants mit zum Teil hervorragender Küche, fast 100 Kunstgalerien, 2500 Läden, Boutiquen und Einkaufsmärkte, mehr als ein Dutzend Golfplätze und mindestens ebenso viele Tennisanlagen. Allerdings läßt sich ›The West's Most Western Town‹, wie Scottsdale auch genannt wird, sowohl Waren wie auch Dienstleistungen etwas höher bezahlen als dies in Phoenix der Fall ist. Der Hauch des Vornehmen und Außergewöhnlichen hat eben seinen Preis.

In Scottsdale gibt man sich klassisch

Auf dem Apachenpfad

Tagestour durch die
Superstition Mountains

Eine halbe Autostunde östlich von Phoenix liegt mit **Apache Junction** eine Kleinstadt, die sich rein äußerlich von anderen amerikanischen Ortschaften dieser Größe kaum unterscheidet. In Apache Junction und Umgebung grassiert jedoch seit mehr als 100 Jahren eine offensichtlich ansteckende Krankheit – das Goldfieber. Angefangen hat die ›Epidemie‹ mit einem gewissen Jakob Waltz, der in den 70er Jahren des vorigen Jahrhunderts mit Goldnuggets seine Schürferkollegen in helle Aufregung versetzt haben soll. Wo sich die legendäre Mine des Dutchman, wie Waltz genannt wurde, befand, hat der Deutsche im Jahre 1891 mit ins Grab genommen.

Damit begann die Legende der *Lost Dutchman Mine* erst richtig. Es hat der Jagd nach dem Goldschatz keinen Abbruch getan, daß bis heute keine nennenswerten Goldfunde in der wilden Bergwelt bekannt wurden und Geologen Goldadern in diesem Gestein auch gar nicht vermuten. Eher fündig wird in den ›Bergen des Aberglaubens‹, wer landschaftliche Schätze aufspüren will, Ruhe und Erholung oder sportlichen Ausgleich sucht. In Apache Junction zweigt die Straße 88 in nordöstlicher Richtung ab und bildet den Anfang des sogenannten Apachenpfades, der über eine Distanz von rund 150 Meilen einen Rundkurs beschreibt und über Globe und Superior am Highway 60 nach Apache Junction zurückführt. Von Phoenix kann man diese Tour in einem Tag unternehmen, doch sollte man früh aufbrechen, da Teile der Strecke sehr kurvig bzw. nicht geteert sind. Der *Apache Trail* war vermutlich schon vor mehr als 600 Jahren ein häufig benutzter Weg, über den die Salado-Indianer in das Tal des Salt River kamen, um mit den dortigen Hohokam Waren auszutauschen. Später attackierten die Apachen über diesen Pfad die Pima- und Papago, die an den Ufern des Salt River ihre Felder bewirtschafteten.

Nach dem Ende der Indianerkriege machten sich die weißen Siedler daran, den *Trail* zu einer Straße für den Materialtransport zum Bau des Roosevelt-Staudamms in den Jahren 1905 bis 1911 auszubauen. Dieser Damm blieb nicht der einzige entlang des Salt River. Heute fahren Reisende auf dem Apachenpfad an drei Stauseen vorbei, welche die Region in eine reizvolle Kontrastlandschaft zwischen Kaktuswüste und Felsabbrüchen sowie Bade- und Wassersportmöglichkeiten verwandelt haben.

Fünf Meilen hinter Apache Junction liegt die Geisterstadt **Goldfield**. Ende des vergangenen Jahrhunderts für kurze Zeit ein Goldschürferlager, gleicht der Ort heute einem Freilichtmuseum für altes Bergbaugerät und Oldtimerskelette. Einziger Bewohner der *ghost town* ist Jens Nicolaisen, ein ehemaliger Seemann, den es vor einigen Jahren in die Wüste verschlug. Er paßt auf, daß von Sammlern nichts weggeschleppt wird.

Eineinhalb Meilen hinter Goldfield zweigt rechts die Straße zum **Lost Dutchman State Park** ab, von wo man Tageswanderungen in die Berge unternehmen kann. Zwei Meilen weiter befindet sich ein Aussichtspunkt mit Blick auf die Felsformation Weaver's Needle, eine Felsnadel, die in vielen Erzählungen über die Mine von Jakob Waltz auftaucht. Wiederum 5 Meilen weiter kommt der blaue Canyon Lake in Sicht,

Lost Dutchman Monument in Apache Junction am Apachenpfad

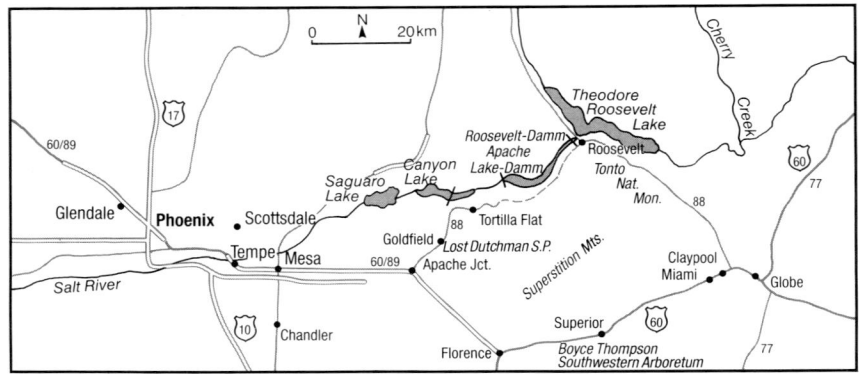

Der Apachenpfad

der mit dem Bau des Mormon Flat-Damms 1925 entstand. Eine Straße führt an den See, auf dem ein kleiner, nachgebauter Raddampfer verkehrt. Abends kann man Ausflugsfahrten inklusive Abendessen entlang der roten Felsabbrüche unternehmen, die den See einrahmen.

Etwa 19 Meilen nordöstlich von Apache Junction erreicht man **Tortilla Flat**, die einzige Ansiedlung auf diesem Streckenabschnitt mit einem kleinen Laden und einfachem Restaurant. Fünf Meilen hinter dem Ort geht die asphaltierte Straße in eine schmale Schotterstraße über, die steil zum Fish Creek Canyon abfällt. Mit größeren Campmobilen sollte diese Teilstrecke gemieden werden. Links liegt Apache Lake, der durch den Horse Mesa-Damm gestaut wird und fast 18 Meilen weit bis zum Roosevelt-Damm reicht, dem größten gemauerten Staudamm der Welt.

Seit der Einweihung 1911 in die Jahre gekommen, sind heute Überlegungen in der Diskussion, die 91 m hohe Staumauer zur Hochwassersicherung mehr als 20 m aufzustocken und den über die Dammkrone führenden Verkehr auf eine noch zu bauende Hängebrücke umzulei-

ten. Der hinter dem Damm liegende Roosevelt Lake ist mit einer Fläche von rund 7000 ha der größte See entlang des Salt River. In seinen Uferzonen gibt es viele Campingplätze und Zugangsstellen ans Wasser. Zwei Meilen südöstlich des Damms liegt Roosevelt Marina mit einer Imbißstube, Bootsverleih und Tankstelle.

Vom Roosevelt-Damm an ist die Straße wieder geteert und erreicht nach drei Meilen die Abzweigung zum **Tonto National Monument**, wo sich drei gut erhaltene Klippendörfer der Salado-Indianer befinden (*salado:* span. salzig). Im Besucherzentrum informieren zahlreiche Ausstellungsstücke über diese Pueblo-Indianer, die um das Jahr 900 von Norden in das Tonto Basin einwanderten und dort bis um 1400 lebten. In die hinter dem Besucherzentrum gelegenen Klippenhäuser, die besichtigt werden können, zogen sie jedoch erst um 1300.

Ein halbstündiger Aufstieg über einen mit typischer Wüstenvegetation bewachsenen Berghang führt zur Lower Ruin, einer Wohnanlage von einst etwa 19 Räumen in einer natürlichen Höhle und einem Anbau mit 13 Räumen. Um die Upper Ruin zu besuchen, die aus etwa 40 Räumen besteht, muß man einen dreistündigen Fußmarsch (hin und zurück) unternehmen. Geführte Touren gibt es täglich.

Bei den Städten Globe und Miami, die beide vom Bergbau geprägt wurden, stößt der Apachenpfad auf die Hauptstraßen 60 bzw. 70. **Globe** soll durch einen 50 Pfund schweren Klumpen Silber, der die Form eines Globus hatte, zu seinem Namen gekommen sein. In **Miami** hingegen machte der Kupferabbau Geschichte. Überall erkennt man Abraum und Schlacke als Überbleibsel des Verhüttungsprozesses. Eineinhalb Meilen südlich von Globe liegen weitere Ruinen der Salado-Indianer an einer Besh-ba-Gowah genannten Stelle. Wer Glück hat, kann hier Archäologen bei Restaurierungsarbeiten beobachten.

Westlich des Bergbauorts **Superior** führt eine Nebenstraße zur *Apache Tears Mine* (Bergwerk der Apachentränen), wo der Legende zufolge von der US-Kavallerie eingekesselte Indianer von einer Klippe in den Tod sprangen. Die Tränen, welche die trauernden Frauen vergossen, sollen sich in Perlen aus vulkanischem Obsidian verwandelt haben.

Etwas weiter westlich liegt das **Boyce Thompson Southwestern Arboretum**, ein botanischer Garten mit Tausenden unterschiedlichen Pflanzen, darunter Yuccas und Agaven, zahlreichen Kakteenarten, Palmen, Pinien und Eukalyptus. Im Jahre 1927 stiftete der Kupfermagnat W. B. Thompson diese Anlage für Forschungs- und Lehrzwecke.

Zurück in Apache Junction, wo Elvis Presley im Jahre 1968 mit »Charro« seinen 29. Film drehte, bietet sich dem hungrigen Reisenden unter den zahlreichen örtlichen Restaurants etwas Außergewöhnliches. Das Lokal Dirtwater Springs serviert die größten Steaks in Arizona, über 2 kg schwer. Wer seine Portion inklusive Beilagen verzehrt, braucht nicht einmal dafür zu bezahlen.

Ruinen der Salado-Indianer im Tonto National Monument

Die 300-Meilen-Oase

West-Arizona und seine Colorado-Küste

Wasserskifahren mitten in der Wüste? Mit dem Schlauchboot durch eine sonnenverbrannte Kakteenlandschaft? Badeurlaub, wo es weit und breit weder See noch Meer gibt? West-Arizona macht es möglich. Auf einer Länge von rund 500 km, zwischen Hoover-Damm und der mexikanischen Grenze, besitzt diese Region, die zu den trockensten Landstrichen des amerikanischen Südwestens zählt, eine ›Wasserkante‹: Den Colorado River, der die Grenze zwischen Arizona und Kalifornien bildet. Seit einigen Jahren vollzieht sich in diesem Raum ein geradezu phänomenaler Bevölkerungs- und Wirtschaftsboom, der die ehedem fast menschenleere entlegene Wüsteneinöde in ein vor Aktivität sprudelndes Freizeitparadies verwandelte. Neue Städte und Versorgungszentren, Industrie- und Gewerbebetriebe, Touristenparks und Fremdenverkehrsattraktionen schossen hier innerhalb kurzer Zeit wie Pilze aus dem Boden. Arizonas ›Riviera‹ machte Karriere.

Vor rund 150 Jahren waren weite Teile der Region auf Landkarten noch als weiße Flecken ausgewiesen. Indianer hatten die Ufer des unteren Colorado schon lange besiedelt, bevor sich um 1540 die ersten Spanier stromaufwärts wagten. Aber es dauerte bis in die zweite Hälfte des 18. Jh., ehe spanische Truppen bei der heutigen Stadt Yuma, 24 Meilen von der mexikanischen Grenze entfernt, begannen, die beiden Missionsstationen La Purisima Conception und San Pedro de Bicuner aufzubauen – dort wo eine wichtige Ost-West-Route den Colorado überquerte und wo zur Sicherung dieses Verkehrsknotenpunkts 1851 Camp Yuma – später Fort Yuma – errichtet wurde. Weiter im Norden, wo heute die Interstate 40 über den Colorado führt, wurde 1861 mit Fort Mohave ein weiterer Armeeposten gegründet, von dem aus bis zu Beginn des 20. Jh. ein bedeutender Flußübergang kontrolliert wurde.

Schon Anfang des 19. Jh. waren Spanier im westlichen Arizona auf Bodenschätze gestoßen, der Abbau in großem Stil setzte aber erst in den 60er Jahren des vorigen Jahrhunderts ein. Gila City, 20 Meilen nördlich von Yuma, wuchs nach Goldfunden innerhalb kurzer Zeit zur Kleinstadt heran, die jedoch wenige Jahre später bereits zur *ghost town* verfallen war. Gold, Silber, Blei, Zink und Kupfer lockten Schürfer zu vielen Fundstellen in West-Arizona, seit 1852 diente der Colorado als zentrale Route zur Versorgung der zahlreichen Bergbaucamps und der Außenposten der US-Armee

Künstler und Schwerarbeiter – der Colorado River

Der Colorado River entspringt im Kawuneeche-Tal des *Rocky Mountain National Park* im US-Bundesstaat Colorado und windet sich von dort über 2400 km südwärts bis zur Mündung im Golf von Kalifornien. Dieser zweitlängste Fluß der Vereinigten Staaten wurde von den Spaniern Mitte des 16. Jh. wegen seines durch rotbraunen Schlamm gefärbten Wassers Rio Colorado (Roter Fluß) getauft. Er entwässert ein Gebiet von mehr als 630 000 km^2 – eine Fläche, die größer als die gesamte Iberische Halbinsel ist.

Das Colorado-Becken bildet das trockenste Flußsystem Amerikas, weil die jährliche Niederschlagsmenge hier durchschnittlich weniger als 400 mm beträgt und etwa 90 % davon verdunsten. Die restlichen 10 % speisen den Colorado – den Künstler, der die bemerkenswerteste Canyonlandschaft der Erde zustande gebracht hat; den Schwerarbeiter, der eine Großregion am Leben erhält.

Zwischen seinem Quellgebiet und der Mündung weist der Fluß ein Gefälle von rund 3000 m auf. Gemessen am 170 km langen Zentrum des Grand Canyon bedeutet dies eine Höhendifferenz von 665 m. Die Fließgeschwindigkeit beträgt hier im Schnitt 6,75 km/h, an Stromschnellen bis über 12 km/h. Auch in der Wasserführung gibt es starke Schwankungen im Grand Canyon zwischen 20 und etwa 3600 m^3 pro Sekunde.

Der Gerölltransport des Colorado nimmt bei Hochwasser eindrucksvolle Ausmaße an. So wurden täglich schon mehr als 27 Mio. t gemessen. Die Durchschnittswerte liegen jedoch bei etwa 80 000 t pro Tag.

Bereits 1922 wurde die Nutzung des Colorado-Wassers durch sieben US-Bundesstaaten vertraglich festgelegt, seit 1944 hat auch Mexiko Anteil daran. Die Quotenregelung war seither häufig Gegenstand zäher Verhandlungen und nicht abreißender Diskussionen.

entlang der Wasserstraße, bis 1877 die Bahnlinie der *Southern Pacific Railroad* Yuma erreichte bzw. die Dampfschiffahrt durch den Bau des Laguna-Damms nördlich von Yuma im Jahre 1909 ein Ende fand.

Schon damals waren Farmer in Süd-Kalifornien auf den Nutzeffekt von gestautem Colorado-Wasser aufmerksam geworden. Eine auf der Welt einmalige Entwicklung nahm ihren Lauf, als ein gesamter Fluß domestiziert und ›an die Leine gelegt‹ wurde. Heute gibt es keinen zweiten Strom auf der Erde, der so gründlich und so vollkommen in den Dienst des Menschen gestellt ist wie der Colorado.

Auf seinem Westabschnitt durch sieben weitere Dämme zu einem wahren Hürdenlauf gezwungen, wird das kostbare Wasser des Colorado in landwirtschaftliche Anbauflächen und Trinkwasserdepots selbst entfernter Städte umgeleitet, zur Elektrizitätserzeugung durch Turbinen geschleust und als Sport- und Freizeitfläche jährlich von Millionen von Urlaubern in Anspruch genommen. Sieben US-Bundesstaaten und Mexiko zehren den Colorado fast vollständig auf, so daß er, seiner majestätischen Größe beraubt, nur mehr als mageres Rinnsal in den Golf von Kalifornien tröpfelt.

Wer den Colorado auf seinem Weg nach Süden begleiten will, beginnt die Tour am besten in **Bullhead City** auf dem Highway 95. Von Las Vegas ist dieser Ort in rund eineinhalb Stunden Autofahrt erreichbar, von Kingman sind es lediglich 35 Meilen. Bullhead City entstand im Zusammenhang mit dem Bau des Davis-Damms, der seit 1953 den Colorado zum Lake Mohave aufstaut. Der namengebende Bullenkopf-Felsen tauchte inzwischen im Stausee unter. Die Kleinstadt bietet ein reiches Freizeitangebot sowie gute Einkaufsmöglichkeiten. Außerdem profitiert sie von der Nachbarschaft zum aufstrebenden Glücksspielparadies Laughlin in Nevada, das man über eine Dammstraße per Auto in wenigen Minuten bzw. mit kleinen Casinodampfern über den Colorado direkt erreichen kann. **Katherine's Landing**, 6 Meilen nördlich, ist ein dem *National Park Service* unterstehender Freizeitpark mit Bootslände und -ver-

mietung, Campingplatz, Motel, Restaurant und Laden sowie dem einzigen Badestrand am Lake Mohave.

Von Bullhead City/Laughlin kann man die 60 Meilen nach **Lake Havasu City** über den Highway 95 zurücklegen oder mit organisierten Bootstouren auf dem Colorado fahren. Die Flußreise führt durch die Topock-Schlucht mit ihren bizarren Felsformationen vorbei am sogenannten Galgenbaum, an dem Erzählungen zufolge drei Räuber von US-Marshalls gehängt wurden. Hunderte von Vogelarten sind hier zu Hause, wo an den schroffen Felsabhängen typische Wüstenvegetation gedeiht und entfernte Sanddünen sichtbar sind.

Die Flußfahrt endet in Lake Havasu City, einer Stadt, die trotz ihres ›zarten‹ Alters – sie wurde erst 1964 gegründet – schon Geschichte machte. Ihr Gründer, der Industrielle Robert P. McCulloch, kaufte 1958 einen Teil einer im Havasu-See liegenden Halbinsel auf, um hier die von ihm hergestellten Außenbordmotoren zu testen. Fünf Jahre später erweiterte McCulloch seinen Landbesitz und baute einen Industriekonzern auf, dem bald Freizeiteinrichtungen folgten. In die Schlagzeilen der Weltpresse katapultierte der clevere Konzernboß seine Stadt im April 1968, als er die 137 Jahre zuvor eingeweihte London Bridge für 2,46 Mio. Dollar kaufte, in 10 276 durchnumerierte Granitblöcke zerlegen und schließlich über 10 000 Meilen weit nach Lake Havasu City transportieren ließ.

Was zunächst wie die Idee eines von Größenwahn verblendeten Gehirns erschien, stellte sich als durchschlagender Werbeerfolg für ein abgelegenes Wüstennest heraus. Als der exzentrische Stadtgründer im Jahre 1977 starb, hatte sein Ort bereits 16 000 Einwohner. Heu-

London Bridge in Lake Havasu City

te ist Lake Havasu City zum größten Wirtschaftszentrum im Umkreis von mindestens 100 Meilen herangewachsen und rühmt sich, ›Wasserhauptstadt‹ West-Arizonas zu sein. Neben der London Bridge, die 1971, um 53 Fuß verkürzt, feierlich eingeweiht wurde, entstand das Gastronomie- und Touristenviertel ›The English Village‹, das längst zu einem Anziehungspunkt für Besucher aus aller Welt wurde (s. Farbabb. 19). Daneben bietet die Stadt viele Einkaufsmöglichkeiten, über 1200 Hotel- bzw. Motelbetten, gute Restaurants und vor allem exzellente Erholungsmöglichkeiten mit dem seit 1938 durch den Parker-Damm aufgestauten türkisfarbenen Havasu-See (Havasu bedeutet bei den Indianern blaues Wasser).

Zwischen Lake Havasu City und **Parker** verläuft der Highway 95 streckenweise in unmittelbarer Nähe des Colorado River und ermöglicht schöne Ausblicke auf den Fluß und die ihn umge-

Gesteinsverkäufer in Quartzsite

bende Landschaft. Südlich von Parker führt die Straße schnurgerade auf das 35 Meilen entfernt gelegene **Quartzsite** an der Interstate 10. In dieser Gegend fallen jährlich nur etwa 10 bis 15 mm Niederschläge bei hohen mittleren Jahrestemperaturen, die im Januar bei 10 °C und im Juli bei 32 °C liegen.

Quartzsite, das seinen Namen nach dem hier gefundenen Quarz erhielt, behauptete sich bis heute als renommierter Mineralienmarkt. Alljährlich kommen in der letzten Januar- und ersten Februarwoche Zehntausende von Neugierigen zum vielleicht größten Gesteinsflohmarkt der Welt, wo gehandelt und getauscht, gekauft und verglichen wird. Der Ort, der nur über einige wenige ständige Mineralienmärkte verfügt, platzt dann ob seines explosionsartigen ›Bevölkerungswachstums‹ und der rund 1200 Verkaufsstände aus allen Nähten.

Bewohner einer Geisterstadt

Grabmal des Hi Jolly

Aber nicht nur seltene und zum Teil teure Steine machten den Ort bekannt. Auf dem alten Friedhof von Quartzsite befindet sich ein pyramidenförmiger Grabstein, der an eine Episode der amerikanischen Geschichte erinnert. 1856/57, als die Westwärtsbewegung durch den kalifornischen Goldrausch angeheizt worden war, bemühte sich die US-Armee um effektivere Transportmittel in den Wüstenregionen des Südwestens und importierte aus dem Mittleren Osten 80 Kamele nebst Treibern, unter denen sich ein gewisser Hadji Ali befand. Der Name dieses Hadji Ali hörte sich für die Soldaten an wie Hi Jolly, und damit war für den Kameltreiber denn auch ein Rufname gefunden. Nachdem die neue Beförderungsidee während des Sezessionskrieges ihre Attraktivität verloren hatte und die meisten Kamele ohnehin entlaufen waren, versuchte Hi Jolly wie viele andere sein Glück im Bergbau – allerdings mit bescheidenem Erfolg. Als er in Quartzsite zur letzten Ruhe gebettet wurde, belief sich sein gesamtes Vermögen auf magere 60 Cents.

Zwischen Quartzsite und **Yuma** liegen 81 Meilen offener Wüste mit niedrigem Buschwerk und vereinzelten Saguaro-Kakteen. Eine botanische Rarität kann man im **Palm Canyon** in den Kofa Mountains besichtigen. 18 Meilen südlich von Quartzsite biegt eine Schotterstraße nach Osten ab und führt in diese Bergschlucht, in der die einzigen in Arizona heimischen Palmen wachsen. Südlich der Kofa-Berge schließen sich die Castle Dome Mountains an, die am späteren Nachmittag in der schräg stehenden Sonne ein imposantes Bild abgeben.

Yuma, am Zusammenfluß von Gila und Colorado River gelegen, ist ein von der Sonne mehr als reichlich bedachtes Handels- und Agrarzentrum mit knapp 50 000 Einwohnern. Häufig liegen die Temperaturen hier noch über den Werten von Tucson oder Phoenix, was vor allem während des Winters viele *snowbirds* veranlaßt, dem kalten Norden den Rücken zu kehren und hier das Frühjahr abzuwarten. Die Stadt befindet sich auf halber Distanz zwischen Phoenix und San Diego, was dem Ort schon in der Vergangenheit die Bedeutung eines Wegkreuzes eingebracht hat.

Diese Vergangenheit zählt auch in der Gegenwart noch zum Sehenswertesten, was Yuma zu bieten hat. Neben dem *Century House Museum*, dem *U.S. Army Quartermaster Depot* und dem *Quechan Indian Museum* gilt dies insbesondere für das *Yuma Territorial Prison*, 1876 gebaut und bis 1909 Verwahranstalt für insgesamt 3040 männliche und 29 weibliche Gesetzesbrecher. Darunter waren der Revolverheld Buckskin Frank Leslie und die Postkutschenräuberin Pearl Hart, die nicht nur den Beinamen ›die Herzlose‹, sondern auch einen 45er Colt Peacemaker trug. Das zur Besichtigung freigegebene Gefängnis diente in vielen Filmen als Kulisse.

Grand Canyon

»Der Grand Canyon ist ein Ehrfurcht einflößendes, grandioses Naturschauspiel, ein klassisches Erosionsbeispiel, das auf der Erde vergeblich seinesgleichen sucht. Die in vielerlei Farbschattierungen erscheinenden Klippen und Abbrüche dieses ungeheuren Erdspaltes stürzen in einem zeitlosen Panorama auf unglaubliche Art und Weise bis in die dunkle und düstere, eine Meile tiefe Schlucht, wo sich der Colorado River stetig tiefer und tiefer in die Erdkruste eingräbt.«

Pathos läßt diese Beschreibung des Grand Canyon (s. Farbabb. 10, 12) in einer amerikanischen Nationalparkbroschüre nicht vermissen – verständlicherweise. Schließlich handelt es sich bei dem Grand Canyon nicht lediglich um ein ›normales‹ Phänomen, sondern um Amerikas populärstes Naturwunder. Über alle ethnischen, rassischen und regionalen Gegensätze und Rivalitäten hinweg sind sich die Amerikaner in dieser Einschätzung einig. Und beinahe so, wie jeder strenggläubige Moslem den inneren Antrieb verspürt, wenigstens einmal in seinem Leben nach Mekka zu pilgern, hegt und pflegt jeder nationalbewußte Amerikaner – eigentlich eine Tautologie – den Wunsch, zum Grand Canyon zu wallfahrten, um im Angesicht des ›eindeutigsten Beweises amerikanischer Größe‹ den tieferen Sinn des gängigen Slogans *America First* in vollen Zügen zu genießen.

Wer als Besucher zum ersten Mal von einem der zahlreichen Aussichtspunkte entlang der South oder North Rim in den Canyon blickt, kann die Begeisterung der Einheimischen verstehen, vielleicht sogar nachvollziehen. Vor allem am frühen Morgen und vor Sonnenuntergang bietet sich dem Betrachter eine mitreißende Naturszenerie. Je nach Sichtverhältnissen erkennt man entfernt den silbernen Colorado, der wie ein auf Hochglanz poliertes Metallband die schroffen Canyonwände voneinander trennt. Schrunde, Risse, Täler, Plateaus und Felszinnen bilden bei schräger Sonneneinstrahlung eine Licht- und Schattenlandschaft, die in ihren satten und doch sanften Farbtönen an die Gemälde alter Meister erinnert.

Wie die ersten Menschen, die den Grand Canyon zu Gesicht bekamen, auf das gewaltige Naturwunder reagierten, weiß man nicht. Legenden aus jüngerer Vergangenheit legen jedoch den Schluß nahe, daß die im nördlichen Arizona lebenden Indianer sich sehr wohl Gedanken über die Entstehung des Canyons machten und nach plausiblen Erklärungen suchten. Die Navajo etwa erzählen von einer großen Flut, die nach langen und heftigen Regenfällen das ganze Land in ein riesiges tiefes

Geologie und Genesis des Grand Canyon

Kaum eine andere Landschaft der Welt erzählt eine interessantere ›Enthüllungsgeschichte‹ über die Vergangenheit des Planeten Erde als der Grand Canyon. Die hier aufgedeckte Chronik der Ereignisse beginnt vor ungefähr zwei Mrd. Jahren im späten Präkambrium. Damals war das heutige Nord-Arizona von Bergen durchzogen, die über lange Zeiträume hinweg durch Wind und Wetter abgetragen und schließlich von den Sedimenten temporärer Meere überlagert wurden.

In den tiefsten Canyonbereichen sind die Reste dieser Berge als Vishnu Schist heute noch ebenso sichtbar wie die rosafarbenen Quarzspuren, die vom Eindringen flüssigen Gesteins aus dem Erdinnern in Brüche und Spalten der Gebirgsbasen zeugen. Kalksteinlagen lassen erkennen, daß die damaligen Meere reich an Algen waren.

Nach Anhebung der Grand Canyon-Region folgten im Paläozoikum neue Meere, die im Unterschied zu den vorigen von Schalentieren bevölkert waren, aus denen sich kalksteinerne Schichten wie die der Muav- und Redwall-Formationen entwickelten. Ebenso lagerten sich mächtige Sandsteinschichten ab.

Während der Perm, die vor rund 270 Mio. Jahren begann, trocknete der Norden Arizonas zu einer Wüste aus, die von Sanddünen bedeckt war (daher der sogenannte Coconino-Sandstein), ehe sich wiederum warme und flache Meere bildeten, deren Sedimente in der Toroweap-Formation und im Kaibab-Kalkstein zu Fels geworden sind.

Von der vor etwa 230 Mio. Jahren nachfolgenden erdgeschichtlichen Periode, dem Mesozoikum, blieben nach gewaltigen Erosionsprozessen nur zwei Reste übrig: Cedar Mountain in der Nähe des Aussichtspunktes Desert View am östlichen Parkeingang sowie Red Butte rund 13 Meilen südlich des Grand Canyon Village.

Mit dem Känozoikum fing vor 70 Mio. Jahren die jüngste Periode der Erdgeschichte an, die das Grand Canyon-Gebiet durch die kombinierten Kräfte von Erosion und vulkanischen Aktivitäten (z. B. San Francisco Mountains) prägte. In dieser Zeitspanne begann vermutlich vor mehr als 5 Mio. Jahren der Colorado, sich in das Kaibab Plateau einzufräsen. Die gängigste unter den Theorien zur Erklärung der Genese des Grand Canyon besagt, daß der Colorado ursprünglich durch den flußaufwärts gelegenen Marble Canyon und die heutige Schlucht des Little Colorado in südöstlicher Richtung floß und in einen riesigen See mündete, bis ein neuer, sich nach Westen öffnender Abfluß den Hauptstrom ›anzapfte‹ und schließlich über den sich allmählich bildenden Grand Canyon zum Golf von Kalifornien umleitete.

Die spektakulärste Schlucht der Welt ist immer noch im Entstehen begriffen. Dem Colorado bleiben im Grand Canyon noch rund 750 m Grabarbeit, um Meereshöhe zu erreichen. Dann wäre theoretisch sogar ein gegenläufiger Prozeß möglich: Das Salzwasser des Pazifik könnte in den Grand Canyon dringen und dort einen Fjord bilden.

Sehr anschaulich illustriert ist die Geologie des Grand Canyon im *Yavapai Museum* am gleichnamigen Aussichtspunkt nördlich des Besucherzentrums. Auf Schautafeln wird erläutert, was man durch ein Fenster in natura sieht: die unterschiedlichen Gesteinsformationen, die einen Blick weit zurück in die Erdgeschichte erlauben. Eine ›geologische Uhr‹, deren Zeiger sich in drei Minuten einmal ganz dreht, macht die gigantischen Zeiträume der Bildung des Grand Canyon deutlich. Jede Zeigerbewegung symbolisiert 11 Mio. Jahre (geöffnet: tägl. 9–17 Uhr, im Sommer bis 20 Uhr).

Meer verwandelt habe, so daß die Menschen vom Ertrinken bedroht gewesen seien. Die Indianer hätten nur überlebt, weil sie sich in Fische verwandelten, bis die Wassermassen durch den sich damals bildenden Grand Canyon abgeflossen waren. Noch heute ist diese Geschichte unter den Navajo lebendig und für viele Grund genug, keinen Fisch zu essen.

Die ersten Weißen, die den Grand Canyon entdeckten, waren spanische Konquistadoren der Coronado-Expedition im Jahre 1540. Sie wollten die legendären sieben goldenen Städte von Cibola aufspüren, traten jedoch nach dreitägiger vergeblicher Suche nach einem Weg in den Canyon frustriert den Rückweg an. Über 200 Jahre später gelangte der Franziskanermönch Francisco Tomás Garcés zu den Havasupai am Westende des Grand Canyon, danach folgten Pelztierjäger, Händler und erste Forschungsreisende.

Doch der Grand Canyon hütete sein Geheimnis, bis es 1857 eine von Armeeleutnant Joseph Ives den Colorado River hinauf geführte Expedition erstmals zu lüften begann. 1869–70 brach Major John Wesley Powell zu seiner ersten großen Expedition auf, um den Colorado River, dessen wichtigste Zuströme und den Grand Canyon zu erforschen. Damit dämmerte für den Norden Arizonas eine neue Ära heran.

Powell hatte im Sezessionskrieg (1861–65) auf Unionsseite gekämpft, nach Kriegsende begann er als Professor für Geologie an der Illinois Wesleyan University ein wissenschaftliches Interesse für die Erforschung des Colorado-Beckens zu entwik-

Blick auf den Grand Canyon vom Laden bei Hermits Rest

keln. Im Mai 1869 startete er auf dem Zufluß Green River in Wyoming mit neun Männern und vier Booten seine erste Reise ins Unbekannte, denn bis zu diesem Zeitpunkt war der Colorado im Grand Canyon noch von keinem Menschen auf einem längeren Streckenabschnitt bewältigt worden.

Die schwierigste Passage begann für die verwegene Truppe am 10. August an der Mündung des Little Colorado. Rund 350 Flußkilometer lagen an dieser Stelle noch vor der Expedition, nicht allein mit grandiosen Naturerlebnissen, sondern mit Dutzenden von nervenzerfetzenden Ritten über tosende Stromschnellen. Kein Wunder, daß vier Männer aus dem waghalsigen Unternehmen ausstiegen. Drei von ihnen wurden von Shivwits-Indianern umgebracht, als sie auf dem Landweg den Canyon verließen. Nach drei Monaten und sechs Tagen erreichte Powell mit seinen Leuten den Ort, wo der Virgin River in den Colorado mündet – die Höllenfahrt durch das Granitgefängnis des Grand Canyon war vorüber.

Schon wenige Tage später berichtete der Major einem gespannten Publikum in Salt Lake City von seinen Abenteuern und Erkenntnissen. Er entwarf die ersten Hypothesen zur Geologie und Entstehungsgeschichte des Grand Canyon und beschrieb die zahlreichen Indianerruinen, die er zu Gesicht bekommen hatte. Was waren das für Menschen, die hier gelebt hatten? Wie alt waren die Reste ihrer Wohnstätten?

Archäologische Funde von Tierfiguren aus Weidenzweigen in versteckten Höhlen des Canyons im Jahre 1933 deuteten darauf hin, daß hier Jäger und Sammler bereits vor etwa 4000 Jahren unterwegs waren. Die von Powell entdeckten Wohnanlagen wurden als Behausungen der Anasazi identifiziert, die um etwa 500 in die Gegend gekommen waren und neben der Jagd vom Mais- und Kürbisanbau gelebt hatten. Die Anasazi-Kultur erreichte erst etwa nach 1000 ihre Blütezeit, aus diesem Zeitraum stammt auch ein Großteil der Indianerruinen im Grand Canyon.

Floßfahrten auf dem Colorado

Bis zum Jahre 1965 hatten rund 2000 Menschen den Colorado River auf längeren Strecken befahren; bis 1972 kühlten weitere 16000 Abenteurer ihr Mütchen im eiskalten Colorado-Wasser, so daß sich der *National Park Service* zu einer strengen Reglementierung des Wasserverkehrs genötigt sah.

Heute veranstalten mehr als zwei Dutzend Konzessionäre Fahrten in Flößen, Booten oder Kayaks auf diversen Abschnitten des Colorado, wobei die Touren in der Regel zwischen drei Tagen und zwei Wochen dauern. Hauptsaison ist von April bis Oktober, manche Gesellschaften fahren das ganze Jahr über. Verpflegung und wichtigste Ausrüstungsgegenstände sind normalerweise inklusive. Orientierungspreis: Eine achttägige Fahrt über rund 450 Flußkilometer einschließlich Transport von Las Vegas zum Colorado und zurück sowie vollständige Verpflegung kostet bei Grand Canyon Expeditions etwa 1300 Dollar (P.O. Box 0, Kanab, Utah 84741, ✆ 801/644-2691).

◁ John Wesley Powell, einer der ersten Erforscher des Colorado River, mit dem Paiute-Häuptling Tangu; historische Aufnahme vom Ende des 19. Jh.

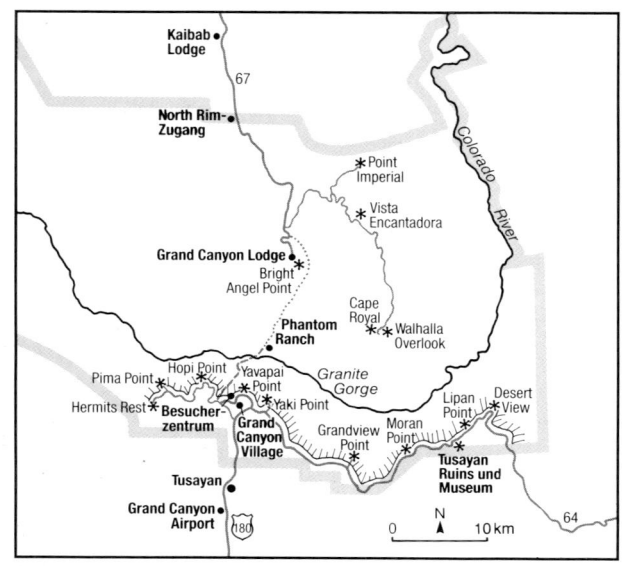

Grand Canyon
National Park

Zur Zeit von Powells erster waghalsigen Colorado-Expedition interessierten sich in Amerika nur wenige für den Grand Canyon. Im letzten Viertel des 19. Jh. änderte sich das rasch, nachdem Mitglieder von Powells zweiter Expedition 1871 im Grand Canyon Goldstaub gefunden hatten. Zeitungen verbreiteten die Nachricht im ganzen Land, und eine Welle von Prospektoren brach über die bislang unberührte Naturlandschaft herein. Der Traum vom Gold war für die meisten bald ausgeträumt. Erfolgreicher waren jene, die nach Silber, Blei, Zink oder Asbest schürften, vor allem nachdem 1883 die erste Bahnlinie den Norden Arizonas durchquerte und diese bislang entlegene Region mit dem wachsenden amerikanischen Markt verband. Eine Zeitlang stand sogar der Plan zur Debatte, eine Bahnlinie am Ufer des Colorado mitten durch den Grand Canyon zu bauen und die Strecke mit aus Wasserkraft gewonnenem Strom zu elektrifizieren.

Im ausgehenden 19. Jh. setzte eine weitere Entwicklung ein, die sich als viel lukrativer erweisen sollte als der Bergbau: das Geschäft mit Touristen. Erfolglose Bergarbeiter hatten schon seit geraumer Zeit auf klingende Münzen aus den Geldbeuteln der meist gut betuchten Reisenden spekuliert.

Künstler wie Thomas Moran und Geologen wie Clarence Dutton stimulierten das öffentliche Bewußtsein für die Schönheit der Natur. Und als schließlich am 20. 9. 1901 der erste Eisenbahnwaggon über eine eben fertiggestellte Nebenstrecke von Williams den Südrand des Grand Canyon erreichte, waren die Weichen für das heranbrechende Touristenzeitalter gestellt. Das Bright Angel Hotel existierte damals bereits, das luxuriöse El Tovar öffnete 1905 seine Pforten.

Im Gegensatz zur South Rim führte North Rim, die Nordkante des Grand Canyon, lange Zeit wirtschaftlich ein Schattendasein. Zwar war diese Gegend durch den Vorwärtsdrang der Mormonen aus Utah eher besiedelt und zunächst bergbaulich auch intensiver in Anspruch genommen. Aber fehlende Straßen und Eisenbahnlinien ließen den Norden im beginnenden 20. Jh. hinter der Südkante doch zurückbleiben. So schlug auch ein Versuch von John W. Young, eines Sohnes des Utah-Gründers Brigham Young, fehl, am Nordrand ein Sport- und Freizeitgebiet einzurichten.

In England stellte der Möchtegern-Unternehmer eine Reisegesellschaft aus finanzkräftigen Aristokraten zusammen und karrte die Gruppe mit Pferdewagen zu einem Jagdurlaub aufs Kaibab-Plateau. Selbst die Anwesenheit von Buffalo Bill, der die Besucher führte, vermochte diese nicht von der Gewinnträchtigkeit eventueller Investitionen in ein Ferienprojekt zu überzeugen. Dazu lag die Gegend viel zu weit abseits. Jahrelang blieb sie ein Paradies für die Pumajagd, wovon sich auch der New Yorker Zahnarzt Zane Grey überzeugen konnte, der seine Erfahrungen am Grand Canyon zu Papier brachte und damit seinen Weltruhm als Westernautor mit Millionenauflage begründete. Erst mit dem Automobil wurde die North Rim einem größeren Besucherstrom erschlossen. Im Jahre 1928 entstand als erstes Hotel die Grand Canyon Lodge. Sogar heute noch zieht der Nordteil des Grand Canyon viel weniger Besucher an, was durchaus als eine Empfehlung verstanden werden kann.

Von den über 4 Mio. Besuchern, die alljährlich zum Grand Canyon pilgern, sieht ein Großteil nur einen sehr begrenzten Abschnitt dieses tiefsten Flußtals der Erde. Entlang der South Rim verläuft eine Autostraße in Ost-West-Richtung, von der über zehn Aussichtspunkte direkt am Canyonrand leicht erreichbar sind. Der West Rim

Das El Tovar-Hotel am Grand Canyon

Drive, die Teerstraße westlich des Grand Canyon Village bis nach Hermits Rest, ist für den privaten Autoverkehr jedoch nur außerhalb der Hauptsaison offen. Im Sommer verkehren kostenlose Pendelbusse, die an allen Aussichtspunkten halten.

Das Grand Canyon Village selbst, rund 2100 m hoch am von Ponderosa-Kiefern und Wacholder bestandenen Südrand gelegen, verfügt über alle notwendigen Einrichtungen wie Unterkünfte, Restaurants, Campingplätze, Tankstelle. Da das Dorf für die Besuchermassen zu klein geworden ist, entstanden in Tusayan außerhalb des südlichen Parkeingangs zusätzliche Einrichtungen. Von dort starten auch die beliebten Rundflüge über den Canyon. Wer das Naturwunder zu Fuß erleben will, sollte sich vorab genau informieren.

Seit Ende 1989 kann man nach einer über 20jährigen Unterbrechung wieder mit dem Dampfzug zum Grand Canyon Village fahren. Im Sommer verkehren die sehenswerten Oldtimerloks mit ihren restaurierten Passagierwagen auf der 64 Meilen langen Strecke zwischen Williams und der South Rim bis zu dreimal täglich. Die Hin- und Rückfahrt kostet für Erwachsene 47 $, für Kinder 23 $.

Grand Canyon zu Fuß

Für Wandertouren steht im Grand Canyon eine Vielzahl von Pfaden unterschiedlicher Kategorien zur Verfügung: *Main Trails* sind regelmäßig instand gehaltene und vom *National Park Service* (NPS) häufig kontrollierte Pfade; *Secondary Trails* sind Nebenpfade, die nicht mehr instand gesetzt werden und auf denen Ranger seltener patrouillieren. Zahlreiche Abschnitte des Canyons sind auch heute noch relativ schwer zugänglich.

Vorbereitungen: Um die Zahl der Wanderer im Canyon aus Naturschutz- und Sicherheitsgründen kontrollieren zu können, verlangt der NPS von allen, die im Canyon campieren wollen, eine kostenlose Genehmigung (*permit*). Angesichts der großen Nachfrage ist eine *Permit*-Reservierung empfehlenswert bei: Backcountry Reservations Office, P.O. Box 129, Grand Canyon, AZ 86023. Dieses Büro gibt über ✆ 602/638–2474 zwar Auskünfte über Planung von Touren, *trails*, Wasserstellen, Wetter usw., erteilt telefonisch jedoch keine *permits* (geöffnet: Mo–Fr 11–17 Uhr). Das *Office* befindet sich an der Straße zum Mather Campground unweit des Besucherzentrums.

Wer in den Canyon hinabsteigt, sollte pro Tag mindestens 2 l Trinkwasser zur Verfügung haben; strapazierfähiges Schuhwerk, Kopfbedeckung und Sonnenschutz sind ratsam. Haustiere dürfen unterhalb des Canyonrands nicht mitgeführt werden. Für den Abstieg bis zum Colorado benötigt man 4–5 Stunden und gute Kondition. Ungeübte Wanderer sollten auf dieses Canyonabenteuer verzichten.

Wetter: Im Hochsommer steigen die Temperaturen im Canyon nicht selten auf über 40 °C, Wanderungen zu kühleren Tageszeiten und mit möglichst leichtem Gepäck sind deshalb angebracht. Zwischen Dezember und Februar, manchmal auch noch im Mai, sind höher gelegene Wanderwege häufig von Schnee und Eis bedeckt. Die North Rim ist von etwa Anfang November bis Mitte Mai geschlossen.

Grundsätzlich kann sich das Wetter im Canyon sehr schnell ändern. So ist sogar im Hochsommer bei klarem Himmel zu empfehlen, einen Schutz gegen Gewittergüsse oder Hagelschauer mitzunehmen.

South Rim-Pfade

Bright Angel Trail: *Main Trail* – gut ausgebaut und deutlich markiert. Länge vom Beginn westlich der Bright Angel Lodge (2090 m) bis zum Bright Angel Campground (731 m) 15,3 km; Höhendifferenz 1359 m. Der Trail, ein alter Indianerpfad, der 1891 als Zugang zu Bergbauarealen ausgebaut wurde, war zeitweise ein Mautweg. Heute wird er auch von Maultieren benutzt, mit denen man zur Phantom Ranch oder zum Aussichtspunkt Plateau Point reiten kann.

South Kaibab Trail: *Main Trail* – vom Beginn nahe Yaki Point (2212 m) bis zum Colorado-Ufer (755 m) 10,1 km lang; Höhendifferenz 1457 m. Zwischen Canyonrand und Colorado gibt es nirgends Wasser. Der 1928 fertiggestellte, steile Pfad bietet an vielen Stellen spektakuläre Ausblicke.

Hermit Trail: *Secondary Trail* – zum Teil von Niederschlägen ausgewaschen, nicht immer leicht zu finden. Länge vom Beginn hinter Hermits Rest am West Rim Drive (2023 m) bis zum Colorado River (731 m) 13,7 km; Höhendifferenz 1292 m. Wasserstellen befinden sich außer am Colorado bei Santa Maria Spring und Hermit Creek, wo es auch Zeltplätze gibt.

Grandview Trail: *Secondary Trail* – Länge vom Grandview Point an der Canyonkante (2255 m) bis zur Horseshoe Mesa (1463 m) 4,8 km; Höhendifferenz 792 m. Auf der Horseshoe Mesa schürfte ein gewisser Pete Berry nach Kupfer und baute 1892 diesen Pfad als Zugang.

North Rim Trails

North Kaibab Trail: Deutlich markierter *Main Trail* – Länge vom Beginn etwa 3,2 km nördlich der Grand Canyon Lodge an der Straße zum Nordeingang des Parks (2511 m hoch) bis zum Colorado River (731 m hoch) 22,5 km; Höhendifferenz 1780 m, alter Indianer- und Prospektorenpfad. Die 1921 erbaute Phantom Ranch im Canyon bietet Wanderern Mahlzeiten und Unterkunft (*cabins* bzw. Schlafsaal; Reservierung unbedingt notwendig: Grand Canyon National Park Lodges, Grand Canyon, AZ 86023, ✆ 602/638–2401).

Thunder River Trail: *Secondary Trail* – Länge vom Beginn östlich des Monument Point (2197 m) bis zum Colorado River (609 m hoch) 19,3 km; Höhendifferenz 1588 m. Nach Gerüchten über Goldfunde am Colorado-Ufer wurde der obere Teil dieses Pfades 1876 gebaut. Der Thunder River, der dem *Trail* den Namen gab, ist mit 800 m einer der kürzesten Flüsse der Welt.

Reittouren in den Grand Canyon

Mulitouren am Grand Canyon gibt es seit über 100 Jahren. Angeboten werden Ausflüge, die zwischen einer Stunde und mehreren Tagen dauern. Zu den beliebtesten Touren zählt der Tagesritt über den Bright Angel Trail durch Indian Gardens zum Plateau Point, einem Aussichtspunkt hoch über dem Colorado. Wer ein solches Unternehmen plant, sollte bedenken, daß ein etwa siebenstündiger Ritt anstrengend ist und körperliche Ausdauer verlangt. Schutz gegen die Sonne (lange Hosen, Hemd bzw. Bluse mit langem Arm sowie Hut) ist unbedingt erforderlich. Reiter dürfen nicht schwerer als 91 kg sein und außer Wasserflasche und Kamera kein Gepäck mit sich führen. Ein Ritt mit Übernachtung in einer Hütte führt über den Bright Angel Trail zur Phantom Ranch und zurück über den South Kaibab Trail. Diese Zweitagestour kostet etwa 190 Dollar. Informationen über Reittouren bei Grand Canyon National Park Lodges, Reservations Department, P.O. Box 699, Grand Canyon, AZ 86023.

Auf allen Sechsen durch den Indianercanyon

Canyon de Chelly

Es schneit, als wir an einem warmen Junimorgen auf die offenen Lastwagen klettern, die uns in den Canyon de Chelly bringen sollen. Es schneit Wattebäusche aus den blühenden Baumwollbäumen, die um die Thunderbird Lodge in Chinle stehen, und es riecht nach Ölweiden, als habe sich der Frühling für unser Abenteuer im Indianerland besonders fein gemacht. Dreihundert Meter von der Lodge entfernt biegt unser Fahrzeug von der Teerstraße in ein breites Flußbett ab, das von senkrechten Sandsteinwänden begrenzt ist. Erste Passage durch den kniehohen Chinle Wash – kein Problem für unseren dreiachsigen Armeetruck, auf dessen umgebauter Ladefläche wir auf Plastiksitzen thronen wie auf einer Aussichtsplattform.

Je weiter wir in den schmalen Canyon hineinfahren, desto steiler und malerischer werden die ihn einfassenden Wände. Ab und zu hält unser Führer Deswood, ein Navajo, an, um uns über die Entstehung und Geschichte dieses roten Felslabyrinths zu erzählen. So zum Beispiel über dessen Namensgebung, die jedem Besucher sonderbar erscheinen muß. Denn Chelly wird ›schee-y‹ ausgesprochen, weil es sich um eine spanische Verballhornung des Navajo-Worts *tsegi* handelt, das Felsenschlucht bedeutet. Diese mit allen Verzweigungen rund 170 km lange Schlucht – sie teilt sich in drei Arme, Canyon de Chelly, Black Rock Canyon sowie Canyon del Muerto – wurde vom Rio de Chelly und seinen Nebenflüssen ausgewaschen. Die Wasserläufe entspringen im Nordosten Arizonas in den Chuska Mountains, die man auch die Navajo-Alpen nennt. Es dauerte Jahrmillionen, bis der Canyon in den Sandstein gefräst war, einen tiefroten Untergrund, der vor rund 200 Mio. Jahren das Colorado Plateau als Sanddüne bedeckte und sich unter dem Druck nachfolgender Schichten zu Stein verdichtete.

Anhand einiger Felszeichnungen (Petroglyphen) und Bilderschriften (Piktographien), die von der rund 2000jährigen Besiedlung des Canyons zeugen, zeigt uns Deswood, daß der Canyon de Chelly aber auch über eine viel jüngere und außerordentlich bewegte Geschichte verfügt. Die ersten hier ansässigen Bewohner waren Anasazi, Halbnomaden, die im Canyongrund fruchtbaren Boden und Wasser vorfanden und sich hier seit etwa dem 1. Jh. unserer Zeitrechnung niederließen. Zu diesem Schluß führten Ende der 20er Jahre archäologische Funde aus der Mummy

Ruinen der Anasazi im Canyon de Chelly ▷

Cave im Canyon del Muerto. Seit etwa 1100, als die klassische Pueblo-Phase begann, bewohnten die Anasazi nicht mehr ihre sogenannten *pit houses* (Erdhäuser), sondern errichteten auf Kanten und Absätzen senkrechter Felswände mehrstöckige Klippenhäuser, die meist nur über Steigpfähle oder in den Stein geschlagene Grifflöcher erreichbar waren. First Ruin, Junction House Ruin, Ledge Ruin, Antelope House Ruin und White House Ruin sind unter den mehreren hundert halbverfallenen Wohnanlagen im Canyon nur einige wenige, die wir an diesem Tag besichtigen können. Die Felszeichnungen der Anasazi, die zum Teil in der Nähe der Klippenhäuser zu finden sind, gelten als die ältesten im Canyon, über ihre Bedeutung liegen bislang nur wenige gesicherte Erkenntnisse vor. Wissenschaftler gehen davon aus, daß es sich bei den Wandbildern nicht nur um singuläre Symbole, sondern um Darstellungen von vermutlich komplexer Bedeutung handelt.

Zwischen 1250 und 1300 setzte im Canyon de Chelly wie auch in anderen Gegenden des amerikanischen Südwestens der bis heute rätselhafte Exodus der Anasazi ein. Mehr als vier Jahrhunderte vergingen, ehe mit den aus dem Norden zugewanderten Navajo eine neue permanente Bevölkerung im Canyon Einzug hielt. Die Hopi, von deren Anwesenheit ebenfalls Wandbilder zeugen, hielten sich hier wahrscheinlich nur zeitweise auf. Felszeichnungen, auf denen Pferde abgebildet sind, lassen sich als Navajo-Vermächtnisse ausmachen, weil das in der Neuen Welt ausgestorbene Pferd erst Mitte des 16. Jh. von den Spaniern wieder eingeführt und den Indianern ›vererbt‹ wurde.

Das Verhältnis zwischen Spaniern und Navajo war gespannt, seitdem die Neuankömmlinge die Indianer mit der fortschreitenden Kolonisierung und Missionierung zunehmend in ihren Lebensräumen und Lebensweisen einengten. Solchermaßen von den Spaniern, aber auch von Ute- und Comanchen-Stämmen unter Druck gesetzt, wichen die Navajo immer weiter nach Westen aus und fanden im Schutz des Canyon de Chelly schließlich eine neue Heimat. Dort veranstalteten die Spanier unter Leutnant Antonio de Narbona, der zur ›militärischen Lösung des Navajo-Problems‹ 1805

Im umgebauten Armeetruck geht's durch den Canyon

in den Canyon geschickt worden war, ein Massaker, das Massacre Cave im Canyon del Muerto den Namen gab. Bei dieser Gewaltaktion wurden in der 100 m langen und knapp 3 m tiefen Felsnische Erzählungen zufolge rund 115 Indianer, vornehmlich Frauen und Kinder, von spanischen Scharfschützen erschossen.

Nachdem wir den Kreuzungspunkt, an dem sich der Canyon in zwei große Schluchten gabelt, passiert haben, wird nicht nur das Wasser im Fluß, sondern auch der uns umgebende Klippensaum höher. Als winzige Figuren erkennen wir an manchen Stellen hoch oben auf der Canyonkante Leute, die uns von den Aussichtspunkten entlang der Süd- oder Nordseite beobachten. Vor allem vom South Rim Drive hat man spektakuläre Panoramablicke auf die Canyonlandschaft. Das gilt insbesondere für den Spider Rock Overlook direkt am Canyonrand, wo eine isoliert stehende, 245 m hohe Felsnadel direkt vor den Füßen des Betrachters liegt (s. Farbabb. 1). Für die Navajo ist dies der Sitz ihrer Gottheit Na'ashje'ii Asdzau oder Spinnenfrau, während auf dem niedrigeren Teil des Steinturmes Sprechender Gott wohnt.

Deswood macht uns bei der Weiterfahrt auf ein paar Flecken Land aufmerksam, die auch heute noch von Navajo besiedelt und bearbeitet werden. Etwa 15 Familien leben im Canyon, allerdings nur während der Sommermonate. Sie bauen Mais sowie Bohnen an und ziehen Aprikosen- und Pfirsichbäumchen. Ihre Behausungen sind auch im Zeitalter des Spannbetons *hogans* geblieben, sechs- oder achteckige gedrungene Blockhäuser mit Lehmdach, deren Türen sich immer Richtung Osten öffnen, wo die wärmende Morgensonne aufgeht. Sind die Temperaturen im *hogan* zum Wohnen zu hoch, ziehen die Navajo in ihre luftigen Schattenhäuser um, die nur aus Ästen errichtet werden. Im Winter, erklärt Deswood, kühlt der Canyon stark aus, und die Bewohner verbringen die kalte Jahreszeit in Chinle oder Umgebung, von wo Versorgungseinrichtungen und Schulen leichter erreichbar sind.

Unsere Tour führt uns nicht nur landschaftliche Schönheit vor Augen, sondern dokumentiert auf eindringliche Weise auch die Geschichtsträchtigkeit des Canyons. Das macht Deswood am Navajo Fortress Rock deutlich, einem riesigen Felsen mit steil aufragenden Wänden, der im dunkelsten Kapitel der Navajo-Geschichte eine Rolle spielt.

Nachdem die USA mit ihrem Sieg im Krieg gegen Mexico 1848 weite Teile des heutigen Südwestens unter ihre Kontrolle gebracht hatten, versuchten sie auch, die um ihre Freiheit und Unabhängigkeit kämpfenden Navajo zu unterwerfen. General Carleton, Militärkommandant von New Mexico, betraute 1863 den berühmten Scout Kit Carson mit dieser Aufgabe. Carsons Soldaten – spanische Siedler sowie Ute-, Hopi- und Zuni-Indianer, die mit den Navajo in Fehde lebten – zerstörten systematisch die Wohnstätten, Felder und Herden der Navajo und raubten ihre Existenzgrundlage. Letzte Zuflucht im Canyon de Chelly war Fortress Rock, wo sich die Navajo verschanzten, bis sie von Kit Carsons Truppen im Winter 1864 ausgehungert wurden und den ›Langen Marsch‹ ins Konzentrationslager Fort Sumner in New Mexico antreten mußten.

Es fällt schwer, die zum Teil blutige und brutale Geschichte des Canyon de Chelly angesichts der heutigen Postkartenidylle zu vergegenwärtigen. Indianerkinder bauen im Bett des Rio de Chelly Sandburgen oder ziehen im Schatten der Bäume gefärbte Nüsse auf Schnüre, um daraus Halsketten zu basteln. Pferde weiden am Fuße der über 300 m hohen Sandsteinklippen, in die sich der Zeitenwechsel dekorativ eingegraben hat. Fast könnte man vermuten, die moderne Zivilisation sei spurlos an dieser entrückten Naturszenerie vorbeigegangen. Aber schon auf dem Rückweg kommen wir an einer Stelle vorbei, an der drei Indianer versuchen, einen im Flußsand bis zum Dach eingesunkenen Jeep auszubuddeln. Als wir den Canyon verlassen, hat uns das 20. Jh. wieder.

Blick in den Canyon de Chelly

Schicksalsstraße Amerikas

Auf und Nieder der legendären Route 66

Rund 200 Jahre sind vergangen, seit 1795 Amerikas erste Makadamstraße zwischen Philadelphia und Lancaster fertiggestellt wurde. Heute gelten die USA als ›autogerechtestes‹ Land der Erde, mit einem weitverzweigten Netz von mehr als 6 Mio. km gutausgebauter Landstraßen und rund 70 000 km Fernstraßen, die etwa mitteleuropäischen Autobahnen entsprechen. Diese Interstate Highways entstanden in ersten Anfängen ab 1934, vor allem aber nach 1956, als ein neues Gesetz den beschleunigten Ausbau eines modernen Autobahnsystems betrieb.

Die Investitionen in Fernverbindungen beseitigten so manche Schwachstelle im amerikanischen Verkehrsnetz. Eine davon war die legendäre Route 66, die ›Hauptstraße Amerikas‹, die von Chicago über rund 3500 km nach Los Angeles führte und für die man in den 20er Jahren noch etwa einen Monat brauchte, sofern man nicht im Straßenstaub erstickte oder in einem Schlammloch ertrank.

Nachdem diese in Ost-West-Richtung verlaufende transkontinentale Strecke 1932 auf ihrer gesamten Länge geteert war und die offizielle Bezeichnung US Highway 66 erhalten hatte, avancierte sie innerhalb kurzer Zeit zu einer der meistbefahrenen Überlandstraßen der USA. Das lag nicht allein an ihrem guten Zustand, sondern vor allem auch an den Zeitumständen.

Die Weltwirtschaftskrise von 1929/30 hatte die amerikanische Wirtschaft und Gesellschaft in ihren Grundfesten erschüttert. Die Zahl der Arbeitslosen stieg zwischen 1928 und 1933 von etwa 2 auf mehr als 15 Mio. Hunger und Elend beherrschten weite Teile des Landes, vor allem aber Gebiete im Mittleren Westen der USA, der von zerstörerischen Staubstürmen heimgesucht wurde.

Für Heerscharen arbeitsloser und verarmter Amerikaner wurde die Route 66 gleichermaßen zum Fluchtweg und Hoffnungsträger. Hunderttausende machten sich Richtung Westen auf, wo man noch am ehesten Arbeit und Brot erwarten konnte, als Erntehelfer, Fabrikarbeiter oder Wanderarbeiter. Ganz Amerika, so schien es, war auf der Jobsuche. »Wir stehen einer Völkerwanderung gegenüber, neben der selbst die Kreuzzüge wie sonntägliche Schulausflüge erscheinen«, kommentierte der Schriftsteller Gilbert Seldes die Situation.

Route 66, eine der wichtigsten Verkehrsadern zwischen Ost und West, wurde damals in Einschätzung der tatsächlichen Verhältnisse mit dem wenig schmeichelhaften Prädikat ›längste Verkehrsstockung der Welt‹ versehen. John Steinbeck setzte der

Route 66 mit seinem Roman »Früchte des Zorns« ein Denkmal als Schicksalsstraße Amerikas: ›Wagen am Straßenrand, Motorblöcke abmontiert, Reifen geflickt, Wagen, die gleich verwundeten Tieren über die Route 66 humpeln, mühsam und keuchend.‹

Der Highway blieb fast zwei Jahrzehnte lang ein Engpaß, was sich vor allem nach Ende des Zweiten Weltkriegs als hinderlich herausstellte, als der Verkehr auf Amerikas Straßen rapide zunahm. Kein Wunder, daß der Ausbau für Verkehrsplaner hohe Priorität besaß und schon bald nach Kriegsende in Angriff genommen wurde.

Heute liegen weite Strecken der ehemaligen ›Main Street of America‹ unter vier- oder sechsspurigen Betonbelägen moderner Autobahnen begraben. Der eilige Autofahrer kann sogar unterschiedliche Interstate Highways auswählen, um innerhalb von knapp 48 Stunden von Chicago nach Los Angeles zu gelangen. Im Norden Arizonas existieren aber noch die letzten ursprünglichen Abschnitte der Route 66 auf einer Länge von rund 170 Meilen. Eine Anfang 1987 gegründete Vereinigung namens *Historic Route 66 Association of Arizona* hat sich zum Ziel gesetzt, dieses längste noch existierende Stück der Fernverbindung der Nachwelt zu erhalten.

Die Nostalgiereise beginnt in **Topock** am Colorado River, wo der Interstate Highway 40 über eine Spannbetonbrücke von Kalifornien herüberführt. Vier Meilen nördlich biegt in Golden Shores in nordöstlicher Richtung eine Schotterstraße nach **Oatman** ab, dessen Bewohner behaupten, ihr Ort sei die lebhafteste Geisterstadt Arizonas.

Den Gipfel der Lebhaftigkeit erreicht das Dorf jedes Jahr am ersten Septemberwochenende, wenn mit Paraden, Tänzen und Platzpatronenorgien die *Gold Camp Days* gefeiert werden, die an Oatmans goldene Vergangenheit erinnern. Im Jahre 1911 wurde die Stadt gegründet und nach Olive Oatman, der Tochter eines Pioniers benannt, die 1851 einen Apachenüberfall überlebte, von den Indianern jahrelang verschleppt und schließlich gegen ein paar Pferde eingetauscht wurde.

Oatman lebte und prosperierte 20 Jahre lang vom Bergbau in den umliegenden Ute Mountains, deren Quarz u. a. Gold enthielt. Damals förderte die *United Eastern Mine* innerhalb von dreieinhalb

Jahren Edelmetall im Wert von mehr als 18 Mio. Dollar. Anfang der 40er Jahre hatte die Stadt rund 12 000 Einwohner, erlebte dann aber einen unerwarteten Niedergang, als der Kongreß angesichts der Kriegslage die Förderung von nichtstrategischen Bodenschätzen untersagte.

Heute ist Oatman nur noch ein Schatten seinerselbst. Durch die Straßen streunen wilde Esel auf der Suche nach Touristen, die etwas Eßbares bei sich haben. Es gibt einige Souvenirläden, eine

Tankstelle, das alte Oatman Hotel als einziges zweigeschossiges Adobe-Gebäude des Mohave-Landkreises und viel Berglandschaft drumherum.

Über den 2270 m hohen Sitegreaves Pass erreicht man zwei Meilen weiter östlich die Geisterstadt **Goldroad**. Goldfunde im Jahre 1902 ließen hier eine Ansiedlung entstehen, die bis zum Zweiten Weltkrieg bewohnt war. Dann zerfiel der Ort, was der Zahn der Zeit übrigließ, wurde meist von Sammlern und Souvenirjägern weggetragen.

Nach 22 Meilen auf der alten, löchrigen Route 66 erreicht man **Kingman**, den Sitz der Verwaltung des Landkreises und für viele Reisende auf dem Weg ins Glücksspielzentrum Las Vegas der letzte Stopp in Arizona. Hier hat die Vereinigung zur Rettung der Route 66 ihren Sitz in der Andy Devine Avenue 711 East (P.O. Box 66, ✆ 602/753–500), die nach dem in Kingman geborenen Schauspieler benannt wurde. An den Leinwandstar erinnert auch eine Abteilung im *Mohave Museum of History and Arts*. Sehenswert ist dort die Sammlung von Figuren, die aus Türkisen hergestellt wurden. Das größte Stück ist ein 2100 Karat schweres Rhinozeros.

Kingman nannte man einmal die ›Welthauptstadt der Türkise‹. Durch Zufall fand Charles Colbaugh Anfang der 60er Jahre einen alten Stollen, der Werkzeuge vermutlich von Hohokam-Indianern enthielt, die wohl schon im 7. Jh. nach Türkisen suchten. Sicher ist, daß in späterer Zeit Navajo nach dem *Kingman Blue* gruben, einem Stein, der wegen seiner hellblauen Farbe zu den schönsten seiner Art zählt.

Von Kingman bieten sich einige lohnende Abstecher in die Umgebung an. 15 Meilen südöstlich liegt der **Hualapai**

Mountain Park, dessen höchste Erhebung mit 2760 m der Hualapai Peak ist, der zu zahlreichen Freizeitaktivitäten (Camping, Bergwandern, Reiten) einlädt. Übernachtungen sind in sogenannten *cabins* sowie in der Hualapai Mountain Lodge möglich.

15 Meilen nordwestlich von Kingman liegt abseits der Straße 93 nach Nevada das ehemalige Bergbaustädtchen **Chloride**, in dem man einige hübsche Gebäude findet. Hauptattraktion sind jedoch die Felsmalereien, die der Künstler Roy Purcell in den Jahren 1966 und 1975 außerhalb des Ortes schuf und die über eine unbefestigte Zufahrt in 2 Meilen Entfer-

Die Ghost Town Oatman

nung erreichbar sind (s. Farbabb. 25). Eine weitere *ghost town* ist **Cerbat**, ebenfalls abseits der Straße 93 (Abzweigung bei Milepost 62), 9 Meilen von Kingman entfernt. Gold- und Silberlagerstätten zogen Ende der 60er Jahre des vorigen Jahrhunderts Schürfer an, der Bergbaubetrieb dauerte hier jedoch nur etwa 40 Jahre. Einige Einrichtungen erinnern noch an diese Zeit.

Fährt man von Kingman auf der alten Route 66 weiter, erreicht man nach 54 Meilen **Peach Springs** am Rande der Hualapai Indian Reservation. Der Ort ist nur für jene interessant, die über die 21 Meilen lange Diamond Creek Road (Schotterstraße) zu einem wenig besuchten Punkt im Grand Canyon Nationalpark fahren wollen, dem einzigen Straßenzugang zum Colorado River.

Zwölf Meilen östlich von Peach Springs liegen die **Grand Canyon Caverns**, die schon vor langer Zeit austrockneten, nachdem der sich immer tiefer einschneidende Colorado den Grundwasserspiegel senkte. Bis zum Jahre 1927 waren diese Kalksteinhöhlen nur den Hualapai Indianern bekannt, die sie zur Bestattung ihrer Toten verwendet hatten. Heute bringen moderne Aufzüge die Besucher 21 Stockwerke tief in die Märchenwelt der Stalagmiten und Stalagtiten, wo man auf einem etwa 1 km langen Weg die ›Unterwelt‹ betrachten kann (geöffnet: tägl. 8–18 Uhr im Sommer bzw. 9–17 Uhr im Winter; Eintritt).

Zwischen dem 1886 gegründeten Eisenbahnknotenpunkt **Seligman** und dem 18 Meilen entfernten **Ash Fork** verläuft das letzte Teilstück der traditionsreichen Route 66 parallel zur neuen Interstate 40, als träfen hier unterschiedliche Epochen aufeinander. Karrten in den 30er Jahren die Armen und Arbeitslosen, Unterprivilegierten und Glücklosen auf der Route 66 ihre Sorgen und Nöte nach Westen, so waren es in der Umbauzeit der Straße in den 50er und 60er Jahren

An der Route 66

die jungen Wilden Amerikas, die auf dem Highway zwischen Ost- und Westküste pendelten, um irgendwo das eigene Ich zu treffen. Sie, die Generation des Jack Kerouac, waren die Unruhigen und die Suchenden. Straßen wie die Route 66 waren für sie Mittel zum Zweck, Rennbahnen in eine durch Sex und Drogen verklärte Freiheit jenseits der saturierten

Bürgerwelt. »Get your kicks on Route 66« hieß bezeichnenderweise ein Song der Rolling Stones.

Knapp 50 Meilen östlich von Ash Fork liegt **Flagstaff** an der I-40, die inoffizielle Hauptstadt des nördlichen Arizona. Auch sie hat sich verändert, seitdem es die alte Route 66 nicht mehr gibt, die vor Fertigstellung der Schnellverbindung als Santa Fe Avenue mitten durch das Stadtzentrum führte. *Downtown* Flagstaff mit seinen historischen Gebäuden hat durch eine ›Neustadt‹ mit Motels, Restaurants und Tankstellen Konkurrenz bekommen, die näher Richtung Interstate 40 gerückt ist.

Ob Neu- oder Altstadt: Flagstaff mit seinen 40 000 Einwohnern hat aufgrund seiner Höhenlage von 2300 m am Fuße der San Francisco-Berge den Ruf einer Stadt mit bestem Klima und ausgezeichneten Freizeitmöglichkeiten – vor allem für Bergwanderer in der warmen Jahreszeit zwischen Mai und November und Skifahrer im Winter. Fünf Meilen östlich der Stadt befinden sich im **Walnut Canyon National Monument** etwa 300 zum Teil guterhaltene Wohnstätten der Sinagua-Indianer in den Kalksteinklippen. Insgesamt 25 der Ruinen liegen entlang des befestigten Island Trail, den man in einer Stunde bequem zurücklegen kann. Der Weg beginnt direkt hinter dem Besucherzentrum und vermittelt einen guten Eindruck vom Leben der Indianer in diesem Canyon zwischen den Jahren 1120 und 1250.

Einen weiteren Schritt zurück in die Geschichte kann man mit dem Besuch des **Meteor Crater** tun, der 35 Meilen östlich von Flagstaff an der I-40 liegt (Ausfahrt 233 und 5 Meilen in Richtung Süden). Vor ungefähr 30 000 Jahren schlug hier ein riesiger Meteorit ein und hinterließ den größten Krater der Erde: knapp 200 m tief mit einem Durchmesser von 1,3 km. Jahrelang bereiteten sich die Astronauten der NASA in dieser Mondlandschaft auf ihre Apolloflüge vor. Eine Raumkapsel und andere Erinnerungsstücke an das Raumfahrtzeitalter sind im Besucherzentrum ausgestellt.

Fährt man auf der I-40, die hier die Route 66 vollkommen verdrängt hat, 54 Meilen weiter nach Osten bis Holbrook und dann 20 Meilen auf dem Highway 180 bis zum Südeingang des **Petrified Forest National Park**, kann man die Reise in die Vergangenheit noch um einige Millionen Jahre fortsetzen. Wo sich

Wilde Esel in Oatman

Versteinerte Baumstämme im Petrified Forest National Park

heute der Park befindet, lag vor 200 Mio. Jahren eine weite, von Flüssen durchzogene Ebene, in der umgestürzte und angeschwemmte Bäume von Schlammschichten und Vulkanasche bedeckt und somit von der Luft abgeschnitten wurden, was ihren Zerfall verlangsamte. Siliziumhaltiges Grundwasser durchdrang allmählich die Stämme, kristallisierte, gefärbt durch eine Vielzahl von Mineralien, aus und ersetzte auf diese Weise die Zellen des Holzes. Später hob sich das Gebiet, Erosion förderte die zum Teil durch Erdbewegungen zerbrochenen Baumstämme zutage. Eine 27 Meilen lange Straße führt durch den Park, den man auch durch den Nordeingang an der I-40 betreten kann. Eine Reihe von Seitenwegen erlaubt Fußtouren zur Besichtigung der ›steinernen Wälder‹, die zu den spektakulärsten ihrer Art auf der Erde zählen.

Im Park finden sich auch Spuren menschlicher Besiedlung. Einige Räume der schon vor Ende des 14. Jh. bewohnten Puerco Indian Ruins wurden von Experten zum Teil restauriert. Südlich der Ruinenanlage führen 120 Stufen einen Steilabbruch hinunter zum Newspaper Rock (Zeitungsfelsen), einem mächtigen Sandsteinblock mit zahlreichen Petroglyphen.

Gestiefelt und gespornt

Prescott – Die Geburtsstätte des Rodeo

Grüne, nach Harz duftende Kiefernwälder, fischreiche Seen, schattige Täler mit ausgedehnten Weideflächen und Bergrücken aus Granit kennzeichnen die Landschaft, in der das Städtchen Prescott liegt. Man nennt den Ort auch *The Mile-High Town*, weil er in einem 1600 m hoch gelegenen Becken liegt. Im Hochsommer sind diese Lage und die damit verbundenen angenehmen Temperaturen für viele Bewohner des Salt River Valley bei Phoenix ein Grund, zumindest die Wochenenden in der Umgebung von Prescott zu verbringen. Aber das stört die Ruhe und Gelassenheit des dortigen Provinzlebens nicht.

Nur einmal im Jahr, wenn Amerika am 4. Juli den Unabhängigkeitstag feiert, verändert Prescott sein Gesicht, weicht der beschauliche Lebensrhythmus einer hektischen Betriebsamkeit. Mit der Unabhängigkeit feiert man fünf Tage lang auch die *Frontier Days* und damit ein historisches Ereignis, das Prescott beinahe mehr als alles andere im amerikanischen Südwesten, ja sogar in ganz Amerika bekannt gemacht hat: das erste nach sportlichen Regeln ausgetragene Rodeo der Welt.

Rodeos sind Wettbewerbe, bei denen sich Cowboys in der Ausübung ihrer Alltagsarbeit und einigen anderen Disziplinen messen. Reitkunst und der perfekte Umgang mit dem Lasso gehören für jeden Rodeo-Teilnehmer zu den unabdingbaren handwerklichen Voraussetzungen. Daneben sind Kraft, Schnelligkeit, Körperbeherrschung, Ausdauer, Konzentrationsfähigkeit und Mut gefragt. Rodeos gab es wahrscheinlich schon um die Mitte des 19. Jh. im Südwesten, die erste regelrechte Veranstaltung fand aber 1888 in Prescott statt. Man verlangte von den Zuschauern Eintrittsgeld, setzte als Preis eine Cowboy-Ausrüstung im Wert von 125 Dollar aus und veröffentlichte die Wettbewerbsergebnisse erstmals in der Lokalpresse.

In Prescott wurde für Rodeo-Konkurrenzen über die Jahre hinweg ein System sportlicher Regeln und Bewertungen entwickelt, das Ende der 20er Jahre nahezu alle ähnlichen Veranstaltungen als Standard übernommen hatten. Damals existierten neben Prescott mit Cheyenne (Wyoming), Pendleton (Oregon) und Calgary (Kanada) drei weitere Rodeo-Hochburgen. Heute werden zur Sommerzeit derartige Wettbewerbe überall im Westen der USA ausgetragen, die Schätzungen zufolge jährlich rund 14 Mio. Zuschauer in die Arenen locken. So hat im Rodeo-Zirkus längst der Professionalismus Fuß gefaßt, die Besten können vom Bullenreiten oder Kälberein-

fangen leben – die Preisgeldbörse beim Prescott-Rodeo beläuft sich auf immerhin 80 000 Dollar. Schon in der Vergangenheit traten bei den Rodeo-Wettbewerben von Prescott bekannte Leute auf. Etwa Tom Mix, der ›König der Cowboys‹, der später als Leinwandstar und Comicfigur Berühmtheit erlangte. Er gewann bei den *Frontier Days* im Jahre 1913 zwei Rodeo-Disziplinen, was ihm den Weg zum Stummfilm ebnete, der ihm zeitweise 20 000 Dollar pro Woche eingebracht haben soll. In die Fußstapfen von Tom Mix trat Jahrzehnte später beim Prescott Rodeo kein Geringerer als der Prototyp aller Westernstars, John Wayne. 1974 schuf man eine ihm nachgebildete Bronzefigur, die als Preis vergeben wurde. Im Jahre 1980 wurde das Rodeo dem Gedenken von John Wayne gewidmet, der drei Wochen zuvor gestorben war.

Aber nicht nur die *Frontier Days* machen Prescott zu einem lohnenden Ziel. Der 25 000-Seelen-Ort, der Anfang Juli traditionell die Einwohnerzahl verdreifacht, bietet Besuchern mit seiner Umgebung eine Vielzahl von Erholungsmöglichkeiten (Sport, Wandern, Angeln, Jagen, Reiten usw.). In Prescott selbst steht auf der zentralen Plaza zwischen hohen Ulmen das aus dem ausgehenden 19. Jh. stammende Gerichtsgebäude mit einem Reiterdenkmal, das an den legendären Bürgermeister, Abenteurer und Journalisten William ›Buckey‹ O'Neill erinnert, der im Spanisch-Amerikanischen Krieg um Kuba im Jahre 1898 sein Leben ließ. Das bronzene Standbild wurde neun Jahre später von dem Künstler Solon Borglum geschaffen, dessen Bruder Gutzon die vier Präsidentenköpfe in den Mount Rushmore meißelte. Eine Spendenaktion brachte die Kosten für das Denkmal auf, das Material stellten in Arizona produzierende Kupfergesellschaften zur Verfügung.

Einige der Skulpturen von Solon Borglum, den man auch ›Bildhauer der Prärie‹ nannte, sind zeitweise im *Sharlot Hall Museum* in Prescott ausgestellt. Sie zeigen mit Indianern, Pferden und Reitern Westernmotive, die der Künstler kennenlernte, als er 1899 seine Flitterwochen in der *Crow Creek Sioux Reservation* in South Dakota verbrachte.

Das *Sharlot Hall Museum*, benannt nach Prescotts bekanntester Dichterin und Historikerin, die 1882 im Alter von 12 Jahren mit einem Planwagentreck nach Arizona kam, ist eine Ansammlung historischer Gebäude und Exponate, die Aufschluß über die bewegte Vergangenheit Prescotts geben können. Nach der 1863 in Washington D. C. getroffenen Entscheidung, das Territorium Arizona von New Mexico zu trennen, wurde Prescott Arizonas erste Hauptstadt. Schon drei Jahre später zog das Parlament nach Tucson um, und Angriffe der Apachen auf die neugegründete Stadt sowie fehlende Verkehrsverbindungen leiteten einen wirtschaftlichen Niedergang ein. Diese Talfahrt konnte durch neue Bergbautechniken sowie verbesserte landwirtschaftliche Produktion gestoppt werden, so daß schließlich auch die Politik die veränderte Situation honorierte und Prescott 1877 wiederum zur Kapitale machte – zwölf Jahre lang; dann etablierte sich das Parlament endgültig in Phoenix.

Ein verheerendes Großfeuer vernichtete im Jahre 1900 das gesamte Geschäftsviertel der Stadt, doch die Einwohner bewiesen Gemeinsinn und machten sich an den Wiederaufbau. Kaum hatte die Feuerwehr ihr Löschgerät zusammengepackt, da begannen die Saloon-Besitzer der sogenannten Whiskey Row bereits unverdrossen,

Mustangreiter beim Rodeo

die durstigen Kehlen von Prescott in provisorischen Notkneipen zu versorgen. Aber Whiskey Row in der Montezuma Street sollte nie wieder die alte Reputation als der längste Tresen Arizonas erlangen.

Das *Sharlot Hall Museum* gruppiert sich heute um das aus Prescotts Gründerzeit stammende *Governor's Mansion*, ein zweigeschossiges Blockhaus, in dem sich die gesetzgebende Versammlung des Territoriums zur ersten Sitzung traf. Im 1875 erbauten *Fremont House*, das bis 1972 an anderer Stelle stand, wohnte zwischen 1878 und 1881 der bekannte Entdecker John C. Fremont, der nach dreijähriger Amtszeit als Gouverneur des Staates Arizona durch öffentlichen Druck zum Rücktritt gezwungen wurde. Im Sharlot Hall-Gebäude sind zahlreiche Ausstellungsstücke aus der Pionierzeit Arizonas zu sehen, aber auch indianische Töpferwaren, geflochtene Handwerkstücke, Schmuck und anderes.

Mit dem *Ranch House*, *Fort Misery* und dem Schulhaus stehen auf dem Museumsgelände weitere Gebäude, die mehr als 100 Jahre alt sind und Einblick in das Leben im Wilden Westen geben. Fort Misery kam zu seinem Namen durch den Richter John

Howard, der dieses aus dem Jahre 1864 stammende Haus eine Zeitlang bewohnte und damals manchem Gesetzesbrecher eine ›Misere‹ bescherte.

Neben den *Frontier Days* ist in Prescott ein zweites Ereignis ein zugkräftiger Publikumsmagnet. Alljährlich veranstaltet der ›Smoki-Stamm‹ am ersten oder zweiten Augustwochenende bei Neumond ein großes Zeremoniell. Die Rodeo-Arena, in der wenige Wochen zuvor Amerikas verwegenste Reiter um dollarschwere Lorbeeren gekämpft hatten, wird dann mit Kulissen in ein Indianer-Pueblo verwandelt, in dem sich das nächtliche Spektakel abspielt. Zunächst werden Sandbilder mit mystischen, vielfarbigen Symbolen auf dem Stadionboden ausgelegt und nach der Fertigstellung von Frauen mit Besen weggewischt, wie es indianische Tradition verlangt. Dann beginnen die Tänze der rund 100 Akteure, die im ›Smoki-Schlangentanz‹ ihren Höhepunkt finden. Eine Hauptrolle dabei spielen Dutzende lebendiger Bullenschlangen, die zwar nicht giftig sind, aber dennoch schmerzhaft beißen können. Die Reptilien werden von den Tänzern während der Aufführung in den Händen oder zwischen den Zählen gehalten, was bei vielen Zuschauern einen von den Akteuren sicherlich nicht ungewollten Grusel- und Sensationseffekt erzeugt.

Wer die in Lendenschurzen auftretenden Tänzer für Indianer hält, täuscht sich gründlich. Die ›Smoki‹, die sich übrigens ›smokei‹ aussprechen, sind weiße Bürger Prescotts, die einer seit 1921 existierenden Organisation angehören. Die *Frontier Days* hatten damals viel von ihrer früheren Attraktivität eingebüßt, und weiße Geschäftsleute sannen über Mittel und Wege nach, der Veranstaltung die dringend erforderliche Publizität und größeren Unterhaltungswert zu verschaffen. Damals kam der Vorschlag auf, die *Frontier Days* mit einem burlesken Schlangentanz aus der Talsohle herauszuführen – mit Spielzeugschlangen natürlich. Später wich die Kirmesidee seriöseren Überlegungen der Smoki-Organisation, die begann, sich für die Erhaltung indianischer Bräuche und Riten zu interessieren.

Bestandteil des jährlich nur einmal stattfindenden Smoki-Auftritts blieb aber der Schlangentanz, allerdings mit lebendigen Schlangen. Viele Indianer betrachten das Smoki-Spektakel als eine Verulkung und Kommerzialisierung religiöser Zeremonien, z. B. der Hopi, bei denen der Schlangentanz zu den heiligsten Riten zählt. Warum, so fragen sich die Mitglieder unterschiedlicher Stämme, will gerade der weiße Mann für die Bewahrung indianischer Tradition eintreten, die doch heute noch vielfach Bestandteil des indianischen Lebens ist? So geriet die Smoki-Veranstaltung, die alljährlich mehrere tausend Schaulustige anzieht, während der letzten Jahre immer stärker unter Beschuß. Die Organisation zeigt sich davon jedoch unbeeindruckt und will die Zeremonien fortsetzen.

Der Rodeo-Clown Pinky mit seinem Maultier Freckles in den 30er Jahren

Insel
im Kaktusmeer

Tucson und Umgebung

Schon vor tausend Jahren beobachteten Indianer vom Sentinel Peak westlich des heutigen Tucson aufmerksam die wüstenhafte Ebene unter sich, die von ausgetrockneten Flußläufen durchzogen und in allen vier Winden von Bergketten umschlossen war. In der klaren Luft reichte ihr Blick von dem luftigen Ausguck bis weit hinüber zum Mount Lemmon in den Santa Catalina Mountains, die im Winter weiße Schneemützen tragen und wie eine von der Erde losgelöste Wunderwelt in der Sonne glänzen. Rückten aus irgendeiner Himmelsrichtung Feinde an, so hatten die Späher auf dem Sentinel Peak Zeit genug, ihre Brüder in den Siedlungen der Ebene zu warnen.

Jahrhunderte später hielten den Platz der indianischen Beobachter jene Wachposten besetzt, die von spanischen Missionaren auf den Berg beordert wurden, um nach angreifenden Apachen Ausschau zu halten. Unten im Tal, wo sich der Santa Cruz River seinen Weg durch die ausgedörrte Wüste bahnt, lagen einige Dörfer, welche die dort lebenden Pima Stjukshon nannten, ›Frühling am Fuße des schwarzen Berges‹, womit der Flußlauf gemeint war, der vor dem dunklen Gestein der Tucson-Berge vorbeifließt. Im Laufe der Zeit bildete sich aus diesem Indianerwort der Name Tucson.

Heute ist Sentinel Peak immer noch ein häufig frequentierter Aussichtspunkt für Besucher, die sich aus der Vogelschau einen Eindruck von Lage und Umgebung der Großstadt zu ihren Füßen verschaffen wollen. Der Großraum Tucson mit rund 700 000 Einwohnern erstreckt sich in einer 790 m hoch gelegenen flachen Wüstenlandschaft, in der jährlich nur etwa 300 mm Niederschläge fallen – in den feuchteren Monaten Juli bis September. Das Klima läßt, ob im Sommer oder Winter, Mitteleuropäer im allgemeinen vor Neid erblassen. Im Januar steigt die Quecksilbersäule tagsüber nicht selten auf frühlingshafte 20° C, wogegen im Juni und Juli die Maximaltemperaturen etwa 36° C erreichen können.

Tucson ist Sitz der Zentralverwaltung des Pima County und rühmt sich seiner Entwicklung zu einer sehr modernen und aufstrebenden Großstadt, ohne dabei das historische und kulturelle Erbe verfälscht oder verloren zu haben. In den letzten Jahren legte sich Süd-Arizonas Metropole zwar eine Skyline typischer Hochhausarchitektur zu. Daneben wurde jedoch eine große Zahl historischer Gebäude erhalten, die im Stadtbild zusammen mit den neuzeitlichen Glas- und Betonfassaden einen attraktiven und spannenden Kontrast zwischen den Zeugnissen unterschiedlicher Kulturen und wechselnder Epochen herstellen. Unverkennbar ist der hispanische Einfluß, was u. a. in einem 15 %igen Anteil von Chicanos an der Gesamtbevölkerung zum Ausdruck kommt – die Stadt liegt nur 60 Meilen von der mexikanischen Grenze entfernt.

Tucson zählt zu den ältesten ständig bewohnten Siedlungsplätzen in den Vereinigten Staaten. Als der Jesuitenmissionar Eusebio Francisco Kino im Jahre 1687 die Gegend durchreiste, war die Hohokam-Kultur seit fast 300 Jahren verschwunden, und Pima sowie Sobaipuri siedelten auf dem Land. Tucsons Gründungsdatum wird mit 1775 angegeben, als spanische Siedler den *Presidio of San Augustin del Tucson*, eine Militärstation, aufbauten und durch eine Festungsmauer zu einer Art Fluchtburg verwandelten, um sich gegen die Apachen verteidigen zu können. Von diesem *Presidio* hat nur ein kleiner Rest die Zeiten überdauert, der im Obergeschoß des *Pima County Courthouse* im Stadtzentrum besichtigt werden kann.

Süd-Arizona und damit der Raum Tucson blieb unter spanischer Herrschaft, bis Mexiko mit der Revolution 1821 das spanische Kolonialjoch abwarf und unabhängig wurde. Für Arizona hatte dieser Flaggenwechsel politisch kaum spürbare Konsequenzen, da Mexico City weit entfernt war und sich mit dem amerikanisch-mexikanischen Krieg schon bald neue Zeiten anbahnten. Mexiko mußte nach seiner Niederlage u. a. seine Gebietsansprüche in Arizona an die USA abtreten, die fünf Jahre später auch noch das südliche Arizona mit Tucson für 10 Mio. Dollar erwarben. Danach vergingen noch beinahe zwei Jahre mit Grenzziehungen und bürokratischen Maßnahmen, ehe das Sternenbanner über Tucson signalisierte, daß die Stadt ein Teil der USA geworden war.

Die junge Republik Mexiko hatte vor dem Landhunger der expandierenden Vereinigten Staaten zwar politisch kapituliert; kulturell blieb der mexikanische Einfluß in Süd-Arizona jedoch bestehen. Weiße Einwanderer knüpften in ihren Lebensweisen rasch an Bräuche an, die von den Einheimischen schon lange praktiziert wurden, ob es sich um Eßgewohnheiten handelte oder um Bautechniken. Zudem gab es zahlreiche Ehen zwischen Mexikanern und Weißen, so daß es in vielerlei Hinsicht zu einer ethnisch-kulturellen Vermischung kam, die auch heute noch ein Kennzeichen des südlichen Südwestens ist.

Tucson war Hauptstadt des noch jungen US-Territoriums Arizona in den Jahren zwischen 1867 und 1877, einer Ära des Umbruchs, die man auch als Blütezeit des Wilden Westens bezeichnen kann. In den staubigen Straßen der *frontier town* klirrten damals die Sporen zweifelhafter Gestalten, denen der Revolver nur allzu locker im Gürtel steckte. Schießereien, Prügeleien in den Saloons und Indianerüberfälle waren beinahe an der Tagesordnung.

In dieser blei- und pulverhaltigen Epoche der 70er Jahre des vorigen Jahrhunderts liegen vermutlich auch die Ursprünge einer romantischen und zugleich tragischen Geschichte, die heute noch die Herzen der Bevölkerung von Tucson bewegt. Man erzählt, ein junger Hirte namens Juan Oliveras habe sich in seine Schwiegermutter verliebt, sei bei einem Schäferstündchen mit ihr von seinem Schwiegervater überrascht und mit einer Axt erschlagen worden. Juan soll in Tucson verscharrt worden sein. In den folgenden Jahren wurde das Grab zu einer Art Wallfahrtsort vor allem für Einwohner mexikanischer Herkunft. Sie glaubten, daß ihre Wünsche erfüllt würden, wenn eine am Grab angezündete Kerze die ganze Nacht über brennen bliebe. Vor Jahren schon wurden Juans Gebeine in die Granada Avenue umgebettet, wo inzwischen eine Gedächtnisstelle mit dem Namen El Tiradito existiert. Im Jahre 1971 brach ein heftiger Streit zwischen Bewohnern des historischen Viertels von Tucson und der Stadtverwaltung wegen einer geplanten Schnellstraße aus, die El Tiradito gefährdet hätte. Der Gedenkplatz wurde jedoch gerettet und in die Liste der historischen Stätten aufgenommen.

Ebenso wie das Valley of the Sun profitierte auch Tucson vom wirtschaftlichen Aufschwung während des Zweiten Weltkriegs, vor allem von der Rüstungsindustrie. Die *Davis-Monthan Air Force Base* im Südosten der Stadt wurde damals zu einem wichtigen Ausbildungszentrum für Piloten der B-17 Bomber und für Bodenpersonal, von denen viele nach Kriegsende in Süd-Arizona blieben.

Neue Industrien wählten den Standort Tucson und bildeten die Vorläufer der heutigen hochkarätigen High Tech-Branche im Bereich der Luft- und Raumfahrt, die zu den wichtigsten Wirtschaftssektoren der Stadt zählt. Bedeutendste Arbeitgeber sind die *University of Arizona* mit rund 10 000 Angestellten und 36 000 Studenten sowie die *Davis-Monthan Air Force Base*, auf der sich der größte Flugzeugfriedhof der Welt befindet. Besichtigungstouren werden zweimal pro Woche angeboten. Ebenfalls um Flugzeuge geht es im südlich der Air Base gelegenen *Pima Air Museum*.

Pima County Courthouse

Mehr als 140 unterschiedliche Typen geben dort einen Einblick in die Geschichte der Fliegerei in Amerika.

Das Zentrum Tucsons, das man am besten zu Fuß besichtigt (s. S. 114 ff.), erinnert auf Schritt und Tritt an die wechselvolle Vergangenheit der Stadt und deren Wurzeln in unterschiedlichen Kulturen. Indianische Geschichte ist in Museen wie z. B. dem *Old Pueblo Museum At Foothills Center* dokumentiert. Die spanischen und mexikanischen Einflüsse zeigen sich an zahlreichen typischen Gebäuden mit Bogengängen, verzierten Fassaden, gekachelten Kuppeln, schattigen Innenhöfen und sprudelnden Springbrunnen. Authentische Beispiele südwestlicher Adobe-Architektur bzw. spanischen Missionsstils findet man nur noch vereinzelt, wie etwa im *Fish House* bzw. dem *Steinfeld House.*

Tucsons Stolz ist seit einigen Jahren die ständig wachsende Kunst- und Kulturszene. Insider weisen gern darauf hin, daß die Stadt zum Kreis der 14 Kulturhochburgen in den USA zählt, die über ein professionelles Symphonie-Orchester, eine Oper sowie über lokale Theater- und Ballettensembles verfügen. Daneben gibt es eine Vielzahl von Tanzgruppen und Chören, Orchestern und Theatertrupps, Bands und Folkloregemeinschaften, Literatenzirkel, Filmemacher und Maler, die meist beim

Was für ein Armleuchter!
Der Saguaro-Kaktus

Der Saguaro-Kaktus (*Carnegiea gigantea*), der eine Höhe von mehr als 15 m erreichen und angesichts seiner ausgeprägten Fähigkeit zur Wasserspeicherung bis zu 6000 kg wiegen kann, ist die größte Kakteenart der USA. Sein natürliches Verbreitungsgebiet liegt ausschließlich in der nördlichen Sonora-Wüste, die sich über die mexikanische Grenze hinaus etwa 120 Meilen weit nach Arizona hinein erstreckt. In dieser Trockenzone schwankt der jährliche Niederschlag zwischen 25 und 300 mm.

Der Kandelaberkaktus (s. Farbabb. 8) kann bis zu 200 Jahre alt werden, die typische Form eines Armleuchters bekommt er erst nach etwa 70 Jahren. Dann beginnt sein Stamm sich in Seitenarme zu verzweigen. Ein weiteres Merkmal ist seine relativ gleichmäßige Verteilung über jeweilige Standorte, was z. B. im *Saguaro National Monument* bei Tucson zu sehen ist.

Der Riesenkaktus hat ein flaches Wurzelwerk, das im dürren Boden über Hunderte von Metern ausgreift. Am schönsten sind die Saguaros im Mai und Juni bei der Blüte, die weißen, fast untertassengroßen Blüten öffnen sich nur nachts und ziehen dann aufgrund ihres Duftes hauptsächlich Fledermäuse zur Bestäubung an.

Die Früchte sehen, wenn sie sich öffnen, wie rote Blüten aus. Aus dem Fruchtfleisch bereiten die Papago-Indianer ein Kakteengelee, die etwa stecknadelkopfgroßen, schwarzen Samen verwenden sie ebenfalls wegen ihres Ölgehalts. Der Saguaro erfreut sich seit geraumer Zeit auch großer Beliebtheit als Gartenpflanze – einer so großen Beliebtheit sogar, daß in Arizona eine Kaktuspolizei eingerichtet wurde, um den Landschaftsplünderern das Handwerk zu legen.

Tucson Summer Arts Festival mehrere Wochen lang in Erscheinung treten. Jeweils im November findet für Maler und Bildhauer die *Tucson Art Expo* statt, auf der Künstler aus dem Südwesten ausstellen.

Einige Hauptattraktionen Süd-Arizonas liegen in der näheren Umgebung von Tucson, östlich der Stadt z. B. der ältere Teil des **Saguaro National Monument** am Fuße der Rincon Mountains. Eine 8 Meilen lange Aussichtsstraße zieht sich durch den Kaktuspark mit einigen Seitenwegen, die für botanisch interessierte Fußgänger ausgebaut und beschildet wurden.

Einen dichteren Bestand der für die Sonora-Wüste typischen Saguaro-Kakteen weist der westliche Teil des *National Monument* auf. Dieser grandiose Park, der vor allem im Licht der untergehenden Sonne seine ganze Schönheit entfaltet, ist auf zwei Routen erreichbar – entweder über den Highway 86 in Richtung Westen und über die nordwestlich abbiegende Kinney Road oder die interessantere Gates Pass Road, welche die Tucson Mountains überquert und in steilen Serpentinen in den Saguaro-Park führt. Neben dem 9 Meilen langen Bajada Loop Drive gibt es innerhalb des *National Monument* eine Reihe von Wanderpfaden. Nähere Auskünfte erteilt ein Informationsbüro am Parkeingang.

Das Arizona-Sonora Desert Museum

Was haben Berglöwen und Kolibris, Klapperschlangen und mexikanische Grauwölfe in einem Museum zu suchen? Nun, das *Arizona-Sonora Desert Museum* (ASDM) 14 Meilen westlich von Tucson ist eben kein Museum wie jedes andere. Seine Ausstellungsräume sind Nischen und Höhlen, Felsen und Sand der natürlichen Wüstenlandschaft Süd-Arizonas, sein Dach besteht aus dem blauen Himmel, und seine Exponate können laufen, springen, kriechen, fliegen oder schwimmen. Nichts bringt die Museumsmitarbeiter mehr in Rage, als wenn man die Anlage als Zoo bezeichnet. Denn ein Zoo will das Museum nicht sein, kein bloßer Ausstellungspark für Tiere und Pflanzen, sondern eine Lehr- und Lernanstalt, die ihren Besuchern Interessantes und Wissenswertes über die Natur des Südwestens vermittelt – und zwar so, daß der Lernprozeß Spaß macht.

Das 45 ha umfassende Museum eröffnete 1952 mit der Zielsetzung, seinen thematischen Schwerpunkt auf jene Wüstenlandschaft zu konzentrieren, in der es lag: die Sonora-Wüste.

Im Museum arbeiten u. a. rund 140 Freiwillige, die Gruppen führen oder über Tiere und Pflanzen und Problembereiche wie Erosion oder die Reaktion der Wüstenlandschaft auf die weitverbreitete Weidewirtschaft informieren. Ihr Anschauungsunterricht ist nicht selten hautnah, wenn sie etwa Besuchern eine lebende Tarantel auf die Handfläche setzen oder man einer Schildkröte einige Streicheleinheiten zukommen lassen darf. Wichtig ist der Museumsleitung eine Präsentation von Tieren, Pflanzen und Mineralien in der Umgebung, wie man sie außerhalb der Mauern des Museums vorfindet (geöffnet: tägl. 8.30–17, während der Sommersaison – letzter Montag im Mai bis erster Montag im September 7.30–18 Uhr; Eintritt).

Nur etwa zwei Meilen entfernt befindet sich mit dem **Arizona-Sonora Desert Museum** eines der sehenswertesten Schaustücke südwestlicher Flora und Fauna in den USA. Dieses Museum, eine gelungene Kombination von Zoo und botanischem Garten, beherbergt an Pflanzen und Tieren fast alles, was außerhalb der Museumsmauern in natürlicher Umgebung sprießt, kreucht und fleucht, vom Teddybär-Kaktus bis zum Palo Verde, vom Gila Monster bis zur Klapperschlange. Ein Teil des Museums ist der Erdgeschichte gewidmet und zeigt neben einer ›lebenden‹ Tropfsteinhöhe auch eine der spektakulärsten Mineraliensammlungen mit wunderschönen Beispielen von Azurit, Malachit, Wulfenit usw.

Auf dem Rückweg vom Museum in die Stadt sollte man einen Besuch von **Old Tucson** nicht versäumen. Im Jahre 1939 ließen *Columbia Pictures* die Anlage, die das alte Tucson der 60er Jahre des letzten Jahrhunderts zum Vorbild hatte, für den Film »Arizona« aufbauen. Seit jener Zeit wurden in der malerischen Kinostadt mehr als 100 Filme und unzählige Fernsehproduktionen gedreht. Stars wie John Wayne, Kirk Douglas, Johnny Cash, Kris Kristofferson, William Holden, Maureen O'Hara und Elizabeth Taylor gaben sich hier die Schwingtüren der Saloons in die Hand. Wenn nicht gerade ein neuer Film gedreht wird, lassen die professionellen Stuntmen den Alten Westen für die zahlreichen Schaulustigen mit knochenbrecherischen Aktionen aufleben.

Eines der schönsten Beispiele spanischer Missionsarchitektur in den USA ist die **San Xavier del Bac Mission** (s. Farbabb. 14) 9 Meilen südlich von Tucson auf dem Territorium der *Tohono O'odham Indian Reservation* (auch Papago-Indianer genannt). Die ›Weiße Taube der Wüste‹, wie die Mission wegen ihrer leuchtendweißen Farbe genannt wird, wurde im Auftrag der Franziskaner zwischen 1783 und 1797 von einem unbekannten Baumeister errichtet.

Unter dem Begriff ›Missionsarchitektur‹ ist der in Mexiko geschaffene spanische Kolonialstil zu verstehen, modifiziert durch die Verwendung lokaler Materialien und den Einsatz heimischer Arbeitskräfte bzw. deren Handwerkskunst. Von maurischen und byzantinischen Einflüssen angefangen, weist San Xavier außer gotischen auch Stilelemente zahlreicher anderer Epochen auf, welche die europäische, vor allem jedoch die spanische Kirchenarchitektur geprägt haben. Warum der rechte, östliche Turm des Gebäudes nicht vollendet wurde, ist bis heute ein Rätsel.

Tucson auf Schusters Rappen

Diese Besichtigungstour zu Fuß durch *downtown* Tucson führt zu den interessantesten Sehenswürdigkeiten in der Innenstadt. Ausgangs- und Endpunkt ist *The Metropolitan Tucson Convention & Visitors Bureau* (130 S. Scott Ave., Tucson, AZ 85701, ✆ 602/624–1889, Mo-Fr 8.30–17 Uhr).

St Augustine Cathedral (1, 192 S. Stone Ave.) Im Jahre 1896 wurde mit dem Bau der Kirche begonnen, die der Kathedrale von Queretaro in Mexiko nachempfunden ist. Die verzierte Sandsteinfassade fügte man erst in den 20er Jahren hinzu. Sie zeigt, von der Bronzestatue des hl. Augustin über dem Portal abgese-

Straße in Old Tucson

hen, typische Kennzeichen der Wüste wie Saguaro-Kaktus und Yucca-Pflanze.

Charles O. Brown House und Old Adobe Patio (2, 40 W. Broadway Blvd.) Der über 120 Jahre alte Adobe-Lichthof gehört zum Brown House, dessen ältester Teil im mexikanischen Stil am Südende des Patio zur Jackson Street liegt. In dem Patio befindet sich ein mexikanisches Restaurant.

Samaniego House (3, 222 S. Church Ave.) Das typische Stadthaus der 80er Jahre des 19. Jh. mit Adobe-Mauern und Decken aus Saguaro-Rippen – hölzernen Bestandteilen des gleichnamigen Kaktus – war Residenz des Politikers und Geschäftsmanns M. G. Samaniego. Heute befindet sich dort ein Restaurant.

La Placita Village (4, 120 W. Broadway Blvd.) Ein Komplex von Büros und Läden im Stil eines mexikanischen Marktplatzes, wo freitags ein Markt stattfindet.

Garcés Footbridge (5) Fußgängerbrücke über die Congress Street, die nach Francisco Garcés, dem Entdecker und ersten Franziskanermissionar im Dorf der Pima-Indianer am Fuße des Sentinel Peak, benannt ist.

Tucson City Hall (6, 255 W. Alameda St.) Zehngeschossiges Rathaus von Tucson

El Presidio Park (7, an der Church St. im Verwaltungsviertel) In diesem Park wurde am 20. 8. 1775 der Grundstein für den Bau einer Militärstation gelegt, was gleichzeitig die Gründung von Tucson bedeutete.

Pima County Courthouse (8, 155 N. Church Ave.) Eines der herausragenden Beispiele für eine von maurischen, spanischen und südwestlichen Stilelementen beeinflußten Architektur. Im Jahre 1928 gebaut, ersetzte das Gerichtsgebäude ältere Strukturen aus den 60er und 80er Jahren des 19. Jh. Im Obergeschoß des

Südflügels ist ein Stück der originalen Presidio-Mauer zu besichtigen.

Governor's Corner (9, 177 N. Church Ave.) Hier stand die Adobe-Residenz von Louis C. Hughes, Gouverneur des Territoriums Arizona von 1893 bis 1896.

Old Town Artisan (10, 186 N. Meyer Ave.) Heute ein Künstlermarktplatz. Zwei Räume des zwischen 1862 und 1875 errichteten originalen Adobe-Baus mit Decken aus Saguaro-Rippen sind noch vorhanden.

El Charro (11, 311 N. Court Ave.) Ende des 19. Jh. aus Vulkangestein des Sentinel Peak errichtet, war das Gebäude Wohnhaus des französischen Steinmetzen Julius Flin, der an der St Augustine Cathedral mitarbeitete. Heute befindet sich hier Tucsons ältestes, 1922 eröffnetes mexikanisches Restaurant.

The Owl's Club Mansion (12, 378 N. Main Ave.) Das 1901 von Henry Trost

Tucson

1 St Augustine Cathedral
2 Charles O. Brown House und Old Adobe Patioo
3 Samaniego House
4 La Placita Village
5 Garcés Footbridge
6 Tucson City Hall
7 El Presidio Park
8 Pima County Courthouse
9 Governor's Corner
10 Old Town Artisan
11 El Charro
12 The Owl's Club Mansion
13 Steinfeld House
14 Sam Hughes House
15 Romero House
16 La Casa Cordova
17 Tucson Museum of Art
18 Fish House

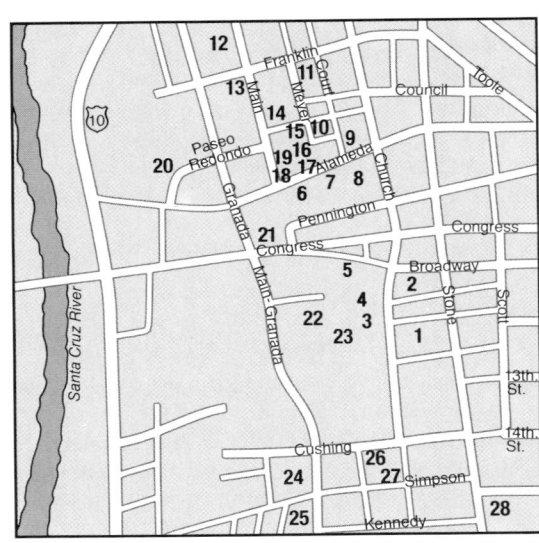

19 Stevens Home   20 The Manning House   21 Federal Building   22 John C. Fremont House   23 Tucson Convention Center   24 El Tiradito   25 Carillo's Gardens   26 Cushing Street Bar und Restaurant   27 Montijo House   28 El Frontizero

116

Downtown Tucson

La Casa Cordova (16, 175 N. Meyer Ave.) Das Adobe-Haus aus der Mitte des 19. Jh. ist eines der ältesten Gebäude der Stadt. Als *Mexican Heritage Museum*, das einen Eindruck vom damaligen Leben in Tucson gibt, gehört es zum *National Register of Historic Places* (geöffnet: Mi–Sa 10–17, Di 10–21, So 13–17 Uhr).

Tucson Museum of Art (17, 140 N. Main Ave.) Kunstmuseum mit Ausstellungsstücken aus präkolumbianischer und spanischer Zeit sowie zeitgenössischer Kunst (geöffnet: Mi–Sa 10–17, Di 10–21, So 13–17 Uhr).

Fish House (18, 120 N. Main Ave.) Das 1868 errichtete Gebäude, in dem zunächst der Politiker Edward Nye Fish lebte, beherbergt heute das *Tucson Museum of Art Library*; sehenswerte Innenarchitektur (geöffnet: Mo–Fr 10–15 Uhr, im August geschlossen).

Stevens Home (19, 150 N. Main Ave.) In dem Adobe-Bau aus dem Jahre 1855 befindet sich heute Janos Restaurant, ein eleganter Gourmet-Treffpunkt.

The Manning House (20, 9 W. Paseo Redondo) Im Jahre 1900 im typischen südwestlichen Stil erbaut

Federal Building (21, 301 W. Congress St.) Dieses Beispiel moderner Bauweise steht auf mächtigen Betonpfeilern.

John C. Fremont House (22, 151 S. Branada Ave.) Das in den 50er Jahren des 19. Jh. gebaute Haus diente in den 80er Jahren als Residenz des damaligen Gouverneurs John C. Fremont, des bekannten Entdeckers. Zu sehen sind amerikanische Antiquitäten (geöffnet: Mi–Sa 10–16 Uhr).

Tucson Convention Center (23, 260 S. Church Ave.) Tagungs-, Kultur- und Sportzentrum

El Tiradito (24, Granada Ave. Ecke Cushing St.) Gedenkstätte und Gebets-

entworfene Gebäude, in dem sich früher ein Herrenclub befand, ist im *National Register of Historic Places* aufgeführt.

Steinfeld House (13, 300 N. Main Ave.) Ebenfalls nach den Plänen des bekannten Architekten Henry Trost um die Jahrhundertwende im spanischen Missionsstil gebaut.

Sam Hughes House (14, 223 N. Main Ave.) Der Geschäftsmann Sam Hughes zog 1864 mit seiner Frau in dieses Haus, das später ausgebaut werden mußte, um für die 15 Kinder der Hughes Platz zu schaffen.

Romero House (15, Meyer, Ecke Washington Sts.) Das um 1868 über den originalen Mauern des Presidio errichtete Haus gehört heute zum *Tucson Museum of Art School*.

schrein für den von seinem Schwiegervater erschlagenen Juan Oliveras, der mit
seiner Schwiegermutter ein Verhältnis
hatte.

Carillo's Gardens (25, Main Ave.)
Parkanlage mit künstlichem See und Inseln

Cushing Street Bar und Restaurant
(26, 343 S. Meyer Ave.) Das vor über 100
Jahren gebaute Haus wurde nach dem
populären Kriegshelden Howard Cushing benannt.

Montijo House (27, Ecke Cushing St.
und Church Ave.) Eines der elegantesten
Häuser Tucsons im viktorianischen Stil

El Fronterizo (28, 471 S. Stone Ave.)
Hier wurde im letzten Viertel des 19. Jh.
eine spanischsprachige Zeitung ge-
druckt.

Reichverzierte Hausfassade in Tucson

St Augustine Cathedral in Tucson

Der Wilde Westen

Rundreise durch Südost-Arizona

Indianer auf dem Kriegspfad – Überfall auf eine Postkutsche – US-Kavallerie verfolgt die Angreifer – Farmerfamilie verschanzt sich in ihrem Blockhaus: Szenen wie aus einem Western, doch sie entstammen nicht der Phantasie eines Filmregisseurs, sondern der Geschichte Arizonas im späten 19. Jh.

Damals machte der Wilde Westen seinem Namen vor allem im Südosten Arizonas alle Ehre, im heutigen Cochise County, wo Wyatt Earp und Doc Holliday, Cochise und Geronimo die Geschichte prägten. Länger als anderswo im Staat wehrten sich dort die Indianer gegen die Weißen, die ihre Jagdgründe einzäunten und Löcher in die Berge bohrten, um nach Erzen zu suchen.

Cochise County war das letzte Territorium des Südwestens, das sich die nach Westen expandierenden Vereinigten Staaten einverleibten – ein abgelegener Landstrich, den Apachen durchstreiften und in dem ein schnell gezogener Trommelrevolver gemeinhin als gutes Argument galt. Ein weites, von Bergketten durchzogenes Grasland, das aufhorchen ließ, als Gerüchte von neuen und profitableren Gold- und Silberfunden sich wie ein Lauffeuer in den Saloons verbreiteten. Vielerorts im Cochise County liegen Mythos und Realität auch heute

noch oft so nahe beieinander, daß es manchmal Mühe macht, das eine vom anderen zu unterscheiden. Aber vielleicht besteht gerade darin der Reiz dieses Überbleibsels des Alten Westens.

Für eine Besichtigungsreise durch Cochise County bieten sich zwei Rundtouren an, die man beide in Willcox an der Interstate 10 beginnen kann. Die kleinere Tour, *The Magic Circle* (Der Magische Kreis), ist ungefähr 100 Meilen lang und kann an einem Tag bewältigt werden, sofern man sich an den einzelnen Punkten nicht allzu lange aufhält. Von Willcox führt die Strecke in südöstlicher Richtung über die Straßen 186 und 181 bis zur Kreuzung mit der Straße 666 bei Sunizona und von dort in nordwestlicher Richtung zurück auf die Interstate 10.

Für die zweite, etwa 280 Meilen lange Rundtour, den *Cochise Trail*, sollte man mindestens zwei, besser drei Tage veranschlagen. Die Route ist zunächst dieselbe wie bei der ersten Tour. Bei Sunizona biegt man jedoch Richtung Süden nach Douglas an der mexikanischen Grenze ab, dann in nordwestlicher Richtung weiter auf der Straße 80 über Bisbee und Tombstone bis nach Benson, wo man

Historische Darstellung des Bird Cage Theatre in Tombstone, 19. Jh. ▷

119

sich wieder auf der I-10 befindet und Anschluß zurück nach Willcox hat oder in westlicher Richtung nach Tucson.

Das Städtchen **Willcox** neben der Interstate 10 wurde im Jahre 1880 im Zuge der Verlegung der Gleise der *Southern Pacific Railroad* als Versorgungscamp gegründet. Heute befindet sich dort nördlich der I-10 ein Besucherzentrum, in dem man Informationen über Cochise County erhält. Zudem ist in diesem Zentrum eine Reihe von Exponaten ausgestellt, die an den berühmten singenden Cowboy Rex Allen erinnern, der hoch zu Roß, auf einem silberbeschlagenen Sattel sitzend, aufzutreten pflegte. Verläßt man Willcox in südöstlicher Richtung über die Straße 186, durchfährt man nach 15 Meilen die Ortschaft **Dos Cabezas**, die in der zweiten Hälfte des 19. Jh. ein Versorgungszentrum für umliegende Bergwerke und Viehfarmen war.

Etwa 8 Meilen hinter Dos Cabezas zweigt Richtung Nordosten eine Schotterstraße ab, die nach weiteren 8 Meilen einen ausgeschilderten Parkplatz erreicht. Von dort führt ein halbstündiger Fußweg zu den Ruinen von **Fort Bowie**, einer Militäranlage, die General James Carleton, der brutale ›Indianerfresser‹,

---

Kartchner Caverns – Arizonas jüngstes Naturwunder

Ein lange gehütetes Geheimnis machte im Jahre 1988 in den Medien Arizonas Schlagzeilen. Die staatliche Naturschutzbehörde gab die Entdeckung eines Höhlensystems bekannt, über die man 14 Jahre lang eine Nachrichtensperre verhängt hatte, um das unterirdische Wunderland zu schützen.

Bereits im Jahre 1967 war Randy Tufts bei einer Wandertour in den Whetstone Mountains südwestlich von Benson (Südost-Arizona) auf eine Felsöffnung gestoßen, die er sieben Jahre später zusammen mit seinem Freund Gary Tenen zum zweiten Mal aufsuchte, um sie genauer zu erkunden. Durch ein enges Loch zwängten sich die passionierten Höhlenforscher in einen trockenen und staubigen Raum, von dem sie sich mit schweren Hämmern den Weg durch einen Korridor bahnten. Sie erreichten schließlich ein von Menschen noch nie betretenes unterirdisches Wunderland von Stalagtiten und phantastischen Kalksteinformationen. Bei späteren Erkundungstouren wühlten sie sich im Lichtschein ihrer Karbidlampen durch zum Teil hüfttiefen Schlamm, um in das verzweigte Höhlensystem vorzudringen.

Bis heute sind die Kartchner Caverns auf einer Gesamtlänge von rund 4 km erforscht. Schon nach ihrem ersten Höhlenausflug vereinbarten Tufts und Tenen, ihre Entdeckung nicht publik zu machen, um deren wissenschaftliche Erkundung nicht zu gefährden. Allein schon dadurch, daß man mit der Hand eine Kalksteinformation berührt und Fett der Haut darauf zurückläßt, kann man das weitere Wachstum eines Stalagmiten verhindern.

Das Land an der Ostflanke der Whetstone Mountains, auf dem die Höhle liegt, gehörte dem Ehepaar Lois und James Kartchner, die sich der Naturschutzidee gegenüber aufgeschlossen zeigten. Im September 1988 kaufte der Staat Arizona die Höhlen und das umliegende Land für rund 1,62 Mio. Dollar, um einen *State Park* mit Besucherzentrum, Parkplätzen, Picknickstellen usw. einzurichten. Die Höhlen sollen der Öffentlichkeit vermutlich von 1992 an zugänglich sein.

1862 in aller Eile errichten ließ. Im Jahre 1856 hatte der Apachenhäuptling Cochise, dessen Stamm der Chiricahua im Südosten Arizonas beheimatet war, freien Verkehr über den ganz in der Nähe liegenden Apachenpaß garantiert – die einzige transkontinentale Verbindung durch Süd-Arizona.

1858 begann die *Butterfield Stage Line* über diese Route Personen und Post von Missouri nach Kalifornien zu transportieren. Auf dem Apachenpaß richtete man eine Postkutschenstation ein, die mit dem Wasser einer benachbarten Quelle versorgt werden konnte. Zudem boten sich Apachen als Arbeitskräfte an, die z. B. Brennholz sammelten. Mit der Festnahme des Häuptlings Cochise wurden 1861 die Weichen für über 25 Jahre Blutvergießen gestellt, das erst 1886 mit der Kapitulation Geronimos vor der US-Armee endete.

Das **Chiricahua National Monument** umfaßt die einstige Heimat der Chiricahua-Apachen, ein Gebiet, das sich von der umgebenden Sonora- und Chiricahua-Wüste völlig unterscheidet. In der Trockenzone bildet es eine kühle, feuchte und bewaldete Insel mit außergewöhnlichen Felsformationen. Vor ungefähr 25 Mio. Jahren legten sich nach Vulkanausbrüchen mehrere hundert Meter dicke Ascheschichten über das Land, die sich über lange Zeiträume hinweg zu sogenanntem Rhyolit-Gestein verdichteten. Durch Erdhebungen zerbrachen diese Gesteinsschichten und erodierten allmählich zu jenen seltsamen Felstürmen und Steinsäulen, wie man sie heute besichtigen kann.

Über 6 Meilen windet sich die Bonita Canyon-Parkstraße durch Wälder aus Wacholder, Eichen und Kiefern bis zum 2094 m hoch gelegenen Massai Point hin-

auf, von dem man eine weite Aussicht über die zerklüftete Wunderlandschaft hat. Auf knapp einem Dutzend kurzer oder längerer Wanderwege kann man den Park erkunden; im Besucherzentrum gibt es Broschüren über die *Hiking Trails*. Ein Zeltplatz befindet sich in unmittelbarer Nähe des Zentrums.

Etwa 26 Meilen südwestlich des Parks trifft der Highway 181 eine Meile hinter Sunizona auf die Straße 666, wo sich ›Der Magische Kreis‹ und der *Cochise Trail* trennen. Man kann von dort 8 Meilen westlich nach **Pearce** fahren, einer Beinahe-Geisterstadt, der in den vergangenen Jahren wie auch anderen ghost towns durch zuziehende Menschen neues Leben eingehaucht wurde. Sogar eine Schule gibt es wieder. Früher war Pearce ein wichtiges Zentrum für die Goldschürfer der *Commonwealth Gold Mine,* die sich im aus dem Jahre 1893 stammenden Kaufhaus mit Bohnen, Speck, Mehl und Whiskey sowie mit Bergwerksausrüstung versorgten. Drei Meilen nordwestlich von Pearce biegt von der Straße 666 ein ungeteerter Weg nach Westen ab, der zum sogenannten **Cochise Stronghold** führt, der ehemaligen Bastion der Apachen, wo auch ihr großer Häuptling Cochise – was Hartholz bedeutet – begraben liegt. Aber niemand weiß genau wo.

Etwa 4 Meilen bevor die Straße 666 die Interstate 10 erreicht, liegt eine weitere, nur von wenigen Leuten bewohnte Geisterstadt namens **Cochise.** Auch dort gibt es ein altes Geschäft, das hergerichtet wurde und seltenes Gestein, Muschelhalsketten und allerlei Krimskrams verkauft. Gegenüber steht das Cochise Hotel, früher eine Perle unter den besseren Western-Hotels.

Wer sich bei Sunizona auf der Straße 666 nach Süden wendet, erreicht nach

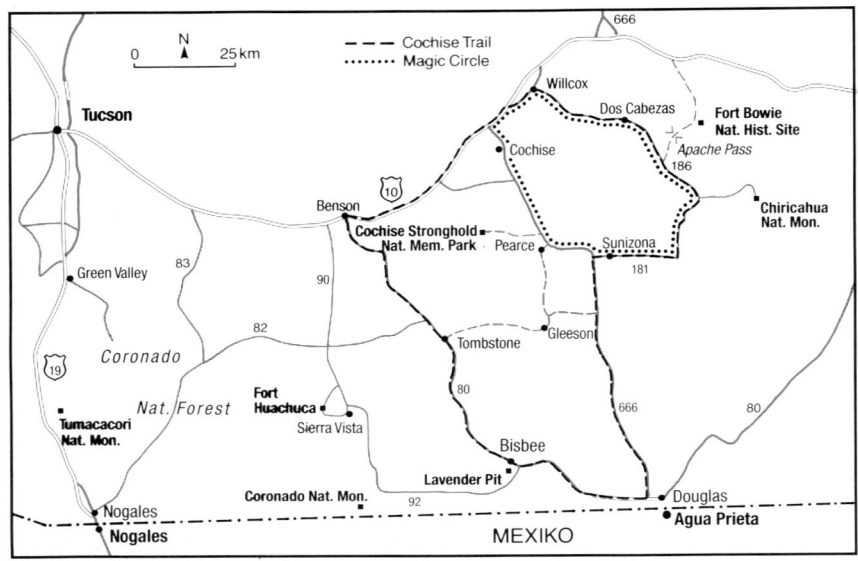

Magic Circle und Cochise Trail

knapp 40 Meilen auf dem *Cochise Trail* **Douglas** an der mexikanischen Grenze. Die *Phelps Dodge Company* ließ hier im Jahre 1900 eine große Anlage zur Kupferverhüttung bauen, an deren Seite sich sehr schnell eine Ortschaft entwickelte, der man den Namen des damaligen Präsidenten von Phelps Dodge, Douglas, gab.

Im Jahre 1907 entstand mit dem Gadsden Hotel eine Nobelherberge, in der früher Viehbarone und Kupferbosse abstiegen, später Leinwandstars aus Hollywood, die hier von Zeit zu Zeit vor der Kamera standen. 1976 wurde das Hotel unter Denkmalschutz gestellt. Besonders prächtig ausgestattet ist die Lobby mit Tiffanyglas und Blattgoldeinlagen. Ins Obergeschoß führt eine Freitreppe aus weißem Marmor, die der mexikanische Revolutionär Pancho Villa bei einer Stippvisite in Douglas hinaufgeritten sein soll.

Noch ausgeprägter als in Douglas ist die Bergbaugeschichte Arizonas in **Bisbee** spürbar, wo sie in den 70er Jahren des 19. Jh. begann. Bereits um die Jahrhundertwende war Bisbee eine respektable Stadt mit 25 000 Einwohnern, gepflasterten Straßen und teils schönen Häusern. Brewery Gulch, ein Seitental, bestand aus einer Ansammlung renommierter Kneipen, Hotels, Bordelle und Spielsalons. Das Copper Queen Hotel mitten in der Stadt galt schon damals als architektonisches Kleinod und eine der teuersten Quartiere zwischen El Paso in Texas und Los Angeles am Pazifik. Probleme zwischen Gewerkschaften und Firmenmanagement der *Phelps Dodge Company* führten im Juli 1917 zu einer bis dahin beispiellosen Aktion. Die Gesellschaft ließ mehr als 1000 streikende Bergleute mit Waffengewalt zusammentreiben und auf Lastwagen aus Arizona schaffen.

Cochise und Geronimo – Zwei Apachenkrieger

Nach dem Sieg im Krieg gegen Mexiko 1848 und dem Kauf Süd-Arizonas im Jahre 1853 hatten die USA ihre territoriale Expansion im Südwesten abgeschlossen. Jetzt ging es darum, das Land einer effektiven Kontrolle zu unterwerfen, um auch wirtschaftlich Fuß fassen zu können, etwa im Bergbau und der Landwirtschaft.

Ein Haupthindernis hierbei waren die im Grenzland zwischen New Mexico und Arizona lebenden halbnomadisierenden Apachen, die das Gebiet seit etwa Ende des 17. Jh. als ihre Heimat betrachteten und sich sowohl gegen die spanische wie auch die mexikanische Herrschaft aufgelehnt hatten.

Rund 30 Jahre lang hielten die beiden Apachenkrieger Cochise und Geronimo die Grenzregion zwischen Arizona, New Mexico und Mexiko in Atem, ehe ihr Widerstand gebrochen war. Damit ging ein dunkles Kapitel der amerikanischen Geschichte zu Ende. Eine konsistente Indianerpolitik hatte es während dieser drei Jahrzehnte nicht gegeben. Statt dessen hatte die Armee einen brutalen und menschenverachtenden Feldzug gegen die Apachen betrieben, der lange nur ein Ziel hatte: Ausrottung.

Mitte des 19. Jh. war der Weg über den Apachenpaß eine der Hauptrouten durch Süd-Arizona in den amerikanischen Westen. Im Jahre 1856 vereinbarten die Indianer mit den Amerikanern ungehinderten Verkehr

Geronimo, Kriegshäuptling der Apachen

über den Paß. 1861 wurde der Apachenhäuptling Cochise (etwa 1812–1874) zu Unrecht beschuldigt, das Kind eines weißen Siedlers entführt zu haben und bei seiner Festsetzung schwer verletzt. Nach seiner Flucht brach ein blutiger Konflikt zwischen Weißen und Indianern aus.

Cochise verbündete sich mit seinem Schwiegervater Mangas Coloradas, überfiel weiße Siedlungen und riegelte den Apachenpaß ab. Erst 1862 gelang es General Carleton, die Indianer von der Route zu vertreiben und in die Dragoon-Berge zurückzudrängen. Als Cochise im Jahre 1872 von General Howard ein eigenes, in den Chiricahua Mountains liegendes Reservatsterritorium angeboten wurde, willigte der Apachenhäuptling ein und lebte mit seinem Volk dort bis zu seinem Tod am 8. 6. 1874.

Der relative Frieden zwischen Weißen und Indianern wurde zwei Jahre nach dem Tod Cochises im Jahre 1876 erschüttert, als die Amerikaner wortbrüchig wurden und die Chiricahua-Apachen aus ihrem Stammland vom strategisch wichtigen Apachenpaß zur effektiveren Kontrolle in die nordwestlich gelegene San Carlos Reservation umsiedelten. Unter denen, die sich dieser Zwangsmaßnahme widersetzten, war der

Kriegshäuptling des zu den Chiricahua-Apachen gehörenden Bedonkohes-Stammes Geronimo (1829–1909). Er floh mit der Hälfte seines Stammes nach Mexiko, wo er vornehmlich vom Viehdiebstahl lebte. Im Jahre 1877 wurde er mit seinen Kriegern in die San Carlos Reservation zurückgebracht, brach 1881 aber mit etwa 70 seiner Anhänger aus und befreite ein halbes Jahr später all jene, die der militärischen Kontrolle und Gängelung in der schlecht verwalteten Reservation überdrüssig waren.

Im Mai 1883, als Geronimo sich auf einem seiner Kriegszüge befand, bemächtigte sich General Crook des Basislagers der Apachen und erzwang damit ein Friedensabkommen mit Geronimo. 1884 zog der Apache zu seinen Leuten nach San Carlos, brach aber ein gutes Jahr später bereits wieder aus. Diesmal führte General Miles den Verfolgertrupp an – 5000 Soldaten, 400 Apachenscouts und eine zivile Miliz. Schützenhilfe leistete zudem die mexikanische Armee. Dagegen stand Geronimo mit etwa 30 Kriegern. Es dauerte 18 Monate, bis der Apache am 4. 9. 1886 unter Bedingungen, an die sich die amerikanische Regierung nie gebunden fühlte, kapitulierte.

In eklatanter Verletzung des Vertrags zwischen General Miles und Geronimo wurde der Apachenhäuptling als Kriegsgefangener zunächst nach Florida und Alabama deportiert und schließlich in die endgültige Verbannung nach Fort Sill in Oklahoma gebracht. Er nahm 1905 in Washington an der Parade zur zweiten Amtseinführung von Präsident Roosevelt teil und trug dem ›Großen Weißen Häuptling‹ danach seinen letzten Lebenswunsch vor – in seine Heimat zurückkehren zu dürfen. Roosevelt lehnte ab. Als am 17. 2. 1909 ein kalter Wintermorgen über Oklahoma graute, folgte Geronimo dem großen Cochise in die ewigen Jagdgründe.

Der Bergbau hat gewaltige Wunden in der Landschaft hinterlassen. Am östlichen Ortsausgang von Bisbee liegt *Lavender Pit*, ein gigantisches Tagebaubergwerk, das bis 1974 in Betrieb war. Dann waren die Erzlager erschöpft, die Ära des Bergbaus hatte ein Ende. Bisbee begann eine neue ›Laufbahn‹ als Touristenattraktion, da es in Arizona keine andere Stadt gibt, die auch nur annähernd einen so auffallend ›europäischen‹ Charakter hat.

Etwa 24 Meilen nördlich von Bisbee liegt die legendäre Westernstadt **Tombstone**, in der zahlreiche Gebäude aus den 80er Jahren des 19. Jh. erhalten blieben. Gründer von Tombstone war Ed Schiefelin, der der Ortschaft auch zu ihrem Namen verhalf. Als sich Ed im März 1877 von Fort Huachuca hierher auf den Weg machte, höhnten viele, das einzige,

was er außer Apachen und Klapperschlangen wohl finden werde, sei der eigene Grabstein. Aber sie täuschten sich, der Prospektor stieß auf reiche Silberlager und wurde zu einem der wohlhabendsten Bürger der schnell wachsenden Stadt, die schon Ende der 70er Jahre des 19. Jh. ungefähr 15000 Einwohner zählte.

Zweidrittel der Gebäude sollen Saloons und Spielhallen gewesen sein. Zum geschäftigsten Ort in Tombstone avancierten jedoch nicht derartige Zentren des Vergnügens, sondern der *Boothill Graveyard* am nördlichen Stadtausgang. Auf diesem alten Friedhof liegen reihenweise Gesetzlose gemeinsam mit ihren Opfern und jenen, die schneller zogen, mit Selbstmördern, Gehängten, versehentlich Gelynchten, Erstochenen und sogar einigen wenigen, die eines normalen Todes starben. Zur ›Prominenz‹ zählen Billy Clanton sowie Tom und Frank McLaury, die Gegner Wyatt Earps und seiner Truppe im O. K. Corral. Diese Schießerei in einem Pferdehof in Tombstone am 26. 10. 1881 machte Westerngeschichte. Zwei Parteien standen sich 30 Sekunden lang im Kugelregen gegenüber. Auf der einen Seite ›das Gesetz‹, repräsentiert durch Deputy US-Marshall Wyatt Earp und dessen Brüder Virgil und Morgan sowie den ehemaligen Zahnarzt Doc Holliday; auf der anderen Seite ›die Gesetzlosen‹, die Brüder Ike und Billy Clanton, Frank und Tom McLaury sowie Billy Clairborne, der als einziger seiner Truppe entkam und ›erst‹ ein Jahr später erschossen wurde. Dieser legendäre Kugelwechsel, der mehrfach verfilmt wurde, hatte einen ökonomischen Hintergrund. Die Earps standen für eine neue, in Tombstone aufblühende Wirtschaft, den Bergbau, während die Mitglieder der Clanton-Bande Cowboys waren, die die Interessen der landbesitzenden Viehzüchter vertraten.

Tombstone wäre nicht ›The Town too tough to die‹, hätte es seinen schießfreudigen Helden keine Denkmäler gesetzt. Aber im Grunde genommen ist ganz Tombstone ein Denkmal, dessen Patina sorgfältig gepflegt wird, weil die Westerngeschichte inklusive sämtlicher Legenden, Halbwahrheiten und saftiger Lügen heute die einzige ›Industrie‹ der

Stadt ist, die für Einkommen sorgt. Die Bürger, ob alt oder jung, sind sich dessen bewußt und engagieren sich in diesem Gewerbe auf erstaunliche Art und Weise.

Es gibt zwei ›Schauspielensembles‹, die abwechselnd an den Wochenenden Tombstones Besuchern Einblick in die 80er Jahre des letzten Jahrhunderts verschaffen, mit Vorführungen in traditionellen Kostümen, mit handfesten Prügeleien, Eifersuchtsdramen und natürlich heftigem Gebrauch jeglicher Art von Schießprügeln. Hinterher trifft man sich dann, wie eh und je, im Saloon von Big Nose Kate, Doc Hollidays Freundin, um den Staub der Straße hinunterzuspülen und über alte Zeiten zu reden.

Und wenn B. L. Rogers, der Wirt, gut drauf ist, läßt er seine Gäste schon mal den Trommelrevolver von 1843 in die Hand nehmen, den er von Clint Eastwood vor einigen Jahren bei Dreharbeiten geschenkt bekam. Jack Fiske von den *Tombstone Vigilantes*, der bei den Straßenauftritten immer den Part des Virgil Earp übernimmt, möchte dann mit seinem elfenbeinbeschlagenen Peacemaker nicht zurückstehen. Während die schweren Waffen durch die Hände gehen und das Bier in Strömen fließt, könnte man manchmal meinen, der Geist von Doc Holliday wehe durch die rauchgeschwängerte Kneipenatmosphäre. Tombstone scheint nie älter zu werden.

NEW MEXICO
Land of Enchantment

Wenn es mit rechten Dingen zuginge, müßte New Mexico anstatt einer stilisierten Sonne mit Strahlen Malerpinsel, Palette und Töpferscheibe als Symbole in der Staatsflagge führen. Nirgendwo sonst im Südwesten ist eine allgemeine Orientierung auf Kunst und Kultur so intensiv spürbar wie hier. Selbst trockene Statistiken weisen den Staat als Hort und Hochburg der schönen Künste aus. Etwa 40 % der Bevölkerung sollen, so wird behauptet, mit Kunst zu tun haben – nicht nur als Kunstschaffende, sondern auch als Galeristen, Händler, Theateragenten oder etwa Kartenverkäufer an der Abendkasse der Santa Fe Opera. Hunderte von Ateliers und Kunsthandlungen, private und staatliche Museen, Künstlerkooperativen, Kunstfestivals, Wanderausstellungen und Fortbildungskurse sind über das Land verteilt. Kein Wunder, wenn die Kunst sogar in einem so profanen Bereich wie der Wirtschaft jährlich mit rund einer halben Milliarde Dollar zu Buche schlägt.

Natürlich wird man sich fragen, warum das Kunstschaffen gerade in New Mexico so populär ist. D. H. Lawrence, der in San Cristobal nördlich von Taos lebte und auf seiner dortigen Ranch begraben ist, schrieb über seine Wahlheimat: »Nirgends ist das Licht reiner und anmaßender ...«. Eine der berühmtesten Künstlerinnen des Landes, die Malerin Georgia O'Keeffe, die 1986 kurz vor ihrem 99. Geburtstag starb, erklärte das Phänomen der ›Kunstbesessenheit‹ auf recht einfache Weise. »New Mexico«, so sagte sie einmal, »scheint einen auf eine Art und Weise anzusprechen, daß man einfach darauf antworten muß«. Vielleicht haben das andere auch schon so empfunden, denn künstlerische bzw. kunsthandwerkliche Aktivitäten haben in New Mexico eine lange Tradition.

Die Archäologie liefert Beweise dafür, daß das Flechten von Behältnissen zu dem ältesten Kunsthandwerk auf dem nordamerikanischen Kontinent zählt. Von großer Bedeutung waren Flechtarbeiten z. B. für die Basketmaker (etwa 100 v. u. Z.–700 n. u. Z.), aus deren Kultur sich die Anasazi entwickelten, die u. a. aufgrund ihrer Architektur (cliff dwellings), ihrer Töpferkunst und ihrer Felsbilder bekannt wurden. So entdeckte man Petroglyphen (Felsritzzeichnungen) oder Piktographien (Malereien auf der Felsoberfläche) in vielen Teilen der Region. Gemeinsam mit Töpfereien, Schmuck, Korbflechtereien und Webereien stellen sie eine indianische Kunst dar, welche die direkten Nachfahren der Anasazi, die Pueblos, in ihrem kunsthandwerklichen Schaffen entscheidend prägte.

Im 16. Jh. begannen die Spanier, den Südwesten als ein Abbild ihrer Heimat in der Alten Welt nachzuformen – mit nur allmählichem Erfolg angesichts des Widerstands der indianischen Bevölkerung. Siedler bauten Adobe-Häuser mit Ziegeln aus einem Lehm- und Strohgemisch, wobei Bauweise wie auch Baumaterialien durch die Vorbilder der Pueblo-Indianer beeinflußt wurden. Möbel stellte man zunächst ebenfalls lokal her, während religiöse Kunst meist aus Spanien mitgebracht wurde. Allmählich jedoch entwickelte sich auch in der neu-mexikanischen Diaspora eine Holzschnitzkunst, die bultos (Holzstatuen) und santos (Heiligenfiguren) schuf und sich als eigenständige Kunstrichtung etablierte. Im 19. Jh. starb sie in Santa Fe zwar aus, wurde aber in den nördlichen Bergregionen noch aufrechterhalten. Die Holzschnitzkunst

◁ Pueblo Bonito im Chaco Canyon

New Mexico

Name: Mit Beginn der spanischen Kolonisation 1598 nahm Juan de Oñate von Mexiko aus alle nördlich gelegenen ›Königreiche und Provinzen von Neu-Mexiko‹ für die spanische Krone in Besitz.

Beiname: The Land of Enchantment (Bezauberndes Land) – bezieht sich auf New Mexicos Attraktivität als Reiseland

Fläche: 314 923 km^2 – fünftgrößter Bundesstaat der USA mit der größten Fläche unter den vier Staaten des Südwestens

Bevölkerung: 1,45 Mio. Einwohner (1985) bei einer Bevölkerungsdichte von etwa 4,6 Einwohner pro km^2. Das Bevölkerungswachstum liegt über dem nationalen Durchschnitt. Von der Gesamtbevölkerung waren laut Zensus 1980 rund 976 000 Weiße, 24 000 Schwarze, 476 000 Chicanos, 7000 Asiaten, 104 000 Indianer und 190 000 andere.

Hauptstadt: Santa Fe, 52 000 Einwohner

Weitere große Städte: Albuquerque (größte Stadt), 350 000; Las Cruces, 50 000; Farmington, 38 000 Einwohner

Landesnatur: Entgegen der landläufigen Meinung ist New Mexico kein Wüstenstaat. Etwa 85 % des Staatsgebiets liegen über 1200 m hoch. Tiefste Region ist der äußerste Südosten mit rund 860 m. Höchster Punkt ist der Wheeler Peak (4317 m) in den Sangre de Cristo Mountains nordöstlich von Taos. Das in weiten Landesteilen milde Klima macht New Mexico zu einem attraktiven Reiseland mit abwechslungsreichen Landschaften. Davon ausgenommen ist der Südosten des Bundesstaates mit flachen Prärien.

Wirtschaft: Wichtigste Wirtschaftszweige sind heute Bergbau, Tourismus, Landwirtschaft, Atomforschung und Forstwirtschaft. Etwa zwei Drittel der US-Vorkommen an Uran lagern in New Mexico. Daneben sind Kaliumsalz, Erdöl, Erdgas, Gold, Silber, Kupfer, Zink, Molybdän und Pottasche von Bedeutung. In der Landwirtschaft überwiegt die Rinderzucht. Der Ackerbau konzentriert sich auf Weizen, Hirse, Mais und Baumwolle. Das Pro-Kopf-Einkommen lag 1985 bei knapp 11 000 Dollar. Die Arbeitslosenrate betrug damals 8,8 %.

der Spanier beeinflußte auch die Pueblo-Indianer, zumindest insoweit, als metallenes Werkzeug eine leichtere Bearbeitung des Holzes erlaubte. Wahrscheinlich spielte das spanische Vorbild auch bei der Entwicklung moderner Kachinas der Hopi und Zuni eine Rolle, wenngleich der Kachina-Kult seine Ursprünge in voreuropäischer Zeit hat. Spanische Kulturelemente führten bei den Indianern zwar zu subtilen Veränderungen, bewirkten aber keinen grundlegenden Wandel, weil eine sowohl im sozialen wie religiösen Bereich feststellbare Kontinuität dafür sorgte, daß sich kulturelle Traditionen trotz gewisser Anpassungen bis in die heutige Zeit hinein fast ungebrochen fortsetzten.

Ganz andere Konsequenzen für die Kulturlandschaft hatte die Etablierung der Anglo-Amerikaner in New Mexico in der zweiten Hälfte des 19. Jh. Mit der infrastrukturellen Erschließung des Territoriums durch den Eisenbahnbau wurde ein intensiver Kontakt zwischen der Südwest-Kultur sowie US-amerikanischem Lebens-

Klimaanlage auf Indianisch

Lehm, zerkleinertes Stroh, Sand und Wasser sind die wichtigsten ›Ingredienzien‹ bei der Herstellung des Adobe genannten Baumaterials, das die Architektur in weiten Teilen des amerikanischen Südwestens, vor allem aber in New Mexico seit Jahrhunderten prägt (s. Farbabb. 26). Neben dem Material bezeichnet der Begriff Adobe, den die Spanier offensichtlich aus dem Arabischen entlehnten, Ziegel aus Lehm, aber auch die Gebäude, die aus Lehm gefertigt wurden.

Aus diesem einfachen und billigen ›Stoff‹ hergestellte Mauern können natürlich statisch oder hinsichtlich ihrer Haltbarkeit nicht mit Beton konkurrieren. Häuserwände aus Adobe müssen für einen eingeschossigen Bau etwa einen halben Meter dick sein, um die Last des Daches zu tragen. Bei starken Regengüssen kann es vorkommen, daß durch den ausgewaschenen Lehm die Mauern brüchig werden. Aber Adobe hat gerade unter den klimatischen Bedingungen des Südwestens auch große Vorteile, die keine Betonkonstruktion wettzumachen vermag. Wissenschaftliche Messungen ergaben, daß aus Adobe gefertigte Wände sich in der Sonne aufheizen und tagsüber im Innern Temperaturen niedriger halten als Wände aus anderen Baustoffen. Nachts, wenn die Außentemperaturen sinken, geben die aufgeheizten Adobe-Wände dann ihre Wärme ab und halten ein relativ konstantes Raumklima.

Adobe-Bau in New Mexico

Archäologen wiesen nach, daß die Anasazi schon zur Blütezeit ihrer Kultur im 12. Jh. mit Adobe bauten. Die rund 400 Jahre später eintreffenden Spanier übernahmen zwar dieses Material, veränderten aber das Konstruktionsprinzip. Während die Indianer die zum Teil mit Tierhaaren vermengte Lehmmischung einfach aufeinanderschichteten, begannen die Spanier Adobe-Ziegel in Holzformen herzustellen, die man exakter verbauen konnte. Einige alte Gebäude wie etwa das Ernest Blumenschein-Haus in Taos, dessen Ursprünge auf Ende des 18. Jh. zurückgehen, oder das Haus von Kit Carson ebenfalls in Taos, das der Scout seiner Braut im Jahre 1834 als Hochzeitsgeschenk kaufte, lassen die alte Adobe-Bauweise erkennen.

Die wirtschaftliche Entwicklung New Mexicos nach dem Anschluß an das transkontinentale Bahnnetz seit dem Jahre 1880 wirkte sich auch auf die traditionelle Art des Bauens aus, indem mehr moderne Stoffe, wie etwa gebrannte Ziegel und Beton, verwendet wurden, u. a. auch weil man Adobe als etwas Minderwertiges betrachtete. In der Zwischenzeit erfuhren Lehmgebäude aber wieder eine wahre Renaissance. Die Psychologie war daran nicht ganz unschuldig. Sie will festgestellt haben, daß die runderen Formen der Adobe-Architektur, die keinen rechten Winkel kennt, mehr Wohn- und Lebensqualität vermitteln als die herkömmliche Bauweise. Heute werden Adobe-Ziegel bereits industriell gefertigt und durch Zusätze so präpariert, daß sie Feuchtigkeit abweisen und folglich gegen Regen ›immun‹ sind.

stil hergestellt. Die ursprüngliche Pueblo-Kunst degenerierte teilweise zur Massenware für die steigende Zahl von Touristen. Aber den Pueblo-Indianern erschlossen sich auch Märkte, die ihnen bei der Sicherung ihrer teils prekären wirtschaftlichen Existenz halfen.

Mit Ethnologen und Archäologen kamen nach einer Ära der Erniedrigung und Enteignung Menschen nach New Mexico, die den Indianern durch die Wiederentdeckung ihrer kulturellen Wurzeln bei der Suche nach Identität und Selbstbewußtsein hilfreich sein konnten. Im Kielwasser von Wissenschaftlern wie etwa dem Schweizer Adolph Bandelier, der zwischen 1880 und 1886 Pueblo-Indianer und prähistorische Ruinen studierte, ließen sich in den ersten Jahrzehnten des 20. Jh. Schriftsteller, Maler und Bildhauer in New Mexico nieder, von denen viele dazu beitrugen, der einheimischen Kunst neue Geltung zu verschaffen. Gerade die Zeit zwischen der Jahrhundertwende und 1920 wird häufig als ›Renaissance‹ der indianischen Malerei bezeichnet.

Indianisches Kunsthandwerk ist heute noch in vielen Pueblos zu Hause, die zu den besonderen Sehenswürdigkeiten in New Mexico zählen. Insgesamt gibt es 19 Dörfer, deren Besuch sich vor allem dann lohnt, wenn traditionelle Feste gefeiert werden – bei derartigen Anlässen sind Fremde auch am ehesten geduldet. Die Pueblos haben ihre eigenen Gesetze und Bräuche, und interessierte Besucher sind angehalten, sich streng an die erwartete Etikette (s. S. 190) zu halten. Eine der bekanntesten und am leichtesten zugänglichen Siedlungen ist Taos Pueblo im nördlichen Landesteil, das sich äußerlich kaum seit jener Zeit verändert hat, als vor rund 450 Jahren die ersten Spanier nach Taos kamen.

Schätzungsweise 12 Mio. Menschen reisen alljährlich nach New Mexico, um die Zeugnisse der großen kulturellen Vergangenheit wie auch der Gegenwart kennenzulernen. Das Land ist jedoch nicht nur für diejenigen ein lohnendes Reiseziel, die an Kunst und Kultur interessiert sind. New Mexico bietet Besuchern auch eine Naturszenerie von seltenem Abwechslungsreichtum. Mehr als Dreiviertel der Staatsfläche liegen über 1200 m hoch, und bis in den nördlichen Teil des Landes hinein ziehen sich die Ausläufer der Rocky Mountains, die in dem 4317 m hohen Wheeler Peak ihren höchsten Gipfel haben.

Den raschen Wechsel von Klima- und Vegetationszonen kann man eindrucksvoll erleben, wenn man von der gleißendhellen und heißen Gipswüste von White Sands im Tularosa-Becken in die etwa 20 Meilen entfernten fast 3000 m hoch gelegenen schattigen Laub- und Nadelwälder um Cloudcroft in den Sacramento Mountains fährt, wo man im Winter Ski laufen kann. Das Vegetationsgefälle verläuft hier nicht wie in den europäischen Alpen von der Höhe in niedrigere Regionen, sondern umgekehrt. Je höher man steigt, desto dichter wird der Wald.

Andere kühle ›Fluchtpunkte‹ aus den sommerlichen Temperaturen liegen nicht in der Höhe, sondern in der Tiefe. Carlsbad Caverns zum Beispiel, New Mexicos einziger Nationalpark, ist ein riesiges System von prachtvollen Tropfsteinhöhlen (s. S. 211 ff.). Rund 300 m unter der Erdoberfläche herrscht eine konstante Temperatur von etwa 13° C. Auf dem Staatsgebiet befindet sich ein halbes Hundert *State Parks*, die historisch oder geologisch Interessierten, Naturliebhabern, Wanderfreunden oder Wassersportlern reichliche Betätigung bieten. Erinnerungen an den Wilden Westen werden wach, wenn man durch Lincoln County reist, wo vor über 100 Jahren der berühmt-berüchtigte Revolverheld Billy the Kid sein Unwesen trieb.

Selbst Stadtlandschaften, die Seltenheitswert besitzen, gibt es in New Mexico. Das beste Beispiel ist die Hauptstadt Santa Fe: Dort wurde über Jahrhunderte hinweg der Pueblo-Baustil erhalten und in jüngerer Zeit zur Verpflichtung gemacht. ›The City Different‹, die andere Stadt, ist aus ihrer turbulenten und blutigen Geschichte heraus zu einem Modell des multikulturellen Zusammenlebens erwachsen. Hier leben und arbeiten indianische Schmuckverkäufer und amerikanische Galeristen, hispanische Viehbarone und mexikanische Tortilla-Bäcker einträchtiger nebeneinander als andere ethnische Gruppen in vielen Teilen der USA.

Spurensuche

Die Spuren der eiszeitlichen Jäger in den Sandia Mountains nordöstlich von Albuquerque reichen 12000, vielleicht sogar 25000 Jahre zurück. Doch nicht nur die prähistorische, sondern auch die nach-kolumbianische Geschichte ist in New Mexico früh anzusetzen. Bereits 80 Jahre bevor die sogenannten Pilgerväter 1620 mit der ›Mayflower‹ bei Plymouth Rock in Neuengland landeten, drangen der Franziskanerbruder Fray Marcos de Niza und sein schwarzer Begleiter Estevanico im Auftrag der Krone vom Vizekönigreich Neu-Spanien nach New Mexico vor, um die legendären sieben Goldenen Städte von Cibola zu finden.

Estevanico wurde in einem Zuni-Dorf von Pueblo-Indianern umgebracht, was das Goldfieber der Eroberer aus der Alten Welt nur steigerte. Schon ein Jahr später brach die erste große Expedition unter Francisco Vasquez de Coronado in den heutigen Südwesten auf. Nach zwei Jahren kehrte die Truppe nach Mexico City zurück – müde, desillusioniert und vor allem ohne Gold. Aber eine wichtige Entdeckung hatte sie gemacht. Man war auf seßhafte Indianer gestoßen, die in Dörfern (span.: *pueblos*) lebten und von den Konquistadoren deshalb Pueblo-Indianer genannt wurden.

Erst rund ein halbes Jahrhundert später, im Jahre 1598, unternahmen die Spanier unter Juan de Oñate einen neuen, größeren Vorstoß nach New Mexico, diesmal mit dem Ziel, das Land der spanischen Krone und dem katholischen Glauben zu sichern. Im Troß befanden sich Siedler und eine Gruppe von Franziskanermissionaren, die am Zusammenfluß von Rio Chama und Rio Grande New Mexicos erste Hauptstadt San Gabriel gründeten. Etwa ein Jahrzehnt später gab der neue Gouverneur Peralta diese Siedlung auf und zog mit seinen Kolonisten 25 Meilen weiter südlich in ein unbewohntes Gebiet, wo 1610 die neue Kapitale La Villa Real de Santa Fe de San Francisco de Asis, die Königsstadt des Heiligen Glaubens an den hl. Franz von Assisi, entstand.

Im 17. Jh. war New Mexico ein isoliertes, von Konflikten zwischen geistlichen und weltlichen Autoritäten zerrissenes Territorium. In allen Teilen des Landes versuchten Franziskanermönche die indianische Bevölkerung für den katholischen Glauben zu gewinnen und gleichzeitig die tiefverwurzelten Indianerreligionen auszulöschen. Der Widerstand der Pueblos gegen diese Unterwerfung gipfelte 1680 in der Pueblo-Revolte unter der Führung des Medizinmannes Popé aus dem San Juan Pueblo, der von den Spaniern zuvor wegen Hexerei und Zauberei ausgepeitscht worden war. Popé versteckte sich in Taos Pueblo und organisierte von dort den Aufstand gegen die Fremdherrschaft und neue Religion.

Über 400 spanische Siedler und 21 Franziskaner ließen am 10. 8. 1680 ihr Leben, Missionsstationen wurden niedergebrannt, Farmen verwüstet. In Santa Fe verschanzten sich etwa 1000 Bürger hinter den mächtigen Mauern des Gouverneurspalastes und konnten nach fünftägiger Belagerung durch die Indianer in Richtung El Paso entkommen. Unter der Führung von Diego de Vargas holten sich die Spanier 12 Jahre später zurück, was sie während der Pueblo-Revolte verloren hatten – kampflos, weil die Zweckgemeinschaft der rebellierenden Indianer (auch Navajo hatten die Pueblos unterstützt) auseinandergebrochen war. Großzügige Landschenkungen zogen immer mehr Kolonisten ins Land, neue Dörfer und Städte entstanden, Zug um Zug bauten die weißen Landesherren die Verwaltung aus, verstärkten durch Truppenstationierungen in unsicheren Gebieten ihre militärische Präsenz und gingen mit brutaler Gewalt gegen aufbegehrende Pueblo-Bewohner vor, um so das spanische Kolonialterritorium gegen die Indianer aber auch rivalisierende europäische Interessen etwa seitens Frankreichs abzuschotten. Nachdem Frankreich mit dem Frieden von Paris 1763 vom nordamerikanischen Kontinent verdrängt war, tauchten jedoch nach dem erfolgreichen Unabhängigkeitskrieg 1776 mit anglo-amerikanischen Siedlern neue Rivalen für Spanien im Südwesten auf.

Spanien beherrschte New Mexico bis zum Jahre 1821, als die mexikanische Revolution das Joch der Fremdherrschaft abwarf und die Republik Mexiko ausrief. Am 6. 1. 1822 feierten die Bürger von Santa Fe den Flaggenwechsel mit dem Geläut der Kirchenglocken und einem großen Fest. Die bis dahin protektioni-

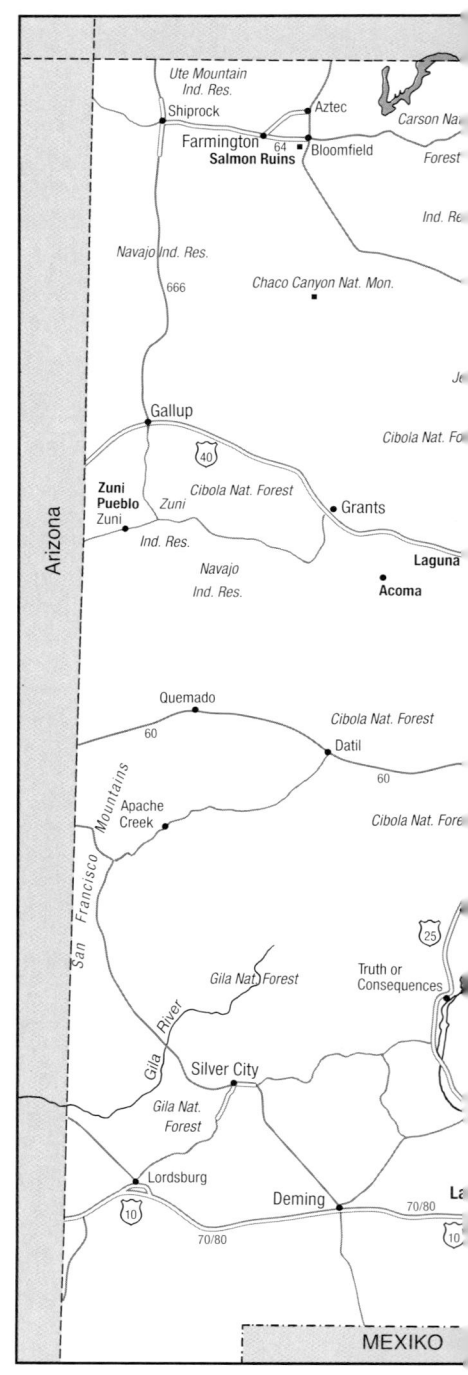

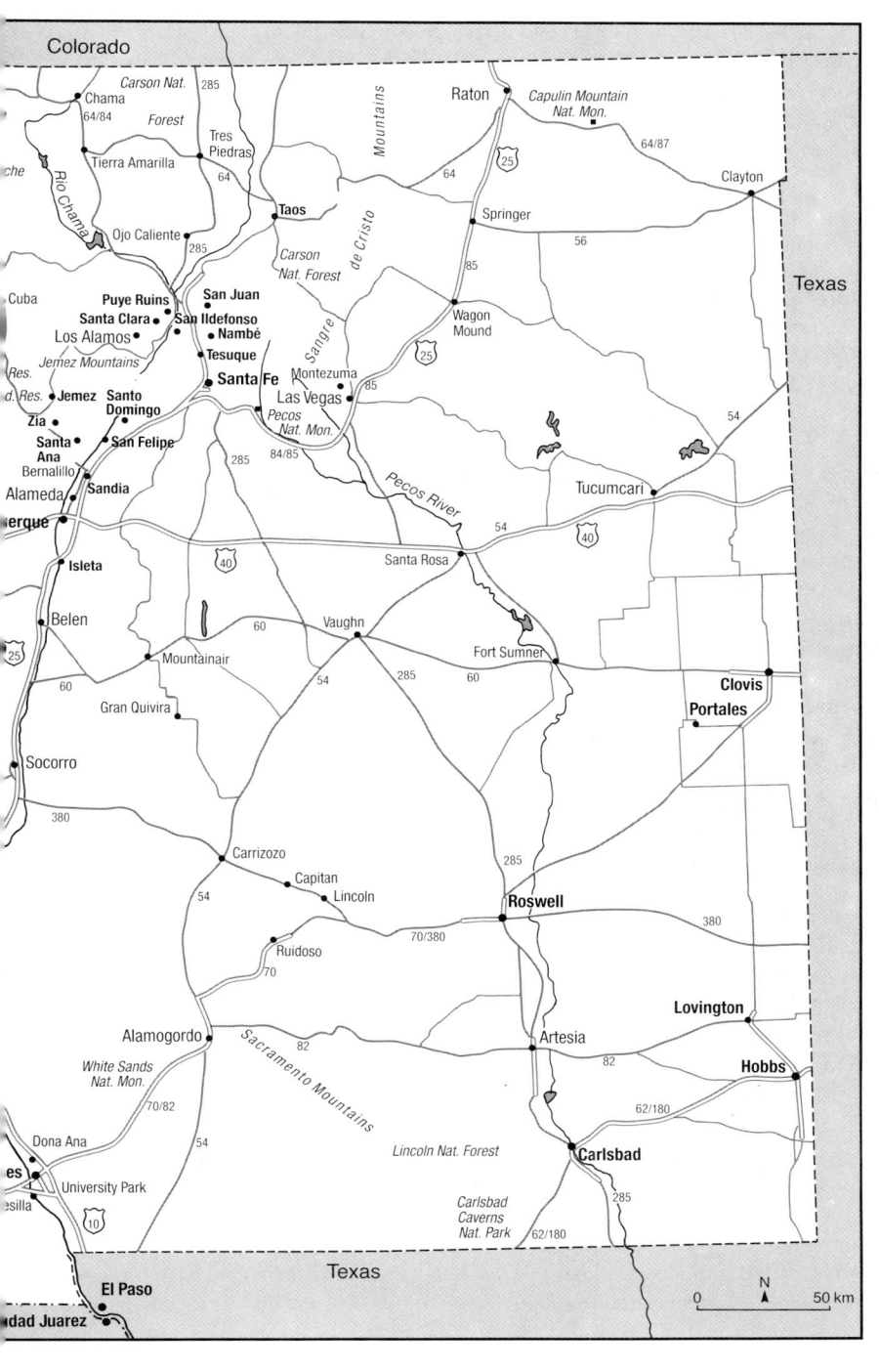

stische Haltung der spanischen Krone gegenüber New Mexico wich unter mexikanischer Herrschaft einer Politik der Öffnung, die vor allem den amerikanischen Handel über den *Santa Fe Trail* begünstigte. Die junge mexikanische Republik war jedoch so schwach, daß die nördlichen Provinzen, vor allem Texas, aber auch New Mexico, immer mehr in den wirtschaftlichen Einflußbereich der USA abdrifteten.

Nachdem Texas sich 1836 von Mexiko abgespalten hatte, verfielen die amerikanisch-mexikanischen Beziehungen zusehends, bis US-Präsident Polk im Mai 1846 den Truppen von General Taylor den Befehl erteilte, an den Rio Grande vorzustoßen. Drei Monate später führte General Kearny seine Soldaten ohne Widerstand durch das nördliche New Mexico bis nach Santa Fe – ein Eroberungsfeldzug, der 1848 mit dem Vertrag von Guadalupe Hidalgo legitimiert wurde. Die USA leisteten Mexiko für die erzwungene Abtretung des riesigen Gebiets von New Mexico, Arizona und Kalifornien eine wohl mehr symbolische Kompensationszahlung von 15 Mio. Dollar.

New Mexico blieb nach der Hissung der amerikanischen Flagge im August 1846 ein unruhiges Gebiet. Am 19. 1. 1847 erhoben sich Hispanier und Indianer gegen die neuen Landesherren, drangen in Taos in die Residenz des ersten amerikanischen Gouverneurs Charles Bent ein, töteten und skalpierten ihn und machten sich daran, Anglos und ihre Sympathisanten umzubringen. US-Truppen schlugen die Revolte nieder, die sich schon bis in den Norden des Landes ausgebreitet hatte. Auch in anderen Gebieten des neuen US-Territoriums stand das Militär vor allem feindlichen Apachen und Navajo gegenüber. Viele Forts entstanden, um die ins Land strömenden Siedler vor den um ihre Existenzgrundlagen kämpfenden Indianern zu schützen.

Rund eineinhalb Jahrzehnte später war New Mexico Kriegsschauplatz in der Auseinandersetzung zwischen Nord- und Südstaaten. Schon kurz nach dem Ausbruch des amerikanischen Bürgerkriegs im Osten lenkten die Konföderierten ihre Aufmerksamkeit auf den Südwesten und vor allem auf New Mexico, das Transitgebiet der wichtigsten Versorgungsroute zwischen Ost und West. Im Februar 1862 marschierte General Sibley mit 3300 Soldaten von Texas aus den Rio Grande hinauf und schlug die Unionstruppen bei Valverde, ehe er sowohl Santa Fe als auch Albuquerque einnahm. Der Traum von einer Südstaatenherrschaft über New Mexico war jedoch schon nach zwei Wochen vorüber, als die Konföderierten in der Schlacht am Glorieta Pass im Apache Canyon besiegt wurden. Aber auch jetzt kam das Territorium nicht zur Ruhe. In den 70er und frühen 80er Jahren des 19. Jh. intensivierten vor allem die Apachen unter der Führung von Häuptlingen wie Cochise, Victorio und Nana ihre Attacken, bis die Indianerkriege mit der Kapitulation von Geronimo 1886 endeten.

Das ausgehende 19. Jh. brachte für das damalige Territorium New Mexico dramatische Veränderungen. Zwar hatte der Vertrag von Guadalupe Hidalgo den Einwohnern des Landes – bisher mexikanische, jetzt aber amerikanische Staatsbürger – Eigentumsrechte garantiert. Aber die Bodenrechte wurden unterschiedlich interpretiert und gemeinhin zum Nachteil sowohl hispanischer wie auch indianischer Eigentümer ausgelegt. Wo Grenzen unklar waren oder Besitzansprüche sich nicht anhand von Urkunden eindeutig nachweisen ließen, hatten die bisherigen Eigner meist das Nachsehen. Gerichtsverfahren um Land- und Wasserrechte aus dieser Zeit beschäftigen noch heute die Justiz in vielen Teilen des Südwestens. Seit Ende der 70er Jahre des 19. Jh. kündeten auch die ersten Eisenbahnen in New Mexico von einer neuen Zeit, Städte und Siedlungen wurden aus dem Boden gestampft, und eine Welle von Siedlern und industriell gefertigten Waren schlug über das Land herein, das damals die ›heiße Phase‹ des Wilden Westens erlebte.

Über 60 Jahre lang war New Mexico ein der Amerikanischen Union angegliedertes Territorium, ehe es am 6. 1. 1912 zum 47. Bundesstaat proklamiert wurde. Rund 330 000 Menschen lebten damals in diesem ausgedehnten Gebiet von Ackerbau und Viehzucht, vor allem von der sich schnell entwickelnden Bergbauwirtschaft in Minenzentren wie im Gila County. Dort entstand nach Goldfunden in Pinos Altos schon im Jahre 1860 eine der ersten Bergbausiedlungen der Gegend, gefolgt von der ›Silberstadt‹ Silver City und den reichen Kupferminen von Santa Rita gleich in der Nachbarschaft. Um die Zeit nach der Staatsgründung fing New Mexico auch an, sich als Künstlerkolonie renommierter Schriftsteller und Maler zu profilieren.

Im Zweiten Weltkrieg investierte die Bundesregierung in Washington immense Summen in New Mexico für militärische Aufrüstung, u. a. auch für das geheime Manhattan-Projekt in Los Alamos in den Jemez Mountains, wo die erste Atombombe entwickelt wurde. Am 18. 7. 1945 stieß der Donner einer ungeheuren Explosion über Trinity Site in der Wüste von White Sands nordwestlich von Alamogordo das Tor zu einem neuen Zeitalter auf: der Ära der Atombombe. Heute landen in diesem Gebiet ab und zu Weltraumshuttles, und Wissenschaftler basteln an Laserwaffen, die das All in absehbarer Zeit zum neuen Kriegsschauplatz machen könnten. Derweilen kräuselt der Wind die weißen Dünen von White Sands, der größten Gipswüste der Erde – 600 km² blendende Weiße, die der Wind aus den San Andres Mountains herübertrug, lange bevor der Mensch amerikanischen Boden betrat.

Schürfer im Südwesten, 19. Jh.

Herz mit drei Wurzeln

Die Hauptstadt Santa Fe

Der Traum vom Gold lockte die Spanier in der ersten Hälfte des 16. Jh. nach New Mexico. Aus Indianererzählungen hörten sie das Märchen von den ›Sieben Goldenen Städten von Cibola‹ heraus und machten sich auf die Suche nach den sagenhaften Reichtümern. Die Schätze fanden die raffgierigen Konquistadoren nie, wenngleich sie den güldenen Glanz mit Sicherheit häufig direkt vor Augen hatten. Wer spätnachmittags durch Santa Fe schlendert, weiß, wovon die Rede ist. Das Licht der tiefstehenden Sonne überzieht die Adobe-Häuser unter dem azurblauen Himmel mit rotgoldenem Schimmer, so daß aus einfachen Lehmbauten wahre Schatzkammern werden, und selbst die Sangre de Cristo-Berge im Osten der Stadt leuchten, als sei ein Nebel aus feinem Goldstaub auf sie niedergegangen. Man könnte vermuten, daß die spanischen Eroberer die Geschichten der Indianer über das goldene Cibola nur falsch verstanden haben.

New Mexicos Hauptstadt Santa Fe gibt sich unamerikanisch. Schon seit Jahren schreiben Baugesetze den Adobe-Baustil ebenso verbindlich vor wie eine maximale Höhe von vier Stockwerken. Sogar das ›Wahrzeichen Amerikas‹, McDonald's, mußte sich diesen Vorschriften beugen, weil der einzigartige Charakter der Stadtarchitektur erhalten werden soll. Zwar lassen sich Bausünden auch in Santa Fe aufspüren, aber man fand eine stadtplanerische Generallinie, um die ständig wachsende und sich ausbreitende Metropole nicht innerhalb einer Generation an den Durchschnittsgeschmack auszuliefern. Wahrscheinlich müssen die Traditionalisten im Baudezernat Santa Fes in den nächsten Jahrzehnten noch schwere Gefechte überstehen, wenn es darum geht, vor allem in den Außenbezirken der Stadt die Amerikanisierung der Architektur aufzuhalten. Die in Richtung Albuquerque führende Cerrillos Road, Santa Fes ›Motelmeile‹, sieht bereits so typisch amerikanisch aus wie jede Ausfallstraße der USA.

Die Einwohner der Metropole, die ihre Stadt im Bewußtsein ihrer Einmaligkeit gerne *The City Different* nennen, bilden ein besonderes Völkchen. Man gibt sich locker, aufgeschlossen, vorzugsweise ein bißchen extravagant, was auch in der Kleidung zum Ausdruck kommt. Man kennt sich, weil die Stadt ja schließlich nur etwa 50 000 Einwohner zählt, und man genießt offensichtlich das Flair, das sich am besten definieren läßt, wenn man den Kontrast von Hetze, Schnellebigkeit und unpersönlichem Umgang miteinander in anderen größeren Städten dagegenhält. So zeigen Einheimische auch wenig Neigung, sich, dem ›Naturgesetz‹ der mobilen amerikanischen Gesellschaft folgend, irgendwo anders niederzulassen. Allerdings haben sie auch den Vorteil, in einer Gemeinde zu wohnen, die als Verwaltungssitz viele staatliche Arbeitsplätze bietet. Das vom Tourismus angekurbelte Dienstleistungsgewerbe steht dem um fast nichts nach. Der Fremdenverkehr wurde über die Jahre hinweg zu einem wichtigen wirtschaftlichen Standbein.

Santa Fe hat eine bewegte, fast 400jährige Geschichte hinter sich. Seit es im Jahre 1610 unter dem Namen Villa Real de Santa Fe de San Francisco de Asis (Königsstadt des Heiligen Glaubens an den hl. Franz von Assisi) gegründet wurde, war es Hauptstadt New Mexicos unter vier verschiedenen Flaggen – der spanischen bis zum Jahre 1821, der mexikanischen bis zum Jahre 1846, der konföderierten für wenige Tage im

Galerie in der Canyon Road

Jahre 1862 und der amerikanischen. Die Geschichte des Siedlungsplatzes setzt jedoch nicht erst mit dem beginnenden 17. Jh. ein. Die Gegend war schon Jahrhunderte vor Ankunft der Weißen von Indianern bewohnt, die ihr Pueblo Ort der tanzenden Sonne nannten (s. S. 142).

Die indianische Vergangenheit lebt heute noch in den Pueblos um Santa Fe und deren Bewohnern fort. Indianische Bräuche haben sich in manchen Bereichen wie etwa der Architektur mit spanischer Tradition vermischt, ebenso wie der *way of life* vieler Anglos durch den Lebensstil der Chicanos beeinflußt ist. Obwohl es zwischen der indianischen, spanischen und amerikanischen Kultur in Santa Fe im Laufe der

Pueblo Ogapoge – Der Ort, an dem die Sonne tanzt

Als die Spanier im Jahre 1610 die heutige Hauptstadt New Mexicos, Santa Fe, gründeten, wußten sie nichts von der historischen Bedeutung der unbewohnten Gegend. Schon lange vor Ankunft des Christoph Kolumbus in der Neuen Welt im Jahre 1492 waren die Bewohner eines großen Pueblos, das jahrhundertelang am Flußufer des Santa Fe River gestanden hatte, weggezogen. Das Pueblo hieß Ogapoge, in der Sprache der Indianer ›der Ort, an dem die Sonne tanzt‹.

Etwa im 7. Jh. wurden die ersten Indianer in dieser Gegend seßhaft, die in *pit houses*, in den Boden eingelassenen, runden Erdhütten mit einfachen Dächern, wohnten. Ungefähr 300 Jahre später breitete sich Zug um Zug die Adobe-Bauweise aus, die auch heute noch das architektonische Bild Santa Fes prägt und deren Technik sich seit jener Zeit kaum veränderte.

Über steinernen Fundamenten errichteten die Frauen aus einem Gemisch von Lehm und Stroh etwa 45 cm dicke Mauern, während die Männer in den nahegelegenen Sangre de Cristo-Bergen Bäume schlugen und die Stämme ins Dorf schleppten, um daraus das tragfähige flache Dachgebälk zu bauen. Über diese heute *vigas* genannten Träger schichtete man dünneres Holz, *latillas*, ehe man den Boden mit dem gleichen Material wie die Mauern auslegte. Wahrscheinlich waren die Gebäude in Ogapoge im 12. und 13. Jh. mehrgeschossig, wie es archäologische und anthropologische Studien über das Pueblo Arroyo Hondo nahelegen, das sich im 14. Jh. etwa 5 Meilen südlich der heutigen Plaza von Santa Fe befand.

Ogapoges Einwohner lebten von Mais und einer ganzen Reihe unterschiedlicher Pflanzen, die heute auf keinem Küchenzettel mehr zu finden sind, wie z. B. der Palmlilie (Yucca) oder Kakteen. Zur Alltagsarbeit gehörte Spinnen, Weben und Jagen, und wenn die Feldfrüchte nicht zuviel Arbeit verlangten, gingen die Männer auch einer anderen wichtigen Tätigkeit nach – dem Bergbau. Mit einfachen Steinäxten und Hämmern machten sie sich auf die Suche nach Blei, Malachit, vor allem aber nach Türkisen am heutigen Turquoise Mountain südlich von Santa Fe auf dem ›Pfad der Türkise‹ bei Cerrillos. Reine Männerangelegenheit waren auch die Rituale in den unterirdischen Kivas, Zeremonialräumen, die zum Teil auch für andere Zwecke genutzt wurden.

Zu seiner Blütezeit pflegte das Pueblo ebenso wie benachbarte Siedlungen Handelsbeziehungen mit den damaligen Bewohnern der *cliff dwellings* von Mesa Verde in Colorado und den Plains-Indianern, bei denen sie ihre Töpferwaren gegen Büffelfleisch eintauschten. Eine ausreichende Ernährung war für die Bewohner von Ogapoge wie für viele ihrer Blutsbrüder im Südwesten selten gewährleistet. Wissenschaftliche Untersuchungen ergaben, daß Mangelernährung bei vielen Indianern ein chronisches Problem war, das sich vor allem auf Kinder verhängnisvoll auswirkte. Man schätzt, daß von zehn Kindern im Pueblo Ogapoge sechs starben, bevor sie das Pubertätsalter erreicht hatten. Diese gravierende Situation dürfte letztlich auch zum Niedergang des ganzen Dorfes beigetragen haben.

Die zeitweise karge Nahrung veranlaßte die Indianer, ihre Umwelt immer stärker in Anspruch zu nehmen, die Jagd zu intensivieren und mehr Bäume für Bauten und als Brennholz zu schlagen. Auf diese Weise brachten sie vermutlich das ökologische Gleichgewicht ihres Lebensraums aus der Balance. Als zwischen 1276 und 1299 zudem eine Dürreperiode das Pueblo heimsuchte und den Hunger zum ständigen Gast machte, gaben die Indianer ihre Seßhaftigkeit zeitweise auf, um in fruchtbarere Gegenden zu ziehen. Häufig weigerten sich die Ältesten einer Gemeinschaft in solchen Notzeiten, Nahrung zu sich zu nehmen, bis sie starben. Baumringanalysen belegen, daß Ogapoge zwischen 1415 und 1425 die schlimmste Trockenzeit seit 1000 Jahren erlebte und die dort lebenden Menschen in andere Gebiete abwanderten. Santa Fes ersten Einwohnern war ein trauriges Schicksal beschieden.

Indianermarkt vor dem Palast der Gouverneure

Legenden zum Farbteil

3

5

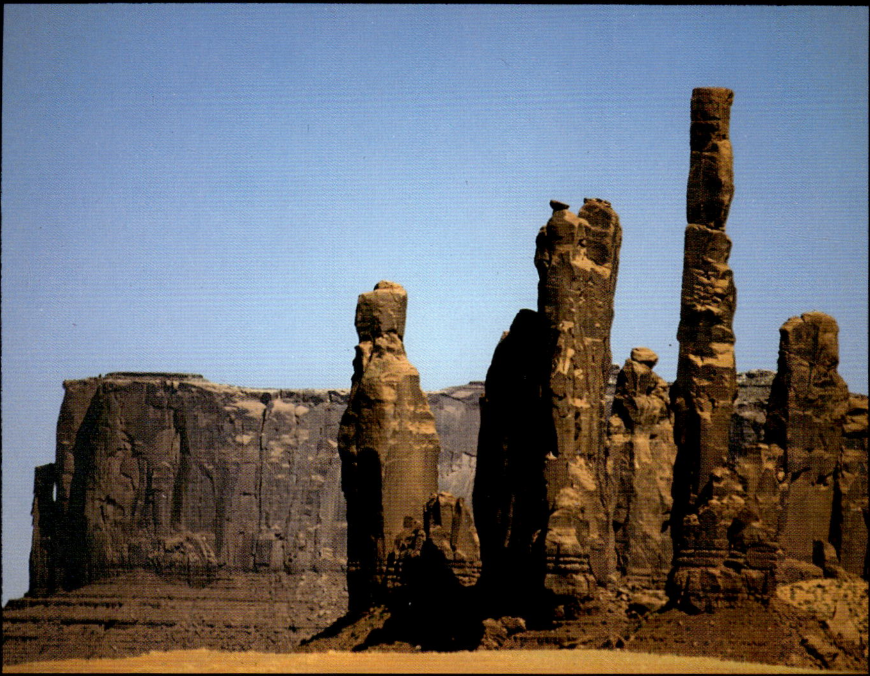

4

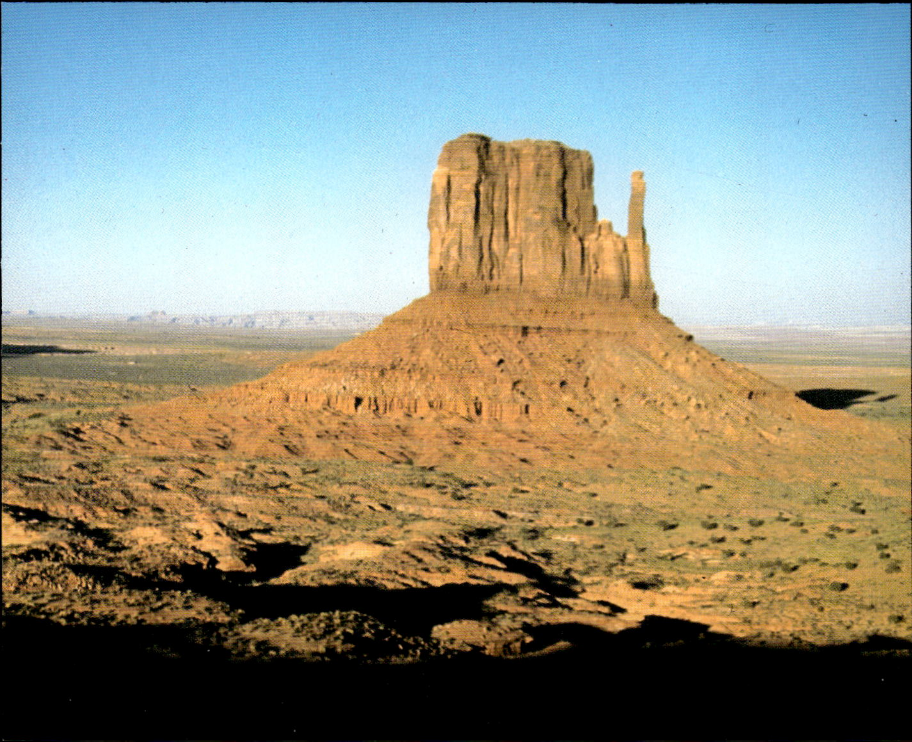

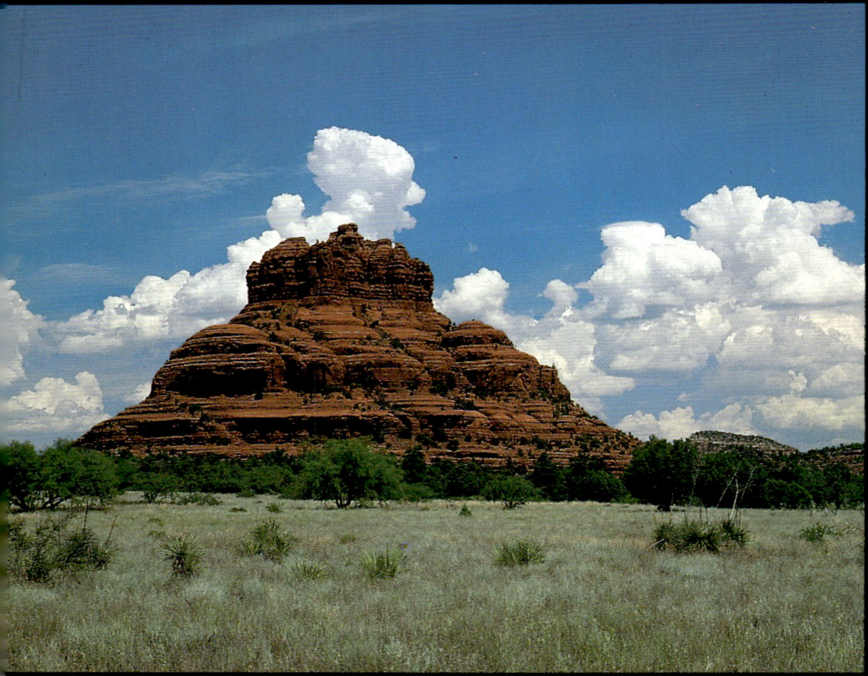

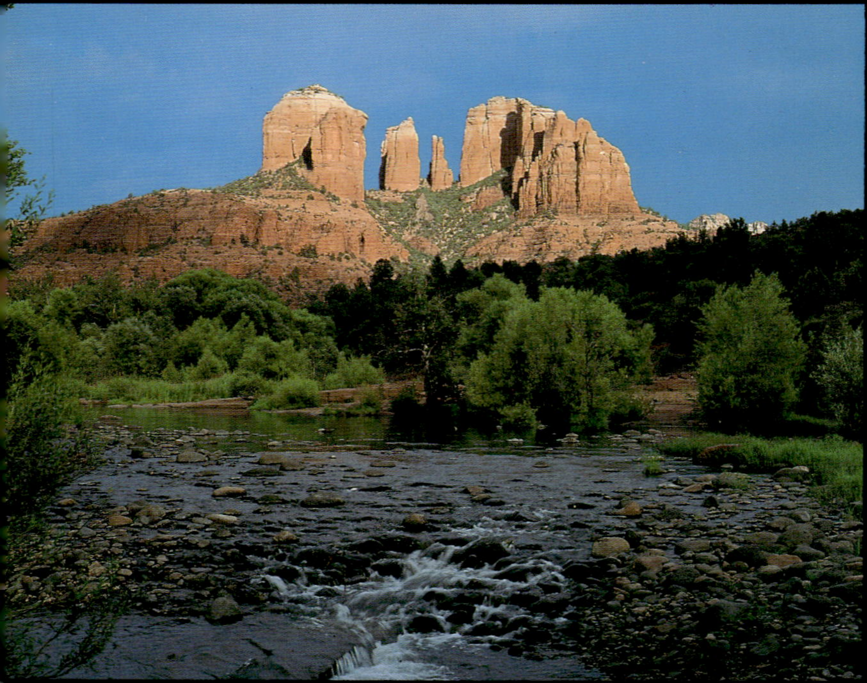

8

9

15

16

17

18

19

21

20

22

24

25

26

27

28

29

30

31

34

35

36

37

Zeit subtile Angleichungen gab, wurde die Stadt kein Schmelztiegel – ethnische und kulturelle Unterschiede sind auch nach Jahrhunderten des Zusammenlebens auf relativ engem Raum noch deutlich sichtbar.

Aus der Gründungszeit Santa Fes steht nur noch ein Gebäude, der Palast der Gouverneure, ein wehrhaftes Adobe-Fort, das unterschiedlichen Zwecken diente, vor allem aber Sitz diverser Territorialverwaltungen war. Der spanische Gouverneur Pedro de Peralta ließ die Anlage im Jahre 1610 errichten, heute ist dies das älteste ständig benutzte öffentliche Gebäude der USA.

Während der Pueblo-Revolte im Jahre 1680, die von den Indianern auch als erste Revolution Amerikas bezeichnet wird, flüchteten sich über 1000 Einwohner Santa Fes in die Mauern des Palastes und verteidigten sich fünf Tage lang gegen die rebellierenden Indianer, die fast die ganze Stadt niederbrannten. Als die vertriebenen spanischen Kolonisten zwölf Jahre später zurückkehrten, mußten sie Santa Fe völlig neu aufbauen. Außer den mächtigen Mauern des Gouverneurspalastes hatten nur Teile der Mission San Miguel den von Pueblos entfachten Feuersturm überstanden. Die geschwungenen Fassaden im Pueblo-Stil, die verschwiegenen Innenhöfe und die Dachgärten Santa Fes, die heute die charmante, mediterrane Atmosphäre der Stadt ausmachen, entstanden viel später.

New Mexicos Hauptstadt ist ein Ort für Fußgänger. *Downtown* Santa Fe läßt sich bequem per pedes erkunden, weil die Entfernungen gering sind und man höchstens in der Canyon Road ein Stück bergan gehen muß. Als Ausgangspunkt für einen Rundgang bietet sich die *Plaza* (1) im Zentrum an, der Schnittpunkt des modernen und des historischen Santa Fe. Auf der Nordseite liegt der *Palast der Gouverneure* (2), vor dem jeden Tag Pueblo-Indianer ihre Waren verkaufen, was übrigens kein sporadischer Straßenhandel ist, sondern ein durch staatliches Gesetz geregeltes Gewerbe. Zwischen 1878 und 1881 vollendete Gouverneur Lew Wallace seinen Roman »Ben Hur« in diesem sehenswerten Adobe-Gebäude. Im Jahre 1909 wurde dort ein Museum zur Geschichte New Mexicos eingerichtet mit historischem Mobiliar, Kleidern und Haushaltsgegenständen, einer Sammlung von Büchern und über 120 000 Photos aus den vergangenen eineinhalb Jahrhunderten, Zeitungen, Karten und Dokumenten zur Geschichte New Mexicos. Im Innenhof, wo der spanische König Juan Carlos bei seinem Besuch im Jahre 1987 einen Baum pflanzte, findet jeweils im August das Mountain Man-Rendezvous statt, eine Veranstaltung, die an die einst häufigen Treffen zwischen Händlern und Fallenstellern in den Bergen erinnert.

Seit den Zeiten der Trapper und Pelzjäger hat sich die Plaza stark verändert. Vor 150 Jahren stiegen dort die Planwagenfahrer nach einer 1000-Meilen-Reise über den berühmten *Santa Fe Trail* vom Kutschbock und wankten auf steifen Beinen in eine der zahlreichen Bars. Heute haben sich die verrauchten Saloons in Souvenirläden, Boutiquen und Galerien verwandelt, die einem wachsenden Touristenstrom dienen.

Über die San Francisco Street erreicht man östlich der Plaza die *St Francis-Kathedrale* (3, s. Farbabb. 16), deren romanischer Baustil in der Pueblo-Architektur der Stadt wie ein Fremdkörper wirkt. Die dem hl. Franz von Assisi geweihte Kirche wurde im Jahre 1869 unter dem ersten Erzbischof der Stadt, Jean Baptiste Lamy, erbaut und in den 80er Jahren des 20. Jh. restauriert.

Auf der nordöstlichen Seite steht die Adobe-Kapelle Our Lady of the Rosery, in der die älteste Madonnenstatue der Vereinigten Staaten aufbewahrt wird. Don Diego de Vargas brachte die Figur La Conquistadora im Jahre 1692 nach Santa Fe. Auf der Nordseite des Parks, der die Kirche umgibt, liegt *Sena Plaza* (4), eine im Jahre 1831 erbaute Privatresidenz, die als typisches Beispiel neu-mexikanischer Architektur des 19. Jh. gilt und der Öffentlichkeit zugänglich ist.

Den ersten Nonnen der Stadt, die im September 1852 ankamen, ist die südöstlich der Plaza am *Old Santa Fe Trail* gelegene *Loretto Chapel* (5) geweiht. Die Kapelle wurde im Jahre 1873 von denselben französischen und italienischen Steinmetzen errichtet, die auch die St Francis-Kirche gebaut hatten. Eine Legende besagt, daß die Wendeltreppe im Innern der Kapelle aus Holz angefertigt wurde, das es in Amerika nicht gibt und daß der Erbauer des Meisterwerks aus Santa Fe verschwand, bevor man ihn für seine Arbeit bezahlen konnte.

Weiter stadtauswärts überquert der *Old Santa Fe Trail* den Santa Fe River, an dessen Ufer fliegende Händler ihre Touristenware verkaufen. Jenseits des Flusses steht das ›*Älteste Haus der USA*‹ (6), in dem heute ein Souvenirladen eingerichtet ist. Nach Baumringanalysen der hölzernen Dachstützen wurde das Gebäude auf die Jahre 1740–50 datiert. Man vermutet jedoch, daß die Fundamente von Pueblo-Indianern schon im 13. Jh. gelegt wurden. Gleich gegenüber befindet sich die Missionskirche *San Miguel* (7), die von Tlaxcala-Indianern in Diensten der spanischen Missionare noch vor der Pueblo-Revolte errichtet wurde, durch den Indianeraufstand aber so starke Beschädigungen erlitt, daß sie beim Wiederaufbau im Jahre 1710 ein völlig neues Äußeres erhielt.

Vom *Old Santa Fe Trail* kann man bei der Mission auf der De Vargas Street in Richtung Osten abbiegen, um die bekannte ›Straße der Kunstgalerien‹, die *Canyon*

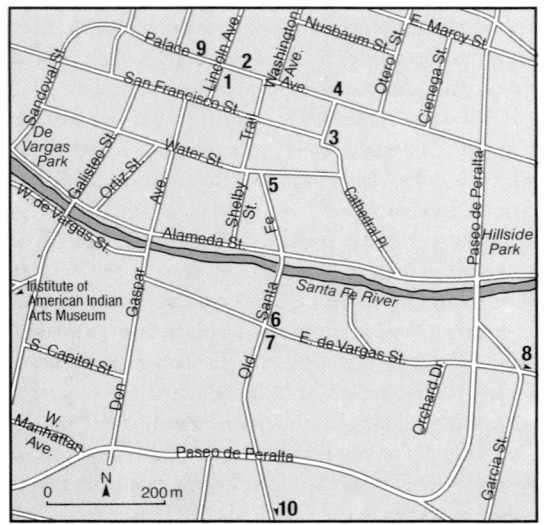

Santa Fe
1 Plaza
2 Palast der Gouverneure
3 St Francis-Kathedrale
4 Sena Plaza
5 Loretto Chapel
6 ›Ältestes Haus der USA‹
7 Mission San Miguel
8 Zur Canyon Road und
   Christo Rey-Kirche
9 Museum of Fine Arts
10 Zum Museum of
    International Folk Art,
    Museum of Indian Arts
    and Culture und Wheel-
    right Museum of the
    American Indian

Blick über die East San Francisco Street auf die St Francis Cathedral

Road (8), zu besichtigen. Vor Jahrhunderten war die schmale, heute streckenweise nur in einer Richtung befahrbare Straße ein Indianerpfad, der die Verbindung mit den im Osten liegenden Pecos-Pueblos herstellte. Spanische Siedler ließen sich seit Anfang des 18. Jh. entlang dem Santa Fe River nieder und bauten ihre Adobe-Wohnungen um einen Innenhof, so wie auch heute noch zahlreiche ältere Anwesen aussehen. Das Juan José Prada-Haus (519 Canyon Road) wurde bereits im Jahre 1768 errichtet und später erweitert; der Bau des Borrega House (724 Canyon Road) begann sogar schon im Jahre 1753. Die heutige Fassade stammt allerdings aus dem 19. Jh.

Seit dem frühen 20. Jh. verwandelte sich die kurvige Canyon Road immer mehr zu einem malerischen und romantischen Refugium für Kunstschaffende. Im Jahre 1916 kam der an der Ostküste bereits bekannte Künstler William P. Hendersch mit seiner Frau, der Dichterin Alice Corbin, nach Santa Fe. Die beiden ließen sich am Camino del Monte Sol, einer nach Süden abbiegenden Nebenstraße nieder, und waren sozusagen die Vorhut einer sich nach und nach etablierenden Künstlerszene, zu deren ›Gründungsmitgliedern‹ Schriftsteller wie Mary Austin und Willa Cather, Poeten wie Witten Bynner und der Malerkreis *Cinco Pintores* (Fünf Maler) zählten.

Heute drängen sich Galerien und Ateliers, Antiquitätengeschäfte und Schmuckstudios, Töpferwerkstätten und Photoausstellungen in der Canyon Road aneinander und bilden die größte Künstlerkolonie New Mexicos, in der die Lebensart der Bohemiens noch ebenso zeitgemäß zu sein scheint wie Anfang des 20. Jh. Die recht hohen

Mieten sorgten in den letzten Jahren für eine spürbare Abwanderung. Weniger bekannte oder junge Künstler müssen sich notgedrungen häufig in anderen Stadtgebieten Santa Fes niederlassen.

An der östlichen Canyon Road liegt auf Höhe des Canyon Road Park die im Jahre 1940 im spanischen Missionsstil erbaute Kirche Cristo Rey, die an das 400. Jubiläum der Coronado-Expedition erinnern sollte. Der in dieser Kirche befindliche *reredo*, ein aus Stein herausgeschlagener Altarschrein, wurde im Jahre 1760 in Auftrag gegeben und stand ursprünglich in einer heute nicht mehr existierenden Kapelle auf der Plaza. Er zählte zu den berühmtesten Stücken spanischer Kolonialkunst und diente vielen anderen Altarschreinen in New Mexico als Modell.

Als künstlerisches und kulturelles Zentrum besitzt Santa Fe eine Reihe sehenswerter Museen, die einen Einblick in die schillernde Vergangenheit New Mexicos und seiner alten Metropole geben. Unter dem Begriff *State Museum System* sind fast ein Dutzend Museen des Landes zusammengefaßt, von denen sich vier in der Hauptstadt befinden (alle sind tägl. von 10–16.45 Uhr, außer montags während der Wintersaison geöffnet). Zu diesen Häusern zählt neben dem Palast der Gouverneure das 1917 im Pueblo-Stil erbaute *Museum of Fine Arts* (9, westlich der Plaza gegenüber dem Gouverneurspalast), das heute rund 3000 Kunstwerke vornehmlich aus dem Südwesten zeigt. Das *Museum of International Folk Art* (10) sowie das *Museum of Indian Arts and Culture* liegen am Camino Lejo etwa zwei Meilen südlich der Plaza. Das erstgenannte Museum zeigt Exponate der Volkskunst aus über 100 Ländern der Erde, das zweite wurde als Santa Fes jüngstes Museum erst im Sommer 1987 eröffnet. Sein Schwerpunkt liegt auf den Indianerkulturen des Südwestens. In der Nachbarschaft des Volkskunstmuseums kann man das *Wheelwright Museum of the American Indian* besuchen (geöffnet: Mo–Sa 10–16.45, So 13–16.45 Uhr), das im Jahre 1937 aus einer Privatinitiative entstand und sich vor allem mit der Kultur der Navajo beschäftigt.

Das im Adobe-Stil errichtete Museum of Fine Arts

DER SANTA FE TRAIL

Die Szene war jedesmal gleich. In einer Staubwolke kamen die ersten Planwagen unter dem Gejohle der Yankee-Händler auf die Plaza gefahren. Ganz Santa Fe war an solchen Tagen auf den Beinen, um die Ankunft der Trecks nach einer langen und knochenharten Reise durch feindliches Indianergebiet und über endlose Prärien mitzuerleben. Im Knallen der Peitschen und Knirschen der zwei Meter hohen, eisenbeschlagenen Wagenräder stobten die Hühner auseinander und verdrückten sich die herrenlosen Straßenhunde in einen weniger betriebsamen Teil der Stadt. Je mehr sich die Plaza mit den Wagengespannen zu füllen begann, desto voller wurden auch die angrenzenden Cantinas, in denen mancher ausgelaugte Trecker mit einer der Señoritas ein Fandango-Tänzchen wagte, noch ehe er in die Wanne stieg, um 1000 Meilen Staub und Schweiß aus den Poren zu waschen.

So ähnlich schilderten Zeitgenossen die hektische Betriebsamkeit der damals mexikanischen Stadt Santa Fe am Ende des legendären *Santa Fe Trail*. Zwischen 1821 und 1879 war diese Route die wichtigste und befahrenste Handelsverbindung zwischen dem US-Bundesstaat Missouri an der Grenze zum unbekannten Indianerterritorium und dem späteren Südwesten der USA. Händler und Missionare, Abenteurer und Indianerkämpfer, Soldaten und Entdecker zogen über diesen *Trail* im Zuge einer Westwärtsbewegung, die der Expansionspolitik Washingtons in den 30er und 40er Jahren des 19. Jh. Vorschub leisten sollte.

Das Jahr 1821 war ein entscheidendes Datum: Mit seiner Unabhängigkeit schüttelte Mexiko die spanische Herrschaft ab und nahm gleichzeitig Abschied von der protektionistischen Politik Spaniens über das Gebiet des heutigen New Mexico, das rund 200 Jahre lang nach außen abgeschottet worden war. Die neuen Landesherren gaben einer offenen Handelspolitik den Vorzug, was sich ein gewisser William Becknell zunutze machte. Im Spätsommer des Jahres 1821 erfuhr er auf einer Handelsreise zu den Indianern in den Rocky Mountains von einigen Mexikanern, welch großer Bedarf im Südwesten an industriell gefertigten Waren bestand. Am 1. 9. 1821 verließ er mit einem 20 Mann starken Treck seine Heimat Arrow Rock in Missouri, am 16. 11. 1821 kam er in Santa Fe an, wo der Händlerkarawane nach einem herzlichen Willkommen die Waren fast aus den Händen gerissen wurden. Becknell und seine Leute hatten mit ihrem gewinnträchtigen Unternehmen, das am Beginn eines 60jährigen Handelsaustausches über eine wichtige Verkehrsverbindung durch den unbekannten Westen stand, Geschichte geschrieben. Becknell gilt heute als ›Vater‹ des *Santa Fe Trail*.

Die Handelsroute führte von Independence (heute der östliche Teil von Kansas City) quer durch Kansas, um sich im Südwesten des Bundesstaates in zwei Wege zu gabeln. Die Südroute, die sogenannte Cimarron-Abkürzung, verlief in südwestlicher Richtung durch Oklahoma nach New Mexico. Die nördliche Bergroute gelangte bei Raton auf das Gebiet New Mexicos und war wegen des Geländes schwieriger zu fahren. Doch gab es dort mehr Wasserstellen, und die Gefahr, von Indianern überfallen zu werden, war bei weitem nicht so groß wie auf der Südroute. Beide Strecken vereinigten sich im heutigen Watrous an der I-25 nur wenige Meilen von Fort Union entfernt. Der zwischen 1851 und 1891 besetzte Militärstützpunkt galt als bedeutendster und größter Armeeposten im amerikanischen Westen. Von Fort Union wurden auch andere kleinere Forts versorgt. Die dort stationierten Soldaten hatten vornehmlich die Aufgabe, den *Santa Fe Trail* während des Bürgerkriegs 1861–65 vor den Konföderierten in Texas sowie vor den Jicarilla-Apachen und den Ute-Indianern zu schützen. Von Watrous verlief der Trail entlang der heutigen I-25.

Las Vegas entstand als Rastplatz der Handelstrecks und prosperierte schnell mit dem zunehmenden Warenaufkommen, das über den *Santa Fe Trail* ging. Ende der 60er Jahre des 19. Jh. kamen jährlich etwa 5000 Wagen, jeder davon mit rund zwei Tonnen Handelsgütern beladen, durch den Ort. Bereits im Jahre 1846 hatte General Kearny in Las Vegas die Annexion des Territoriums New Mexico durch die USA bekanntgegeben. Als der Ort 1879 dann auch noch Eisenbahnstation wurde, stand

Der Santa Fe Trail

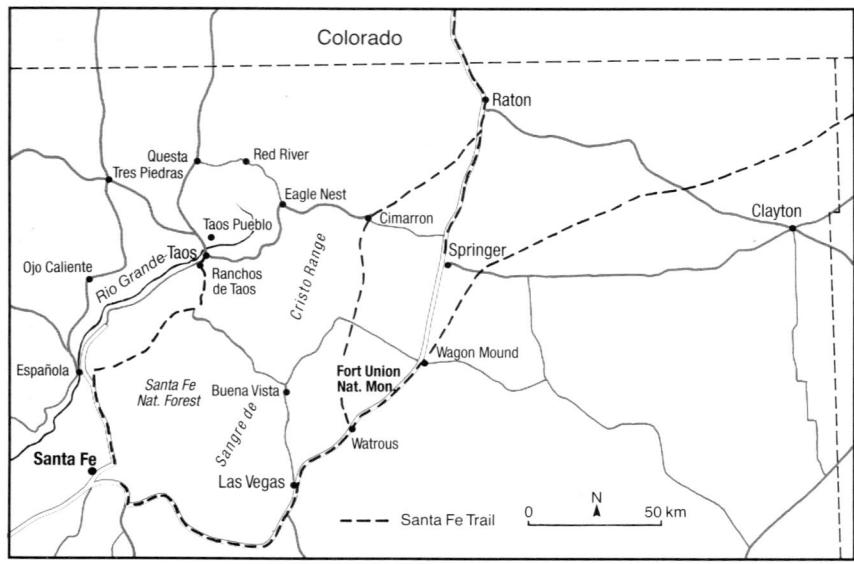

seiner Entwicklung nichts mehr im Wege. Las Vegas war die größte und wichtigste Stadt in New Mexico. Einige Häuser aus der Zeit um die Jahrhundertwende zeugen noch heute von diesem Wohlstand.

Die Gebirgsroute des *Santa Fe Trail* führte an der Grenze zwischen Colorado und New Mexico über den 2387 m hohen Raton Paß, was viele Händler davon abhielt, diese Strecke zu wählen. Erst seit 1866 war die Bergstraße besser befahrbar, nachdem Richens L. Wooten, den die Santa Fe-Händler Uncle Dick nannten, sie zu einer Mautstraße ausgebaut hatte. Südlich von Raton folgte die Route etwa der heutigen Straße 64 bis nach Cimarron, was auf Spanisch soviel wie ›wild‹ bedeutet. Nicht zu unrecht, denn durch diesen Ort zog nicht nur die Händlerkarawane, sondern auch die Wildwest-Prominenz vom Schlage eines Pat Garrett, Wyatt Earp, Jesse James und Bob Masterson. Wo diese Leute auftauchten, wurde die Luft meist sehr schnell bleihaltig. Beweis dafür ist das zwischen 1873 und 1880 erbaute St James Hotel, das damals Don Diego Tavern hieß. Es gehörte dem Franzosen Henry Lambert, der unter Präsident Lincoln Chefkoch im Weißen Haus war, seine Karriere aber an den Nagel hängte, um Goldsucher zu werden. Das Hotel wurde vor einigen Jahren zwar komplett renoviert, besitzt aber immer noch einen großen Teil der originalen Innenausstattung – inklusive 21 Schußlöcher in der Decke der Bar. Der *Santa Fe Trail* führte in südlicher Richtung aus dem Ort, wo heute die Straße 21 verläuft. Die an der Straße liegende Philmont Scout Ranch zeigt, daß die Zeiten friedlicher wurden. Vor rund 50 Jahren stiftete der Ölmagnat Waite Philips über 50000 ha Land den *Boy Scouts of America*, die dort Lager für Pfadfinder aus aller Welt veranstalten.

Die Geschichte des *Santa Fe Trail* endete im Jahre 1879 recht abrupt, als New Mexico Teil des transkontinentalen Eisenbahnnetzes wurde. Das ›Eiserne Pferd‹ transportierte Waren viel schneller und verläßlicher als Ochsengespanne, die für die Gesamtstrecke zwischen Independence und Santa Fe rund 50 Tage benötigten. Und doch geriet der alte Handelspfad nicht in Vergessenheit. Im Gegenteil, seit 1989 sind unter Federführung des *National Park Service* Historiker und Archäologen, Kartographen und Planer mit einer ›Bestandsaufnahme‹ entlang des *Santa Fe Trail* beschäftigt, um die historische Verbindung und ihre wichtigen Stationen in einem touristischen Gesamtkonzept zu erfassen. Man denkt an die Einrichtung von Parks, Museen, Wanderwegen, Hotels und Campingplätzen, um interessierten Besuchern einen Zugang zum *Santa Fe Trail* auf seiner ganzen Länge zu schaffen und der Nachwelt so ein lebendiges Stück amerikanischer Geschichte zu erhalten. Informationen über den *Trail* sind über folgende Adresse zu beziehen: Santa Fe Trail Association, Rural Route 3, Larned, KS 67550.

◁ Treck auf dem Santa Fe Trail im 19. Jh.

Die Straße

Von Albuquerque bis nach Santa Fe

der Türkise

Wer mit dem Auto von Albuquerque nach Santa Fe fährt, kann die Distanz von knapp 70 Meilen über zweierlei Routen zurücklegen. Eiligen bietet sich der Interstate Highway 25 an, der *Pan American Freeway*, der in Nord-Süd-Richtung mitten durch Albuquerque führt und etwa 4 Meilen südlich von Santa Fe nach Osten abbiegt. Wer Zeit hat, schöne Landschaften genießen will und sich für das beschauliche Leben in Beinahe-Geisterstädten interessiert, sollte den *Turquoise Trail*, die Straße der Türkise, wählen, die auf der Ostseite der Sandia Mountains nach Norden verläuft. Der Name dieser abwechslungsreichen Route erinnert an vergangene Tage. Bei Cerrillos bauten bereits in präkolumbianischer Zeit Indianer die blaugrünen Türkise ab, die auch heute noch im Südwesten zu den begehrtesten Schmucksteinen zählen.

Erstes Etappenziel auf der Straße der Türkise sind die Sandia Mountains, die von den Spaniern wegen der rosaroten Färbung im Abendlicht als Wassermelonenberge bezeichnet wurden. In Albuquerque fährt man über die Central Avenue bis zum Anschluß an die I-40. Folgt man von dort in nördlicher Richtung dem Tramway Boulevard, gelangt man zur längsten Seilbahn der Welt, die zum 3157 m hohen Sandia Peak führt (in Betrieb während der Sommersaison tägl. von 9–22 Uhr, im Winter verkürzte Betriebszeiten).

Um auf die Straße der Türkise zu kommen, hält man sich auf der I-40 in östlicher Richtung und biegt beim Tijeras-Cedar Crest Exit Nr. 175 auf den *Turquoise Trail* (Straße 14) ab. Eine weitere Abzweigung folgt nach wenigen Meilen in San Antonio, von wo die Seitenstraße 44 durch die vor allem im Herbst schön gefärbten Bergwälder des *Cibola National Forest* zum höchsten Gipfel der Sandia Mountains, Sandia Crest (3255 m), führt. Zwischen Oktober und April ist diese Strecke geschlossen. Vom Aussichtsplateau überblickt man bei klarem Wetter mehr als 20000 km^2 Land. Albuquerque liegt, einer Spielzeugstadt gleich, über 1500 m tiefer in der Ebene des Rio Grande.

Während in der Stadt jährlich weniger als 250 mm Regen fallen, beträgt die Niederschlagsmenge in den Bergen etwa das Vierfache – die *Sandia Peak Ski Area* ist im Winter ein beliebtes Sportgebiet. Von Sandia Crest kann man zu Fuß zum etwa 2 km entfernten Sandia Peak gehen. Informationen über andere Wanderwege in den Bergen gibt es im Sandia Crest House Restaurant.

Türkise

Muscheln, Korallen, Goldnuggets, Jett, Perlmutt, Elfenbein, Opal, Lapislazuli, Diamanten sowie andere wertvolle und schöne Materialien aus aller Welt werden heutzutage bei der Schmuckherstellung im Südwesten der USA von indianischen Kunsthandwerkern verwendet. Der während der letzten 100 Jahre aber am häufigsten verarbeitete und heute immer noch beliebteste Stein ist ohne Zweifel der Türkis. Amerikas ersten Einwohnern als *Chalchihuitl* bekannt, wurde der Türkis bereits von den Anasazi zu dekorativen Zwecken aus weit entfernten Minen ›importiert‹, wie etwa im Chaco Canyon gefundene Artefakte zeigen. Doch dauerte es bis zum Ende des 19. Jh., ehe der Stein unter den Silberschmieden der Navajo sehr populär und in der Folgezeit auch von anderen Indianern zur Schmuckherstellung übernommen wurde.

Über die Herkunft des Begriffes ›Türkis‹ gibt es zwei Versionen. Einerseits wird behauptet, der Name habe sich herausgebildet, weil die alten Handelswege des Steins durch die Türkei führten. Andere leiten die Bezeichnung vom persischen Wort *Piruzeh* ab. Chemisch setzt der Türkis sich aus etwa 9,8 % Kupferoxid, 37,6 % Aluminiumoxid, 34,9 % Phosphorpentoxid und 17,7 % Wasser zusammen. Er entsteht durch die Verwitterung von aluminium-phoshorhaltigem Gestein in der Nachbarschaft von Kupfererzlagerstätten und füllt kleine Hohlräume und Spalten in Kiesel- und Tonschiefern sowie Sandsteinen aus.

Türkismaterial ist häufig bröckelig und deshalb druckempfindlich, was die Bearbeitung erschwert. Typisch ist der wachsartige Glanz, der durch Polieren verstärkt werden kann, sowie die Undurchsichtigkeit. Türkis existiert in vielen Farbabstufungen zwischen Grün und Blau; es ist eine Frage des persönlichen Geschmacks bzw. der augenblicklichen Mode, welcher Farbton bei einem Schmuckstück bevorzugt wird. Das Europa der Biedermeierzeit erwärmte sich beispielsweise für helles Himmelblau.

Unter dem Einfluß von Licht, Schweiß, chemischen Stoffen und Kosmetika kann sich seine Farbe verändern, beim Händewaschen sollte man daher Ringe und Armbänder abstreifen. Auch unter Hitzeeinwirkung, die bei der Schmuckherstellung durch Löten und andere Techniken entstehen kann, verwandelt sich ein hellblauer Türkis in unansehnliches Grün. Andere Farbtöne entstehen, wenn die Steine austrocknen.

Die Farblabilität führte dazu, daß nachlassender Färbung zum Teil etwa mit Kupfersalzen oder Anilinfarben entgegengewirkt wird. Solche ›Kunstgriffe‹ sind jedoch relativ leicht zu durchschauen, weil die Nachfärbung nur in einer dünnen Schicht auf der Oberfläche des Steins sitzt und abgekratzt werden kann. Synthetisch läßt sich Türkis nicht herstellen, jedoch gibt es im Labor fabrizierte Nachahmungen z. B. aus pulverisiertem Malachit, Aluminiumhydroxyd und Phosphorsäure, die unter hohem Druck bei 100 °C zusammengepreßt werden. Verwechslungen können mit türkisähnlichen Mineralien wie Odontolith, Variszit, Amazonit oder Serpentin vorkommen.

Im Gegensatz zu Imitationen behält der echte Türkis bei künstlichem Licht jedoch seine Originalfarbe. Beliebte Steine sind jene, die man als Türkismatrix bezeichnet und die eine feine, braune bis schwarze Äderung aufweisen, welche sich von der Grundfarbe deutlich abhebt. Diese Äderchen entstehen, indem dünne Haarrisse im Türkismaterial mit Eisenhydroxyd und wasserhaltigen Manganoxyden ausgefüllt werden.

In New Mexico gibt es vier Fundstätten für Türkise: bei Cerillos an der Straße der Türkise, in den Burro Mountains, bei Eureka (Grand County) und in den Jarilla Mountains (Otero County). Große Bedeutung haben im 20. Jh. auch die Lagerstätten im Mohave County in Arizona sowie die Minen für Türkismatrixe in Nevada gewonnen. Außerhalb der USA sind bekannte Türkisgebiete die iranische Provinz Chorassan, die Sinai-Halbinsel, Mexiko, Guatemala, Argentinien, China, Tibet, Turkestan und die australischen Staaten Neusüdwales, Victoria und Queensland.

Zurück auf der Straße 14, erreicht man 12 Meilen nördlich von San Antonio das Dorf **Golden,** wo im Jahre 1826 das erste Gold westlich des Mississippi entdeckt wurde. Großstadtmüde haben sich in diesen Flecken zurückgezogen, der ungestörtes Landleben erlaubt, wie auch das nördlicher gelegene **Madrid.** Während der ersten Hälfte des 20. Jh. war der Ort eine respektable Bergbaustadt mit mehreren Tausend Einwohnern. Als 1952 die Eisenbahnen in New Mexico auf Diesel umstellten, gab es für Kohle aus Madrid keine Verwendung mehr. Das Städtchen zerfiel langsam zur *ghost town,* ehe in den 70er Jahren die ersten Aussteiger und Künstler in die leerstehenden Häuser der früheren Bergarbeiter einzogen. Zahlreiche Wohnungen wurden inzwischen renoviert, so daß Madrid heute wieder einen belebten Eindruck macht. Die neuen Einwohner entdeckten schon vor einigen Jahren den Tourismus und richteten um die alten Gebäude der Bergbaugesellschaft sowie die Kohlemine ein Museum ein, eröffneten ein uriges Restaurant und ein paar Läden für Töpfereien, exotische Kleider und viel Krimskrams. An Sommerwochenenden erwacht Madrid häufig aus seinem Dornröschenschlaf, wenn Bluegrass- und Westernmusik durch die Dorfstraßen hallt, der Geruch von gebratenen Steaks aus den Restaurants dringt und die Laienschauspieler im

Engin House Theatre beim unvermeidlichen Western-Melodrama in rauhen Mengen das Zeitliche segnen.

Der letzte Ort auf dem *Turquoise Trail,* **Cerillos,** liegt etwa eine Meile abseits der Autostraße. Ebenso wie Madrid hat auch Cerrillos eine Vergangenheit als Bergbaustadt, die jedoch mehrere Jahrhunderte zurückreicht. Schon lange bevor sich die spanischen Konquistadoren an die Eroberung und Kolonisierung New Mexicos machten, brachen in den nahegelegenen Bergen die Vorväter der heutigen Pueblo-Indianer mit primitiven Steinwerkzeugen Türkise aus den inzwischen leergeräumten Bergstollen.

In den 80er Jahren des 19. Jh. zogen Gold- und Silberfunde Prospektoren aus vielen Teilen Amerikas nach Cerrillos, was der Stadt einen derartigen wirtschaftlichen Auftrieb gab, daß sie eine Zeitlang als Hauptstadt des Territoriums New Mexico im Gespräch war. Inzwischen ist mehr als ein halbes Jahrhundert vergangen, seitdem die letzten Türkise gefunden und die letzten wertvollen Erze abgebaut wurden.

Von den sieben Zeitungen, die früher in dicken Balkenüberschriften über Glück und Leid der Schürfer berichteten, existiert keine mehr. In Cerrillos hat aber eine ganze Reihe alter Ziegelgebäude die wirtschaftliche Talfahrt überlebt, sie verleihen dem Ort die Atmosphäre einer idyllischen Westernstadt im Schatten riesiger Baumwollbäume. Kein Wunder, daß die imposanten Gebäude aus der Zeit der Jahrhundertwende, die dekorierten Fassaden und die hölzernen Gehsteige für Film- und Fernsehmacher eine beliebte Kulisse waren – in rund einem Dutzend Filmen diente Cerrillos als Schauplatz. Heute ›verirren‹ sich nur wenige Touristen dorthin, so daß der Besitzer des What-Not Shop inmitten von alten Möbeln und zerfledderten Zeitungen, Hügeln von seltsamen Gesteinsbrocken mit Türkisspuren und verrostetem Werkzeug ein recht geruhsames Leben führen kann.

Am westlichen Ortsende befindet sich ein zweiter Gerümpelladen, der u. a. auf alte Flaschen aller nur erdenklichen Formen spezialisiert ist. Im ›Zoo‹ nebenan halten Schafe ihren Mittagsschlaf, scharren Truthennen und Pfaue im Sand oder meckert eine Ziege über mangelnden Auslauf.

Setzt man die Fahrt auf der Straße 14 Richtung Norden fort, erreicht man südlich von Santa Fe den Interstate Highway 25, über den man nach Albuquerque zurückfahren kann. Vom Highway-Anschluß führt die Cerrillos Road, an der zahlreiche Motels liegen, direkt in die Hauptstadt New Mexicos hinein. Informationen über den *Turquoise Trail* gibt es bei Turquoise Trail Association, P.O. Box 693, Albuquerque, NM 87103.

Laden in Golden an der Straße der Türkise

Die Stadt, die ein   verlor

ᴧᴦ

Mit rund 465 000 Einwohnern ist Albuquerque bei weitem die größte Stadt New Mexicos und zugleich das geographische, finanzielle, industrielle und infrastrukturelle Zentrum des Staates. Wer aus dem Ausland in diesen Teil des amerikanischen Südwestens kommt, landet in der Regel mit dem Flugzeug auf dem International Airport von Albuquerque, der größenmäßig nicht einmal mit manchem amerikanischen Provinzflughafen konkurrieren kann, obwohl er der einzige internationale Flughafen des Staates ist.

Albuquerque macht Besuchern die Annäherung an New Mexico nicht gerade leicht, wenn man sich auf Indianer-Pueblos und Südwestkultur eingestellt hat. Das Stadtbild weicht auf den ersten Blick nicht von der amerikanischen ›Norm‹ ab, wie man sie überall zu Gesicht bekommt – meilenlange Straßen, im Schachbrettmuster um ein hochaufgeschossenes Bankenviertel angeordnet; die in Ost-West-Richtung verlaufende Central Avenue mit Dutzenden von Motels aller Preisklassen, beinahe undurchdringliche Wälder von Reklameschildern und Supermärkte, auf deren Riesenparkplätzen man sich fast verirren kann...

Man wird feststellen, daß Raum für die Stadtplaner kein Problem war. Albuquerque erstreckt sich auf einer Länge von etwa 20 Meilen entlang dem Rio Grande und über rund 30 Meilen vom Fuße der Sandia Mountains im Osten bis weit in die Halbwüsten des Westens. Über dem rund 1600 m hoch gelegenen riesigen Stadtgebiet wölbt sich meist ein klarer und wolkenloser Himmel fast wie eine Entschädigung dafür, daß man von Albuquerque so typisch amerikanisch und so untypisch neumexikanisch empfangen wird.

Hauptsehenswürdigkeit der Stadt ist *The Old Town*, das alte Zentrum, aus dem sich das heutige Albuquerque über beinahe 300 Jahre entwickelte. An den milden Sommernachmittagen kommt man sich auf der schattigen Plaza im Westteil der Stadt wie in einem von Amerika weit entfernten Winkel Mexikos vor, wenn sich ein paar junge Leute zur Gitarrenmusik vor der San Felipe de Neri-Kirche (s. Farbabb. 15) versammelt haben und von den Müßiggängern auf den Bänken der kleinen Parkanlage vornehmlich spanisch gesprochen wird. Die ältesten Teile der Kirche stammen von 1793, doch wurde sie von der damals nur 50 Menschen Platz bietenden Kapelle über die Jahre zu einem stattlichen Gotteshaus mit zwei hochaufragenden Türmen ausgebaut. Um die Plaza herum reihen sich niedrige Bauten in modernem Pueblo-Stil aneinander, die Galerien und Andenkenläden, Kunsthandlungen und Restaurants beherbergen. Selbst wenn man sich bewußt macht, daß diese *Old Town* äußerlich mit dem originalen Kern der Stadt nur noch weitläufig verwandt ist, kann man sich vorstellen, wie Albuquerque ausgesehen haben mag in den ersten Jahrzehnten nach seiner Gründung.

Den Grundstein für die Stadt legte im Jahre 1706 ein Provinzgouverneur namens Francisco Cuervo y Valdes mit einer Notlüge. Beim Vizekönig von Neu-Spanien bat er um die Erlaubnis, in einer großen Rio Grande-Schleife eine Siedlung gründen zu dürfen. Da für derartige Vorhaben Bedingung war, daß mindestens 30 Familien bereits an Ort und Stelle lebten, machte Cuervo y Valdes aus den tatsächlich dort siedelnden 15 Familien eben die doppelte Anzahl und lockte den Vizekönig mit dem Versprechen, die neue Siedlung nach ihm zu benennen, dem Herzog von Alburquerque. Das erste ›r‹ im Namen wurde zu Beginn des 18. Jh. fallengelassen.

Viele Soldaten, Missionare und Offizielle, die über den *Camino Real* (Königsstraße) von Mexico City nach Santa Fe reisten, machten in der neuen Ortschaft Rast und trugen zu ihrer Entwicklung bei. Nachdem im Jahre 1846 amerikanische Truppen auf der Plaza die US-Flagge aufgezogen hatten, wurde Albuquerque Garnisonsstadt und ein Zentrum für den Vieh- und Wollhandel. Die steigende wirtschaftliche Bedeutung war vor allem der *Atchison, Topeka and Santa Fe Railroad* zuzuschreiben, welche die Stadt im Jahre 1880 erreichte. Damit war eine wichtige Verbindung zu den Viehmärkten im amerikanischen Osten hergestellt.

Downtown Albuquerque

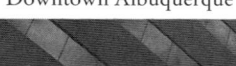

Um die Jahrhundertwende entdeckten clevere Geschäftsleute aus Albuquerque eine neue ›Ressource‹ ihrer Heimat: das gesunde Klima. Sie starteten eine großangelegte Werbekampagne und verschickten ihre Reklamebroschüren bis nach Europa. Das Unternehmen zeigte Erfolg, denn schon im Jahre 1930 gab es bereits 13 Sanatorien für Tuberkulosekranke und rund ein Drittel der Gesamtbevölkerung der Stadt war wegen der trockenen Wärme an den Rio Grande gezogen.

Heute ist Albuquerque für viele Besucher lediglich eine Station auf dem Weg zu den Pueblos, zu den Indianerruinen oder in andere interessante Teile des Landes. Wenn die Stadt auch nicht mit dem Flair und der Attraktivität von Santa Fe konkurrieren kann, besitzt sie neben *Old Town* doch eine Reihe von lohnenden Sehenswürdigkeiten, zu denen einige Museen zählen. Nördlich der Plaza befindet sich das neueste Museum, das sich mit der ältesten Geschichte befaßt, das *Museum of Natural History*. Die Saurierskulpturen vor dem Gebäude geben Hinweise darauf, was im Innern zu sehen ist. Zu den Exponaten zählen auch eine Fledermaushöhle sowie ein simulierter Vulkan.

Das *Albuquerque Museum* hat die 400jährige Geschichte New Mexicos zum Thema, während das *National Atomic Museum* die Entwicklung der Nuklearwissenschaft dokumentiert. Weitere Museen liegen auf dem Campus der im Jahre 1889 gegründeten *University of New Mexico* östlich der I-25, wie etwa das *Maxwell Museum of Anthropology*, das *Geology and Meteorites Museum* mit einer der größten Meteoritensammlungen in den USA, die *Jonson Gallery* mit Werken von Raymond

Brunnen im Stadtzentrum von Albuquerque

Jonson und zeitgenössischen Künstlern sowie das *University of New Mexico Art Museum*. Auf dem Universitätsgelände finden sich auch einige schöne Beispiele für Pueblo- und Missionsarchitektur.

Von der Universität erreicht man in westlicher Richtung über die Central Avenue, die ehemalige ›Hauptstraße Amerikas‹ Route 66 (s. S. 97 ff.), das moderne Stadtzentrum um die *Civic Plaza*, wo an Wochenenden häufig kulturelle Veranstaltungen stattfinden. Um die hochaufgeschossenen Glas- und Stahlbetonbauten gliedern sich einige interessante ältere Gebäude wie etwa das *New Mexico Title Building* an der Gold Avenue, das Henry Charles Trost 1917 nach dem Vorbild des Dogenpalastes in Venedig entwarf.

Stolz ist die Stadt auch auf das historische Gerichtsgebäude Ecke 4th Street und Gold Avenue sowie die restaurierte Lobby des Hotels La Posada de Albuquerque an der 2nd Street gegenüber dem *Convention Center*. Früher war dies das Albuquerque Hilton, der Besitzer der weltbekannten Hotelkette, Conrad Hilton, soll hier seine Flitterwochen mit der Schauspielerin Zsa Zsa Gabor verbracht haben – für viele nostalgische Amerikaner Grund genug, dem Hotel einen Besuch abzustatten.

Wer sich für Indianerkultur interessiert, sollte dem **Petroglyph State Park** im Westen Albuquerques einen Besuch abstatten. Man fährt über den Interstate Highway 40 bis zum Exit Coors Road und folgt dann dem Atrisco Drive bzw. Unser Boulevard bis zum Park an der West Mesa. Auf Lavagestein, das von einer Vulkaneruption vor rund 1 Mio. Jahren herrührt, sind etwa 10000 Felszeichnungen zu sehen, die nach Meinung der Experten zwischen 400 und 900 Jahre alt sind. Wahrscheinlich stammen die Zeichnungen und Gravuren von den Ahnen der heutigen Pueblo-Indianer, die in der Gegend auf Jagd gingen und nachts zwischen den Lavablöcken Schutz suchten. Ein asphaltierter Weg führt an dieser Indianergalerie entlang und gibt von der Höhe den Blick auf die im Osten liegende Stadt frei, hinter der die Sandia Mountains über 3000 m hoch ansteigen – vor allem im Abendlicht ein imposantes Panorama.

Der Rio Grande

Launenhaft und schlammbraun bis smaragdgrün

Im Jahre 1968 verabschiedete der amerikanische Kongreß mit dem *Wild and Scenic Rivers Act* ein Gesetz zum Schutz von acht Flüssen in den USA, deren natürliche Schönheit erhalten werden sollte. Darunter war auch der Rio Grande, New Mexicos ›Lebenslinie‹. Heute ist das *Bureau of Land Management* dafür zuständig, dem legendären Strom des Südwestens auf einigen Abschnitten Eingriffe des Menschen in seinen Lauf und seine Ökologie zu ersparen. So werden weder Dämme noch andere Anlagen gebaut, Motorboote sind auf zahlreichen Strecken weder zugelassen noch überhaupt möglich. Denn der Rio Grande gebärdet sich häufig wild, vor allem auf seinem nördlichsten Teil in New Mexico, dem Wild River Rio Grande.

Auf seiner Reise durch New Mexico grub sich der Fluß von der Staatsgrenze Colorados bis südlich von Santa Fe mehrere hundert Meter tief in schwarzes Vulkangestein, das von der gigantischen Eruption eines Vulkans herrührt. Sie bedeckte einst weite Flächen des Südwestens unter einer mächtigen Ascheschicht und dehnte ihr Zerstörungswerk sogar bis nach Oklahoma und Kansas aus. Von dieser Naturkatastrophe zeugt die Valle Grande Caldera in den Jemez Mountains nördlich von Jemez Springs, einer der größten Vulkankrater der Erde mit einem Durchmesser von mehr als 25 km, heute ein dichtbewaldetes Gebiet mit Wiesen und wunderschönen Wanderwegen.

Über lange Zeiträume hinweg verdichtete sich die vom Vulkan ausgespuckte Asche zu relativ weichem Tuffgestein, das dem Rio Grande keinen allzu großen Widerstand bot. Als das Colorado-Plateau Ende des 13. Jh. von einer jahrzehntelangen Dürreperiode geplagt wurde, gaben die dort lebenden Anasazi ihre Klippenwohnungen in Mesa Verde (Colorado) auf und zogen Richtung Südosten. Im nördlichen New Mexico stießen sie auf einen gewaltigen Flußlauf, an dem Baumwollbäume und Ölweiden wuchsen und der Ackerbau auf der fruchtbaren Vulkanerde erlaubte. Ähnlich wie der Euphrat in Mesopotamien bildete der Rio Grande in New Mexico die Lebensgrundlage einer Zivilisation, die blühte und gedieh, als in Europa das Mittelalter seinem Ende entgegenging.

Dort wo der Rio Grande in den Golf von Mexiko mündet, landeten im Jahre 1519 die ersten Spanier, die den Fluß angesichts der landschaftlichen Idylle Rio de las Palmas (Fluß der Palmen) nannten. Die Neuankömmlinge konnten nicht wissen, daß der Strom rund 2800 km entfernt in den Rocky Mountains entsprang. Sie vermuteten die Quelle irgendwo in der Nähe des Nordpols und begannen nur zögernd den Lauf des Flusses zu erkunden, zunächst dort wo er heute die Grenze zwischen den USA (Texas) und der Republik Mexiko bildet.

Später wurde das Tal des Rio Grande – der Name des Flusses hatte sich einige Male geändert – zum *Camino Real*, der Königsstraße, die als wichtigste Verkehrsverbindung zwischen den neuspanischen Besitzungen im heutigen Mexiko und den Kolonien um Santa Fe diente. Das Interesse der Konquistadoren, dem Fluß weiter nördlich zu folgen, war offensichtlich gering. Denn es dauerte bis zum Jahre 1779, ehe mit de Anza der erste Spanier dem Wasserlauf bis Alamosa (Colorado) folgte und dort die Comanchen besiegte.

Etwa 12 Meilen westlich von Costilla fließt der Rio Grande von Colorado in das Staatsgebiet New Mexicos. Auf den ersten 48 Meilen hat man die imposante Schlucht des Flusses unter Naturschutz gestellt und damit für Wildwasserfahrer ein wahres Paradies geschaffen. Etwa 5 Meilen nördlich von Questa biegt eine Piste in westlicher Richtung von der Straße 3 ab und erreicht nach weiteren 5 Meilen den Canyonrand des Rio Grande, von wo man die schwarzen senkrechten Wände der rund 250 m tiefen Schlucht überblicken kann. Von allen vier Campingplätzen führen steile Wege ans Flußufer hinunter.

Im Besucherzentrum (geöffnet: April – Oktober) kann man sich sowohl über den leichtesten Zugang als auch über die Geologie und Geschichte des Stroms informieren, in den etwas südlicher der aus den Sangre de Cristo-Bergen kommende Red River mündet. Auf den *Hiking Trails* lernt man auch die heimische Flora mit der typischen Wermutvegetation sowie den majestätischen Ponderosakiefern kennen – bei beiden Spezies bieten sich ›Riechproben‹ an. Zwischen den Fingern zerriebene Blätter der Artemisia-Büsche riechen intensiv nach Wermut. Wer mit der Nase der braun- und lachsfarbenen Borke der Poderosakiefer nahe genug kommt, wird einen angenehmen Vanilleduft feststellen. An den Flußufern gedeiht mancherorts *Poison Ivy*, eine Pflanze, vor der man sich in acht nehmen sollte, weil sie giftig ist und die Haut verätzen kann, wenn man mit den Blättern in Berührung kommt.

Über die Straße 64, die nach Tres Piedras führt, kann man 8 Meilen westlich von Taos zu einem schönen Aussichtspunkt über das Rio Grande-Gebiet fahren. Seit 1965 überspannt dort eine Eisenbrücke die Schlucht und gibt den Blick auf den Fluß frei, der sich je nach Jahreszeit unterschiedlich gefärbt in Richtung Süden wälzt. Im Frühjahr, wenn die Schneeschmelze aus den Bergen für hohen Wasserstand sorgt, schleppt der Rio Grande viel Geröll und Sand mit sich und hat eine lehmbraune Farbe. Zu solchen Zeiten wird der Fluß auch aggressiver als es seinen Anwohnern lieb sein kann. Die Bevölkerung Albuquerques weiß ein Lied davon zu singen – periodische Überschwemmungen im 19. Jh. stellten für die Stadt ein schweres Entwicklungshemmnis dar. Katastrophal waren die Auswirkungen, als der Rio Grande im Jahre 1884 über die Ufer trat, eine wichtige Brücke wegriß und die damals gerade erst fertiggestellte Eisenbahn außer Betrieb setzte.

Der Rio Grande westlich von Taos ▷

Schlauchboote auf dem Rio Grande südwestlich von Taos

Im Spätsommer hingegen verwandelt sich der Flußlauf, wenn es einige Zeit nicht geregnet hat, in ein smaragdgrünes, glitzerndes Band, das sich, gemächlich dahinfließend, durch das ganze Land zieht. Überquert man die Rio Grande-Brücke und wendet sich in Tres Piedras auf der Straße 285 nach Süden, erreicht man nach etwa 19 Meilen die Abzweigung der Straße 96, die direkt in die Rio Grande-Schlucht führt. Die Strecke durch den **Rio Grande Gorge State Park** mit seinen Picknickstellen und Campingplätzen schließt in Pilar an die Straße 68 südlich von Taos an und ist bis auf einige hundert Meter geteert, die in steilen Serpentinen von der Hochfläche zur kleinen Brücke über den Fluß hinunterführen.

Wer keine wassersportlichen Ambitionen hegt und den Rio Grande und seine Flußlandschaft kennenlernen will, ohne dabei bis auf die Knochen eingeweicht zu werden, kann im Pueblo **Santa Clara** an der Straße 30 nordwestlich von Santa Fe an einer harmlosen, aber dennoch erlebnisreichen Floßfahrt teilnehmen. In der Tewa-Sprache der dort lebenden Indianer heißt das Pueblo *Kha'po*, Singendes Wasser, was sich auf den dort friedlich vorbeifließenden Rio Grande bezieht.

Indianische Führer begleiten die Fahrten, die inklusive Transport von und nach Santa Fe sowie einer Mahlzeit rund fünf Stunden in Anspruch nehmen. Auf dem Fluß legt man in Flößen etwa 6 Meilen zurück und erfährt dabei von den *guides* viel Interessantes von der Wasserschlange Avanyu bis zu den heiligen Riten der Pueblo-Indianer (Reservierungen bei Singing Water Tours, ✆ 505/753–9663 oder über Santa Fe Detours, die in der Lobby des La Fonda-Hotels in Santa Fe ein Büro unterhalten, ✆ 505/983–6565).

Tänze
Indianer-Pueblos *Töpfe*
Traditionen

Die Bezeichnung Pueblo (span. Dorf) geht auf die frühen spanischen Konquistadoren zurück, die in der ersten Hälfte des 16. Jh. von Neu-Spanien (Mexiko) in das unbekannte Territorium des Südwestens vordrangen. Dort stießen sie zu ihrer großen Überraschung auf Indianerbevölkerungen, die in geschlossenen Dörfern lebten und offenbar über ein höheres Kulturniveau verfügten als nichtseßhafte Indianergruppen. Heute gibt es im Südwesten noch etwa 32000 Pueblo-Indianer, die man in eine westliche und eine östliche Gruppe einteilt und die man auch aufgrund ihrer Zugehörigkeit zu verschiedenen Sprachgruppen unterscheiden kann. Zu den westlichen Pueblos zählen die Hopi im Nordosten Arizonas, die eine uto-aztekische Sprache sprechen, sowie die Zuni im westlichen Zentral-New Mexico, deren Dialekt gewisse Ähnlichkeiten mit der Penuti-Sprachfamilie Kaliforniens aufweist.

Die östlichen Pueblos wohnen größtenteils am oberen und mittleren Rio Grande – daher auch die Bezeichnung Rio Grande-Gruppe – sowie am Jemez River westlich von Santa Fe. Sprachlich unterscheiden sich die 18 in diesem Raum verbreiteten Pueblos nach den Keres- und Tano-Sprachen, wobei unter die letzteren auch die Tewa-, Tiwa- und Towa-Dialekte fallen. Geradezu kurios ist, daß sich die Bewohner des Taos-Pueblo mit ihren Blutsbrüdern im Sandia Pueblo nördlich von Albuquerque nur auf Englisch oder Spanisch verständigen können. Ähnliche Sprachbarrieren existieren zwischen den Zuni und den Pueblos im Tal des Rio Grande.

Besuche in Indianer-Pueblos gehören für kulturell Interessierte sicherlich zu den Höhepunkten eines New Mexico-Aufenthalts – zumal dann, wenn gerade Feste gefeiert werden, Büffel-, Antilopen- oder Korntänze stattfinden, traditionelle Mahlzeiten auf den Tisch kommen und Kunsthandwerk zum Verkauf angeboten wird. Wer sich zum Besuch derartiger Veranstaltungen entschließt, sollte dies in dem Bewußtsein tun, daß er sich als Gast den herrschenden Gesetzen und Bräuchen zu unterwerfen hat. Nicht ohne Grund geben die Pueblos Handzettel heraus, mit denen sie ihre Besucher um Einhaltung der Etikette bitten. Das schließt z. B. ein, die privaten Wohnbereiche zu respektieren, keinen Alkohol mitzubringen, keine Kivas (Zeremonialräume) zu betreten, bei Tänzen nicht zu reden und danach nicht zu applaudieren. Friedhöfe sind für Nichtindianer grundsätzlich tabu.

Problematisch ist häufig das Photographieren. In der Regel erhält man gegen ein geringes Entgelt *Permits* (Genehmigungen), die man am besten sichtbar an der Klei-

Pueblo-Feste

Die Zeitpunkte von Veranstaltungen in den Pueblos können sich kurzfristig ändern. Wer ein Fest besuchen will, sollte sich vorher erkundigen (Telefonnummern s. o.).

Januar	In den meisten Pueblos finden am Neujahrstag und während des Monats unterschiedliche Veranstaltungen statt; Pueblo-Fest und Comanche & Animal Dance in San Ildefonso
Februar	Büffel-, Elch- und Tiertanz in San Juan und Santa Clara; Candelaria Day in den meisten Pueblos
März/April	Osterveranstaltungen in vielen Pueblos
Mai	Traditionelle Tänze in Taos; Maistanz in San Felipe
Juni	Zeremonien u. a. in Santa Clara, Sandia, San Juan, Acoma, Santo Domingo, Taos (Maistanz)
Juli	Feiern in Nambé und Taos (Taos Pueblo Pow-Wow) sowie Cochiti Pueblo-Festtage; Kunsthandwerk wird in San Ildefonso ausgestellt (mit Tänzen); Santiago Fest in Taos und Pueblo-Fest in Santa Ana
August	Old Pecos Stiertanz in Jemez; Pueblo-Feste in Santo Domingo, Picuris, Santa Clara, Zia und Laguna
September	Pueblo-Feste in Acoma, Isleta, Laguna und Taos; Messe und Rodeo in Zuni Pueblo
Oktober	Pueblo-Feste in Nambé und Laguna (Paraje)
November	Pueblo-Feste in Nambé und Tesuque
Dezember	Shalako-Zeremonie in Zuni; um die Weihnachtszeit Tänze in vielen Pueblos

dung oder an der Photoausrüstung befestigt. Bei Veranstaltungen wird häufig bekanntgegeben, wann man photographieren darf und wann nicht. An den Zufahrtsstraßen mancher Pueblos stehen unübersehbare Schilder mit Verhaltensregeln, die man unbedingt beachten muß. Auch an normalen Tagen können zahlreiche Pueblos (zum Teil Führung) besichtigt werden, andere wiederum sind Fremden fast nie geöffnet. Lohnend sind Besuche vor allem in Acoma, dem landschaftlich schön gelegenen Jemez, Picuris, San Ildefonso und Taos.

Tänze finden in den Pueblos zu bestimmten Anlässen statt, ob als Erntedank oder etwa zur Aussaat. Solche Tänze unterlagen teilweise einem Wandel, weil sich die Lebensumstände der betreffenden Pueblos änderten und Kenntnisse über die Zusammenhänge von Naturgesetzen die Bedeutung mancher Zeremonien reduzierten. Doch sind alle Riten noch immer vom religiösen Symbolismus beherrscht, der die Vorstellungswelt der Pueblo-Einwohner seit jeher prägte. Jede Einzelheit derartiger Zeremonien, von den Kostümen über die Bewegungen und Gesänge bis zu den Choreographien ist zutiefst symbolträchtig, wenn dies für den Laien auch nicht immer auf den ersten Blick erkennbar sein mag. Nachfolgend werden die 19 in New Mexico bestehenden Pueblos in alphabetischer Reihenfolge aufgeführt und kurz beschrieben. Die genannten Einwohnerzahlen entsprechen durchweg den Mitgliederzahlen der Pueblos und lassen nicht immer Rückschlüsse auf die tatsächlich in den Pueblos lebenden Bevölkerungen zu.

Acoma (ca. 50 Meilen westlich von Albuquerque im Süden der Interstate 40 – etwa 3670 Einwohner; ✆ 505/552–6604). Das seit dem 11. Jh. ständig bewohnte Pueblo besteht heute aus den drei Dörfern *Santa Maria de Acoma*, *McCartys* und *Acomita*, wo heute die Mehrzahl der Einwohner lebt, sowie dem ältesten und schönsten Teil des Pueblos, *Sky City* (Himmelsstadt) genannt. Dieses historische Zentrum, das nur noch von wenigen Familien bewohnt ist, liegt auf einer etwa 140 m über dem Talboden befindlichen Mesa, die erst seit dem Jahre 1957 mit dem Auto erreichbar ist, als man für eine Filmgesellschaft eine Straße baute. Bis dahin führte nur ein Eselpfad nach Sky City, den der Franziskaner Juan Ramirez anlegte, der sich als erster spanischer Missionar im Jahre 1629 dort niederließ.

In Ramirez vermuten manche Historiker den Gründer der sehenswerten Missionskirche *San Esteban del Rey*. Andere Wissenschaftler datieren den Bau auf die Wende vom 17. zum 18. Jh. In dem nüchtern ausgestalteten Gotteshaus gibt es außer den auf Wildleder dargestellten Martyrien des Schutzheiligen von Acoma, des hl. Stephan, und des Johannes von Nepomuk ein Bildnis des hl. Joseph, das jahrzehntelang ein Streitobjekt der Pueblos Acoma und Laguna war, bis die heutigen Besitzer das Bild nach einem fünfjährigen Rechtsstreit im Jahre 1857 erhielten. Das ohne die Verwendung von Nägeln verfugte Holz für das massive Dachgebälk der Kirche wurde aus den 30 Meilen entfernten Cebolleta-Bergen herangeschafft ebenso wie das übrige Baumaterial mit Lasttieren auf die Mesa gelangte. Selbst das Erdreich des von Indianern angelegten Friedhofs stammt vom Talgrund. Regen fing man in großen Zisternen auf, um die Bevölkerung mit Wasser versorgen zu können.

Am Fuße der Mesa gibt es ein Besucherzentrum, in dem man Führungen durch Sky City buchen und ein kleines Museum zur Geschichte Acomas besuchen kann. Ein Pendelbus bringt die Besucher auf die Hochfläche und holt sie dort auch wieder ab. Die noch in Sky City wohnenden Familien bieten Touristen Töpferwaren an, die sich besonders durch dünne und dennoch haltbare Wände sowie durch schönen Dekor auszeichnen. Auf meist grauweißem Untergrund werden entweder geometrische Muster in rötlicher oder schwarzer Farbe oder Vogel-, Feder- und Pflanzenornamente in den Grundfarben Rot, Schwarz und Orange aufgetragen. Für Acoma typisch sind die

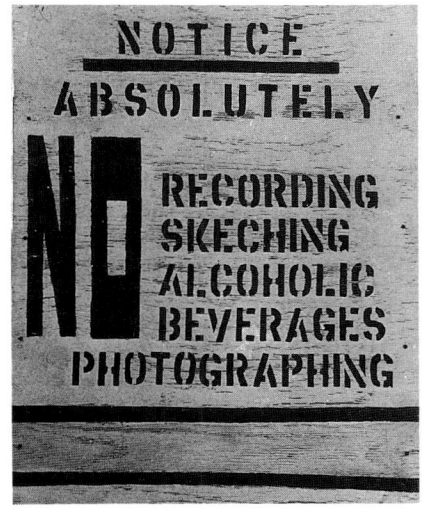

An derartige Verbotsschilder sollte man sich in den Pueblos halten

›Eye Dazzler‹-Muster (die auch in Navajo-Teppichen auftauchen), bei deren Anblick es einem vor den Augen flimmert.

Cochiti (ca. 30 Meilen südwestlich von Santa Fe in der Nähe des Cochiti Lake – etwa 800 Einwohner; ✆ 5 05 / 4 65 – 22 44). Cochiti Pueblo macht seine Besucher bereits von weitem mit seinem Handwerk bekannt. Große Wassertanks am Rande der Siedlung sind als Trommeln bemalt, für deren Herstellung einige Handwerker des Pueblos, wie z. B. Bill Martin und Steve Herrera, Berühmtheit erlangten. Die aus abgelagertem Espenholz und darübergezogenem Hirsch- oder Rindsleder gefertigten Rhythmusinstrumente kommen heute noch ebenso wie vor Jahrhunderten bei Festen zum Einsatz, haben aber auch schon den Weg in Jazz- und Rockgruppen gefunden, weil sie einen besseren Klang geben als nachgemachte Billigprodukte.

Noch bekannter ist das Pueblo Cochiti allerdings wegen seiner figürlichen Keramik. Schon zur Zeit der Spanier stellten Cochiti-Einwohner Figuren aus Lehm her, doch geriet die Modellierarbeit immer mehr in Vergessenheit, u. a. weil die Kolonialherren darin eine Götzenverehrung sahen und die Herstellung von Tonfiguren verboten. Erst Helen Cordero und Frances Suina ließen in den 60er Jahren die alte Handwerkstradition wiederaufleben und schufen mit dem *storyteller* (Geschichtenerzähler) eine neue Figurengattung, die weltweit zum begehrten Sammlerobjekt wurde. *Storytellers* sind bemalte Figuren mit weit geöffnetem Mund, an denen zum Teil viele Kinder hängen, die den erzählten Geschichten lauschen. Zu den bekanntesten Künstlern dieser Tonkeramiken zählen heute Louis und Virginia Naranjo, die schon viele Preise gewonnen haben. Die Naranjos brennen ihre Stücke nach altem Brauch auf einem Metallrost über einem Zedernholzfeuer, wobei die Figuren zunächst mit einem Drahtgeflecht und dann mit getrockneten Kuhdungfladen abgedeckt werden.

Traditionell waren die Einwohner Cochitis Bauern, doch arbeiten heute die meisten, die sich nicht kunsthandwerklich betätigen, in Santa Fe oder Albuquerque. Bekannteste Sehenswürdigkeit im Pueblo ist die *Missionskirche San Buenaventura*, die kurz nach dem Besuch von Juan de Oñate im Jahre 1598 gebaut wurde.

Isleta (13 Meilen südlich von Albuquerque am Rio Grande – etwa 3000 Einwohner; ✆ 5 05 / 8 69 – 31 11). Ursprünglich wurde in etwa 15 Dörfern am mittleren Rio Grande Tiwa gesprochen, heute nur noch in Isleta und Sandia. Im Zentrum des Pueblos steht die Antonius von Padua geweihte *Missionskirche* aus dem Jahre 1629, die während der Pueblo-Revolte 1680 zerstört und 1692 wiederaufgebaut wurde. In einem Sarg aus dem Holz des Baumwollbaums liegt dort der erste spanische Missionar Juan de Padilla begraben, der mit der Coronado-Expedition im Jahre 1542 nach Isleta kam.

Das Pueblo umfaßt heute eine Reihe verstreuter Siedlungen, deren größte *Shiaw iba* ist. Die Töpferei kam in den letzten Jahren stärker zur Geltung. Eine größere Rolle als das Kunsthandwerk spielt immer noch die Landwirtschaft, Isleta machte sich vor allem mit seinen schmackhaften Pfirsichen einen Namen.

Jemez (ca. 50 Meilen westlich von Santa Fe an der Straße 4 – etwa 2000 Einwohner; ✆ 5 05 / 8 34 – 73 59). Jemez, inmitten von roten, braunen und ockerfarbenen Steilabbrüchen gelegen, die sich jenseits des Jemez River Valley erheben, zählt zu den landschaftlich sehr schön gelegenen Pueblos und war deshalb schon seit jeher ein bevorzugtes Touristenziel. Im Flußtal findet man die verstreuten Farmen der Jemez-Indianer. Wissenschaftliche Untersuchungen ergaben, daß das Jemez Pueblo ursprünglich etwa 12 Meilen flußaufwärts lag, wo man rund zwei Dutzend archäologische Stätten gefunden hat. Im Nordwesten steigt das Land in die Jemez-Berge an, die seit Generationen zu den traditionellen Jagdgründen des Pueblos gehören. Lange Zeit war das heute aus ebenerdigen, braunen Häusern bestehende Pueblo als Produktionsstätte von Menschen- und Tierfiguren sowie Schüsseln aus Ton bekannt, die als ›Touristentöpferei‹ bezeichnet wurden. Seit einigen Jahren legen die kunsthandwerklich tätigen Jemez-Bewohner aber stärkeren Wert auf Qualität als auf Quantität. Frauen aus dem Dorf sieht man im Sommer häufig entlang der Straße unter Schattendächern Töpfereien verkaufen und *Fry Bread* (Navajo-Brot) backen.

Jemez Pueblo erwarb in der Vergangenheit eine sportliche Reputation als New Mexicos ›Kaderschmiede‹ für ausgezeichnete Querfeldeinläufer, die nicht selten zu den besten des Staates zählen.

Indianerfest in Gallup

Laguna (45 Meilen westlich von Albuquerque an der Interstate 40 – etwa 5200 Einwohner; ☎ 505/552–6654). Laguna leitet seinen Namen von einem See ab, den ein Mitglied der Coronado-Expedition 1540–42 beschrieb und der seit jener Zeit zu einer Wiese verlandete. Das Pueblo wurde erst Ende des 17. Jh. auf Anordnung des damaligen spanischen Gouverneurs gegründet. Der älteste Teil heißt heute *Old Laguna Village*, um den sich die neueren Siedlungen wie *Paguate, Mesita, Paraje,*

Encinal und *Seama* gruppieren. Laguna ist heute das bevölkerungsreichste Pueblo östlich der Kontinentalen Wasserscheide.

Die Einwohner leben in erster Linie vom Anbau von Bohnen, Mais, Kürbis sowie Chili. Laguna unterscheidet sich von anderen Pueblos vor allem durch seine ›Modernität‹. In den 70er Jahren des 19. Jh. zogen weiße Siedler protestantischen und presbyterianischen Glaubens in das Pueblo, übernahmen zeitweise die politische Führung und setzten sich in ihrer Weltanschauung und in ihrer Lebensweise so stark von den Pueblo-Traditionalisten ab, daß diese schließlich nach Mesita ›auswanderten‹.

In den 80er Jahren des vergangenen Jahrhunderts erreichte die Eisenbahn, bei der zahlreiche Indianer Arbeit fanden, das Pueblo. Der Kontakt mit dem weißen Amerika verstärkte sich weiter mit der Entdeckung von Uranvorkommen, aus deren Erlös auch der architektonisch dominierende Verwaltungskomplex des Pueblos bezahlt wurde. Sehenswert ist die aus Stein erbaute Kirche *San José de Laguna*, deren massive Wände mit einer Tür, einem Fenster und zwei kleinen Scharten im Glockenturm insgesamt nur vier Öffnungen besitzen. Im Innern zeigt sich an den reichen Dekorationen die Handwerkskunst der Indianer. Das gilt vor allem für den aus Kiefernholz handgeschnitzten Altar, den die Bildnisse der hl. Barbara und des hl. Nepomuk einrahmen. Eine bemalte Tierhaut an der Kirchendecke trägt neben indianischen Symbolen wie Regenbogen, Sonne, Mond und Sternen auch christliche Zeichen.

Nambé (ca. 15 Meilen nördlich von Santa Fe – etwa 120 Einwohner; ✆ 5 05/ 4 55–20 36). Das Pueblo ist, verglichen mit anderen, zwar klein, aber seit fast 700 Jahren bewohnt. Die von Bergketten umgebene Siedlung zieht mit ihrer Naturszenerie, vor allem mit den etwa 5 Meilen den Nambe Creek aufwärts gelegenen drei Wasserfällen, viele Besucher an, da die Gegend für Angler, Camper und Wanderer erschlossen ist. Von den älteren Pueblo-Gebäuden blieben nur noch wenige erhalten. Dort wo früher die Missionskirche stand, findet man heute neue, unansehnliche Bauten. Seit einigen Jahren bemühen sich die Einwohner von Nambé, alte Rituale und Handwerkstraditionen wie Weben, Perlenarbeiten und Töpferei wiederaufleben zu lassen.

Picuris (30 Meilen südlich von Taos an der Straße 75 – etwa 160 Einwohner; ✆ 5 05/ 5 87–25 19). Das Pueblo, dessen Name in der Tiwa-Sprache ›die Schlucht in den Bergen‹ bedeutet, wurde vermutlich Ende des 13. Jh. gegründet und hatte im 17. Jh. mehrere tausend Einwohner, die in zum Teil achtgeschossigen Wohnhäusern lebten. Bevor die Spanier nach Picuris kamen, diente das Pueblo als wichtiges Verbindungsglied zwischen den südlicher gelegenen Indianerdörfern und den Plains-Indianern im Osten.

Nachdem die Einwohner Ende des 17. Jh. mehrfach gegen die spanische Herrschaft rebelliert hatten, zogen sie sich zwischen 1696 und 1706 vollkommen aus ihrem Dorf zurück, um in der Emigration bei den Apachen zu leben. Nach der Rückkehr in ihr Pueblo verbesserten sich die Beziehungen mit den spanischen Kolonisatoren, denen die Einwohner von Picuris sogar bei Kämpfen gegen feindliche Indianerstämme halfen. Im Jahre 1796 wurde Picuris von Comanchen dem Erdboden gleich-

Maistanz im Pueblo Picuris

gemacht. Archäologische Grabungen im ältesten Teil des Pueblos auf der Nordseite förderten über 400 Jahre alte Strukturen zutage, die man besichtigen kann. Im Dorf gibt es ein kleines Museum, das über die Geschichte von Picuris informiert.

Pojoaque (18 Meilen nördlich von Santa Fe – etwa 120 Einwohner; ∅ 505/ 455–2278). Das Dorf an der Hauptstraße 285 mit seinen Souvenirläden, Tankstellen und Geschäften scheint schon weitgehend amerikanisiert. Was noch von Pojoaque übrig blieb, stellt die letzten Reste eines alten Pueblos dar, das nach der Pueblo-Revolte im Jahre 1680 verlassen und erst Anfang des 18. Jh. wieder besiedelt wurde. Heute ist Pojoaque eine Station für Durchreisende. Trotz der weitgehenden Kulturangleichung halten die Einwohner am traditionellen Kunsthandwerk fest, indem sie Töpferwaren, Silberschmuck, Perlenarbeiten und Stickereien herstellen, die an Ort und Stelle verkauft werden. Im Jahre 1890 erlebte Pojoaque Pueblo seine schwärzeste Stunde, als eine Pockenepidemie fast das ganze Dorf ausrottete.

Sandia (10 Meilen nördlich von Albuquerque – etwa 250 Einwohner; ∅ 505/ 867–3317). Das Pueblo wurde um 1300 unter dem Namen Nafiat gegründet, Reste

Kivas

›Kee-vah‹, ein Wort aus der Sprache der Hopi, bedeutet Zeremonialraum. Als Kivas bezeichnet man die meist runden, bei den Hopi und Zuni rechteckigen ganz oder zumindest teilweise unter der Erdoberfläche liegenden Gewölbe, die schon den Anasazi als Räumlichkeiten für vor allem religiöse Rituale dienten. Noch heute benutzen die Pueblo-Indianer Kivas, um junge Männer zu unterrichten, Geschichten zu erzählen, Zeremonien abzuhalten und wichtige Entscheidungen zu treffen. Früher wurden dort teilweise auch Webarbeiten hergestellt, vielleicht auch Klan-Mitglieder bestraft, die gegen das geltende Recht der Gemeinschaft verstoßen hatten. Die Zeremonialräume waren meist, wenn auch nicht ausschließlich, Männern vorbehalten.

Kivas entstanden aus den *pit houses* der Anasazi, Erdgruben, über denen auf vier Stützpfosten auf allen Seiten geschlossene, bis auf den Boden heruntergezogene Dächer errichtet wurden. Diese Erdgrubenhäuser markierten den Beginn der Seßhaftigkeit der frühen Indianer und blieben bis zum 8. Jh. der dominierende Wohnungstyp, ehe der Bau von über dem Boden befindlichen Häusern den Anfang der sogenannten Pueblo-Phase signalisierte. Zunächst dienten die *pit houses* weiter als Vorratsspeicher, wurden dann aber zum Prototyp der Kivas, in denen Gebetsversammlungen und Heilungsriten stattfanden.

Historische Kivas fand man im Südwesten in sehr unterschiedlichen Größen und Mengen. Viele mit nur wenigen Metern Durchmesser wurden von kleinen Klans benutzt, während etwa im Chaco Canyon Großkivas mit einem Durchmesser bis zu 20 m freigelegt wurden. Allein im Pueblo Bonito gibt es 37 Kivas, was darauf schließen läßt, daß der Chaco Canyon ein wichtiges Zentrum der Anasazi war. Gemessen an Größe, Gestalt und Lage sind zwar regionale Unterschiede bei den Kivas feststellbar, im Bauprinzip ähneln sie sich aber alle.

Grundsätzlich besitzen die Kivas Flachdächer, die man in einigen Ruinenstätten rekonstruierte. Durch diese Dächer, die in den *cliff dwellings* häufig die Plaza bildeten, auf der Kinder spielten und alltägliche Arbeiten verrichtet wurden, führt eine Leiter durch eine Einstiegsluke ins Innere. Seltener haben Kivas seitliche Eingänge durch einen Tunnel (wie z. B. im Cliff Palace in Mesa Verde). An den Wänden der Kivas befinden sich Sockel, auf denen die aus Baumstämmen bestehende Dachkonstruktion ruht. Bei Großkivas stützten zusätzliche Pfeiler das Flachdach.

Jede Kiva verfügt über eine Feuerstelle, einen Kamin für Luftzufuhr, eine niedrige Mauer oder eine Steinplatte, um einströmende Frischluft um die Feuerstelle zu lenken und zu starke Rauchentwicklung zu verhindern. Entlang der Wände sind Sitzbänke bzw. Ablagen hochgemauert. Wichtigster Teil der Kiva ist ein kleines Loch im Boden zwischen der Feuerstelle und der Wand, der *Sipapu*, in dem die Pueblo-Indianer den symbolischen Zugang zu den vier Unterwelten sehen, durch den sie die Welt zu betreten und zu verlassen glauben.

Kivas wurden teilweise mit Wandmalereien versehen; einige der schönsten derartiger Kunstwerke kann man im *Coronado State Park and Monument* (geöffnet: tägl. 9–17 Uhr) westlich von Bernalillo besichtigen. Dort befand sich zwischen 1350 und 1600 das Pueblo Kuaua, aus jener Zeit datieren auch die übereinanderliegenden Kiva-Malereien, die, von Archäologen abgelöst, heute im lokalen Museum ausgestellt sind. Auch die Kivas, aus denen die Kunstwerke stammen, stehen Besuchern zur Besichtigung offen.

aus dieser Frühzeit kann man in der Nähe der heutigen Kirche noch besichtigen. Sandia gehört wahrscheinlich zu jenen Pueblos, welche die Coronado-Expedition 1540–42 besuchte. Spanische Dokumente erwähnen das Dorf erstmals im Jahre 1617, als eine Missionsstation aufgebaut wurde. Um die Zeit der Pueblo-Revolte litt Sandia schwer unter spanischen Übergriffen, die Mehrzahl der Einwohner floh nach Westen, wo sie bei den Hopi lebte und vermutlich das Dorf Payupki auf der Zweiten Mesa errichtete. Erst im Jahre 1748 wurde Sandia Pueblo neugegründet. Vor allem am modernen Bingo-Spielbetrieb im Pueblo zeigt sich, daß die Neuzeit hier Einzug hielt. Auf dem Reservatsgelände des Pueblos steht auch die Seilbahn, die zum Sandia Peak führt. Reste eines traditionsreichen Handwerks (Korbflechterei, Töpferei und Herstellung von Mokassins) sind zwar noch vorhanden, spielen wirtschaftlich aber kaum mehr eine Rolle.

San Felipe (30 Meilen nördlich von Albuquerque – etwa 1800 Einwohner; ∅ 505/ 867–3381). San Felipe zählt zu jenen Rio Grande-Pueblos, die bei Festen wie etwa dem ›Green Corn Dance‹ am 1. Mai die eindrucksvollsten Tänze zeigen – sehr zum Leidwesen der Filmer und Photographen, die dort nicht ›zum Zug‹ kommen, weil Filmen bzw. Photographieren grundsätzlich verboten ist. San Felipe, dessen Einwohner zu den Keres-sprechenden Pueblos gehören, wurde erstmals im Jahre 1700 in spanischen Dokumenten erwähnt. Etwa 100 Jahre später entstand die San Felipe-Kirche mit den beiden Glockentürmen, das sehenswerteste Gebäude im Dorf. Zwischen den meist im Adobe-Stil errichteten Häusern verlaufen verwinkelte Straßen, die in Ufernähe im Frühjahr nicht selten überschwemmt sind, wenn der Rio Grande Hochwasser führt. Vor einem Rundgang durch das Pueblo sollte man sich im neuen Verwaltungsgebäude *Governor's Office* eine Besuchererlaubnis holen.

San Ildefonso (25 Meilen nördlich von Santa Fe – etwa 500 Einwohner; ∅ 505/ 455–2273). San Ildefonso zählt zu den ältesten Rio Grande-Pueblos. Der Legende nach lebten die Vorfahren der heutigen Einwohner auf der Westseite des Flusses in den längst verfallenen Dörfern Otowi und Tsankawi, ehe regenarme Zeiten die Indianer veranlaßten, näher den Rio Grande zu ziehen. Als die Spanier im 16. Jh. in die Gegend kamen, existierte das Pueblo schon. Anfang des 17. Jh. begannen Franziskaner ihre Missionsarbeit, im Jahre 1617 ließen sie die erste Kirche bauen.

In der Folgezeit kam es zwischen Einheimischen und Spaniern zu schweren Auseinandersetzungen, die in der Pueblo-Revolte von 1680 gipfelten, bei der die Bewohner von San Ildefonso eine führende Rolle spielten. Selbst nach der Wiedereroberung New Mexicos durch Diego de Vargas im Jahre 1692 verweigerte das Pueblo seine Unterwerfung unter spanische Kolonialherrschaft. Die Einwohner flüchteten wiederholt auf die Black Mesa, einen vulkanischen Felssockel, bis der Hunger die Menschen in ihr Dorf zurücktrieb.

Seit Anfang des 18. Jh. verbesserten sich die indianisch-spanischen Beziehungen in San Ildefonso. Problematisch wurde dann jedoch der innere Frieden. Als nach einer katastrophalen Pockenepidemie die lokale Priesterschaft eine Verlegung des Pueblos forderte, weigerte sich die Hälfte der Bevölkerung, ihre Häuser aufzugeben. So

Fest im Pueblo Santa Clara

wurde San Ildefonso zu einem zweigeteilten Pueblo mit Ortsteilen um eine südliche und eine nördliche Plaza. Der Jahrzehnte während religiös-politische Streit ist heute zwar beigelegt, doch erinnern an das ›Schisma‹ von San Ildefonso noch manche Rituale und Zeremonien, die das Jahr über auf der zentralen Plaza mit der großen Gemeinschafts-Kiva stattfinden.

Interessant in diesem sehenswerten Pueblo mit seiner traditionellen Adobe-Architektur ist auch das im Jahre 1979 eröffnete Museum mit wechselnden historischen und kulturellen Ausstellungen (geöffnet: April bis Oktober). Weltweit bekannt wurde das Pueblo allerdings nicht durch seine Geschichte oder seine Architektur, sondern durch sein Kunsthandwerk. Die Töpferei, die schon seit Jahrhunderten gepflegt wird, hat San Ildefonso den Ruf eines ›Mekka‹ der schwarzen Keramik eingebracht. Etwa um die Jahrhundertwende erlebte dieses Handwerk im Dorf einen immensen Aufschwung, nachdem einige Frauen angefangen hatten, mit neuen Designs zu experimentieren.

In den 20er Jahren begannen die Künstlerin Maria Martinez und ihr Mann Julian, die fast in Vergessenheit geratene und heute berühmte schwarze, polierte Keramik herzustellen. Einfache Gefäße aus schwarzgebranntem Ton waren auch in anderen Rio Grande-Pueblos bekannt, doch entwickelte das Künstlerehepaar Martinez die traditionelle Herstellungstechnik ebenso weiter wie das Design. Markenzeichen dieser ›Black-on-Black‹-Kreationen sind mattschwarze Muster auf dem glänzendpolierten schwarzen Untergrund der formschönen Gefäße, die heute unter Sammlern zu hohen Preisen gehandelt werden.

An der Plaza von San Ildefonso gibt es neben verschiedenen *Trading Posts*, die schwarze Keramik verkaufen, ein Töpfergeschäft, das Nachfahren der 1980 verstorbenen Maria Martinez gehört. Die Schwarze Ware wird noch heute in San Ildefonso hergestellt, stammt zum Teil aber auch aus dem nahegelegenen Pueblo Santa Clara, wo sich seit geraumer Zeit verschiedene Künstlerinnen mit dieser Art von Keramik beschäftigen.

San Juan (30 Meilen nördlich von Santa Fe – etwa 1200 Einwohner; ✆ 5 05 / 8 52 – 44 00). Spanische Kolonisten unter der Führung von Juan de Oñate gründeten dort wo sich das Pueblo befindet im Jahre 1598 mit San Gabriel die erste Hauptstadt New Mexicos. Heute beherbergt San Juan das Zentrum des Rats der acht nördlichen Pueblos, die sich administrativ zusammenschlossen. An der katholischen Kirche und den beiden rechteckigen Kivas, die den Pueblo-Indianern als Zeremonialraum dienen, zeigt sich, daß Christentum und traditionelle Religion – wie übrigens in anderen Pueblos auch – selbst nach Jahrhunderten der katholischen Missionierung immer noch nebeneinander existieren.

Tradition und Moderne liegen auch sonst im Pueblo dicht beieinander, wie angesichts der älteren Adobe-Häuser und der modernen Bauten unschwer zu erkennen ist. San Juan brachte eine Reihe renommierter Keramikkünstlerinnen wie Regina Cato und Veronica Cruz hervor, deren Arbeiten in zahlreichen Museen auch außerhalb New Mexicos ausgestellt werden. Typisch für dieses Pueblo und gefragte Sammlerstücke sind u. a. mehrfarbige Keramiken mit rotem und weißem Design und eingekerbten Rändern sowie Schwarze Ware mit eingeritzten Linien, die ein geometrisches Muster ergeben.

Santa Ana (25 Meilen nordwestlich von Albuquerque an der Straße 44 – etwa 500 Einwohner; ✆ 5 05 / 8 67 – 33 01). Santa Ana Pueblo, das am Nordufer des Jemez River vor der Kulisse der Black Mesa liegt, wurde während der vergangenen Jahrzehnte mehr und mehr ein Pueblo nur für zeremonielle Zwecke. Die meisten der Mitglieder wohnen nicht im Pueblo selbst, sondern auf dem umgebenden Farmland in verstreuten Siedlungen und vor allem im Dorf Ranchitos nördlich von Bernalillo. Sie kommen nur an Festtagen ins Dorf, weil es im modernen Ranchitos weder Kirche noch Kiva für religiöse Zeremonien gibt.

Santa Ana zählt zu den traditionelleren, Besuchern gegenüber weniger aufgeschlossenen Pueblos und ist Fremden außer an Fest- und Feiertagen nicht zugänglich. Einige Einwohner stellen noch gewebte Gürtel und hölzerne Kreuze mit Einlegearbeiten aus Stroh und Tonwaren her. Zu den bekannten Töpferinnen New Mexicos zählt Eudora Montoya, deren Arbeiten in zahlreichen Ausstellungen und Museen in neu-mexikanischen Städten zu sehen sind.

Santa Clara (20 Meilen nördlich von Santa Fe – etwa 1200 Einwohner; ✆ 5 05 / 7 53 – 73 26). Im Tal zwischen Pajarito Plateau und Rio Grande gelegen, erlebte das

Pueblo seit Beginn des 20. Jh. einen starken Bevölkerungszuwachs, wahrscheinlich auch dank seiner günstigen Versorgungslage. Die Bewohner von Santa Clara waren bereits im vergangenen Jahrhundert autark. Auf bewässertem Ackerland entlang dem Rio Grande kultivierten sie Mais, Kürbis, Tabak und Baumwolle, was zusammen mit dem traditionellen Fischfang für ein gutes Auskommen sorgte.

Hauptsehenswürdigkeit sind die auf dem Gebiet des Santa Clara Pueblo liegenden *Puye Cliff Dwellings* (im Winter geschlossen) am Eingang zum malerischen Santa Clara Canyon. Die Ruinen, die einst von den Vorfahren der heutigen Santa Clara-Indianer bewohnt waren, bestehen aus zweierlei Haustypen. Das eigentliche Pueblo auf der Mesa wurde zwischen 1450 und 1475 aufgebaut; die *cliff dwellings* in den Steilabbrüchen entstanden hingegen schon zu Beginn des 13. Jh. Archäologische Ausgrabungen ergaben, daß die Bewohner von Puye schon vor Jahrhunderten rote Keramik töpferten, die auch heute noch im Pueblo hergestellt und mit unterschiedlich farbigen Mustern versehen wird. Charakteristisch für das Kunsthandwerk in Santa Clara sind Schwarze Ware, kleine Tierfiguren und sogenannte Hochzeitskrüge mit zwei Schnäbeln. Neue Design-Techniken läßt die Schwarze Ware erkennen, bei der Muster aus der polierten Oberfläche eines Gefäßes wie bei einem Linolschnitt ausgehoben werden. Das häufig auftauchende Symbol der gefiederten Schlange mit gezackter Zunge geht auf die Puye-Indianer zurück, die in dem Reptil die Beschützerin der lebenspendenden Quellen sahen.

Santo Domingo (40 Meilen nördlich von Albuquerque – etwa 2000 Einwohner; ℂ 505/465–2214). Die Bewohner des während der vergangenen Jahrzehnte schnell wachsenden Dorfs zählen heute zu jenen Pueblos, die am konsequentesten einer Auflösung traditioneller Lebensformen und Bräuche entgegentreten und versuchen, externe Einflüsse auf die Gemeinschaft weitgehend zu kontrollieren. Dieses Prinzip kommt vor allem alten Ritualen und alljährlichen Zeremonien zugute, die wegen ihres unverfälschten Charakters zu den spektakulärsten Pueblo-Festen in New Mexico zählen.

Ganz besonders gilt das für den alljährlich am 4. August veranstalteten Maistanz, mit dem gleichzeitig das Fest des hl. Dominik, das Schutzheiligen von Santo Domingo, sowie von Iyatiko, der Stammesmutter des Pueblos, gefeiert wird. Traditionsreich ist auch die lokale Schmuckherstellung, für die vor allem die Verwendung und Bearbeitung von wertvollen Steinen und Muscheln charakteristisch ist. Zu den bekanntesten in Santo Domingo gefertigten Schmuckstücken gehören die sogenannten Heishi-Ketten (*hee-shee* bedeutet in der Keres-Sprache Muschel) aus zugeschliffenen Muschelstücken und Schmucksteinen.

Seit ein paar Jahren gehen einige Künstler dazu über, immer wertvollere Materialien wie etwa Gold und Elfenbein in die Ketten einzuarbeiten, Korallen wurden bereits von den Spaniern in New Mexico eingeführt. Die schönen Muschel- und Steinarbeiten aus Santo Domingo waren früher so preisgünstig, daß es praktisch keine Imitationen gab. Inzwischen hat sich das jedoch geändert. Heute kommen Muschelketten auf den Markt, die von den Philippinen, aus Taiwan, Mexiko, Japan oder auch dem nichtindianischen Südwesten der USA stammen. Außer dem Preis gibt es in der

Regel für Laien kaum ein Merkmal, das die Unterscheidung zwischen Original und Kopie zuließe.

Taos Pueblo (s. Farbabb. 17; 2,5 Meilen nördlich der Stadt Taos – das Pueblo hat etwa 2000 Mitglieder, die meist außerhalb in modernen Gebäuden wohnen. Im eigentlichen Pueblo leben nur noch etwa 200 meist ältere Taosenos; $\varnothing$ 505/758–9593). Spanische Missionare gaben diesem nördlichsten aller Rio Grande-Pueblos den Namen San Gerónimo de Taos, wobei das Wort ›Taos‹ aus der Tiwa-Sprache stammt und ›im Dorf‹ sowie ›am Platz der roten Weiden‹ bedeutet. Taos Pueblo liegt am Fuße der Sangre de Cristo-Berge in einer Gegend, die, nach archäologischen Funden zu schließen, schon um das Jahr 1000 besiedelt war. Anfänge des Pueblos lassen sich bis auf die Zeit um 1350 zurückverfolgen.

Aufgrund ihrer geographischen Lage weit im Norden spielte die Taos-Region bei der Kolonisierung und Missionierung New Mexicos durch die Spanier nur eine Nebenrolle. Dennoch ging die Pueblo-Revolte im Jahre 1680 vor allem von Taos aus, und auch der Widerstand gegen die Expansion der USA im Südwesten im Jahre 1847 hatte in Taos sein Bollwerk. Während dieses Aufstands kamen ungefähr 150 Pueblo-Bewohner ums Leben.

Die mehrgeschossige Bauweise des Dorfs fasziniert Besucher seit jeher, wenngleich diese Architektur mit ihren stilistischen Anleihen bei den Plains-Indianern, mit denen die Taos-Bewohner in Eintracht lebten, und bei den Jicarilla Apachen weniger typisch für ein Pueblo ist. Die Siedlung steht Besuchern außer an bestimmten Festtagen von 8–18 Uhr zur Besichtigung offen. Allerdings ist Fremden nur der Zutritt zur zentralen Plaza erlaubt, die der Pueblo Creek, ein kleiner Bach, in zwei Hälften teilt. Auf der nördlichen Seite steht *Hlauuma*, das Nordhaus, vor der Kulisse der grünbewachsenen Ausläufer der Sangre de Cristo Mountains; gegenüber befindet sich *Hlaukwima*, das Südhaus.

Beide Hauptgebäude – mehrgeschossige, ineinandergeschachtelte Adobe-Konstruktionen, die zum Teil nur durch Leitern oder steile Treppchen miteinander verbunden sind – haben ihr Aussehen während der vergangenen Jahrhunderte nur unwesentlich verändert. Erst vor einigen Jahren versah man die ebenerdigen Etagen mit Fenstern und Türen inklusive meist blau bemalter Rahmen. Sonstigen Modernisierungen stand der konservative Stammesrat meist ablehnend gegenüber. Jahrelang wogte die Diskussion unter den Bewohnern über Für und Wider eines Anschlusses an das Elektrizitätsnetz, bis man sich schließlich doch für den Stromanschluß entschied, allerdings unter der Auflage, auf freihängende Leitungen zu verzichten. Die Pueblo-Regierung verhinderte lange Zeit auch den Ausbau des Zufahrtswegs zum Pueblo zu einer asphaltierten Autostraße.

Einige *hornos* (kuppelförmige Backöfen) auf der Plaza werden auch heute noch benutzt. Auf der Westseite der Plaza errichteten die Spanier im Jahre 1617 die erste Missionskirche, die während der Pueblo-Revolte zerstört wurde. Auf den Ruinen entstand später die *San Gerónimo-Kirche*, die besichtigt werden kann. Der Zugang zu den Wohngebäuden ist Pueblo-Besuchern grundsätzlich verboten. Im Nordhaus befindet sich ein Besucherzentrum, in dem man Informationen erhält bzw. ausgestelltes Kunsthandwerk erwerben kann. Neben Trommeln werden im Pueblo vor allem Mokassins, Silberschmuck und Töpfereien hergestellt.

Tesuque (10 Meilen nördlich von Santa Fe – etwa 250 Einwohner; ✆ 505/ 983–2667). Aufgrund seiner Nähe zu Santa Fe kam Tesuque als eines der ersten Pueblos in Kontakt mit den Spaniern. Dennoch zählen die Einwohner des Dorfs zu jenen Tewa-sprechenden Rio Grande-Pueblos, die ihr Brauchtum am besten erhalten konnten. Anders verhält es sich mit dem Handwerk. Die traditionellen Keramikformen wurden von billiger Touristenware längst verdrängt. Tesuques bekannteste Sehenswürdigkeit ist die Gesteinsformation Camel Rock an der Hauptstraße 84, die an ein liegendes Kamel erinnert.

Zia (35 Meilen nordwestlich von Albuquerque an der Straße 44 – etwa 600 Einwohner; ✆ 505/867–3304). Als die Coronado-Expedition im Jahre 1541 das Pueblo besuchte, lebten dort mindestens 5000 Menschen. Nach der Pueblo-Revolte trat das Dorf nahezu geschlossen zum Katholizismus über und errichtete aus diesem Anlaß an der südlichen Plaza ein hölzernes Kreuz, das heute noch steht. Schon zu Beginn des 17. Jh. entstand am Ortsrand die kleine Kirche *Nuestra Señora de la Asunción de Sia*, die nur noch bei religiösen Feierlichkeiten benutzt wird. Das alte Sonnensymbol der Zia, das viele traditionelle kunsthandwerkliche Produkte dekoriert, wurde zum offiziellen Staatssymbol erhoben und ziert heute die Flagge New Mexicos.

Im Pueblo gibt es einen Markt für Töpferwaren, für die stilisierte Vogel- und Blumenmuster sowie ein Ornament, das sich wie ein zweifaches Band um den unteren Teil von Gefäßen schlingt, charakteristisch sind. Candelaria Gauchupin sowie Rafael und J. D. Medina, die abweichend vom traditionellen Stil neue Designs und Fertigungstechniken entwickelten, sind mit ihren Keramikarbeiten über Zia hinaus bekannt.

Taos Pueblo

Zuni (ca. 35 Meilen südlich von Gallup im Westen New Mexicos – etwa 5800 Einwohner; ☎ 5 05 / 7 82 – 44 81). Aufgrund seiner Größe und seiner geographisch isolierten Lage abseits der übrigen Pueblos unterscheiden sich Traditionen und Brauchtum in Zuni weitgehend von denen der Rio Grande-Dörfer. Das Pueblo sieht aus wie eine x-beliebige Kleinstadt in New Mexico mit einer belebten Hauptstraße, an der sich Läden und Geschäfte aneinanderreihen. Auch in den älteren Ortsteilen, in denen Flachbauten im typisch amerikanischen Stil die mehrgeschossigen Gebäude verdrängten, verlor das Pueblo sein traditionelles Gesicht. Nur einige ältere Steinhäuser und die formschönen Backöfen in den Hinterhöfen demonstrieren, daß man sich in einem Pueblo befindet. Die 1966 bis 1972 restaurierte Kirche *Nuestra Señora de Guadalupe de Halona*, die nur an Festtagen geöffnet ist, errichteten Franziskaner nach der Pueblo-Revolte auf den Ruinen einer früheren Missionskirche. Im nordwestlichen Teil Zunis baute dieser Orden in den 20er Jahren mit *St Anthony* eine neue Mission aus roten Ziegeln, die sich von den umliegenden Adobe-Bauten stark abhebt.

Schönheiten im Hinterhof – Hornos

Der Pueblo-Baustil gehört zu den unverwechselbaren Kennzeichen New Mexicos. Schon lange vor Ankunft der Spanier errichteten die Indianer im Rio Grande-Tal ihre Wohnungen aus einem Gemisch aus Lehm, gehäckseltem Stroh, Sand und Wasser und schufen aus diesen einfachen Materialien Dörfer wie etwa Taos Pueblo, die auch dem Menschen des 20. Jh. Bewunderung abringen.

Wer Indianer-Pueblos besucht, stößt abgesehen von den rechteckigen, oft ineinander verschachtelten Bauten auch auf andere typische Architekturelemente, die den Reiz dieser Dörfer ausmachen. Dazu gehören *hornos*, kuppelförmige Öfen, in denen auch heute noch gebacken wird. Fast in jedem Pueblo lassen sich die braunen Dome finden, sehr auffällige in Taos Pueblo an der Plaza sowie auf der noch im Betrieb befindlichen Rancho de las Golondrinas (Schwalben-Ranch) in La Cienega südlich von Santa Fe, wo einige Gebäude aus dem 17. und 18. Jh. rekonstruiert wurden (die Ranch ist für Besucher in der Regel nur an Festtagen im Mai und Oktober geöffnet).

Die weite Verbreitung der *hornos* in den Indianer-Pueblos könnte darauf schließen lassen, daß es sich bei den Öfen um indianische Erfindungen handelt. Dem ist aber nicht so, vielmehr lernten die Spanier diese igluförmigen Backhäuser wahrscheinlich im arabischen Raum kennen und führten sie im Südwesten der USA ein. Die Freiluftöfen sind aus Lehm oder aus lehmverkleidetem Lavagestein gebaut und in ihrer Statik zum Teil durch Eisengeflecht verstärkt. Darin zu backen, erfordert Erfahrung und Fingerspitzengefühl.

Zunächst wird der *horno* mit einem Feuer aufgeheizt, so daß sich die Hitze in den Lehm- oder Steinwänden speichert. Wenn das Feuer heruntergebrannt ist, räumt man die Asche und andere Rückstände weg und prüft mit Papier die Temperatur. Falls Papier im Ofen zu brennen anfängt, ist die Hitze zu groß. Man kann die Temperatur regulieren, indem man den Boden des Ofens mit Wasser auswischt, bis er sich abgekühlt hat. Brot oder Gebäck ist in einem richtig ›eingestellten‹ *horno*, dessen Öffnung mit einem Blech oder einem Stein verschlossen wird, in weniger als einer Stunde fertig.

Vor allem die Silberschmiede aus Zuni schufen sich einen Namen. Im 19. Jh. lernten sie die Bearbeitungstechniken von mexikanischen Schmuckherstellern und entwickelten diese Kunst zur Meisterschaft. Typisch für den Zuni-Stil sind Einlegearbeiten mit Vogel- und Pflanzenmustern sowie sogenannte Needlepoint-, Petitpoint- und Mosaikarbeiten. Bei Needlepoint-Arbeiten werden Steine wie z. B. Türkise fast nadelfein zugeschliffen und möglichst symmetrisch auf der Silberbasis eines Schmuckstücks angeordnet. Petitpoint-Arbeiten verwenden zu winzigen Punkten geschliffene Steine, während Zuni-Mosaiken aus unterschiedlichen Schmucksteinen in variierenden Formen zusammengesetzt sind. Neben Schmuck stellen die Bewohner des Pueblos Töpferwaren – meist mit schwarzen und roten Pflanzen-, Vogel- und Rehwildornamenten – und Kachinas her, die im Unterschied zu denen der Hopi nicht bemalt, sondern in bunte Stoffe gekleidet werden. In jüngster Zeit haben viele Hopi diesen Stil übernommen.

Die Kirche José de Garcia in Las Trampas südlich vom Pueblo Picuris

Stumme Botschafter von gestern

Die bekanntesten Indianerruinen

In den USA gibt es nur einen einzigen Ort, an dem vier Bundesstaaten zusammentreffen. Das an diesem Vierstaateneck errichtete *Four Corners Monument* besteht aus einer unansehnlichen Betonplatte, in welche die Grenzlinien der vier Staaten eingezeichnet sind und über der die vier Staatsflaggen wehen. Mehr als ein Touristenspektakel ist der Ort, den man über die Straße 160 erreicht, nicht. Wo sonst könnte man sich aber auf allen Vieren photographieren lassen – die Hände in Arizona und New Mexico, während man sich mit den Füßen zu gleicher Zeit in Colorado und Utah befindet? Drum herum haben Indianer ihre Andenkenstände aufgebaut oder verkaufen aus Wohnwagen das mit Puderzucker bestäubte *Navajo Fry Bread*.

Die Gegend war vor 1000 Jahren das geographische Zentrum der Anasazi-Kultur, von der heute noch einige großartige Ruinen zeugen. Innerhalb einer Stunde kann man von *Four Corners* über Cortez den Nationalpark Mesa Verde im Südwesten Colorados erreichen, wo unter Hunderten von Wohnanlagen einige spektakuläre Klippenwohnungen wie Cliff Palace, Spruce Tree House und Balcony House zur Besichtigung freigegeben sind. Die Anasazi verschwanden Ende des 13. Jh. aus Mesa Verde und anderen Siedlungsplätzen und wanderten wahrscheinlich in Richtung Rio Grande nach New Mexico ab, wo sie in den Bevölkerungen der heutigen Pueblos aufgingen. Zeugnisse ihrer hochentwickelten Kultur blieben in New Mexico jedoch noch vielerorts erhalten.

Von *Four Corners* passiert man auf der Fahrt nach New Mexico zunächst das San Juan-Becken. Bevor die Straße 504 den San Juan-Fluß erreicht, sieht man im Süden den hochaufragenden vulkanischen Monolithen Shiprock, von dem die Navajo annehmen, er sei ein riesiger Vogel gewesen, der ihr Volk in den Südwesten brachte. Durch das San Juan-Tal gelangt man nach **Farmington**, das zu den größten Städten im Lande zählt. Schon vor über 100 Jahren ein Zentrum für Landwirtschaft und Handel, verwandelte sich der Ort später aufgrund der in der Nähe gefundenen Öl-, Gas- und Kohlelagerstätten in ein kleines Industrierevier.

Rund 14 Meilen nordöstlich der Stadt liegt in der Nähe der Ortschaft Aztec das **Aztec National Monument** (geöffnet: tägl. 8–17 Uhr; ✆ 5 05 / 3 34–61 74), die sehr kompakte Ruinenanlage eines zwischen 1106 und 1124 errichteten Pueblos, das später einige bauliche Veränderungen erfuhr. Die gewaltige West Ruin, die ursprünglich zwischen 350 und 400 Räume umfaßte, ist an manchen Stellen drei Stockwerke hoch.

Südlich von Aztec bei Bloomfield findet man die **Salmon Ruins** (geöffnet: tägl. 9–17 Uhr; ✆ 505/632–2013), die im späten 11.Jh. in der Form eines Halbrunds entstanden und ebenso wie die Aztec-Ruinen von Anasazi bewohnt waren. Die Bauten des Pueblos umfaßten vermutlich 750 einzelne, über vier Etagen verteilte Räume. Archäologen nehmen an, daß dieses Pueblo hinsichtlich Architektur, Straßenbau, Landwirtschaft und eventuell auch Astronomie zu den am weitesten entwickelten im präkolumbianischen Nordamerika zählte. Man weiß, daß Baumaterialien wie Sandstein und Holz zum Teil aus Entfernungen von mehr als 30 Meilen herangeschafft wurden. Gegen Mitte des 12.Jh. verließen die Indianer ihr Pueblo wahrscheinlich wegen Klimaveränderungen. Im frühen 13.Jh. zog vermutlich aus dem San Juan-Tal eine neue Bevölkerung in das Pueblo ein, die ähnliche Töpferwaren wie die aus Mesa Verde herstellte. Ende des 13.Jh. wurde das Dorf dann endgültig verlassen. Die Ruinen benannte man nach George Salmon, der im vergangenen Jahrhundert die Anlage vor Vandalen und Schatzsuchern schützte.

Von Bloomfield verläuft die Straße 44 südöstlich bis nach *Blanco Trading Post*, wo die Piste 57 zum **Chaco Culture National Historic Park** (geöffnet: tägl. 8–17 Uhr; ✆ 505/988–6727) abbiegt. Seit mehr als 100 Jahren sind die in einem unwirtlichen Canyon von erhabener Schönheit liegenden prähistorischen Stätten der Anasazi-Kultur bekannt, die der Wissenschaft immer noch Rätsel aufgeben. Nirgendwo im Südwesten hat man Pueblo-Reste mit so gewaltigen Ausmaßen gefunden, die auf den ersten Blick auf ein städtisches Zentrum mit einer in die Tausende gehenden Einwohnerzahl hindeuten.

Zwischen 900 und 1115 entstand mitten in einer wüstenhaften, fast lebensfeindlichen Einöde eine offenbar hochentwickelte Gemeinschaft, die in insgesamt neun Großhäusern lebte. Die bis zu fünf Stockwerke hohen Bauten verfügten über Hunderte von Räumen, angesichts ihrer präzisen Planung und sorgfältigen Bauweise lassen sie auf die Arbeit sachkundiger Architekten und Baumeister schließen. Pueblo Bonito (Schönes Haus), das berühmteste und am besten erforschte Großhaus, bestand aus mehr als 650 Räumen. Seine Mauern wurden aus genau aneinandergepaßten Sandsteinblöcken errichtet, die sich nach oben verjüngten. Die strenge Geometrie der einzelnen Anlagen erkennt man nur aus der Vogelschau. Pueblo Bonito, das sich über 1,2 ha erstreckt, hat den Grundriß eines Großen D.

Ein Forscherteam machte sich im Jahre 1972 daran, das Geheimnis um Chaco Canyon zu entschlüsseln. Die Experten stellten fest, daß die Größe der Gebäude keineswegs Rückschlüsse auf die Zahl der dort ständig wohnenden Menschen zuließ. Abfalluntersuchungen ergaben, daß die großen Mengen von Nahrungsresten und Tonscherben jeweils nur periodisch dort deponiert worden waren. Daraus folgerte man, daß der Abfall nicht von einer ständigen Besiedlung, sondern wahrscheinlich von zeitweise auftauchenden Menschenmengen herrührte, die eventuell zu jahreszeitlich bedingten Zeremonien in den Chaco Canyon zogen.

Schon vor Jahren wußte man, daß Chaco Canyon im Mittelpunkt eines sternförmigen Straßensystems lag. Mittels neuer Techniken stellte man nun fest, daß diese meist über mehrere Kilometer gerade verlaufenden Verbindungen sorgfältig angelegte

Fernwege waren. In östlicher Richtung reichten sie bis zu den Türkisminen südlich von Santa Fe, in nördlicher Richtung vermutlich bis in die San Juan Mountains in Colorado, im Westen wahrscheinlich bis zu den San Francisco-Bergen bei Flagstaff und im Süden bis zu den Mogollon-Bergen. Dieses Straßennetz, aber auch die Existenz auffallend vieler Groß-Kivas legte die Vermutung nahe, daß Chaco Canyon ein rituelles Zentrum inmitten eines riesigen regionalen Straßensystems war, das vielleicht ein Gebiet von der Größe der Bundesrepublik Deutschland bedeckte. Hinweise auf eine solche regionale Bedeutung gaben auch Fundstücke wie Türkise, Muscheln, Federn exotischer Vögel usw., die auf vielfältige Fernkontakte schließen ließen.

Wenn man Chaco Canyon in südlicher Richtung über die Piste 57 verläßt, trifft man in Thoreau auf die I-40. Über Grant und die Straße 53 erreicht man eine weitere Indianerruine, **El Morro National Monument** (geöffnet: tägl. 8–17 Uhr; ✆ 505/ 783–4226), auf einer Sandsteinmesa gelegen, die sich etwa 70 m über den Talgrund erhebt. Die meisten der dortigen Zuni-Pueblo-Ruinen wurden nicht freigelegt, so daß für manche Besucher die Petroglyphen interessanter sind, die man entlang eines Fußwegs findet. Die Felsritzzeichnungen stammen von Zuni, aber auch von Entdeckern, Reisenden und spanischen Konquistadoren, die dort vorbeikamen. Auch Juan de Oñate, der erste spanische Kolonisator, hinterließ im April 1605 auf dem Inscription Rock seine Handschrift.

Nordwestlich von Santa Fe an der Straße 4 liegt **Bandelier National Monument** (geöffnet: tägl. 8–16.30 Uhr; ✆ 505/672–3861), das bereits im Jahre 1916 unter dem Namen des Schweizer Forschers Adolph Bandelier in einem Gebiet von rund 130 km² Größe auf dem Pajarito Plateau eingerichtet wurde. Zu etwa 90 % ist das Gelände unerschlossene Wildnis, doch rund 60 Meilen Wanderpfade führen zu allen Sehenswürdigkeiten. Die Klippenhäuser waren bis zur Ankunft der Spanier im Südwesten von Anasazi bewohnt, deren religiöses und administratives Zentrum wahrscheinlich der Chaco Canyon war. Am besten zugänglich sind die Reste einst ein- bis dreistöckiger Wohnungen an der Nordseite des Frijoles Canyon (Bohnencanyon). Etwa 11 Meilen nördlich des Canyon befindet sich der Tsankawi-Teil des Monuments. Über einen schon von den Indianern benutzten Pfad kann man auf einer etwa 3,2 km langen Rundtour Ruinen und Petroglyphen besichtigen.

Westlich von Española liegen die aus dem 12. Jh. stammenden **Puye Cliff Dwellings** (✆ 505/753–7326), in denen früher der Santa Clara-Stamm wohnte, dem die Ruinen auch heute noch unterstehen. 18 Meilen nördlich von Albuquerque befindet sich **Coronado State Park and Monument** (geöffnet tägl. 9–17 Uhr; ✆ 505/ 867–5351) mit den restaurierten Ruinen eines großen Pueblos namens Kuaua, was in der Tiwa-Sprache Immergrün bedeutet. Die Coronado-Expedition der Jahre 1540–42 verbrachte wahrscheinlich einen Winter in diesem Dorf.

Über die I-25 gelangt man von Santa Fe nach rund 25 Meilen hinter dem Glorieta-Paß zum **Pecos National Monument** (geöffnet: tägl. 8–17 Uhr; ✆ 505/757–6414). Als im Jahre 1540 die ersten Spanier nach Pecos kamen, war das Dorf eine blühende Handelsstation an der Verbindung zwischen den Rio Grande-Pueblos im Westen und den Prärie-Indianern im Osten. Nach Jahrzehnten des Widerstands gegen die Weißen öffneten sich die Indianer der spanischen Missionierung und ließen zwischen 1617 und 1620 den Bau einer katholischen Kirche zu. Im Zuge der Pueblo-Revolte wurden sämtliche Franziskanermönche aus dem Pueblo vertrieben bzw. getötet, während man die Kirche niederbrannte.

Nach der Rückeroberung New Mexicos durch Diego de Vargas unterwarfen sich die Pecos-Indianer endgültig der spanischen Herrschaft. Apachen- und Comanchen-überfälle sowie eine Pockenepidemie, der etwa ein Drittel der rund 1000 Pueblo-bewohner zum Opfer fiel, leitete im 18. Jh. den Niedergang des Dorfes ein, aus dem um das Jahr 1838 die letzten Einwohner abwanderten, um bei ihren sprachverwandten Blutsbrüdern im Jemez Pueblo zu leben.

Ein Großteil der Ruinen von Pecos liegt auch heute noch unter dem Schutt der Vergangenheit begraben. Freigelegt sind die Grundmauern der niedergebrannten Missionskirche und einer später an gleicher Stelle aufgebauten Kapelle sowie einige Reste des Pueblos, in dem es alten Dokumenten zufolge bis zu fünfstöckige Gebäude und insgesamt 600 Räume gegeben haben soll.

Südöstlich von Albuquerque, erreichbar über die Straße 14, liegt auf der Ostseite der Manzano Mountains das **Salinas National Monument**, das aus drei räumlich geteilten Abschnitten besteht (alle

Chaco Canyon, Pueblo Bonito

drei Teile sind tägl. von 8–17 Uhr geöffnet). Dort sieht man nicht nur Reste von Pueblos, die sowohl von der Anasazi- als auch der Mogollon-Kultur geprägt wurden, sondern auch Ruinen von drei der insgesamt sieben spanischen Missionskirchen New Mexicos aus der Zeit vor der Pueblo-Revolte vom Jahre 1680.

Der nördlichste Teil des *National Monument* beim Dorf Punta bzw. Punta de Agua an der Straße 14 ist Quarai (𝄐 505/847–2290), ein Ende des 16. Jh. noch prosperierendes Pueblo, als Juan de Oñate auf seinem Kolonisierungszug erstmals dorthin kam. In **Mountainair**, wo sich die Straßen 14 und 60 kreuzen, ist im historischen Shaffer Hotel das Informationszentrum des *Monument* eingerichtet. Neun Meilen westlich von Mountainair liegt abseits der Straße 60 das zweite Teilgebiet, Abó Ruins (𝄐 505/847–2400), mit den Resten eines großen, nicht freigelegten Pueblos, dessen Einwohner zur Zeit der ersten Kontaktaufnahme mit den Spaniern im Jahre 1581 einen schwunghaften Handel mit Salz, Fellen und Nüssen trieben. Die Ruinen der Missionskirche, die heute noch zu sehen sind, stammen aus den 20er Jahren des 17. Jh. Etwa 25 Meilen südlich von Mountainair an der Straße 14 liegt der dritte Teil des Salinas Monuments, Gran Quivera (𝄐 505/847–2770) ein weiteres ehemaliges Handelszentrum, in dem verbrannte und mit Erde aufgefüllte Kivas von den rigorosen Versuchen der spanischen Missionare zeugen, die indianische Religion auszumerzen. Die Kirche stammt aus dem Jahre 1659. Wegen einer Hungersnot und stetiger Apachenangriffe gaben die Einwohner 13 Jahre später ihr Dorf auf.

Gila Cliff Dwellings National Monument (geöffnet: tägl. 8–17 Uhr; 𝄐 505/ 536–9344) ist eine weitere Ruinenanlage aus präkolumbianischer Zeit etwa 44 Meilen nördlich der Bergbaustadt Silver City im Südwesten New Mexicos. In natürlichen Höhlen errichteten Mogollon-Indianer im Canyon eines Zuflusses des Gila River bis zu Beginn des 14. Jh. ihre Klippenwohnungen, die man auf einem 1,6 km langen Rundweg zu Fuß besichtigen kann.

Märchenwelt
im Untergrund

Carlsbad Caverns

Wüstenvegetation macht sich breit um die Straße 62/180, die vom Städtchen Carlsbad am Ufer des Pecos River in südwestlicher Richtung auf die Grenze nach Texas zuführt – Kreosotebüsche und Biberschwanzkakteen, Yuccapalmen, Agaven und Trockengräser. Legt man die Strecke nachts zurück, sind die Chancen nicht schlecht, im Licht der Scheinwerfer vielleicht hie und da einen Skunk (Stinktier) oder einen Waschbären auf Beutezug zu sehen.

Nichts, aber auch gar nichts legt dem geologischen Laien den Gedanken nahe, daß er sich durch eine Landschaft bewegt, die vor 200 Mio. Jahren ein unter dem Meeresspiegel liegendes, etwa 400 Meilen langes Riff bildete, in dem ein buntes Gewimmel aus Algen, Muscheln und anderen Meeresbewohnern lebte. Über lange Zeiträume hinweg füllte sich das Meer mit Ablagerungen, bis das immer seichter werdende Wasser schließlich verdunstete und eine weite Ebene entstand. ›Erst‹ vor einigen Millionen Jahren hob sich die Region, wobei Risse das alte Riff sprengten und Grundwasser in die Spalten drückte, das mit seinem geringen Säuregehalt den Kalkstein aufzulösen und unterirdische Gänge und Höhlen auszufressen begann.

Auf diese Weise entstanden nach Ansicht der Geologen die berühmten Carlsbad Caverns unweit der texanischen Grenze, die zu den spektakulärsten Höhlen auf dem nordamerikanischen Kontinent zählen. Mit modernen Aufzügen, die stündlich bis zu 1400 Personen befördern, kann man sich vom Besucherzentrum aus sommerlichem Klima in die feuchte, konstant 13 °C kühle Welt der Schatten in etwa 250 m Tiefe fahren lassen, wo man nicht nur wegen der Temperaturen, sondern vor allem angesichts der märchenhaften Pracht dieser phantastischen Unterwelt erschaudert.

Auf der Normaltour durch die Höhlen, die rund 2 km lang ist und mindestens eine Stunde in Anspruch nimmt, gelangt man zunächst in die *Hall of Giants* (Halle der Riesen), die ihren Namen zwei rund 20 bzw. 13 m hohen Stalagmiten verdankt. Von dort öffnet sich mit dem *Big Room* (Großer Saal) das Erlesenste, was die Carlsbad-Höhlen zu bieten haben. Die Dimensionen des riesigen Raums kann man erst erfassen, nachdem man auf den befestigten und beleuchteten Wegen eine Weile gegangen ist (die relativ ebenen Pfade sind rollstuhlgerecht ausgebaut). *Big Room* ist 550 m lang, maximal 335 m breit und 78 m hoch, so daß neben fünf Fußballfeldern auch noch das Washingtoner Capitol in voller Größe Platz fände. Wer Englisch oder Spanisch spricht, kann sich am Eingang einen Kassettenrecorder ausleihen, über den

Carlsbad Caverns National Park

man an markierten Punkten der Rundtour Informationen über die einzelnen Sehenswürdigkeiten erhält.

Durch den Sonnentempel folgt man dem Weg zum Totempfahl, einer dünnen
Kalksteinsäule, die sich in den schwarzen Himmel des *Big Room* reckt. Am Ende der
Halle, am *Top of the Cross,* wurde ein offenes Auditorium angelegt, wo Ranger kurze
Vorträge über die Carlsbad Caverns und ihre Entstehung halten und Fragen beant-
worten. *Mirror Lake* (Spiegelsee) ist ein kristallklarer Pool unweit des *Bottomless Pit*
(Abgrund ohne Boden), eines schwarzen 43 m tiefen Riesenlochs, das einen das
Fürchten lehrt. Die grandiosen, unterschiedlich gefärbten und geformten steinernen
Höhlendekorationen sind das mühsame, sich über Hunderttausende von Jahren hin-

ziehende Werk von kalkbeladenen Wassertropfen, die von der Erdoberfläche durch das Gestein sickerten, um sich in der Unterwelt ihrer Kalkfracht zu entledigen. So entstand durch Pfeiler und Arkaden, zerbrechlich wirkende Zinnen und mächtige Dome eine natürliche Architektur, deren Genese das menschliche Vorstellungsvermögen fast überfordert.

Die Fahrt mit dem Aufzug in die Tiefe der Höhlen ist zwar der einfachste, aber nicht der einzige Zugang in die Märchenwelt im Untergrund. Der natürliche Höhleneingang befindet sich einige Meter vom Besucherzentrum entfernt; wer dort ›einsteigt‹ und die normale Besichtigungstour absolviert, benötigt etwa drei Stunden und sollte wegen der steilen und nassen Wege Schuhe mit Profilsohlen tragen.

Jeden Spätnachmittag im Sommer versammeln sich hier Hunderte Neugieriger, die auf ein Schauspiel besonderer Art warten – den Ausflug von etwa 300 000 Fledermäusen, die sich auf die nächtliche Jagd nach Insekten machen. Einer schwarzen Wolke gleich dringen die Schwärme wie auf ein geheimes Kommando aus der Höhle, um sich auf den Weg in die Fanggründe zu begeben, wo sie jede Nacht etwa 3 t Insekten vertilgen. Vor Jahrzehnten waren die Carlsbad-Höhlen noch Heimat für einige Millionen von Fledermäusen, doch hat die Schädlingsbekämpfung mit Pestiziden auf den umliegenden Farmen ihre Zahl drastisch reduziert. Im Morgengrauen kehren die Tiere zurück, um in der *Bat Cave* (Fledermaushöhle) in 65 m Tiefe, eng nebeneinander an der Decke hängend, den Tag zu verschlafen.

Diese Fledermäuse veranlaßten die ersten Siedler, das Loch, aus dem die Schwärme aufstiegen, genauer in Augenschein zu nehmen. Dabei entdeckten sie riesige Mengen von Fledermaus-Guano, der dann abgebaut, in großen Tonnen an die Erdoberfläche gebracht und als hochwertiger Naturdünger an die Zitrusplantagen nach Kalifornien verkauft wurde. Man schätzt, daß innerhalb von etwa 20 Jahren mehr als 100 000 t Guano aus der Höhle herausgeschafft wurden, ehe man die ersten Touristen, mit Kerosinlampen ausgestattet, in den Guanotonnen in die Tiefe abseilte.

In der Region um Carlsbad Caverns entdeckte man bis heute mehr als 70 Höhlen, die sich bis in die Berggegend der Guadalupe Mountains erstrecken. Viele davon sind gänzlich unerforscht, andere wie z. B. die *New Cave* (Neue Höhle) 23 Meilen südwestlich des Besucherzentrums (die letzten Meilen der Straße sind nicht asphaltiert) können auf geführten Touren teilweise besichtigt werden. Die Erforschung von *New Cave* ist noch lange nicht abgeschlossen; neuesten Erkenntnissen zufolge könnte sie sich als ein noch größeres Juwel als die Carlsbad Caverns erweisen.

In der Heimat von Billy the Kid

Der Süden New Mexicos

Die Einwohner New Mexicos machen sich manchmal darüber lustig, daß viele ihrer Landsleute New Mexico nicht für einen Teil der USA, sondern eine Provinz des südlichen Nachbarlandes halten. Daran mag einerseits die Namensverwandtschaft mit der Republik Mexiko schuld sein, andererseits gibt aber auch New Mexicos Provinzialität Grund zur Verwechslung. So gibt es im ganzen Staat keine einzige Großstadt, die durch eine Millionenbevölkerung oder zumindest durch einen einprägsamen amerikanischen Namen auffiele.

Viel von seiner Attraktivität verdankt New Mexico eben dieser Abgeschiedenheit und der damit verbundenen Beschaulichkeit des Landlebens – Merkmale, die man vor allem im zentralen Süden des Bundesstaates antrifft. Wie grüne Inseln erheben sich dort die Capitan Mountains, die häufig bis in den Frühsommer verschneite Sierra Blanca und die Sacramento Mountains aus der Wüstenregion – für Einheimische und Besucher gleichermaßen kühle Fluchtpunkte, um der sommerlichen Hitze des neumexikanischen Flachlands zu entkommen. Die Wiesen-, Weiden- und Waldlandschaften mit idyllischen Tälern, sprudelnden Bächen und verstreuten Dörfern lassen nicht vermuten, daß in Lincoln County vor über 100 Jahren ein Krieg tobte, der die Region zu einem blutigen Schauplatz des Wilden Westens machte. Ein Name ist untrennbar mit dieser Ära der Hochkonjunktur für Munitionsverkäufer und Sargtischler verbunden: Billy the Kid.

Nähert man sich von der Interstate 25 über die Straße 380 Lincoln County, könnte man meinen, selbst die Natur habe in der Geschichte dieser Gegend eine gewalttätige Rolle gespielt. Bevor man Carrizozo erreicht, durchquert man die unheimlich anmutenden Malpais Lavafelder, die sich auf ungefähr 45 Meilen westlich der Straße 54 erstrecken. Ein vor etwa 1000 Jahren südlich des heutigen **Valley of Fires State Park** ausgebrochener Vulkan hinterließ mit einem 3 km breiten Strom schwarzer zerrissener Lava verheerende Spuren. Wanderpfade führen vom *State Park* durch die bizarre Vulkanlandschaft, die im vergangenen Jahrhundert für westwärts ziehende Siedler eine nur schwer zu überwindende Barriere bildete. Wer Glück hat, kann auf einem Rundgang die einzigen auf der Welt vorkommenden schwarzen Mäuse sehen, die sich farblich ebenso an ihre Umwelt angepaßt haben wie ihre südlicheren Verwandten in White Sands, die ein beinahe weißes Fell haben.

Carrizozo, an der Kreuzung der Straßen 380 und 54, entstand um die Jahrundertwende als Eisenbahnstation der im Jahre 1899 fertiggestellten *El Paso and Northeastern Railroad.* Hätte das Automobil seit jener Zeit nicht seinen Siegeszug in Amerika angetreten, wäre der Ort heute wahrscheinlich von der Landkarte verschwunden. Aber ab und zu legen Reisende hier einen Tankstopp ein und tragen damit zum Überleben der County-Hauptstadt bei, wo in manchen Straßenzügen längst *ghost town*-Atmosphäre und der Reiz des Verfalls eingezogen ist. Noch deutlicher wird das in White Oaks 10 Meilen nordöstlich an der Straße 349.

In den 80er Jahren des 19. Jh. war **White Oaks** eine lebhafte Stadt, die sich Hoffnungen machte, zum Zentrum des Südostens von New Mexico heranzuwachsen. Als

Saguaro-Kaktus als Kneipensymbol in Carrizozo

Blitzkarriere eines Bärenbabys

Die Story könnte Teil einer ›Seifenoper‹ des US-Fernsehens sein – einer jener unsäglichen Mattscheibenvorfälle, die sich tagtäglich in amerikanischen Wohnstuben ereignen und ganze Familien in hemmungslosem Seelenschmerz vereinen. Aber diese Geschichte, die sich im südöstlichen New Mexico zutrug, hat kein Kitschliterat geschrieben.

Im Jahre 1950 tobte in den Capitan Mountains des *Lincoln National Forest* nördlich der Straße 380 von Carrizozo nach Roswell ein schweres Feuer, das rund 7000 ha Wald in ein totes rauchendes Inferno verwandelte. Durch die Presse ging die glückliche Rettung einer Gruppe von 23 Feuerwehrleuten, die, vom Feuer umzingelt, in letzter Sekunde mit angesengten Haaren und qualmender Schutzkleidung gerettet werden konnten. Doch einen Tag später wurde eine neue Rettungsaktion bekannt, die der ganzen Nation ans Herz ging.

Inmitten der brennenden Wildnis fanden Feuerkämpfer ein Bärenbaby, das sich mit verbrannten Pfoten auf einen Baum gerettet hatte. Smokey-Bär, wie der Winzling fortan genannt wurde, bekam in Capitan alle erdenkliche Pflege und erfreute sich alsbald bester Gesundheit. Die Geschichte seiner Rettung bot sich für eine Kampagne der Feuerverhütung geradezu an.

Im Juni 1950 wurde der kleine Meister Petz nach Washington D.C. geflogen und der amerikanischen Öffentlichkeit als Symbol für Waldbrandverhütung und Naturschutz vorgestellt. Drei Jahre später gründeten die Einwohner von Capitan einen Smokey-Bär-Club, sammelten Geld und bauten in ihrem Ort ein ganzjährig geöffnetes Smokey-Bär-Museum auf, das Tausende von Menschen besuchen. Jede Einzelheit des Lebens von Smokey ist dort dokumentiert. Besonders stolz ist man in Capitan auf den ersten goldenen Smokey-Oscar, den Präsident Eisenhower der Gemeinde im Jahre 1958 für ihre aktiven Bemühungen um den Naturschutz verlieh. Nachdem Smokey im Zoo von Washington gestorben war, brachte man ihn zurück in seine Heimat und beerdigte ihn neben dem Museum, wo heute eine Grabplatte die Geschichte der Blitzkarriere des Bärenbabys erzählt.

die Goldproduktion in den umliegenden Bergwerken aber immer kostspieliger wurde und sich bald gar nicht mehr lohnte, waren Yuccapalmen und Wacholderbüsche bald die letzten Einwohner der Geisterstadt. Saloons und Spielhallen, Banken, Opernhaus, Tanzhallen und Zeitungsbüros verfielen, heute hat der Ort nur noch eine Handvoll Einwohner, welche die Erinnerung an die Vergangenheit wachhalten.

Bei White Oaks endet der Asphalt der Straße 349 und geht in Schotter über. Folgt man dieser Piste 20 Meilen, erreicht man jenseits der Jicarilla Mountains **Anco**, eine weitere Geisterstadt. Anfang des 20. Jh. wurden hier Lehmziegel gebrannt, mit denen das vom Erdbeben im Jahre 1906 zerstörte San Francisco in Kalifornien wiederaufgebaut wurde. Von Ancho kann man über die Straße 54 nach Carrizozo zurückkehren und die Reise Richtung **Capitan** fortsetzen.

Wo heute die Straße 380 verläuft, lagen Anfang des Jahrhunderts die Gleise einer Stichbahn, die zu den Kohleminen von Coalora westlich von Capitan führten. Aber genauso wenig wie in White Oaks vermochte der Bergbau dort die Hoffnungen zu erfüllen. Während des Zweiten Weltkriegs wurden die Schienen abgebaut und für die Herstellung von Rüstungsgütern eingeschmolzen. Capitan blieb erhalten und erwarb seit dem Jahre 1950 sogar nationale Reputation als Heimat von Smokey-Bär, dem Symbol der Feuerverhütung und des Naturschutzes.

Vier Meilen westlich von Capitan zweigt von der Straße 380 eine Seitenstraße zum 3 Meilen entfernten **Fort Stanton** am Ufer des Rio Bonito ab. Der Militärposten entstand im Jahre 1855, um Siedler in diesen Teil New Mexicos zu ziehen und gleichzeitig die Mescalero-Apachen, die im Jahre 1872 ihr eigenes Reservat erhielten, zu kontrollieren. Während des amerikanischen Bürgerkriegs wurde das Fort von Unionstruppen niedergebrannt, als die Konföderierten von Texas her unter General Sibley vorrückten. Freiwillige unter Kit Carson bauten nach Kriegsende die Anlage wieder auf, die bis zum Jahre 1896 als Militärstützpunkt genutzt wurde und danach als Sanatorium für Lungenkranke diente. In den zahlreichen noch erhaltenen Gebäuden ist seit 1966 eine Schule für geistig Behinderte untergebracht.

Sechs Jahre vor der Gründung von Fort Stanton entstand im Jahre 1849 etwa 10 Meilen weiter östlich an der heutigen Straße 380 eine Siedlung hispanischer Bauern namens Las Placitas del Rio Bonito, die später zu Ehren des amerikanischen Präsidenten in **Lincoln** umgetauft wurde. Damals hatten texanische Viehzüchter die Gegend westlich des Pecos River längst als wertvolles Weideland entdeckt und begonnen, ihre Ranches aufzubauen. Wer welche Landrechte hatte, war zum Teil umstritten, da die USA die Region ja erst einige Jahre zuvor im amerikanisch-mexikanischen Krieg annektiert hatten. Meinungsverschiedenheiten wurden häufig mit dem Revoler ausgetragen, weil der Arm des Gesetzes ohnehin nicht bis in jeden Winkel des Landes reichte und Recht hatte am Ende derjenige, der schneller zog.

Der berühmt-berüchtigte Lincoln County War von 1878 bis 1881 hatte in dem Glauben an die Überzeugungskraft bleihaltiger Argumente einen fruchtbaren Nährboden. Hinzu kam ein durch übermäßigen Alkoholkonsum erzeugtes ›Reizklima‹, das manchem Heißsporn zum Verhängnis wurde. Auch Geldgier und Machtgelüste jener, die es schon zu etwas gebracht hatten und im fast menschenleeren und zum Teil rechtsfreien New Mexico glaubten, ihren Einfluß ausweiten zu können, führten zu einer Eskalation der Gewalt. Der Krieg im Lincoln County war ein schonungsloser Kampf zwischen rivalisierenden Geschäftsleuten, die um Marktanteile in Form von Handelsverträgen mit dem Militär sowie mit den Mescalero-Apachen in ihrer Reservation stritten. Als es zwischen der Geschäftsgruppe um den Ladenbesitzer L. G. Murphy und der Gruppe um seinen Konkurrenten Tunstall zu einem Rechtsstreit um eine Lebensversicherung kam, wurde Tunstall am 18. 2. 1878 von bezahlten Killern, die Murphy gedungen hatte, erschossen. Tunstalls Leute, unter ihnen Billy the Kid, sühnten den Mord auf ihre Weise. Anfang April 1878 lauerten sie vor dem Wortley Hotel in Lincoln Sheriff Brady und seinem *Deputy* auf und erschossen beide, weil sie für Tunstalls Tod verantwortlich gemacht wurden. Seinen Höhepunkt erreichte der Privatkrieg im Juli 1878, als das Haus des Anwalts McSween, der in der Zwischenzeit die Fronten gewechselt hatte und zur Tunstall-Gruppe übergelaufen war, fünf Tage lang belagert und beschossen wurde. Dann gelang den Feinden Murphys, die sich dort verbarrikadiert hatten, unter Führung von Billy the Kid ein waghalsiger Ausbruch aus dem in Brand gesteckten Haus.

Nachdem der neue Gouverneur Lew Wallace Regierungstruppen nach Lincoln beordert hatte, fand der Krieg in der Kleinstadt ein Ende. Nach einem Amnestieaufruf stellten sich einige ›Kriegsteilnehmer‹ den Behörden – nicht so Billy the Kid, der erst vier Tage vor Weihnachten 1880 von Sheriff Pat Garrett in der Nähe von Fort Sumner dingfest gemacht wurde und nach seiner Verurteilung zum Tod durch den Strang in Lincoln auf seinen Hinrichtungstermin wartete. Im April 1881 gelang ihm die Flucht, wobei er zwei seiner Bewacher erschoß. Mit einer wohlgezielten Kugel beendete Pat Garrett die Desperado-Karriere des erst 21jährigen William Bonney alias Billy the Kid am 15. 7. 1881 zu mitternächtlicher Stunde in Fort Sumner, wohin Billy geflüchtet war – vermutlich um sich mit seiner Geliebten zu treffen.

Ansatzlos schloß sich Billys posthume Karriere als literarische Figur und Filmheld an. Die Blumengestecke auf seinem Grab waren kaum verdorrt, da lag druckfrisch das erste umfassende Buch über »Das tatsächliche Leben des Billy the Kid« vor, verfaßt von einem Autor, der sich mit der Materie intensiv beschäftigt hatte – Sheriff Pat Garrett. Eine Welle von Publikationen folgte in den nächsten Jahrzehnten, von Groschenromanen bis zu wissenschaftlichen Untersuchungen. Der Medienrummel war beträchtlich, das, was er produzierte, klang zum Teil nach Enthüllungsjournalismus. Stimmen wurden laut, die behaupteten, der Tod von Billy the Kid sei ein abgekartetes Spiel gewesen zwischen ihm und Pat Garrett. Zeitungsreporter trieben zu Dutzenden Augenzeugen auf, die Billy lange nach seinem angeblichen Tod gesehen haben wollten. Neuen Auftrieb erhielt das Billy the Kid-Fieber, als Pat Garrett im Jahre 1908 in der Nähe von Las Cruces von hinten erschossen wurde.

Im August 1950 stellten die Einwohner von Fort Sumner fest, daß der Stein von Billys Grab verschwunden war – unbekannte Souvenirjäger hatten ihn bei Nacht und Nebel gestohlen. Im Jahre 1976 entdeckte man den Stein zufällig in Granburg etwa 60 Meilen südwestlich von Dallas und brachte ihn nach Fort Sumner zurück, wo sich heute 2 Meilen östlich des Ortes ein Billy the Kid-Museum befindet.

Die Einwohner von Lincoln behaupten, ihr Ort habe sich seit den Tagen des Lincoln County-Kriegs nicht wesentlich verändert. Wer nicht gerade anläßlich der

Billy the Kid mit Zigarre und ›Kollegen‹

jährlichen Billy the Kid-Feierlichkeiten im August das Städtchen besucht, wird daran kaum zweifeln. Das alte Gebäude, in dem L. G. Murphy seinen Laden hatte und aus dem Billy flüchtete, steht noch und kann unter Führung eines Rangers besichtigt werden – inklusive des Loches in der Mauer, das die Kugel riß, die Billys Bewacher

J. W. Bell das Leben kostete. Zahlreiche alte Gebäude wurden restauriert wie etwa das Wortley Hotel oder John Tunstalls Haus, das heute als Museum dient. Am östlichen Ortsausgang liegt neben der Straße ein von wilden Blumen und hochaufgeschossenem Gras überwucherter Friedhof mit windschiefen Kreuzen und verwitterten Grabsteinen, ein geradezu idyllisches Fleckchen für denjenigen, der die wildwütige Geschichte Lincolns nicht kennt.

Weiter Richtung Osten gelangt man ins Hondo Valley, das dem Rio Ruidoso folgt und in dem es im Herbst nach reifen Äpfeln riecht, die rot und gelb aus den Obstbäumen blinken. Die Straße 380 führt weiter nach Roswell, der einzigen größeren Stadt der Gegend. In südwestlicher Richtung biegt die Straße zum Städtchen **Ruidoso** ab, das seine normale Einwohnerzahl von etwa 8000 sowohl im Hochsommer als auch während der Skisaison auf etwa 50000 steigert. Von Wäldern und Bergen umgeben, zählt die Gegend zu den attraktivsten Urlauberzielen im Süden New Mexicos. Alljährlich im September erlangt der Ort nationale Bedeutung mit dem *All American Futurity*, dem höchstdotierten Pferderennen der Welt für *Quarter Horses* (Rennpferde, die über eine Distanz von einer Viertelmeile gehen) mit Preisgeldern von in der Regel 2,5 Mio. Dollar, wovon allein der Sieger etwa 1 Mio. gewinnt.

Südlich von Ruidoso erstreckt sich die Reservation der Mescalero-Apachen, welche die Sierra Blanca im Westen einschließt und im Süden fast bis nach Cloudcroft reicht. Hauptstadt der Reservation ist **Mescalero** an der Straße 70, von wo die Indianer ihre unterschiedlichen touristischen und gewerblichen Unternehmungen leiten. Zu den Prachtstücken unter den Betrieben zählt das luxuriöse Ferienhotel Inn of the Mountain Gods etwa 6 Meilen südlich von Ruidoso am Fuße der Sierra Blanca mit einem 18-Loch-Golfplatz, Tennisanlagen, Reitställen und den schönsten Freizeitmöglichkeiten, die man sich in dieser malerischen Gegend denken kann. Über die Straßen 70 und 24 fährt man weiter südlich, passiert die selbst im Hochsommer erfrischenden Wälder und Täler und gelangt durch den Elk und Silver Spring Canyon nach Cloudcroft, von wo die Straße in die flimmernde Hitze der Gipswüste von White Sands hinunterführt.

Space Center in Alamogordo

Als die Sonne zweimal aufging

Die ganze Nacht über goß es wie aus Kübeln. An den Oscura-Bergen war ein Gewitter hängengeblieben und hatte sich über dem nördlichen Tularosa-Tal mit wütender Gewalt entladen. Lange vor Sonnenaufgang löste das erste Tageslicht ein etwa 30 m hohes Metallgerüst aus der Dämmerung heraus, auf dem ein stählernes Ei von 3,50 m Länge und 1,50 m Durchmesser stand. Seine Füllung: zwei Tonnen chemischer Sprengstoff und 5,4 kg eines Materials namens Plutonium, das damals noch kaum jemand kannte.

An diesem 16. 7. 1945 exakt um 5 Uhr, 29 Minuten und 45 Sekunden erhellte ein ungeheurer Lichtblitz die Wüsteneinöde im Süden New Mexicos und ließ in Bruchteilen einer Sekunde den Stahlturm samt seiner brisanten Ladung in einer Hitzewelle verdampfen. Als das Grollen der gigantischen Explosion über dem Niemandsland verhallte, stieg eine pilzförmige Wolke in den klaren Himmel und kündete vom Beginn des Zeitalters der Massenvernichtungswaffen. Drei Wochen später setzten die USA die Atombomben Nummer 2 und 3 in Hiroshima und Nagasaki ein. Fast 300000 Menschen fanden sofort den Tod, Tausende siechten an den Folgen der Strahlenkrankheit über Jahrzehnte dahin, weitere Tausende litten an Erbgutveränderungen.

Die Atombombe war im Rahmen des streng geheimen *Manhattan Project* in Los Alamos, 35 Meilen nordwestlich von Santa Fe, entwickelt worden. Im Jahre 1942 richteten Wissenschaftler in enger Zusammenarbeit mit den Militärs die ersten Versuchslabors ein. In der Abgeschiedenheit der zerklüfteten Jemez Mountains bastelten die Spezialisten am neuen ›Superkiller‹, der über dem Tularosa-Tal zur Explosion gebracht wurde. Bis 1957 blieb Los Alamos eine geschlossene Stadt. Heute leben dort fast 20000 Menschen, und man erzählt, nirgendwo in den USA gäbe es auf so engem Raum mehr Doktortitelträger als in dieser ›Brutstätte‹ für Atomwaffen.

Auch das Tularosa-Tal bei White Sands hat seit der Stunde Null im Jahre 1945 Karriere gemacht. Schon auf der Straße 70/82 zwischen Las Cruces und Alamogordo wird deutlich, daß man sich in sensitiven Regionen bewegt. Große Schilder informieren die Autofahrer, daß diese Verbindung für den normalen Durchgangsverkehr zu bestimmten Anlässen gesperrt sein kann. Und wenn man sich dem *White Sands National Monument* nähert, um über eine Straßenschleife durch die weißen Gipsdünen zu fahren, wird man vorher von einem Militärposten nach seiner Nationalität und eventuell dem Ausweis gefragt.

Die Gegend ist nicht nur für Touristen, sondern auch Militärs interessant. Dort befindet sich *Holloman Air Force Base,* wo Waffentests stattfinden und Raumfahrtprogramme der NASA geplant werden. Ein knappes halbes Jahrhundert nach der ersten Detonation einer Atombombe über ›Trinity Site‹ im Norden des Tularosa-Tals werden in White Sands Waffen einer neuen Generation erprobt – Laserkanonen, gespeist aus einem verbrannten Gemisch aus Fluor und Deutrium, die den ›Krieg der Sterne‹ aus Science Fiction-Filmen in die Wirklichkeit geholt haben.

Ab und zu fliegt eine ›Drohne‹, ein unbemannter Flugkörper, über die ausgetrocknete Wüste von White Sands und wird plötzlich ohne sichtbare Einwirkungen wie von Geisterhand zertrümmert. Dann hat der gebündelte Energiestrahl des Laser getroffen. Man ist beinahe versucht, den frühen spanischen Konquistadoren, die durch das Tularosa-Tal zogen, seherische Fähigkeiten zuzusprechen. Sie nannten die Wüsteneinöde Jornada del Muerto, Reise des Todes.

UTAH
Beehive State

In Utah gehen die Uhren anders als in den übrigen Bundesstaaten der USA: Hier haben die Mormonen das Sagen. Die Kirche, die sich offiziell ›Kirche Jesu Christi der Heiligen der Letzten Tage‹ nennt (in der englischen Abkürzung LDS für *Latter Day Saints*), prägt unübersehbar sämtliche Bereiche des Lebens – vom penibel gepflegten Schrebergarten in der Provinz bis zum herausgeputzten Stadtzentrum der Metropole Salt Lake City, vom Frühstück – Kaffee und Tee sind Mormonen als ›sanfte Drogen‹ nicht erlaubt – bis zum abendlichen Kneipengang – der Ausschank und Verkauf von Alkohol ist durch spezielle Gesetze geregelt.

Das soll nicht heißen, daß man bei Schritt und Tritt in Utah auf kirchliche Reglementierung stößt. Wer sich aber eine Zeitlang im Land aufhält, entwickelt ein Gespür dafür, wann und wo er auf ›mormonische Lebensart‹ trifft, die sich häufig schon in der konservativen Bekleidung der ›Heiligen der Letzten Tage‹ ausdrückt.

Kommt man beispielsweise aus dem Ausland in der Hauptstadt Salt Lake City an, fallen sofort die breiten und gepflegten Straßen auf, in denen Verfallserscheinungen wie in anderen amerikanischen Städten vergleichbarer Größe im großen und ganzen fehlen: keine abbruchreifen Häuserzeilen, keine Slumviertel, keine Nebenstraßen, in denen sich der Müll auftürmt. Statt dessen überall sorgfältig zurechtgestutzte und im Sommer allabendlich gesprengte Rasenflächen, blitzsaubere Einkaufsstraßen, moderne Versicherungs- und Bankgebäude, eingeordnet in ein übersichtliches, schachbrettartiges Straßenmuster mit dem Tempelbezirk als Mittelpunkt.

Die Besiedlung Utahs, dieses gottverlassenen Landstrichs, wurde von Anbeginn mit dem Ziel durchgeführt, den Gottesstaat namens Deseret (Biene, Fleiß) zu gründen, eine ›geschlossene Gesellschaft‹ aufzubauen, in der Nichtmormonen und Nichtweiße Außenseiter blieben und bleiben sollten. So sind heute nur etwa 8 % der Bevölkerung Nichtweiße, denen die Mitgliedschaft in der Staatskirche verwehrt oder zumindest erschwert wird. Schätzungen zufolge zählen zwischen 60 und 70 % der Einwohner Utahs zu den ›Heiligen der Letzten Tage‹. Im Parlament sowie in der Exekutive soll ihr Anteil sogar 90 % betragen.

Den Grundstein für den Aufbau des heutigen Utah legte im Jahre 1847 der Mormonenführer Brigham Young mit einer Gruppe von Pionieren, die nach Anfeindung und Verfolgung im Osten der USA aufgebrochen waren, um jenseits der Zivilisationsgrenze im weiten Westen eine neue Heimat zu suchen. Am Fuße der Wasatch-Berge

Utah

Name: Der Name Utah leitet sich von den Ute-Indianern ab, die zu den drei größten Stämmen des Staates gehören.

Beiname: Beehive State (Bienenstock-Staat, in Anspielung auf den Bienenfleiß der Mormonen), Staatssymbol ist der Bienenkorb.

Fläche: 219 888 km^2 – elftgrößter Staat der USA, etwas kleiner als die Bundesrepublik Deutschland.

Bevölkerung: 1,67 Mio. (1988), Bevölkerungsdichte etwa 7,4 Einwohner/km^2, Bevölkerungszunahme 1980–85 rund 18 000. Von der Gesamtbevölkerung waren laut Zensus von 1980 rund 1,38 Mio. Weiße, 9225 Schwarze, 60 300 Chicanos, 15 070 Asiaten, 19 250 Indianer und 34 930 andere.

Hauptstadt: Salt Lake City mit 170 000 Einwohnern. Im Salt Lake Valley leben etwa 700 000 Menschen.

Weitere große Städte: Provo, 80 000; Ogden, 69 000; Orem 64 500; Logan, 35 000 Einwohner

Landesnatur: In Utah liegen fünf berühmte Nationalparks, sechs National Monuments, rund 3000 Seen und über 4 Mio. ha Bergland. Der größte Teil des Staatsgebiets besteht aus einem etwa 1200 m hoch gelegenen Plateau. In Nord-Süd-Richtung durchziehen die Wasatch Range und die sich anschließende High Plateau Range mit maximalen Höhen von etwa 3600 m das Territorium. Höchster Punkt Utahs ist mit 4124 m der Kings Peak in den nordöstlichen Uinta Mountains. Südlich dieses Gebirges schließt sich das Uinta-Becken an. Die am dichtesten bevölkerten Gebiete des Landes liegen an den westlichen Ausläufern der Wasatch Range. Weiter westlich folgt der Große Salzsee mit den fast menschenleeren Landstrichen des Großen Beckens. Im Süden und Südosten fräste der Colorado mit seinen Nebenflüssen das Colorado Plateau zu einer grandiosen Canyonlandschaft aus.

Wirtschaft: Wichtigster Wirtschaftssektor im Lande ist traditionell der Bergbau, wobei Kupfer bis in die 70er Jahre die größte Rolle spielte, ehe Rohöl und Kohle dem Wert nach bedeutender wurden. Daneben werden Uran, Gold (meist als Nebenprodukt der Kupfergewinnung), Erdgas, Vanadium, Silber, Blei, Zink, Eisenerz und Salz aus dem Großen Salzsee gefördert.

In der industriellen Fertigung machen Flugzeuge und Flugzeugteile, Raketen, Raketentriebwerke und elektronische Artikel den Hauptanteil aus. Zudem werden Textilien und Maschinen hergestellt sowie Metall und Nahrungsmittel verarbeitet. Nur ein Fünftel der Staatsfläche ist nach künstlicher Bewässerung landwirtschaftlich nutzbar. Der Tourismus gewinnt an wirtschaftlicher Bedeutung. Unter den vier Staaten des Südwestens bietet Utah, insbesondere der Raum um Salt Lake City, die günstigsten Voraussetzungen für die Ansiedlung von Bevölkerung, Industriebetrieben und Dienstleistungen.

errichteten sie mit Salt Lake City ihre Basis, die in den folgenden Jahrzehnten auch zum Weltmittelpunkt der Mormonenkirche wurde. Im Kern der Metropole liegt mit dem Tempelbezirk die ›Seele‹ des Mormonenreiches und gleichzeitig eine sehenswerte Touristenattraktion, die von rührigen, vom Missionseifer erfüllten Mormonen als Rekrutierungsfeld neuer Kirchenmitglieder ausgiebig genutzt wird.

Utah ist flächenmäßig etwas kleiner als die Bundesrepublik Deutschland, zählt aber nur etwa 1,5 Mio. Einwohner. Weite, im Westen liegende Teile des Staates gehören zur fast menschenleeren Wüstenzone des Großen Beckens mit einem der seltsamsten Gewässer Nordamerikas, dem Großen Salzsee (s. S. 246 ff.). Dort haben sich Militärs und Rüstungskonzerne eingerichtet, weil nirgendwo sonst innerhalb der Staatsgrenzen so unbeobachtet Depots für Nervengas und Testgelände für Raketentriebwerke angelegt werden konnten.

Im Nordosten und Osten zeigt der Staat in den Ausläufern der Rocky Mountains ein völlig anderes Gesicht. Diese Bergregionen mit riesigen Waldflächen, vielen Seen und angenehmen Temperaturen sind bevorzugte Wander- und Erholungsgebiete, was vor allem für die wilden Uinta Mountains mit mehr als einem Dutzend Gipfeln von fast 4000 m Höhe gilt. Im Süden der Gebirgskette liegt das Uinta-Becken, von dem große Teile zur *Uinta and Ouray Indian Reservation* der Ute zählen, die ihr Zentrum in Fort Duchesne etwa 8 Meilen östlich von Roosevelt haben.

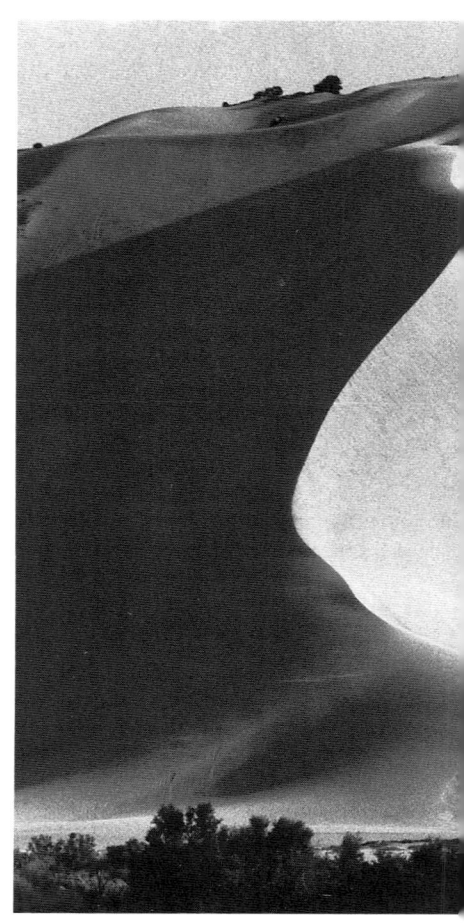

Östlich davon liegt Utahs Dinosaurierland mit einer der reichhaltigsten Fundstellen von Fossilien der ausgestorbenen Riesentiere im *Dinosaur National Monument*, 13 Meilen östlich von Vernal (s. S. 252 ff.).

Utahs weltbekannte Naturwunder konzentrieren sich im Süden bzw. Südosten auf dem Colorado Plateau, wo der Colorado River mit seinen Nebenflüssen wie Green River, San Juan River und Dirty Devil River phantastische Canyons ausgefräst hat und wo Amerikas berühmte Nationalparks Bryce Canyon, Zion und Arches jedes Jahr Millionen von Besuchern begeistern.

Im Grenzgebiet zu Arizona liegen zwei weitere absolute ›Highlights‹: das Monument Valley und der riesige Stausee Lake Powell, dessen eigentümliche Schönheit fast seinen Zweck vergessen läßt: als Wasserreservoir zu dienen und Elektrizität zu produzieren – mehr als 1 Mio. Kilowatt und damit genug, um eine Großstadt mit 1,5 Mio. Einwohnern zu versorgen.

Dünen mit Buggy-Spuren in der Little Sahara am Highway 50

So unterschiedlich wie die Landschaften sind im Land der Mormonen auch die klimatischen Bedingungen. In den Trockengebieten im Westen etwa fallen im Durchschnitt jährlich nur etwa 220 mm Regen, ausreichend für eine karge, zum Teil aus salzliebenden Pflanzen (Halophyten) bestehende Vegetation. Die Temperaturen klettern im Sommer häufig über 35 °C und forcieren die Salzproduktion in den Uferzonen des Großen Salzsees, wo die Salzlake in abgegrenzten Pools verdunstet. Vom Flugzeug betrachtet, geben diese Becken mit ihren unterschiedlichen Farbabstufungen und Formen ein großartiges Bild ab.

Wer sich, aus Nevada kommend, durch dieses trockene Gebiet der Hauptstadt Salt Lake City nähert, wird angesichts der Autokennzeichen in Utah seinen Augen nicht recht trauen. Auf dem obligatorischen Stückchen Blech ist ein Skiläufer dargestellt, der in kühnem Schwung auf die Aufforderung zuzugleiten scheint: »Fahr' Ski in Utah

– Bester Schnee der Welt«. Tatsächlich kann man vom Ufer des Salzsees innerhalb einer Stunde mühelos die Hochlagen der Wasatch Range erreichen, wo um das 2100 m hoch gelegene Park City südlich der Interstate 80 Utahs renommierteste Wintersportgebiete liegen. Nicht selten fällt hier noch im Juni Schnee.

Park City war ursprünglich ein Bergbaucamp, das von Soldaten der Bundestruppen gegründet wurde, die 1868 auf edelmetallhaltige Quarzschichten stießen. Nachdem die Produktion zu Beginn des 20. Jh. nachließ, dauerte es bis in die 50er Jahre, ehe clevere Geschäftsleute einem neuen, klingende Münze versprechenden Eldorado auf die Spur kamen: dem Tourismus.

Heute ist das Gebiet um Park City eine Sport- und Freizeitoase, die nur 27 Meilen vom Ballungsraum Salt Lake City entfernt liegt. Hauptsaison ist der Winter, wenn die Bevölkerung des Städtchens von etwa 3500 auf 13 000 anwächst. Aber nicht die Höhenlage allein trägt dazu bei, daß Park City aus den Niederungen des Gewöhnlichen herausragt. Diesem Ferienparadies inmitten der sittenstrengen, puritanischen Mormonenwelt haftet etwas Lasterhaftes an: Park City ist Standort der einzigen Bierbrauerei in Utah, die sich sogar ›erdreistet‹, interessierten Hopfen- und Malzliebhabern eine Führung durch den Betrieb anzubieten.

Büßer auf einer Landstraße im Südwesten

Vom Gottesstaat zur Gentechnologie

Die Tinte auf der amerikanischen Unabhängigkeitserklärung war kaum trocken, als sich Ende Juli 1776 eine kleine Expedition unter der Führung der beiden Franziskanerpatres Francisco Atanasio Dominguez und Silvestre Velez de Escalante in Santa Fe auf den Weg begab, um eine Landroute durch den unbekannten Westen nach Monterey an der kalifornischen Pazifikküste zu erkunden. Das Unternehmen scheiterte zwar, aber die tatkräftigen Gottesmänner waren die ersten Weißen, die nach ihrer Rückkehr etwas über das Staatsgebiet des heutigen Utah zu erzählen wußten. Von Colorado waren sie an der Südflanke der Uinta-Berge entlanggezogen bis zum Utah Lake, wo ihnen friedliche Indianer von einem großen salzigen Gewässer weiter im Norden erzählten. Schon bald nach Rückkehr der Franziskaner begann der Handel zwischen Santa Fe und dem Utah Lake über den *Old Spanish Trail* zu wachsen.

Die Öffnung des Territoriums nahm allerdings einen anderen Weg. Von Norden drangen britische und amerikanische Pelzjäger im Auftrag großer Handelsgesellschaften nach Utah vor. Zu ihnen zählte auch Jim Bridger, der 1824 das Ufer des Großen Salzsees erreichte und sich an der Küste des Pazifik wähnte. Bester Kenner des Territoriums in den ersten Jahrzehnten des 19. Jh. aber war Jedediah Smith, der 1831 auf dem Cimarron River getötet wurde. Anfang der 40er Jahre bog eine Gruppe von Emigranten vom nördlich verlaufenden *Oregon Trail* ab, um eine neue Route durch Utah Richtung Kalifornien zu nehmen. Andere folgten ihnen nach, u. a. im Jahre 1847 eine Gruppe von Mormonen, deren Ankunft im Salt Lake Valley am Fuße der Wasatch-Berge von historischer Bedeutung sein sollte.

Unter ihrem Führer Brigham Young war der Pionierzug von 143 Männern, drei Frauen und zwei Kindern in Council Bluffs (Iowa) am Missouri aufgebrochen, um im weiten Westen ein Land zu suchen, in dem die Mormonen ungestört ihre Religion praktizieren und ihr puritanisches Leben führen konnten. Ende Juli 1847 lagen 2100 km Überlandfahrt hinter der erschöpften Gruppe, als sie ihr wahrscheinlich schon vorab bestimmtes Ziel erreichten. Die Emigranten hatten sich über ihre Route und ihr Bestimmungsgebiet schon vor dem Aufbruch ausführlich bei Trappern und Pelzjägern informiert, welche die Gegend kannten. Trotzdem hält die mormonische Geschichtsschreibung an der Version fest, daß der Führer Brigham Young vom Fuße der Wasatch Range in den weiten Talgrund zeigte und mit den Worten »Dies ist der Ort« die Wahl des künftigen Mormonenstandortes traf.

Die Pioniere, die noch im selben Jahr durch neuankommende Glaubensbrüder Verstärkung erhielten, gründeten ihre erfolgreiche Landerschließung auf ein durchdachtes Bewässerungssystem. Die erste Ernte ging allerdings durch eine Dürre sowie eine Heuschreckenplage fast vollständig verloren. Bereits wenig später unternahmen die Mormonen Kolonisierungsversuche im Süden bis nach New Mexico hinein, im Westen bis nach Kalifornien und im Norden bis ins Tal des Snake River.

Als sich Brigham Young und seine Anhänger 1847 im Salt Lake-Tal niederließen, siedelten sie nicht auf amerikanischem, sondern auf mexikanischem Grund und Boden. Erst mit dem Vertrag von Guadalupe Hidalgo aus dem Jahre 1848, der den Krieg zwischen Washington und Mexico City beendete, traten die Mexikaner ihre Ansprüche auf weite Regionen im Westen des Kontinents an die USA ab – u. a. das Gebiet des heutigen Utah, das zwei Jahre später offiziell US-Territorium wurde. Am amerikanischen Expansionskrieg hatten die Mormonen selbst mit einem Bataillon von 500 Mann teilgenommen, das sie noch vor Aufbruch aus dem Osten General Kearny, dem Befehlshaber der Armee des Westens, an die Seite stellten. Ein Denkmal vor dem Capitol in Salt Lake City erinnert an dieses Engagement.

Zwei voneinander unabhängige Konflikte spielten in der sich formierenden Mormonengesellschaft während der ersten Jahrzehnte eine wichtige Rolle. Einmal war dies die Auseinandersetzung mit den im Lande lebenden Indianern, die angesichts der Knappheit von kultivierbarem Boden (nur etwa 20 % sind mittels Bewässerung bebaubar) immer weiter in karge und unfruchtbare Gebiete zurück-

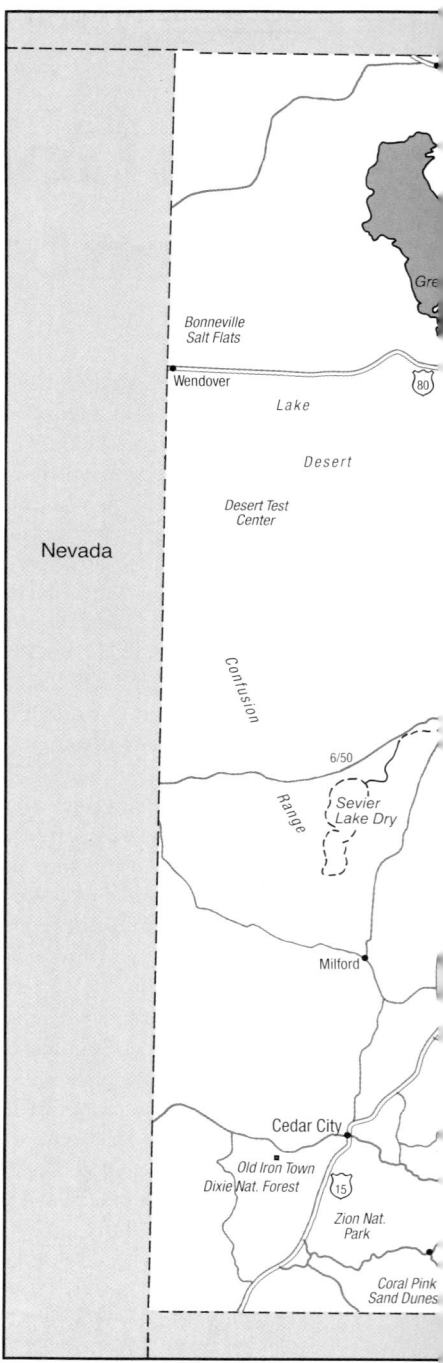

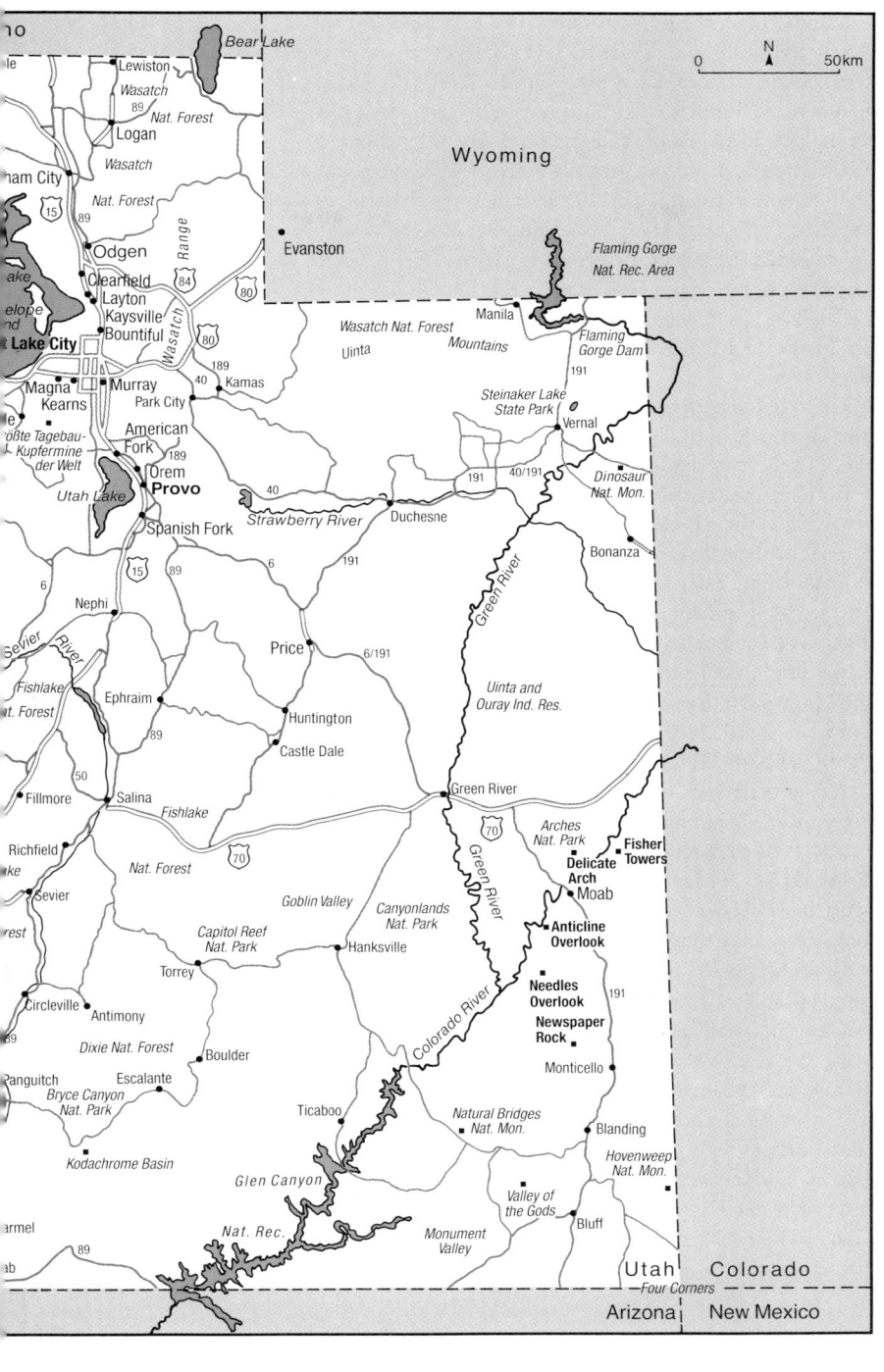

gedrängt wurden. Der Widerstand der Shoshone wurde im Januar 1863 durch Bundestruppen gebrochen, die rund 600 Krieger einkesselten und mehrere hundert töteten. Im Black Hawk-Krieg von 1865 bis 1868 wehrten sich die Ute erfolglos gegen die Landnahme durch Weiße. Wie in den übrigen USA setzte sich auch in Utah seit 1861 die Politik durch, den Indianern Reservate zuzuteilen.

Der zweite Konflikt, der die junge Mormonengemeinde umtrieb, war das sich zuspitzende Verhältnis zur Bundesregierung in Washington. Aufgrund ihrer Andersartigkeit (s. S. 233 ff.) waren die Mormonen bereits vor ihrem Zug nach Westen eine angefeindete Minorität gewesen. Im Jahre 1854 weigerte sich Präsident Pierce, den seit 1850 amtierenden Gouverneur Brigham Young erneut für das Utah-Territorium offiziell zu bestätigen. Zudem wurde 1856 ein erneuter Vorstoß der Mormonen, Utah als Staat in die Amerikanische Union aufzunehmen, abgelehnt u. a. mit Verweis auf die Polygamie.

Die ›Heiligen‹, wie sich die Mitglieder der LDS nannten, weigerten sich standhaft, eine andere Autorität als die ihres Führers Brigham Young und ein anderes Gesetz als das ihrer Kirche anzuerkennen. 1857 marschierten Bundestruppen in das Utah-Territorium ein, unter den Mormonen wuchs die Bereitschaft, sich notfalls auch militärisch gegen die ›sittenlosen‹ Eindringlinge zu verteidigen. Verhandlungen verhinderten schließlich den Ausbruch offener Gewalt und trugen dazu bei, Vorurteile der gegnerischen Parteien zumindest ansatzweise abzubauen.

Die Fertigstellung einer Telegrafenlinie zwischen Ost- und Westküste im Herbst 1860 sowie der transkontinentalen Bahnstrecke 1869 beendete die geographische Isolierung Utahs und steuerte zur wirtschaftlichen Entwicklung des Landes bei. Als die Mormonenkirche im Jahre 1890 schließlich die Polygamie aufgab, war das Haupthindernis auf dem Weg zur Staatswerdung beseitigt. Am 4.1.1894 proklamierte Präsident Cleveland Utah zum 45. Mitglied der Union.

Utahs wirtschaftliches Standbein war von Anfang an die Landwirtschaft. Bergbau hatten die Mormonenführer abgelehnt, so daß sich auf diesem Sektor vornehmlich *gentiles* (Nichtkirchenmitglieder) betätigten, nachdem die Armee vor Beginn des Bürgerkriegs wichtige Lagerstätten ausfindig gemacht hatte. Die ökonomische Talfahrt zur Zeit der Weltwirtschaftskrise zog auch Utah in ihren Sog, demographische Folgeerscheinungen waren unübersehbar.

Zwischen 1920 und 1940 stieg die Gesamtbevölkerung Utahs nur um rund 101 000 von 449 000 auf 550 000. Einen Wachstumsschub, sowohl wirtschaftlich als auch bevölkerungsmäßig, brachte erst wieder der Zweite Weltkrieg, als die Bundesregierung zwischen 1942 und 1945 Hunderte Millionen von Dollar in rüstungsorientierte Landkäufe, Baumaßnahmen, Produktion und Dienstleistungen in Utah investierte. Viele der damals geschaffenen Einrichtungen blieben nach Kriegsende bestehen oder wurden ausgebaut. Neben dem Bergbau spielt heute die militärtechnische und Raumfahrtindustrie eine ausschlaggebende Rolle. Schulen, Universitäten und andere wissenschaftliche Einrichtungen haben in Utah seit langem einen hohen Stellenwert. In einigen Bereichen wie etwa der Gentechnologie hat sich das Land einen vorzüglichen Ruf erworben.

Felsenfest

Die Mormonen in Utah

im Wandel

So wie die Städte Rom, Mekka/Medina und Jerusalem mit Katholizismus, Islam und Judentum in Verbindung gebracht werden, gelten Salt Lake City und Mormonentum gewissermaßen als Synonyme. Nicht ganz zu Unrecht. Die Hauptstadt Utahs wurde vor mehr als eineinhalb Jahrhunderten von Mormonen gegründet, die das Land kolonisierten, in eine blühende Oase verwandelten und seither einen bedeutenden Einfluß auf die gesellschaftliche Entwicklung ausübten. Seit Mitte des 19. Jh. bildete sich ein eigenständiger Kulturraum der Mormonen mit dem Zentrum Salt Lake City heraus, so daß heute die Gesellschaft Utahs auf vielfältige Weise von geistlichen wie weltlichen Einflüssen des Mormonentums durchdrungen ist.

Die Mormonen bilden die einzige auf amerikanischem Boden gegründete Religionsgemeinschaft, die zu einer weltweit verbreiteten Kirche heranwuchs. Eine Gebäudefront ihrer Hauptverwaltung im Zentrum von Salt Lake City weist eine Globus- und Weltkartendarstellung auf, die auf die Verbreitung der Mormonen in rund 80 Staaten der Erde Bezug nimmt. Missionierung spielt eine entscheidende Rolle; ständig sind 30 000 Kirchenvertreter rund um den Erdball damit beschäftigt, die Lehren der ›Heiligen der Letzten Tage‹ zu verbreiten. Auf diesem Eifer beruht auch das schnelle Wachstum der Kirche in den vergangenen Jahrzehnten, die heute schätzungsweise über 5 Mio. Gläubige zählt.

Gegründet wurde die Mormonenkirche am 6. 4. 1830 in Fayette im Staate New York durch Joseph Smith, den damals 25jährigen Religionsstifter. Er berief sich auf eine Reihe göttlicher Erscheinungen und Visionen, die ihn schließlich dazu brachten, das »Buch Mormon« zu verfassen, das laut Smith ein Produkt göttlicher Inspiration war und nach der Veröffentlichung im Jahre 1830 zum wichtigsten ›Werkzeug‹ der Missionierung wurde.

Smith und seine Anhänger waren von Anfang an eine verfolgte und angefeindete Gemeinschaft, die sich zeitweise in Ohio, Missouri, und schließlich in Illinois niederließ, weil sie nirgends gern gesehen war. Nicht nur ihr geradezu fanatischer Religionseifer zog ihnen die Feindschaft vieler Mitbürger zu, sie gebärdeten sich anderen gegenüber auch als moralisch und sittlich überlegen. Der fähige und bibelkundige Prediger Smith nahm außerdem für sich in Anspruch, fast täglich göttliche Erscheinungen zu haben, was viele als Gotteslästerung auslegten.

Zudem wurde der Religionsstifter nach dem Aufbau der Mormonengemeinde in Nauvoo (Illinois) mit dem Stimmenpotential seiner Anhänger zu einem politischen Machtfaktor. Und dann gab es noch die sogenannte Nauvoo-Legion, Smiths persönliche Armee, die von vielen Siedlern mit Skepsis betrachtet wurde. Als diese ›Schutztruppe‹ im Juni 1844 das Büro der kritischen Lokalzeitung »Nauvoo Expositor« niederbrannte, hatten die Mormonengegner eine rechtliche Handhabe, um gegen die Sittenhüter vorzugehen.

Smith und sein Bruder Hyrum wurden ins Gefängnis gesteckt und dort am 27. 6. 1844 vom bewaffneten Pöbel, der ihre Zelle stürmte, umgebracht. Dieses Verbrechen war für die Mormonen das Fanal, um sich drei Jahre später unter der Führung von Brigham Young in Richtung Westen auf die Suche nach einem eigenen Land zu begeben.

Basis der mormonischen Glaubenslehre ist heute neben der Bibel vor allem das »Buch Mormon«. Als Essenz der Lehre läßt sich folgendes zusammenfassen: Der Mensch ist ein ewiges Wesen, erschaffen nach dem Abbild Gottes und deshalb ausgestattet mit einem heiligen Körper, dessen Gesundheit z. B. nicht durch den Genuß von Alkohol und Tabak, Kaffee oder Tee beeinträchtigt werden darf. Nach Ende des irdischen Lebens stirbt der Körper zwar, aber im Jenseits existiert der Mensch weiter. Aus diesem Grund spielen für die ›Heiligen der Letzten Tage‹ Familienbeziehungen eine bedeutende Rolle. Familien bleiben, sofern sie kirchlich ›versiegelt‹ wurden, auf ewig verbunden. Eheschließungen, die nur im Tempel von dazu Bevollmächtigten vollzogen werden können, gelten für alle Ewigkeit. Ehebruch steht an Schwere gleich hinter Mord.

Joseph Smith, der Gründer der Mormonenkirche, und ein Engel betrachten das heilige Buch der Mormonen; historische Darstellung aus dem 19. Jh.

Verwaltungshochhaus der Mormonenkirche und Tempel

Diese Grundsätze führen zu einem besonderen Interesse an Vorfahren. So kann ein verstorbener Verwandter durch posthume Taufe in den Kreis der Familie aufgenommen werden. Im Zentrum von Salt Lake City befindet sich die größte genealogische Bibliothek der Welt, ein Institut für Abstammungs- und Verwandtschaftsforschung, das sich modernster Datenverarbeitung bedient. Mehr als eine Million Rollen Mikrofilme liegt in speziell gebauten Stollen in den Granitbergen rund 12 Meilen außerhalb der Hauptstadt.

Die Mormonenkirche ist hierarisch organisiert. Ihre untersten Ebenen bilden Gemeinden von jeweils mehreren hundert Mitgliedern, mehrere Gemeinden werden zu einem ›Pfahl‹ zusammengefaßt, eine Art Diözese; Missionen betreuen verstreut lebende Mitglieder. Besoldetes Berufspriestertum kennt die Kirche nicht; sie hat ihre finanzielle Grundlage im ›Gesetz des Zehnten‹, das heißt, von jedem Mitglied wird erwartet, daß es freiwillig ein Zehntel seines Einkommens abgibt.

Tätigkeiten als Priester, Diakon, Hoher Priester oder Bischof (Leiter einer Gemeinde) kann prinzipiell jedes mit entsprechenden Vollmachten ausgestattete männliche Kirchenmitglied ausüben. An der Spitze der Kirchenorganisation steht die ›Erste Präsidentschaft‹ mit einem Präsidenten, der aus dem ›Kollegium der 12 Apostel‹ gewählt wird, und zwei Ratgebern. Daneben vervollständigen zwei weitere Kollegien die Generalautoritäten, denen ein umfangreicher Stab von Beamten und Fachleuten aus Wirtschaft, Politik und Kultur zur Verfügung steht.

Die Mormonenkirche ist auch ein erfolgreiches Geschäftsunternehmen, sie besitzt Versicherungsgesellschaften, Verlage und Buchläden, Hotels, Farmen, Fernseh- und Radiostationen sowie Zeitungen in Utah und anderen Bundesstaaten, ist an Datenverarbeitungs- und Grundstücksfirmen beteiligt, hält Anteile an einer Energiegesellschaft und betreibt in Provo mit der Brigham Young-Universität die größte Hochschule des Landes, an der 30000 Studenten eingeschrieben sind und 100000 weitere Kurse und Seminare besuchen. Gemessen an ihrer Mitgliederzahl, ist die Gemeinschaft der Mormonen wahrscheinlich die reichste Kirche der Welt.

Wie alle anderen Religionsgruppen sieht auch sie sich mit Problemen konfrontiert, die durch Urbanisierung, Industrialisierung, Desinteresse, Wertewandel und Bewußtseinsveränderungen entstanden. Unter dem Druck Washingtons mußte 1890 als Voraussetzung für eine Aufnahme Utahs als Bundesstaat in die amerikanische Union die Polygamie aufgegeben werden. Die Scheidungsrate unter Mormonen nimmt zu. Seit 1978 sind Schwarze als Priester zugelassen, nachdem ein entsprechendes Verbot die Entwicklung zur Weltkirche lange behindert hatte. Der einst verpönte Bergbau wurde zu einem zentralen Faktor der Wirtschaft, Utah ist längst keine vom übrigen Amerika isolierte, geschlossene Gesellschaft mehr, zu der nur Mormonen Zutritt haben. Ökonomische Abhängigkeiten, Medieneinflüsse und Zuwanderungen haben einen zwangsläufigen Prozeß der ›Amerikanisierung‹ in Gang gesetzt, der Wirkung zeigt.

Historische Darstellung der Ermordung von Joseph Smith

Rund ums Capitol

Utahs Hauptstadt Salt Lake City

Salt Lake City, die Hauptstadt des US-Bundesstaates Utah, rühmt sich gerne als ›Wegekreuz des Westens‹. In der Tat ist die Kapitale der größte urbane Ballungsraum zwischen der kanadischen Grenze und Phoenix in Arizona, zwischen Denver in Colorado und San Francisco an der Pazifikküste. Dabei nimmt sich die Stadt ihrer Größe nach mit rund 170 000 Einwohnern recht bescheiden aus. Auch ihr Wachstum ist sehr moderat, in den letzten 50 Jahren nahm die Bevölkerung um nur 20 000 zu. Das ist auf den ersten Blick verwunderlich, weil sowohl Utah als auch der gesamte Südwesten zu den am schnellsten wachsenden Regionen der USA zählen. Ein anderes Bild ergibt sich, wenn man den Blick nicht nur auf Salt Lake City konzentriert, sondern das gesamte metropolitane Gebiet berücksichtigt, das in etwa mit dem Salt Lake City County identisch ist. Hier leben rund 720 000 Menschen, Trend: schnell wachsend. Während die Bevölkerungsentwicklung der Stadt durch topographische Bedingungen gebremst wird, geht sie im südlichen Salt Lake Valley ungehindert voran – vor allem gefördert durch die günstigen Industriestandorte in dieser Gegend.

Utahs Hauptstadt wurde im Juli 1847 von einem kleinen Trupp von Mormonenpionieren gegründet. Am Westhang des Wasatch-Gebirges fand der Treck eine ausgedehnte Wüste vor, deren trockener und sonnenverbrannter Boden jedem als eine gigantische Herausforderung erscheinen mußte. Mit ausgeklügelten Bewässerungssystemen gelang es den Mormonen, die Erde fruchtbar und die Ernten ergiebig zu machen. Von Wüste und Trockenheit ist der Metropole heute nichts mehr anzumerken. Im Gegenteil, die Stadt macht aufgrund ihrer vielen Grünflächen und Alleen einen freundlichen Eindruck. An Sommernachmittagen scheinen die Einwohner mit Wasser geradezu zu protzen; überall sind dann die fest installierten Sprinklersysteme in Betrieb, um Rasen und Blumenbeete mit dem notwendigen Naß zu versorgen. Vor allem in den gepflegten Gartenanlagen um das Capitol zeigt sich, was der Bienenfleiß der Mormonen aus der wüstenartigen Landschaft zu machen wußte. Der größte Wasserspeicher der Stadt ist das Wasatch-Gebirge im Osten, wo meist bis in den Juni hinein Schnee liegt und man zahlreiche Auffangbecken angelegt hat.

Salt Lake Citys Kennzeichen sind, vom Temple Square und dem leuchtend weißen Capitol einmal abgesehen, vor allem seine Sauberkeit und seine breiten Straßen. Schon bei der Gründung entschlossen sich die Stadtväter unter Führung von Brigham Young, die Verkehrswege 40 m breit anzulegen, damit ein Ochsengespann problem-

Capitol und Tempelbezirk

Das **Capitol** (s. Farbabb. 21) äußerlich dem architektonischen Vorbild in Washington D. C. nachempfunden, wurde nach Plänen von Richard K. A. Kletting zwischen 1912 und 1915 fertiggestellt. Unter der 87 m hohen kupfergedeckten Kuppel breitet sich das Gebäude in zwei Flügeln aus, die ursprünglich nur für das Repräsentantenhaus und den Senat vorgesehen waren, heute aber auch das Oberste Gericht beherbergen. Das weithin sichtbare Gebäude wurde aus Granit gebaut, den man in den Wasatch Mountains brach. Im Innern fand vornehmlich grauer Marmor aus Georgia Verwendung, um die große Halle auszugestalten. Manche Gesteinsmaserungen an den Wänden wecken Assoziationen, und man bezeichnet sie demnach inoffiziell als ›Persischen Teppich‹, ›Schmetterling‹, ›Stundenglas‹ und ›Gähnenden Löwen‹. Unterhalb der Kuppel stellen vier Deckengemälde Szenen aus der Geschichte Utahs dar: die Dominguez-Escalante-Expedition aus dem Jahre 1776 als ersten spanischen Vorstoß nach Utah durch Franziskanerpatres, die einen Weg zur Pazifikküste suchten, aber unverrichteter Dinge umkehren mußten; Peter Skene Ogden, einen Pelzhändler der *Hudson Bay Company*, der im Mai 1825 nach Utah vorstieß; John C. Fremont, den Entdecker weiter Gebiete des amerikanischen Westens, der 1843 den Großen Salzsee erreichte; und schließlich Brigham Young, der den Mormonentreck 1847 ins Salt Lake Valley führte. In der Kuppel hängt ein 3000 kg schwerer Leuchter an einer 3500 kg schweren und rund 30 m langen Kette. Auf der Südwestseite der großen Halle befindet sich der *Golden Room*, ein im barocken Stil eingerichteter Empfangsraum für Staatsgäste. Eine Treppe führt ins Untergeschoß, wo neben anderen Exponaten der gelbrote Rennwagen ›Mormon Meteor‹ von Ab Jenkins steht, mit dem der bekannte Rennfahrer eine Reihe von Geschwindigkeitsweltrekorden auf den Bonneville Salt Flats aufstellte.

Der **Tempelbezirk** (Temple Square) wird von den Mormonen als Zentrum ihrer Kirche betrachtet. Das nur 4 ha große Areal ist sowohl Stadtmittelpunkt als auch die meistbesuchte Sehenswürdigkeit Salt Lake Citys. Man kann den Bezirk, der von einer 5 m hohen Mauer umgeben ist, an drei Stellen, von den Straßen South Temple, North Temple und West Temple, durch schmiedeeiserne Tore betreten (Rauchen ist nicht gestattet). In der gepflegten Parkanlage steht als wichtigstes Gebäude der monumentale **Granittempel**, dessen höchsten Turm (68 m) die über 4 m hohe Statue des Engels Moroni aus goldüberzogenem Kupfer krönt – allerdings nicht fest installiert, sondern lediglich durch ein Pendel fixiert.

Nichtmormonen haben zum Tempel keinen Zutritt. Dort werden wichtige religiöse Zeremonien, etwa die ›Versiegelung‹ von Familien für alle Ewigkeit, vollzogen. Vor allem an Wochenenden sieht man am Osttor häufig frisch getraute Ehepaare inmitten ihrer Großfamilien zum Hochzeitsphoto versammelt.

Der **Tabernakel** mit seinem gewölbten Dach, ein ovales Auditorium mit rund 8000 Plätzen, wurde 1867 erstmals benutzt. Hier finden jeden Sonntag um 9.30 Uhr vom Rundfunk übertragene Konzerte statt. Proben des weltberühmten Tabernakel-Chors kann man jeweils am Donnerstag um 20 Uhr besuchen. Schaustück des Tabernakels ist die große Orgel mit rund 11 000 Pfeifen, deren Bau im Jahre 1867 mit weniger als einem Zehntel der heutigen Pfeifen begonnen wurde. Betrieben wird die ›Stradivari‹

Indianerstatue vor dem State Capitol

unter den Orgeln durch einen 30-PS-starken Elektromotor mit Gebläse. Ab und zu führt ein Organist vor einer Probe (Mo–Fr jeweils um 12, an Wochenenden um 16 Uhr) die exzellente Akustik der Halle vor, indem er – hörbar – eine Nadel fallen läßt.

Die **Assembly Hall** in der Südwestecke des Temple Square, die an College-Gebäude einer alten englischen Universität erinnert, wurde zwischen 1877 und 1882 als Versammlungsplatz für die Mormonen der Stadt errichtet. Heute finden in dem Gebäude mit 2000 Sitzplätzen und zahlreichen Nebenräumen religiöse Versammlungen, Konzerte und Beerdigungen statt.

Im Tempelbezirk befinden sich neben einigen Monumenten, die an die Pinoniergeschichte der Mormonen erinnern (z. B. das Seemöwen-Monument, das zur Erinnerung an die Heuschreckenplage von 1848 errichtet wurde, als Möwen die Schädlinge dezimierten), zwei **Besucherzentren** mit Ausstellungen der Mormonenkirche (z. B. Bildergalerien, Taufbecken usw.) sowie Informationsschalter. Wer sich für eine der zahlreichen, in vielen Sprachen angebotenen Führungen interessiert, kann sich hier erkundigen. Außerhalb des Tempelbezirks befindet sich an der Ecke Main Street und South Temple direkt an der Mauer des Temple Square der 1847 bei der Stadtgründung gesetzte Markierungsstein, von dem aus die Numerierung der Straßen Salt Lake Citys erfolgt.

los wenden konnte. Bis heute hat sich daraus ein innerstädtisches Straßensystem entwickelt, das mit dem Verkehrsaufkommen offensichtlich besser fertig wird als in anderen amerikanischen Großstädten – der Verkehr bricht im Zentrum der Stadt nur selten zusammen. Slumviertel bekommt man nirgendwo zu Gesicht, höchstens einige baufällige Häuser in Wohngebieten westlich des Stadtzentrums.

Im Kern Salt Lake Citys wurde während der letzten Jahre eine Reihe älterer Gebäude abgerissen, um Platz für neue Hochhäuser zu schaffen. Der Atmosphäre der Stadt sind solche baulichen Maßnahmen durchaus nicht immer zuträglich, zumal die Kapitale ohnehin einen etwas spröden Charme ausstrahlt. Man könnte glauben, im Aufbaueifer hätten die Pioniere das Leben vergessen. Auffallend ist jedenfalls, daß es keine Straßencafés oder öffentliche Plätze gibt, wo sich Leute treffen.

Bars und Kneipen werden in Anbetracht der geltenden Alkoholgesetze in großen Hotels oder Hinterhöfen versteckt. Das Nachtleben ist auf Privatclubs beschränkt (s. S. 374), Lokalitäten, in denen Bier, Wein und Spirituosen ausgeschenkt werden

Downtown Salt Lake City, im Hintergrund die Wasatch Range

und zu denen man nur mit einem Ausweis Zutritt hat, der 5 Dollar (zweiwöchige Gültigkeit) kostet. Wer älter als 21 ist, kann außer in solchen Clubs Alkohol in speziellen Läden (*State Liquor Stores*) oder auch in zahlreichen Hotels bzw. Motels, die über *Package Agencies* verfügen, kaufen. Dort bekommt man z. B. eine Flasche Wein (nur gegen Bargeld), die man mit ins Restaurant nimmt. Manchmal werden Bier und Wein auch am Tisch serviert, viele Supermärkte verkaufen Flaschenbier.

Unübersehbar ist trotz der für zahlreiche Besucher streng anmutenden Alkoholgesetze, daß Salt Lake City seit wenigen Jahrzehnten weltoffener geworden ist. Das ›mormonische Element‹, diese in früheren Jahren für die Pioniergemeinschaft so typische puritanische Einstellung, wurde in der Hauptstadt durch den amerikanischen Lebensstil längst aufgeweicht. Medien, moderne Verkehrsmittel und Tourismus haben die einst isolierte und in sich geschlossene Bastion des Mormonentums weitgehend geschleift und den einst in jeder Beziehung konservativen Religionsstaat in eine moderne und technisch orientierte Gesellschaft verwandelt, in der Nichtmormonen eine größere Rolle spielen als früher. Solche Veränderungen finden natürlich in erster Linie in Salt Lake City, dem Schaufenster Utahs, ihren Ausdruck. Auf dem Lande kann man durchaus noch Lebensformen finden, wie sie für das Mormonenreich Ende des letzten Jahrhunderts allgemein üblich waren.

Die Hauptstadt bietet ihren Besuchern eine breite Palette von Restaurants, Kunstgalerien, Museen, Theatern und Clubs, die den Anspruch der Metropole unterstreichen, nicht nur Verwaltungs-, Wirtschafts- und Finanzzentrum des Staates zu sein, sondern auch kultureller Mittelpunkt. Utahs Symphonie-Orchester hat sich über die Grenzen der USA hinaus einen Namen gemacht, von den jährlich 260 Konzerten finden einige auch im Ausland statt. Zuhause, in Salt Lake City, besitzt die Utah Symphony eine ob ihrer Akustik weltbekannte Konzerthalle mit 2800 Plätzen. Das äußerlich bescheiden wirkende Gebäude wurde 1979 eingeweiht. Neben der Oper, dem Ballett und kleineren Theatern ist vor allem der Tabernakel-Chor der Mormonen mit seinen Radio- und Fernsehübertragungen weltweit bekannt.

Das breitgefächerte Kulturangebot der Stadt offenbart sich vor allem im Sommer mit einer Vielzahl von Konzerten und Theateraufführungen, Ausstellungen, Festivals und Sportveranstaltungen. Im Zentrum liegen über ein Dutzend Galerien, die Werke von zum Teil auch international bekannten Künstlern ausstellen. Im Besucherzentrum am Salt Palace gibt es eine Broschüre der *Salt Lake Art Dealers Association* über lokale Kunsthandlungen und Galerien.

Als im Jahre 1868 Bauarbeiter in Salt Lake City das erste Kaufhaus des amerikanischen Westens hochmauerten, war die Hauptstadt eben 20 Jahre alt und kaum mehr als ein bescheidener, vom Pionierdasein seiner Bevölkerung geprägter Vorposten der weißen Zivilisation. Heute präsentiert sich die Metropole mit Boutiquen, Einkaufszentren, Supermärkten, Kunstgalerien und Modestudios als modernes Shopping-Paradies, in dem alles zu haben ist, was in Amerika als zeitgemäß erscheint.

So haben die Geschäfte von Salt Lake City einen für europäische Verhältnisse geradezu unglaublichen Einzugsbereich. Leute, die z. B. im rund 240 Meilen entfernten Baker in Nevada wohnen, tätigen ihre Einkäufe in Salt Lake City, weil dies die nächstgelegene Großstadt ist. Zwei große Geschäftszentren befinden sich mitten in der Stadt in der Nachbarschaft des Tempelbezirks. Die viergeschossige Crossroads Plaza mit offenen Geschäftsräumen und Läden nach dem Vorbild des Quincy Market in Bosten bietet Besuchern überdies Eßecken und Imbißstuben, drei Kinos und einen Sportkomplex mit Tennisplätzen auf dem Dach. Zudem ist dieses Einkaufszentrum (geöffnet: wochentags 10–21, Sa 10–18 Uhr) mit dem Marriott, einem der luxuriösesten Hotels der Stadt, direkt verbunden.

ZCMI Center, der Neubau des 1868 gegründeten, der Mormonenkirche gehörenden Kaufhauses, liegt an der Main Street. Man hat die aus dem letzten Jahrhundert stammende Fassade erhalten und die neue Front damit verschönert (Öffnungszeiten wie Crossroads Plaza). Außerhalb des Stadtkerns liegt Trolley Square (500 South/700 East), ein seit den 60er Jahren neu hergerichteter, attraktiver Einkaufs- und Unterhaltungskomplex, der in die Hallen eines früheren Straßenbahn- und Busdepots integriert wurde. Alt und neu verband man zu einer funktionalen und architektonisch sehr ansprechenden Einheit, was offensichtlich auch die Bevölkerung Salt Lake Citys honoriert. Denn seitdem Trolley Square (geöffnet: Mo–Sa 10–21, So 12–17 Uhr) mit seinen Boutiquen, Restaurants, Theatern, Eissalons und Imbißecken ausgebaut ist, hat sich das Viertel zum lockersten Treff der Stadt entwickelt. Wahrzeichen des Platzes ist ein Eisenturm, auf dem ein weithin sichtbarer Löschwassertank thront.

Was Hotels und Motels anbelangt, bietet Salt Lake City rund 10000 Zimmer sämtlicher Qualitäts- und Preiskategorien, von kleinen Motels (von denen viele im Süden des Stadtzentrums an den Hauptstraßen zu finden sind) bis zu Luxushotels mit eleganten Suiten, die sich in der Innenstadt südlich des Tempelbezirks konzentrieren. In diesem Areal liegen auch zahlreiche Restaurants, vor allem an der West Temple Street um den Salt Palace. Eine für Utah typische Küche existiert nicht, dieses Manko wird jedoch durch eine breite Palette ausländischer Restaurants wett gemacht. Eine kleine Gaumenfreude ist jedoch ganz typisch für Salt Lake City. In manchen Geschäften, die Süßigkeiten verkaufen, sieht man automatische Rührmaschinen, die mit metallenen Fingern einen zähen Teig kneten. Daraus werden Salzbonbons gefertigt, welche die Metropole als ihre Spezialität preist.

Wer gut zu Fuß ist und einen relativ steilen, etwa halbstündigen Aufstieg nicht scheut, sollte sich bei klarem Wetter spätnachmittags auf den Weg zu einem Aussichtspunkt machen, von dem das gesamte Salt Lake Valley überblickt werden kann. An der östlichen Seite des Capitols vorbei, fährt man die City Creek Canyon Road bergan, bis man linker Hand die letzten Häuser erreicht. Hier am Stadtrand kann man das Auto abstellen, um sich zum Ensign Peak aufzumachen.

Die Wege sind gut erkennbar, weil sie auch von Allradfahrzeugen benutzt werden, was allerdings verboten ist. Im Sommer trifft man auf dem Hügel meist andere Spaziergänger, die das phantastische Schauspiel des Sonnenuntergangs hinter dem Großen Salzsee verfolgen wollen. Im Osten der Hauptstadt werden die höheren Lagen der Wasatch Mountains ins letzte Licht des Tages getaucht. Meist bedeckt ein bräunlicher Smogschleier das Salt Lake Valley bis hinüber zu den Kennecott Bingham Canyon-Kupferminen. Die Metropole Utahs liegt den Betrachtern wie eine sorgfältig angeordnete Spielzeugstadt zu Füßen. Es ist schwer vorstellbar, daß sich hier vor eineinhalb Jahrhunderten noch nichts als eine menschenleere Wüste ausbreitete.

Salt Lake City zu Fuß

Salt Lake City ist für amerikanische Begriffe eine ›Fußgängerstadt‹. Der Kern von Utahs Metropole mit einer Reihe von Sehenswürdigkeiten, Kaufhäusern und Shopping Malls, Hotels, Restaurants und Galerien ist so kompakt, daß man ihn am besten zu Fuß erkundet – Trolly Square liegt allerdings etwas abseits. Wer das Zentrum nicht ›erlaufen‹ möchte, kann an einer eineinhalbstündigen Stadtrundfahrt mit der City-Eisenbahn teilnehmen, die an der Nordseite des Temple Square beginnt, oder mit dem ›Brigham Street Trolley‹, einem historischen Bus, der zwischen 11 und 22 Uhr die wichtigsten Hotels der Innenstadt, Temple Square und Trolley Square anfährt, die Stadt erkunden.

Salt Lake Convention & Visitors Center (1, 180 S. West Temple) Informationszentrum, in dem Stadtpläne und informative Broschüren ausliegen.

The Salt Palace Center (2, 100 S. West Temple) Sport- und Konferenzzentrum von Salt Lake City und zugleich Stadion des bekannten Basketball-Teams Utah Jazz. Im nördlichen Teil der Anlage befindet sich das Salt Lake Art Center mit wechselnden Ausstellungen auf zwei Ebenen (geöffnet: Mo–Do 10–17, Fr 10–21, Sa 10–17, So 13–17 Uhr; ∅ 801/ 328–4201; Eintritt frei). Ebenfalls in diesem Gebäudekomplex ist die Symphony Hall untergebracht, die aufgrund ihrer Akustik zu den besten Konzerthallen der Welt zählt (kostenlose Besichtigungstouren: Mo–Fr um 13, 13.30, 14 und 14.30 Uhr außer zwischen dem 14. und 25. 6.; ∅ 801/533–6407).

Family History Library (3, 35 N. West Temple) Größtes genealogisches Archiv der Welt. Geführte Gratistouren alle 15 Min. (geöffnet: Mo 7.30–18, Di–Fr 7.30–22, Sa 7.30–17 Uhr, So geschlossen; ∅ 801/240–2331)

Museum of Church History and Art (4, 45 N. West Temple) Das Museum zeigt Ausstellungsstücke aus der Mormonengeschichte, wertvolle Dokumente, Malereien und Skulpturen (geöffnet: Mo–Fr 9–21, Sa und So 10–19 Uhr; ∅ 801/240–3310).

Temple Square (5, s. S. 238 f.)

LDS Church Office Building (6, North Temple) Verwaltungsgebäude der Mormonenkirche. Die Öffentlichkeit hat Zugang zur 26. Etage mit Aussicht auf die Innenstadt (∅ 801/240–2190).

Eagle Gate (7, South Temple/State St.) Das 1859 gebaute Adlertor markiert den ehemaligen Eingang zum Privatbesitz des Mormonenführers Brigham Young.

Beehive House (8, 67 E. South Temple) Die 1853/54 errichtete ehemalige Familienresidenz von Brigham Young steht heute unter Denkmalschutz (geöffnet: Mo–Sa 9.30–16.30, So 10–13, feiertags 9.30–12 Uhr; ∅ 801/240–2671).

Lion House (9, 63 E. South Temple) Das 1855 als Annex von Youngs Residenz errichtete Gebäude ist der Öffentlichkeit nicht zugänglich.

Brigham Young-Monument (10, Main St./South Temple) Denkmal zu Ehren von Brigham Young, dem Stadtbegründer von Salt Lake City

Hansen Planetarium (11, 15 S. State St.) Das Gebäude beherbergt auch Space Science Library/Museum (Show – Laser Show, Moon Rush Show – Mo–Sa 11, 14, 17.30 und 19.15, So 14 Uhr; ∅ 801/ 538–2098).

Salt Lake City
1 Salt Lake Convention &
  Visitors Center
2 The Salt Palace Center
3 Family History Library
4 Museum of Church
  History and Art
5 Temple Square
6 LDS Church Office
  Building
7 Eagle Gate
8 Beehive House
9 Lion House
10 Brigham Young-
   Monument
11 Hansen Planetarium
12 Promised Valley
   Playhouse
13 Capitol Theatre

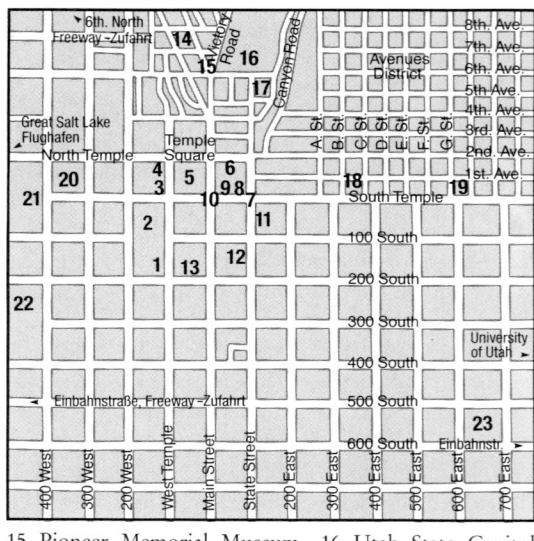

14 Marmalade Historic District 15 Pioneer Memorial Museum 16 Utah State Capitol
17 Council Hall 18 Catholic Cathedral of the Madeleine 19 Governor's Mansion
20 Devereux House 21 Union Pacific Railroad Depot 22 Rio Grande Depot/Amtrak
23 Trolley Square

Promised Valley Playhouse (12, 132 S. State St.) In dem Haus aus dem 19. Jh. ist ein Kulturzentrum untergebracht, in dem Bühnenaufführungen, Workshops und Seminare stattfinden. Im Sommer wird Di–Sa jeweils um 19.30 Uhr eine kostenlose Musical-Aufführung dargeboten (Karten in den Besucherzentren des Temple Square; ℘ 801/364–5696).

Capitol Theatre (13, 50 W. 200 S.) 1912 im Rokoko-Stil errichtetes Theater (Ballett/Oper/Broadway Shows)

Marmalade Historic District (14, westlich des Capitols) Stadtviertel mit zahlreichen alten Häusern aus der Pionierzeit Utahs

Pioneer Memorial Museum (15, 300 N. Main St.) 37 Ausstellungsräume u. a. mit historischen Kleidern und Puppen, Möbeln und Exponaten aus dem 19. Jh. (geöffnet: Mo–Sa 9–17, So 13–17 Uhr; ℘ 801/538–1050).

Utah State Capitol (16), Sitz der Legislative und des Obersten Gerichtes des Staates Utah (s. S. 238).

Council Hall (17, südlich des Capitols) Das 1866 errichtete Gebäude war der erste Sitz sowohl der Regierung Utahs als auch des Bürgermeisters von Salt Lake City. Heute ist hier das Informationsbüro ›Utah Travel Council‹ untergebracht (geöffnet: tägl. 8–17 Uhr; ℘ 801/533–8000).

Catholic Cathedral of the Madeleine (18, 331 E. South Temple). Die römisch-katholische Kirche wurde im frühen 20. Jh. aus braungrauem Sandstein errichtet.

Governor's Mansion (19, 603 E. South Temple) Die ehemalige Residenz des Kupfermagnaten und Senators Thomas Kearn wurde 1937 dem Staat übereignet und diente verschiedenen Gouverneuren als Amtssitz.

Die Silhouette der Stadt spiegelt sich in der Glasfassade der Symphony Hall

Devereaux House (20, 334 W. South Temple) Eines der ältesten Herrenhäuser Utahs aus dem Jahre 1857 wird heute zu Repräsentationszwecken genutzt.

Union Pacific Railroad Depot (21, am westlichen Ende der South Temple St.) Schöner Bahnhof im französischen Renaissance-Stil mit Wandbildern und Buntglasfenstern in der Wartehalle

Rio Grande Depot/Amtrak (22, 300 S. Rio Grande St.) Nach der Fertigstellung im Jahre 1910 Salt Lake Citys Hauptbahnhof für Passagierverkehr; in dem Gebäude befindet sich auch ein Museum zur Geschichte Utahs.

Trolley Square (23, 602 E. 500 South) Früher war dieser Platz das Depot der elektrischen Straßenbahnen und Busse. Anfang der 60er Jahre wurden die aus Ziegeln errichteten Hallen zu einem attraktiven Einkaufs- und Restaurantzentrum umgebaut.

Utahs salziges Wunder

Unter den rund 3000 Seen Utahs spielt einer eine ganz besondere Rolle: der Große Salzsee westlich der Hauptstadt Salt Lake City. Mythen und Legenden, Lügenge- schichten und Horrorstories wären eigentlich nicht notwendig, um dieses größte stehende Gewässer der USA westlich des Mississippi publikumswirksam aufzuwer- ten. Schließlich ist das ›Tote Meer‹ des Mormonenstaates längst ein Begriff. Wenn sich dennoch Geschichten und Anekdoten in Hülle und Fülle um den See ranken, hat dies wahrscheinlich mit seiner Einzigartigkeit, seiner geheimnisumwitterten Natur zu tun, die selbst den Bewohnern Utahs nie ganz geheuer war.

Als im Jahre 1776 die spanische Dominguez-Escalante-Expedition auf der Suche nach einer direkten Landroute von Santa Fe in New Mexico zur amerikanischen Pazifikküste am Utah Lake lagerte, erfuhren die Mitglieder erstmals von einem son- derbaren Gewässer weiter im Norden. Indianer erzählten, daß das Wasser des Sees schon bei geringster Berührung die Haut verätze. Rund ein halbes Jahrhundert spä- ter, im Winter 1824/25, stand der Trapper Jim Bridger vermutlich als erster Weißer am Ufer des Großen Salzsees und wähnte sich nach einem ersten Probeschluck in Unkenntnis der geographischen Verhältnisse an der Küste des Stillen Ozeans. Bis Mitte des 19. Jh. verbesserte sich die Kenntnis über den See nicht wesentlich. Hart- näckig hielten sich Gerüchte, mächtige Indianerstämme bewohnten einige der Inseln, zwischen denen todbringende Strudel in unterirdische Kanäle mündeten, über die der Salzsee mit dem Pazifik verbunden sei. ›Augenzeugen‹ erzählten in den 70er Jahren des 19. Jh. genüßlich die haarsträubende Geschichte, wie ein Frachtschiff beinahe in einem solchen Sog verschwunden sei.

In diesem Zusammenhang versteht es sich fast von selbst, daß auch der Große Salzsee sein Monster hatte. Im Jahre 1877, so geht die Mär, verwüstete das Ungeheuer den Lagerplatz einer Gruppe von Männern, die am Nordufer campierten. Eine Zei- tungsente von besonderer Qualität tauchte 1890 in einem Lokalblatt der Stadt Provo auf. Ein gewisser James Wickham, so war zu lesen, habe 15 Jahre zuvor in speziellen Behältern junge Wale aus Australien schicken lassen, um die Tiere im Großen Salzsee auszusetzen. Dort hätten sie sich in der Zwischenzeit zu einer großen Walkolonie vermehrt, die als Produktionspotential von Tran zu betrachten sei... Solche Phanta- stereien ließen sich fast beliebig fortsetzen. Befaßt man sich jedoch mit der Natur des Sees, so scheinen die Fakten nicht weniger interessant und faszinierend.

Der Große Salzsee ist in seiner heutigen Form nur noch die etwa 140 km lange und 80 km breite ›Restpfütze‹ des alten Bonneville-Sees, der während der letzten Eiszeit vor rund 50 000 Jahren Teile des Großen Beckens zu füllen begann. Man nimmt an, daß dieses historische Gewässer vor etwa 18 000 Jahren seine größte Ausdehnung erreichte und damals weite Gebiete des westlichen Utah sowie Teile Nevadas und Idahos bedeckte.

Dieser Bonneville-See war mehr als 300 m tief, seine Ufer lagen mehrere hundert Meter über dem heutigen Wasserspiegel. Als man vor Jahren begann, am Fuße der Wasatch-Berge Kies für kommerzielle Zwecke auszuheben, stieß man auf Skeletteile von Vorgängern heutiger Kamele und Pferde, die hier – offensichtlich in unmittelbarer Nähe des Sees, gegrast hatten. Heute ist das Seeufer rund 35 Meilen vom Fuße der Bergkette entfernt.

Aufgrund von Jahrtausende andauernden Klimaveränderungen begann der Bonneville-See zu schrumpfen und sich in ein Gewässer zu verwandeln, das zwar über Zuflüsse, nicht aber Abflüsse verfügte. Die Folge dieser Entwicklung war zunehmende Versalzung. Heute schwankt der Salzgehalt je nach Wasserstand zwischen 20 und 25 %, wobei der obere Wert etwa dem des Toten Meeres entspricht. Dennoch kommt es vor, daß Teile des Sees im Winter in der Nähe von Zuflüssen zufrieren, wo sich Süß- und Salzwasser noch nicht vermischt haben.

Schätzungen zufolge sind im Great Salt Lake 8 Mrd. t Salz gelöst. Schon die frühen Pioniere kamen auf die Idee, dieses Salz zu nutzen. Sie legten künstliche Becken an, leiteten Salzwasser hinein und ließen es von der Sonne verdunsten. Die Erfahrung

Das Freizeitgebiet Saltair am Großen Salzsee

lehrte, den Prozeß so zu steuern, daß nur Kochsalz zurückblieb, während andere, nicht verwertbare oder unerwünschte Salze ausgeschwemmt wurden.

Im Unterschied zu früher sind die Industriebetriebe rund um den See heute weniger an der Produktion von normalem Salz interessiert als vielmehr an Magnesium, Lithium und Pottasche. Neben der Salzgewinnung haben sich während der letzten Jahre einige Firmen mit der Öl- und Erdgasförderung im Seebereich beschäftigt. Zu diesem Zweck wurden zahlreiche Probebohrungen im Seeboden niedergebracht, eine davon bis auf 4000 m Tiefe. Das bislang geförderte Öl erwies sich jedoch als qualitativ minderwertig.

Ebenso wie der Salzgehalt ist auch die Größe des Sees starken Schwankungen unterworfen, was dem Great Salt Lake den Ruf einbrachte, ein außergewöhnlich dynamisches Gewässer zu sein. Erste Meß- und Beobachtungsberichte wurden 1850 angefertigt. Seit damals registrierte man den niedrigsten Wasserstand im Jahre 1963 mit rund 8,5 m, während der Höchststand im April 1987 bei rund 15 m lag. Nie zuvor in der statistisch erfaßten Zeit war der See so groß und so tief. Gegenüber 1963 vergrößerte sich die Wasserfläche 1987 um knapp 70 %, weil weite Flächen um den See normalerweise kaum höher liegen als das Ufer.

Dieses ›Wachstum‹ des Sees wurde nicht nur mit Erstaunen, sondern in manchen Kreisen auch mit hellem Entsetzen zur Kenntnis genommen. Anfang der 80er Jahre begannen Geschäftsleute, 18 Meilen von der Hauptstadt entfernt am Ufer des Salzsees ein Freizeitgebiet namens ›Saltair‹ um ein neues, im orientalischen Stil errichtetes Hauptgebäude einzurichten. Dieses Projekt stand in der Tradition zweier früherer Vergnügungsparks.

Schon 1893 hatte es am Seeufer einen vornehmen Bade- und Amüsierbetrieb gegeben, der einer Eisenbahngesellschaft gehörte, die mehrheitlich im Besitz der Mormonenkirche war. Rund 32 Jahre lang genoß der Park große Popularität, ehe er im Frühjahr 1925 von einem Großfeuer vernichtet wurde. Neue Besitzer machten sich unmittelbar nach dem Unglück daran, das ›Saltair Resort‹ größer und schöner als jemals zuvor wiederherzustellen. Bereits im Sommer fand die Einweihung statt. Der märchenhafte Komplex verfügte über die größte überdachte Tanzfläche der Welt, auf der 2000 Paare gleichzeitig Platz fanden. Die berühmtesten Big Bands Amerikas spielten hier auf, Glenn Miller und Tommy Dorsay waren gerngesehene Künstler.

In den 50er Jahren begann der Wasserspiegel des Salzsees langsam zu fallen, Mitte des Jahrzehnts lag ›Saltair‹ auf dem Trockenen. Im Frühjahr mußten Besucher bereits zehn Minuten zu Fuß gehen, um vom Park ans Ufer zu gelangen. Als die Anlage im Winter 1970 abbrannte, war das eigentlich nur noch eine Nachricht für Chronisten.

Das jüngste Exemplar von ›Saltair‹ wurde im Frühjahr 1983 eröffnet, doch schon wenige Monate später geschlossen, als im neuerrichteten Pavillon statt der eleganten Paare die schaumgekrönten Wellen des Großen Salzsees tanzten. Seitdem man über den See buchzuführen begonnen hatte, war sein Wasserspiegel nie so schnell und so verheerend gestiegen. Der Great Salt Lake hatte seine Dynamik jedoch immer noch nicht ganz ausgereizt. Am Morgen des 9. 4. 1984 wühlte einer der verheerendsten Stürme die graugrüne Wasserfläche auf und warf meterhohe Wellen über neuaufgeschüttete Schutzdämme ins Innere des Pavillons, der stark demoliert wurde.

Der Zusammenschluß der transkontinentalen Eisenbahn in Promontory am 10. 5. 1869

Das Hochwasser, das an Einrichtungen um den See einen geschätzten Schaden von etwa 300 Mio. Dollar verursachte, wirkte sich auf die Fauna jedoch vorteilhaft aus. Je nach Wasserstand liegen im See etwa 8 oder 10 Inseln, von denen manche bei Niedrigwasser zu Halbinseln werden. Die dortigen Nistplätze von Seemöwen, Pelikanen, Kormoranen, Seeschwalben und Reihern sind dann wegen der bestehenden Landverbindungen nicht mehr vor Koyoten und anderen Räubern, auch zweibeinigen, sicher.

Die größte Insel im See, Antelope Island, kann man vom Capitol in Salt Lake City sehen. Mitte des 19. Jh. lebten noch Antilopen auf der 15 Meilen langen und 600 Meter hohen Insel, die über Frischwasserquellen verfügt. Seit etwa 1870 sind die Tiere jedoch verschwunden. Der Staat Utah kaufte die Insel im Jahre 1981, um darauf ein Freizeitgebiet anzulegen. Die zweitgrößte Insel, Fremont Island, wurde nach dem Entdecker John C. Fremont benannt, der das Eiland 1843 und 1845 besuchte und es als »einen felsigen Hügel, auf dem es weder Wasser noch Bäume irgendeiner Art gibt« beschrieb. Folgerichtig taufte er den ungastlichen Flecken »Insel der Enttäuschung«.

Fremont erforschte im Auftrag der amerikanischen Regierung die Regionen des Westens und schenkte dabei seine Aufmerksamkeit auch dem Großen Salzsee, leistete Vermessungsarbeiten, nahm Wasserproben und fertigte akkurate Berichte an. Schon Fremont erkannte, daß der Salzsee für die amerikanische Westwärtsbewegung ein

Der zweifache Weltrekord
Die größte Tagebau-Kupfermine der Welt

Rund 30 Meilen südwestlich von Salt Lake City wird die Landschaft nicht nur immer karger und trockener, sondern auch mit jedem Meter rekordverdächtiger. Hat man dann schließlich die Pforte am Bingham Canyon passiert und fährt im Schrittempo bergan, ist das Ziel nach etwa 2 Meilen erreicht: die erste Tagebau-Kupfermine der Welt und gleichzeitig das größte je von Menschenhand geschaffene Loch in der Erde: **Kennecott's Bingham Canyon Mine.**

Vom Besucherzentrum am ›Kraterrand‹ überblickt man den gigantischen Trichter, der wie die Miniaturlandschaft einer Modelleisenbahn anmutet. In Spiralen winden sich Straßen über die terrassierten Hänge bis zum tiefsten Punkt, wo sich ein kleiner, giftgrüner See ausbreitet. An seinen Ufern müßte man den Pariser Eiffelturm dreimal aufeinanderstellen, um über den 900 m hohen Kraterrand sehen zu können. In der Diagonale mißt das Superloch, das eine Fläche von 760 ha bedeckt, 3,7 km. An gleicher Stelle hatte vor 100 Jahren noch ein Berg seinen Platz, der, nach und nach abgetragen und von seinem Metall befreit, in der Nachbarschaft als riesige Abraumhalde neu entstand. Seitdem der Bergbau hier im Jahre 1906 anfing, tiefe Wunden in die Landschaft zu schlagen, wurden mehr als 5 Mrd. t Material bewegt und über 12 Mio. t Kupfer gewonnen. Jahrzehntelang transportierte man Tag für Tag 120000 t Material ab, davon 50 % erzhaltiges Gestein und 50 % Abraum. Im Schnitt liefert im Bingham Canyon 1 t Erz etwa 5 kg Kupfer, der durchschnittliche Kupfergehalt des Erzes hat von etwa 2 auf nur 0,7 % abgenommen. Über 2000 Arbeiter und Angestellte sorgen für eine Jahresleistung von 180000 t aufbereiteten Kupfers, Nebenprodukte der Mine sind Molybdän, das zum Härten von Stahl verwendet wird, Gold und Silber.

Seitdem neue Produzenten wie etwa China auf den Weltmarkt drängen, haben Konzerne wie Kennecott Überlebensstrategien mit rigoroser Senkung der Produktionskosten entwickelt. Ende 1985 begann das Unternehmen mit Investitionen in Höhe von 400 Mio. Dollar ein Modernisierungsprogramm, um Utah-Kupfer wettbewerbsfähiger zu machen. Damit einher ging der Abbau von rund 5000 Arbeitsplätzen. Bis 1988 wurde das Erz per Eisenbahn aus dem Bergwerk transportiert, heute zerkleinert man es an Ort und Stelle und schafft es über ein 8 km langes unterirdisches Transportband aus der Mine. Die Aufbereitung erfolgt in einer großen Anlage nördlich von Copperton.

Erz wurde dort, wo heute die Bingham Canyon Mine klafft, in der zweiten Hälfte des 19. Jh. durch Zufall entdeckt. Allerdings ließ die Bergbauindustrie noch einige Jahrzehnte auf sich warten, weil für die Mormonensiedler Landwirtschaft und Viehzucht fürs erste wichtiger waren. Daniel C. Jackling machte sich in den Jahren 1898 und 1899 daran, Gesteinsproben auf ihren Metallgehalt zu untersuchen. Als der Bergbaubetrieb 1906 schließlich aufgenommen wurde, ernteten die Unternehmer nur den beißenden Spott ihrer Umgebung. Niemand konnte sich vorstellen, daß die Förderung von Erz mit einem Metallgehalt von damals nur 2 % lohnend sein könnte. Die moderne Technik bewies das Gegenteil.

Hindernis war. So mußte auch die erste transkontinentale Eisenbahnlinie, die in Promontory am Nordende des Sees am 10. 5. 1869 ihren Zusammenschluß feierte, einen Bogen um das Gewässer schlagen und sich in engen Kurven und extremen Steigungen durch das Gebirge winden. Den Plan, diesen Engpaß zu beseitigen, nahm man 1902 in Angriff. Über einen aufgeschütteten Damm, eine Holzkonstruktion und eine Brücke wurde ein neuer Schienenweg durch den Nordteil des Salzsees gelegt. Im Jahre 1907 folgte der Bau einer zweiten Eisenbahntrasse um das Südende als Verbindung zwischen Salt Lake City und Wendover in Nevada.

Auch Autostraßen hatten seit jeher ihre liebe Not mit dem Salzsee. Der einzige Zugang von der Hauptstadt zum Strand ist die Interstate 80, die bei ›Saltair‹ am Ufer entlang und durch die Wüste West-Utahs nach Nevada führt. Wenige Meilen vor der Grenze liegen die weltbekannten **Bonneville Salt Flats**, auf denen schon 1914 der Rennfahrer Teddy Tetzleff mit 141 Meilen pro Stunde einen inoffiziellen Geschwindigkeitsweltrekord aufstellte.

Der Rennkurs besteht aus einer steinharten, etwa 15 Meilen langen Salzpiste, die zeitweise feucht und unbrauchbar ist, in den Sommermonaten aber zu einer idealen Bahn austrocknet. Im Jahre 1926 drehte hier Ab Jenkins aus Utah 24 Stunden lang seine Runden, legte 2710 Meilen bei einer Durchschnittsgeschwindigkeit von 112 Meilen pro Stunde zurück und brach damit gleich eine ganze Serie von Weltrekorden. 1935 stellte Malcolm Campbell mit mehr als 300 Meilen pro Stunde eine neue Höchstleistung auf. Spektakuläre Unfälle sind in der Chronik der Rekordversuche auf den Bonneville Salt Flats ebenso verzeichnet. Der Engländer Donald Campbell wurde mit seinem legendären ›Bluebird‹ bei 365 Meilen pro Stunde aus der Bahn geworfen und überlebte den Unfall.

Mit der rasanten Entwicklung im Automobilbau wurden die auf den Ausläufern des Salzsees erzielten Geschwindigkeiten immer höher, die Rekordläufe immer dramatischer. Im Jahre 1979 fuhr Stan Barrett mit einem raketenbetriebenen Fahrzeug geradezu unglaubliche 639 Meilen pro Stunde. Weniger auf das Tempo als vielmehr aus das exotische Design von Wagen kommt es beim *Bonneville National Speed Trial* an, das alljährlich im September ausgetragen wird und Teilnehmer wie auch Zuschauer aus ganz Amerika an den Salzsee zieht.

Im Land der Saurier

Der Nordosten Utahs

Daß Saurier ausgestorben sind, ist ein Gerücht, das nur derjenige verbreiten kann, der das nordöstliche Utah nicht kennt. Man braucht nur in das Städtchen **Vernal** zu fahren, um handfeste Beweise dafür zu finden, wie quicklebendig die totgesagten Urviecher tatsächlich sind. Überall in der Stadt tauchen die Kolosse auf, als rosarote Halterung eines Motelschildes oder als gruselige Tankstellendekoration, als T-Shirt-Aufdruck oder als feixendes Werbesymbol: Saurier sind in Vernal allgegenwärtig.

Die urweltlichen Reptilien fühlen sich im Nordosten Utahs nicht erst in jüngster Zeit heimisch. Bereits im Mesozoikum, dem Erdmittelalter, das vor 240 Mio. Jahren begann und vor 65 Mio. Jahren endete, zogen unterschiedliche Saurierarten durch die dichtbewachsenen Flußtäler dieser Region. Tote Tiere wurden von der Strömung mitgeführt und schließlich am Ufer mit mehreren Metern dicken Sandschichten bedeckt, ehe über Jahrmillionen hinweg Binnenmeere Schlamm und Sand ablagerten und sich diese Sedimente unter Druck zu Fels verhärteten. Durch die Entstehung von Gebirgen gelangten die Sedimentschichten mit den Saurierskeletten langsam wieder an die Oberfläche, Knochen wurden allmählich durch Erosion freigelegt.

Schon zu Beginn des 20. Jh. interessierte sich das Carnegie Museum von Pittsburgh im Bundesstaat Pennsylvania für fossile Skeletteile von Sauriern, die man zuvor gefunden hatte. Am 17. 8. 1909 stieß der im Auftrag des Museums tätige Paläontologe Earl Douglass auf einen ersten bedeutenden und zugleich bahnbrechenden Fund: acht fossile Schwanzknochen eines Apatosaurus (Brontosaurier). In den folgenden Jahren wurde um die Fundstelle eine Bergflanke von beinahe 200 m Länge bis zu 24 m tief freigelegt, die sich als offenes Buch über das Zeitalter der Saurier entpuppte. Nirgendwo auf der Welt fand man größere Ansammlungen von fossilen Skeletteilen der Riesentiere als im Grenzbereich zwischen den Staaten Utah und Colorado.

Die von Earl Douglass entdeckte Stelle heißt heute *Dinosaur Quarry* (Dinosaurier-steinbruch) und liegt im **Dinosaur National Monument,** 18 Meilen östlich von Vernal. Auf dem Highway 40 fährt man bis Jensen kurz vor dem Green River und biegt dann auf die Straße 149 ab, die nach 6 Meilen das Besucherzentrum erreicht (geöffnet: tägl. 9–17 Uhr, Eintritt frei). Kostenlos kann man mit einer Besucherbahn zum 5 Minuten entfernten Steinbruch fahren (Pendelverkehr alle 15 Minuten). Der aufgegrabene Berghang wurde schon 1958 in eine Halle integriert, um die an Ort und

Stelle belassenen Knochen vor Witterungseinflüssen zu schützen. Von einer erhöhten Aussichtsplattform hat man einen ausgezeichneten Überblick über diesen uralten ›Friedhof‹ und kann häufig Wissenschaftlern zusehen, die akribisch an der Freilegung von Skeletteilen arbeiten oder einen bereits mit dem Meißel herausgearbeiteten Knochen präparieren. Wer sich mit dem Thema Saurier eingehender beschäftigen möchte, findet hier Modelle, Zeittafeln und Informationsmaterial über die Urtiere, die im Bereich des *National Monument* aus dem Jura-Zeitabschnitt des Erdmittelalters stammen.

Empfehlenswert ist auch ein Besuch des *Dinosaur Natural History Museum* in Vernal (235 East Main Street, ✆ 801/789–4002, geöffnet: tägl. 9–17 Uhr), das sich nicht nur mit Naturgeschichte, sondern auch mit Archäologie, Anthropologie, Indianerkulturen und Malerei beschäftigt. Hauptattraktion ist jedoch der Sauriergarten, in dem 14 der in Lebensgröße aus Fiberglas und Kunstharz nachgebauten Riesenreptilien stehen – allesamt Schöpfungen des aus Utah stammenden Bildhauers Elbert Porter. Die Replikas reichen vom 26 m langen und 30 t schweren Pflanzenfresser Diplodocus bis zum fleischfressenden Tyrannosaurus Rex mit seinem gewaltigen Gebiß.

Außer Sauriern gibt es Gründe genug, dieser Region Utahs einen Besuch abzustatten. Nordwestlich von Vernal liegen die zu den Rocky Mountains gehörenden **Uinta Mountains,** die mit etwa 150 Meilen längste Bergkette im zusammenhängenden Staatsgebiet der USA, die in Ost-West-Richtung verläuft. Fast ein Dutzend Gipfel in diesem unerschlossenen dichtbewaldeten Gebiet, das vor Ankunft der Weißen den Ute als Jagdgrund diente, sind etwa 4000 m hoch. Utahs höchster Berg, der Kings Peak (4124 m), liegt in dieser Berglandschaft, die für *Hiker*, Camper, Angler und andere *outdoor*-Freunde ein wahres Paradies darstellt.

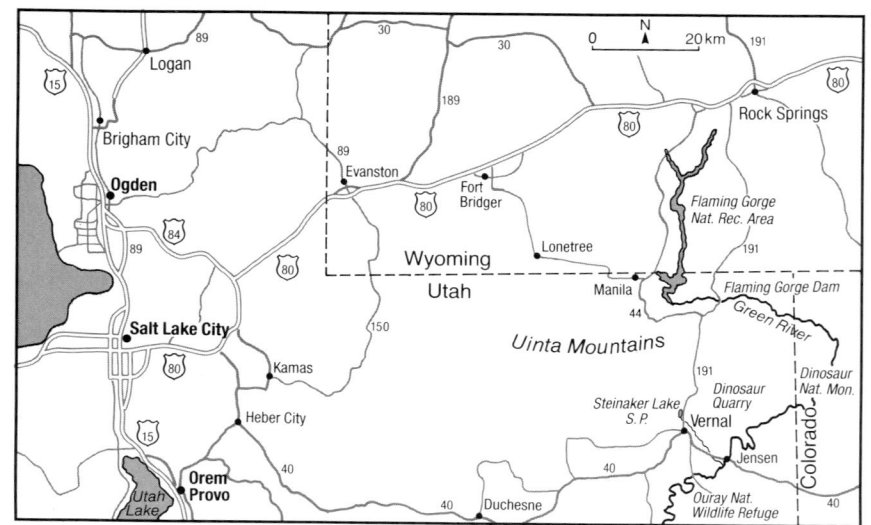
Der Nordosten Utahs

Wer von Salt Lake City über den Highway 40 nach Vernal gefahren ist, kann auf dem Rückweg in die Hauptstadt einen anderen Weg einschlagen, der durch die schönsten Naturlandschaften dieses Landesteiles führt. Man verläßt Vernal in nördlicher Richtung auf der Straße 191 und erreicht nach 5 Meilen den **Steinaker Lake State Park**, ein Freizeitgebiet um einen künstlich angelegten See, aus dem Vernal sein Trinkwasser bezieht und die umliegenden Felder bewässert werden. 45 Meilen von Vernal entfernt, erreicht man die **Flaming Gorge National Recreation Area**, eine Landschaft um einen 170 km² großen Stausee mit 600 km Uferlinie. Im Südosten der *Recreation Area* liegt der 1963 fertiggestellte Flaming Gorge-Damm, der im Red Canyon den Green River, einen der wichtigsten Zuflüsse zum Colorado, aufstaut. Gleichzeitig ist der 140 m hohe und 392 m breite Damm Produzent elektrischer Energie, die von Utah nach Wyoming und Colorado exportiert wird. Überquert man den Damm auf der Autostraße und nimmt die nächste Abzweigung bergab zum Green River, so gelangt man direkt hinter dem Damm an eine Stelle, von wo sich viele Schlauchbootfahrer auf die Flußfahrt zum 7 Meilen entfernten Little Hole machen. Dieser Endpunkt ist per Auto über eine Nebenstraße erreichbar.

Das Flaming Gorge Gebiet im Nordosten Utahs

Fährt man vom Damm auf der Straße 191 zurück bis zur Abzweigung der Straße 44, führt zunächst in westlicher und dann in nördlicher Richtung die ausgebaute Teerstraße durch das Erholungsgebiet. Über Nebenstraßen sind Campingplätze, Lodges und Aussichtspunkte entlang des Green River und seiner imposanten Schlucht leicht erreichbar. Bei **Manila** stößt man auf die Straße 43 und überquert einige Meilen weiter westlich die Staatsgrenze nach Wyoming. Durch hügeliges Weideland fährt man über die Straße 414 bis zur Interstate 40, die man in **Evanston** wieder verläßt, um auf der Straße 150 nach Utah zurückzukehren. Im Winter kann diese malerische Bergstrecke durch die Uinta Mountains geschlossen sein, von der man über Wanderwege Dutzende von Seen mit Campingmöglichkeiten erreicht (Informationen bei Wasatch National Forest, Forest Supervisor, 8226 Federal Building, 125 South State Street, Salt Lake City, UT 84111). In **Kamas** hat man Anschluß an die nördlich zur Interstate 40 führende Straße 189, über die man nach Salt Lake City zurückkehren kann.

Sanft oder katastrophal?
Das Aussterben der Saurier ist noch nicht geklärt

Schon vor rund 200 Jahren dachte der französische Naturforscher Baron de Cuvier (1769–1832) über den gravierenden Wechsel der Erdfauna nach, der sich für die Zeit des Übergangs von der Kreidezeit zum Tertiär vor etwa 65 Mio. Jahren nachweisen läßt. Die damaligen Veränderungen sind auch heute wieder für Wissenschaftler interessant, weil sie Aufschluß geben könnten, unter welchen Bedingungen die Saurier um die Zeit des Wechsels der beiden geologischen Formationen vom Planeten Erde verschwanden.

Im Jahre 1981 fand sich die ›Crème de la crème‹ der Geowissenschaftler im Wintersportort Snowbird östlich von Salt Lake City zu einer internationalen Konferenz ein, um Informationen und Meinungen über den tiefgreifenden Artenwandel zwischen Kreidezeit und Tertiär auszutauschen. Im Oktober 1988 trafen sich Geologen und Geophysiker, Geochemiker und Paläontologen erneut in Snowbird, um mit geradezu detektivischem Eifer dem geheimnisvollen Tod der Saurier auf die Spur zu kommen.

Als Ursache des dramatischen Massensterbens von Flora und Fauna vor rund 65 Mio. Jahren wurde von zahlreichen Forschern eine Naturkatastrophe mit globalen Folgen in Erwägung gezogen wie etwa ein verheerender Asteroiden- oder Kometeneinschlag. Für diese Hypothese spricht z. B. die weltweite Rußablagerung an der Grenze zwischen Kreide und Tertiär, die eventuell durch Riesenfeuer nach einem Einschlag hätte entstehen können. Ein Planeteneinschlag hätte nach neuesten Erkenntnissen auch über Jahre hinweg den Säuregrad von Regen erheblich steigern und mit der einhergehenden Vernichtung der Pflanzenwelt den Riesenreptilien die Existenzgrundlage rauben können. Vorläufig bleibt die Frage ungeklärt, ob ein sanfter Wechsel oder eine gigantische Katastrophe zum Aussterben der Urtiere geführt hat. Daß ›Kommissar Zufall‹ die richtige Spur entdeckt, ist zweifelhaft. Eher schon wird konsequente interdisziplinäre Forschung Erfolg haben.

Die roten Superstars

Keine Landschaft des amerikanischen Westens hat ihre Geheimnisse so lange für sich behalten, sich den Menschen so beharrlich verschlossen wie ›Canyon Country‹ in Utah. Dieser südliche Teil des Mormonenstaates zählt zum Colorado Plateau, dessen Zentrum sich etwa am Vierstaateneck Arizona, New Mexico, Utah und Colorado befindet und das seine heutige Gestalt durch die Millionen von Jahre dauernde Fräsarbeit des Colorado River und dessen Nebenflüsse erhielt. Über ›Canyon Country‹ liegt die Aura des Geheimnisvollen und des Verborgenen, die Entdeckermut provoziert. Canyoneers, die sich mit Haut und Haaren der Canyonkletterei verschrieben haben, gewinnen ihrem abenteuerlichen Hobby sogar etwas Sinnliches ab, was man eigentlich erst begreifen kann, wenn man die Wunderwelt der Canyons gesehen und den ›steinernen Rausch‹ genossen hat. Stille und Abgeschiedenheit, Schönheit und Anmut kennzeichnen diese Naturschluchten im roten Sandstein des Colorado-Plateaus ebenso wie Unzugänglichkeit. Manche sind vollkommen unerforscht, da in sie noch kein Mensch vorgedrungen ist.

Es gibt aber auch für den Tourismus schon lange erschlossene ›Traumcanyons‹, die in keinem Programm der Reiseveranstalter fehlen, weil sie es an Bekanntheitsgrad durchaus mit den Niagara-Fällen oder dem Empire State Building in New York aufnehmen können. Die beiden in Süd-Utah liegenden Nationalparks Bryce Canyon und Zion gehören zu den attraktivsten Publikumsmagneten im amerikanischen Westen, da sie märchenhaft schön, leicht zugänglich und inzwischen weltbekannt sind. Das Etikett paßt: Superstars des Südwestens.

Wer von Salt Lake City über den Interstate Highway 15 anreist, biegt etwa 16 Meilen südlich von Beaver auf die Straße Nr. 20 ab und fährt über die Nr. 89 und Nr. 12 bis zum einzigen Eingang in den Bryce Canyon an dessen Nordende. Um zum Zion National Park zu gelangen, kehrt man zurück auf die Straße 89, wobei man sich im Red Canyon-Gebiet Zeit lassen sollte, weil die Färbung der dortigen Felsen die im Bryce Canyon noch übertrifft. Vor allem am Spätnachmittag entfalten die Felszinnen und -pfeiler ein im Kontrast zum blauen Himmel fast unwirkliches Rot. Über die Dörfer Hatch und Glendale fährt man durch ein liebliches Hochtal mit Viehweiden nach Süden bis Mount Carmel Junction, um dort auf die Straße 9 abzubiegen, die direkt in den Zion National Park führt. Wer aus Arizona über die Interstate 15 nach Utah kommt, zweigt 5 Meilen nördlich von St George auf die Straße Nr. 9 ab und

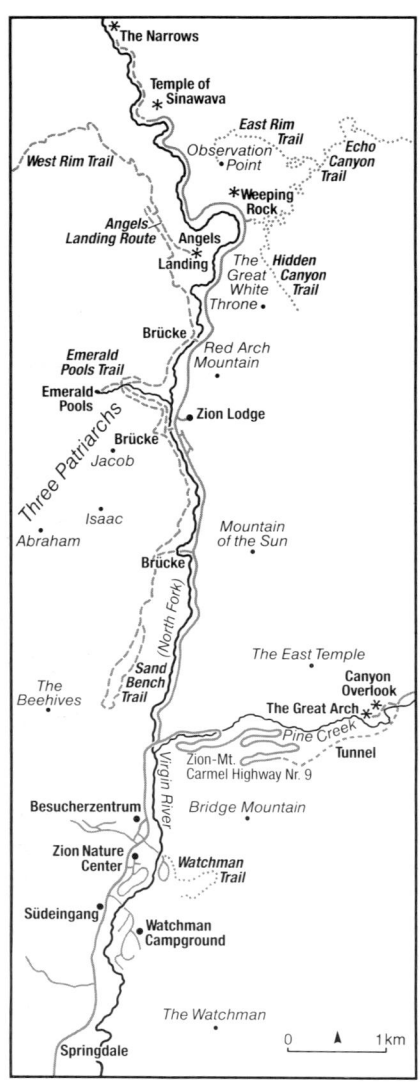

Zion National Park

macht die Tour durch die beiden Parks in umgekehrter Richtung. Ein zweiter Eingang zum westlichen Teil des Zion Park liegt direkt an der I–15 (Exit Kolob Canyon).

Zion und Bryce liegen nicht nur geographisch nah beieinander – etwa eineinhalb Autostunden trennen die Parks –, sie sind auch in ihrer erdgeschichtlichen Entstehung eng verwandt. Das Colorado-Plateau war seit etwa 200 Mio. Jahren durch seichte Binnenmeere bedeckt, die zu unterschiedlichen Zeiten durch Erdhebungen

Am Great White Throne im Zion National Park

verdrängt wurden. Diese Meere lagerten über die Jahrmillionen hinweg eineinhalb Kilometer mächtige Schichten von Sand und Sedimenten ab, die sich unter hohem Druck zu Stein verdichteten. Vor etwa 13 Mio. Jahren begann sich allmählich das heutige Colorado-Plateau aus der Erdkruste herauszuheben und in der Folge in große Einzelschollen zu zerbrechen. Mit dieser Hebung veränderte sich das Klima: Mehr Niederschläge fielen, die in die Bruchstellen der Schollen flossen und anfingen, als

Flüsse die vorhandenen ›Spalten‹ zu Tälern auszuerodieren. Erste Spuren des entstehenden Colorado River-Systems sind in diesem Zusammenhang schon vor etwa 10 Mio. Jahren auszumachen.

Teil dieses Flußsystems ist heute der Virgin River, der zwar kleiner, aber älter als der Colorado ist und vermutlich schon vor 13 Mio. Jahren anfing, sich durch den etwa 120 Mio. Jahre alten sogenannten Carmel-Kalkstein zu schneiden, der die jüngste Formation im **Zion National Park** bildet. Ältere Schichten bestehen vor allem aus 136 bis 190 Mio. Jahre altem sogenannten Navajo-Sandstein. Auf der Asphaltstraße, die dem Virgin River durch den Park folgt, erreicht man nach etwa 6 Meilen einen Parkplatz, wo die Autostraße endet. Tempel von Sinawava heißt diese Stelle, benannt nach dem wohltätigen Wolfsgott der Paiute-Indianer, deren Furcht und Aberglauben durch die steil aufragenden Felswände geschürt wurden.

Nördlich des Parkplatzes, der an Sommerwochenenden häufig überfüllt ist und von Parkrangern geschlossen wird, beginnt ein Wanderweg durch die Narrows of Zion Canyon, eine enge Schlucht, durch die sich der Virgin River zwängt. Auf einer Länge von etwa 1,5 km ist dieser Weg flach und betoniert und selbst für Rollstuhlfahrer zugänglich, sofern sie begleitet werden. Er führt an hängenden Gärten vorbei, die im Frühjahr und Sommer voller Wildblumen sind, und endet für Spaziergänger dort, wo der Betonbelag aufhört. Mit einer entsprechenden Wanderausrüstung und einem *Permit* ausgestattet, kann man bei niedrigem Wasserstand im Virgin River die Wanderung durch die Schlucht auf eine Länge von etwa 26 km ausdehnen, wobei man weite Strecken durch den Fluß waten muß. Neben einer solchen Tageswanderung bieten sich im Park auch kürzere *Trails* an wie z. B. von der Zion Lodge zu den Emerald Pools (1 Stunde hin und zurück), vom Weeping Rock zum Hidden Canyon (3 Stunden hin und zurück) oder der Sand Beach Trail (3 Stunden hin und zurück). Im Besucherzentrum am Parkeingang kann man sich über die Wandermöglichkeiten informieren und sich auch *Hiking Permits* ausstellen lassen (geöffnet: tägl. 8–21 im Sommer, 8–19 im Frühjahr und Herbst, 9–17 Uhr im Winter; Gratis-Dia-Show). Da der Zugang zum Zion Park eine Durchgangsstraße ist, bleibt er immer offen.

Das Gebiet des Zion National Park war schon vor mehr als 1000 Jahren von Anasazi und Indianern, die zur Fremont-Kultur gerechnet werden, bewohnt; Paiute-Stämme durchstreiften die Gegend später. Ihnen folgte mit Nephi Johnson 1858 vermutlich der erste Weiße, der die Schlucht zu Gesicht bekam. Isaac Behunin war der erste Mormone, der in der Nähe der heutigen Zion Lodge 1862 eine Farm aufbaute und dem Canyon seinen Namen gab. Einzigartig war das Unternehmen, das ein gewisser David Flanigan im Jahre 1900 in Zion aufzog. Zwei oder drei Jahre lang baute er aus rund 16 km Telegrafendraht eine Seilbahn, die vom 1980 m hohen Cable Mountain hoch über Weeping Rock bis zum Virgin River reichte. Fast 30 Jahre lang seilte der clevere Geschäftsmann Baumstämme von der Hochfläche ins Tal ab und transportierte sie von dort auf dem Fluß weiter. Das Kabel wurde 1930 abmontiert, Teile der oberen Hängevorrichtung sind jedoch noch zu sehen.

Der Zion Park besteht aus zwei recht unähnlichen Teilen. Verläßt man den eigentlichen Canyon und fährt über die Straße 9 (Mount Carmel Highway) in Richtung Osten, folgen einige Serpentinen, ehe ein 1930 fertiggestellter 1700 m langer Tunnel

Erodiertes Gestein im Zion National Park

zum östlichen Teil des Parks führt. Gleich hinter dem Tunnelende erreicht man über den Canyon Overlook Trail (1,6 km hin und zurück) einen Aussichtspunkt, von dem man die eben zurückgelegte Bergstraße sowie den Südteil des Zion Park überblicken kann. Die Straße 9 verläuft in östlicher Richtung durch ein Parkgebiet, das durch seine bizarren Erosionserscheinungen in Form von Türmchen, Pfeilern und übereinander geschichteten Pfannkuchen auffällt. Eine Berühmtheit ist die Checkerboard Mesa, eine riesige versteinerte Sanddüne, die ein gleichmäßiges Schachbrettmuster an auserodierten horizontalen und vertikalen Rissen aufweist.

Bryce Canyon National Park (s. Farbabb. 37–39) sieht völlig anders aus als Zion. Der Park ist trotz seines Namens kein Canyon, der durch die Fräsarbeit eines Flusses geschaffen wurde, sondern die verwitternde Kante der sogenannten Pink Cliffs, einer zwischen 50 und 60 Mio. Jahre alten rosarot gefärbten Formation des Colorado-Plateaus. Das Gesteinsmaterial besteht aus sehr feinkörnigem und weichem Sediment, das von härterem Kalkstein und dünnen Lagen von erosionsresistenterem Schieferton und Sandstein durchsetzt ist. Wegen dieser inhomogenen Zusammensetzung verwitterte das Gestein unterschiedlich schnell, so daß die für Bryce Canyon typischen *hoodoos* entstanden – seltsam geformte Felszinnen, Türme und Nadeln, die den Park in einen phantastischen Irrgarten verwandeln.

Auf vielen Pfeilern erkennt man Deckplatten von dunklerem Gestein, welche die Erosion des darunterliegenden Materials bremsen, indem sie sowohl die mechanische wie auch die chemische Verwitterung reduzieren. Mechanische Verwitterung entsteht durch Regen, durch gefrierendes Wasser, das Sprengwirkung hat, aber auch durch das Wurzelwerk von Pflanzen, das sich in schmale Ritzen zwängt. Chemische Erosion tritt ein, wenn Niederschläge sich in der Luft mit Säuren verbinden, die beim Einsickern in das Gestein dessen Konsistenz schwächen, indem sie den verbindenden Kalk langsam auflösen. Nicht nur durch seinen Formenreichtum imponiert Bryce Canyon, auch die unterschiedlichen Farben faszinieren. Am häufigsten sind sämtliche Rotabstufungen, die durch Eisenoxyde verursacht werden, Purpur- und Lilafärbungen entstehen durch Mangan. Dort wo das Gestein helle Töne besitzt, ist das Eisen meist nur ausgewaschen.

In Nord-Süd-Richtung führt eine für den Autoverkehr freigegebene – für Campmobile gesperrte – 35 Meilen lange Panoramaroute zu verschiedenen Aussichtspunkten sowie zum Endpunkt der Straße, dem 2776 m hoch gelegenen Rainbow Point. Der sehenswerteste Teil des Parks, das Amphitheater, liegt in unmittelbarer Nachbarschaft des Besucherzentrums am Parkeingang bzw. der Bryce Lodge, in der man zwischen Mai und September im Motel oder in Hütten mit Kaminfeuer übernachten kann (Reservierungen: TWA Services, Inc., 451 North Main St., Cedar City, UT 84720, ✆ 801/586–7686). Eine Reihe anderer Unterkünfte gibt es außerhalb des Parks. Von der Lodge geht man nicht einmal fünf Minuten durch den Kiefernwald bis

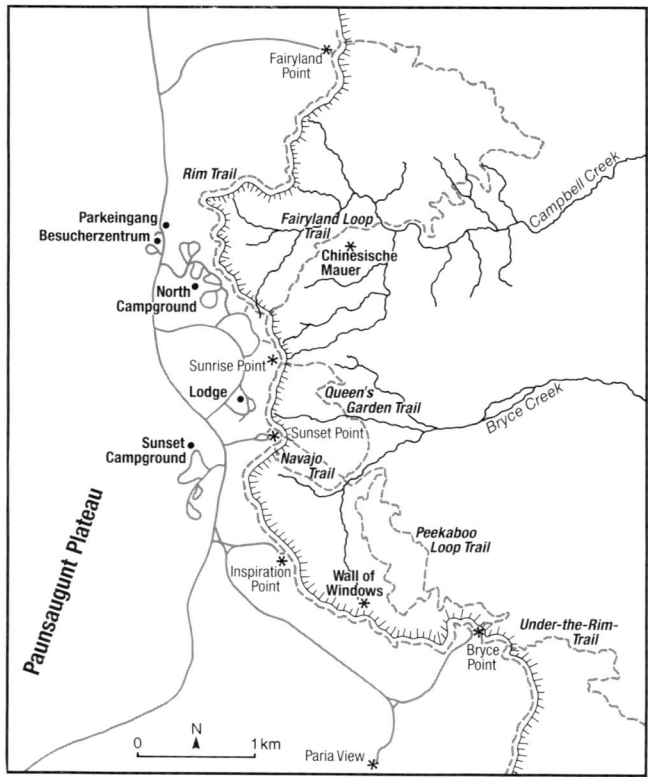

Bryce Canyon
National Park

zur Canyonkante, von wo man einen wunderschönen Blick über das Amphitheater von Bryce hat.

Vor einem dehnt sich ein rosa gefärbtes Halbrund aus, aus dem sich die verwitterten Steinpfeiler und schmalen Felswände mit ihren blinden Fenstern erheben wie die Ruinen einer untergegangenen Indianerzivilisation. Es ist schwer vorstellbar, daß die selbstzerstörerischen Kräfte der Natur in der Lage sind, eine so überwältigende Szenerie zu schaffen. So ist es nicht verwunderlich, daß die Indianer diesen Ort als heilig verehrten und sich von ihm fernhielten. Der Charakter der Landschaft ist so bizarr, daß man sich von den seltsamen Formationen geradezu einschüchtern läßt. Wer seine unbewußte Verzagtheit jedoch überwindet und in den Canyon hinabsteigt, erlebt den steinernen Wundergarten in seiner ganzen Pracht. Ein verzweigtes Netz von etwa einem Dutzend Pfaden führt sowohl durch das Amphitheater als auch in Richtung Süden zum Rainbow Point. Der meistbegangene Wanderweg ist die Verbindung zwischen Queen's Garden Trail und Navajo Trail, für die man etwa eineinhalb Stunden braucht. Man kann am Sunrise Point hinab- und am Sunset Point hinaufsteigen oder umgekehrt. Sehr zu empfehlen ist auch der 12 km lange Peekaboo Loop Trail, der sich vom Sunrise Point bis zum Bryce Point erstreckt. Der 35 km lange Under-the-Rim-Trail verbindet Bryce Point mit Rainbow Point und führt quasi parallel zur Autostraße, aber unten im Canyon, nach Süden. Über alle Wanderpfade, die gut ausgeschildert sind, kann man sich im Besucherzentrum informieren; Trinkwasser ist nirgends im Canyon verfügbar und muß mitgeführt werden.

Klettereien abseits der markierten *Trails* sind nicht nur verboten, sondern auch gefährlich. Im Park droht überall Einsturzgefahr. Der Weg durch die enge Wall Street beispielsweise war jahrelang gesperrt, weil der Pfad 1984 durch einen Bergrutsch zerstört wurde. Seit Sommer 1988 kann man diesen *Trail* wieder zum Sunset Point aufsteigen. Reitausflüge, die von Cowboys geführt werden, beginnen jeweils am Morgen und frühen Nachmittag. Parkranger bieten jeden Morgen um 8.30 Uhr eine geführte Tour auf dem Navajo Trail und im Queen's Garden an. Ebenfalls täglich finden zweistündige informative Wanderungen auf dem Plateau vom Rainbow Point aus statt. Abends veranstaltet der *National Park Service* auf beiden Campingplätzen am Amphitheater Diashows zu unterschiedlichen Themen. Ein besonderes Erlebnis sind die Mondscheintouren, die dreimal monatlich jeweils an den drei Tagen nach Vollmond um 21 Uhr stattfinden. Begleitet von einem Ranger, steigt man zu einer zweistündigen Tour in den Canyon hinab (maximal 25 Personen), um in den hellen Nächten die geradezu schaurig-schönen Silhouettenlandschaften zu durchwandern.

Der Bryce Canyon National Park liegt zwischen 2400 und 2800 m hoch und stellt mit schneebedeckten *hoodoos* auch im Winter eine einzigartige Sehenswürdigkeit dar. Die Hauptaussichtspunkte sind während der kalten Jahreszeit (November bis März) erreichbar. Von April bis Oktober herrscht in der Gegend meist stabiles Wetter mit sonnigen Tagen, kühlen Nächten und relativ häufigen Gewittern. Aufgrund der im Park reichlich vorhandenen Wiesen und Wälder bietet das Gebiet einer vielfältigen Tierwelt Lebensraum. Vor allem wird der Besucher die zahlreichen kleinen Nager kennenlernen, die an allen Aussichtspunkten Wegelagerer spielen und um Futter betteln. Die Parkranger weisen aber darauf hin, daß man die Tiere nicht füttern sollte, weil sie in ihrer natürlichen Umwelt genügend Nahrung finden und vom Menschen sonst zu halbdomestizierten Bettlern gemacht würden. Die größten Säugetiere, die im Südwesten weit verbreiteten Maultierhirsche, bekommt man häufig zu Gesicht. Leider wurde der Pumabestand in den letzten Jahrzehnten durch die Unvernunft des Menschen beträchtlich reduziert. In den westlichen USA gilt es auch heute noch als Männersport, Berglöwen zu jagen, wenngleich Tier- und Umweltschutzorganisationen mit breitangelegter Öffentlichkeitsarbeit versuchen, diesem sinnlosen Treiben Einhalt zu gebieten. Ehemals im Gebiet um Bryce heimische Tiere wie Grizzlybären, Grauwölfe und Dickhornschafe sind schon längst aus der Landschaft verschwunden.

Im Bryce Canyon

Abenteuerliche
Ost-West-Verbindung

Utah
abseits

Popularität hat ihren Preis. Millionen von Besuchern strömen alljährlich in die weltbekannten Nationalparks Süd-Utahs. Diese Invasion der Neugierigen verteilt sich zwar in Anbetracht der Größe des Gebietes recht gut, dennoch mag mancher Erholungsuchende nach einer Stippvisite im Zion oder Bryce Canyon National Park des Geräusches klickender Kameraverschlüsse müde sein und von menschenleeren Naturlandschaften träumen. Weite Gebiete des südlichen Utah haben, bedingt durch Unzugänglichkeit und karge Böden, ihren Charakter als entlegene und kaum frequentierte Naturreservate erhalten.

Eine solche Region liegt östlich des Bryce Canyon National Park und erstreckt sich bis zum Lake Powell bzw. an die Ufer des Colorado River. Viel später als im übrigen Utah hielt hier das 20. Jh. Einzug. Der Escalante River, der einen Teil des Landstriches entwässert, wurde als letzter Fluß auf dem zusammenhängenden Staatsgebiet der USA 1872 entdeckt. Die wenigen Siedler, die sich hier im ausgehenden 19. Jh. als Viehzüchter und Farmer niedergelassen hatten, waren Selbstversorger, denen die Autarkie durch fehlende Verkehrsverbindungen aufgezwungen war. So ziemlich alles, was sie zum Leben brauchten, mußten

sie selbst herstellen, von der Wolle für Kleidung bis zur Hefe für das Brot.

Das Dorf **Boulder** erhielt als letzte Ortschaft der Vereinigten Staaten seine Post noch per Maultier. Die Straße 12, heute die einzige Asphaltstraße im Gebiet, wurde erst 1971 für den Kraftfahrzeugverkehr ausgebaut und gilt unter Kennern wegen der grandiosen landschaftlichen Szenerie als potentielle Touristenattraktion. Noch ist der Highway eine wenig befahrene Verbindung.

Die Straße 12 durchquert den nördlichsten Teil des Bryce Canyon National Park und erreicht das Städtchen **Tropic**, wo am südlichen Ortsausgang die Blockhütte von Ebenezer Bryce steht, nach dem der Nationalpark benannt wurde. Außer seinem Namen hat der Mormonen-Rancher der Nachwelt den treffenden Satz überliefert, Bryce Canyon sei ein verdammt schlechter Ort, um eine Kuh zu verlieren. Wer eine Wanderung durch das Amphitheater des Parks unternommen hat, wird dies bestätigen.

In **Cannonville** biegt eine erst teilweise geteerte Straße zum 9 Meilen entfernten **Kodachrome Basin State Park** ab, dem die *National Geographic Society* diesen an Farbphotographie erinnernden Namen ganz bewußt gegeben hat. Die seltsam anmutenden Felsformationen zeigen sich im wechselnden Sonnenlicht in Farben von Grau und Weiß bis zu tiefem Rot. Es gibt einige Wege, die man mit dem Auto zurücklegen kann, z. B. zum Chimney Rock, einem isolierten, etwa 20 m hohen Steinsockel, der sich vor einem schroffen Gebirgsabbruch aus einer weiten Ebene erhebt. Andere Strecken sollte man zu Fuß gehen, weil sie als Naturpfade angelegt sind, auf denen man heimische Vegetation kennenlernen kann. Ein solcher Fußweg führt auch zu dem Naturbogen Shakespeare Arch, der erst in den 70er Jahren vom heutigen Leiter des Kodachrome Basin State Park, Tom Shakespeare, entdeckt wurde.

Folgt man von **Cannonville** der Straße 12 in nordöstlicher Richtung, erreicht man nach 31 Meilen das Städtchen **Escalante**. Vor mehr als 100 Jahren ließen sich hier die ersten Mormonen nieder und nannten den Flecken Potato Valley, weil an manchen Stellen wilde Kartoffeln wuchsen. Später wurde die Ortschaft zu Ehren des Franziskanermönches und Entdeckers in Escalante umgetauft. Eine Meile außerhalb liegt der **Escalante Petrified Forest**, wo man versteinertes Holz in seinen Regenbogenfarben besichtigen kann. Der Park gehört zum ausgedehnten **Dixie National Forest**, der sich nördlich von Escalante erstreckt und Wanderern viele unerschlossene Regionen bietet. In Richtung Süden führt eine ungeteerte Straße in den Alvey Wash, einen tiefen Canyon, von dem der Weg auf das Kaiparowits Plateau ansteigt.

Östlich von Escalante zieht sich die Nr. 12 durch hügeliges Flachland, von einzelnen Punkten überblickt man im Süden und Osten das Escalante River-Becken. Ganz im Süden, etwa 70 Meilen

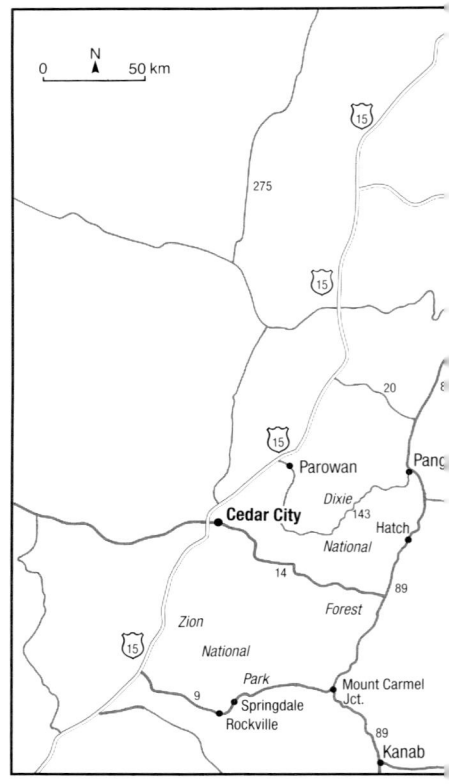

Abenteuerliche Ost-West-Verbindung

entfernt, kann man bei guten Sichtverhältnissen über dem dunstigen Horizont sogar den mächtigen Dom des 3167 m hohen Navajo Mountain entdecken, der den Indianern als heiliger Berg gilt.

15 Meilen östlich von Escalante überquert die Straße den Escalante River. Flußaufwärts führt von der Brücke ein Fußweg zu einem 3,2 km entfernten Naturbogen. Nach weiteren 8 km gelangt man zum Escalante-Zufluß Death Hollow, dessen sehr tiefe und schmale Schlucht man entlangwandern kann. Bevor man sich auf solch wenig begangene *Trails* macht, sollte man sich bei einem *Bureau of Land Management* (Büros

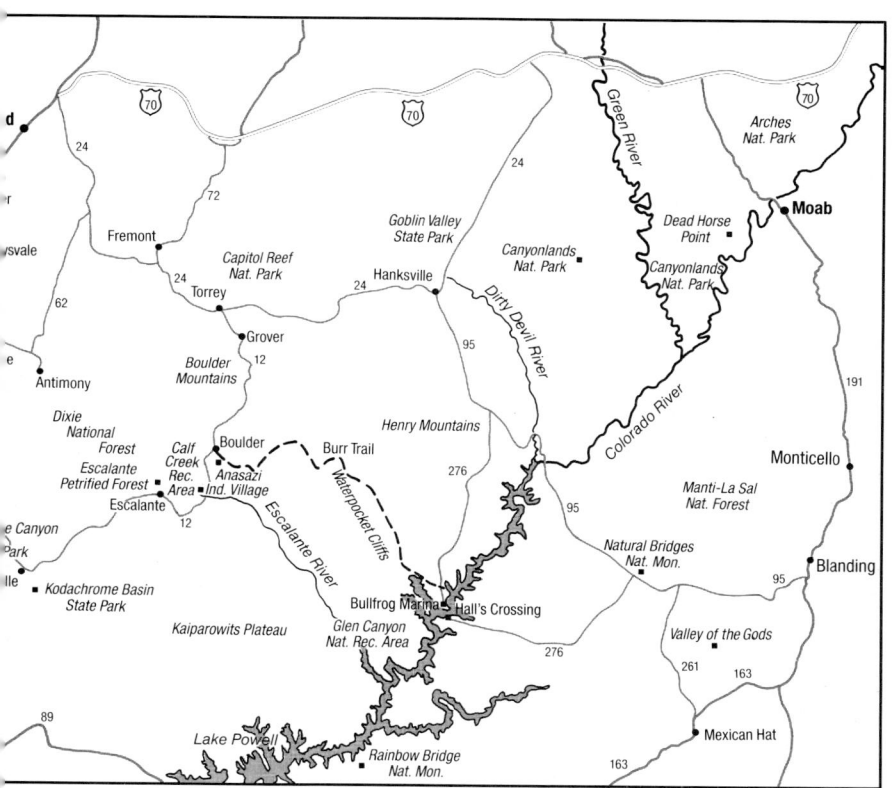

Map labels:
- d
- 24
- 70
- r
- svale
- 72
- 70
- Arches Nat. Park
- 24
- 24
- Green River
- Fremont
- Goblin Valley State Park
- Dead Horse Point
- Moab
- Capitol Reef Nat. Park
- Canyonlands Nat. Park
- Canyonlands Nat. Park
- 62
- 24
- Torrey
- Hanksville
- 24
- Dirty Devil River
- Grover
- 95
- Colorado River
- 191
- e
- Antimony
- Boulder Mountains
- 12
- Dixie National Forest
- Henry Mountains
- Calf Creek Rec. Area
- Boulder
- Burr Trail
- Monticello
- Escalante Petrified Forest
- Anasazi Ind. Village
- 276
- Manti-La Sal Nat. Forest
- Escalante
- 95
- e Canyon
- Park
- 12
- Escalante River
- Waterpocket Cliffs
- Natural Bridges Nat. Mon.
- lle
- Kodachrome Basin State Park
- Blanding
- 95
- Kaiparowits Plateau
- Bullfrog Marina
- Hall's Crossing
- Glen Canyon Nat. Rec. Area
- Valley of the Gods
- 276
- 261
- 163
- 89
- Lake Powell
- Rainbow Bridge Nat. Mon.
- 163
- Mexican Hat

gibt es am Glen Canyon sowie in Escalante) mit Informationen und vor allem mit Kartenmaterial versorgen.

Eine Meile hinter der Brücke über den Escalante River liegt an der Straße 12 **Calf Creek Recreation Area** mit Picknicktischen und Feuerstellen. Hauptattraktion des Rastplatzes ist die Hängebrücke, die über den Calf Creek führt. Folgt man dem Bach in Richtung Norden auf einem sandigen Pfad, kommt man nach 4,5 km zu den Lower Calf Creek Falls, einem knapp 40 m hohen Wasserfall, der an heißen Hochsommertagen mit seinem sprühenden Wassernebel erfrischende Kühle spendet.

In diesem Gebiet wachsen viele Wacholder-Bäume, die im Spätsommer blaue Beeren tragen. Schon die Anasazi machten daraus ein nahrhaftes Mus. Heute werden die getrockneten Beeren von Indianerkindern zu Halsketten auf einen Faden gezogen. Unweit des Wasserfalls befindet sich eine stark verfallene, vor etwa 800 Jahren von Anasazi bewohnte Ruine. In der Nachbarschaft der alten Wohnanlage haben die Indianer auf Felsen zahlreiche Zeichen und Symbole hinterlassen.

Vom Calf Creek steigt die Straße 12 an, und sobald man die Höhe erklommen hat, bietet sich ein phantastischer

Rundblick über eine Sandsteinlandschaft in zarten Farben von Weiß bis Ocker. Das 29 Meilen nordöstlich von Escalante gelegene Dorf **Boulder** (Felsblock), hat seinen Namen vom dunklen Vulkangestein, das die Abhänge der Boulder Mountains bedeckt. Der Ort liegt in idyllischer Umgebung und besteht aus einer Ansammlung von Häusern und Farmen, von denen die ersten um 1894 gebaut wurden.

Boulders populärste Sehenswürdigkeit ist das *Anasazi Indian Village State Historical Monument*, das aus einem Besucherzentrum mit Museum und der Rekonstruktion eines prähistorischen Indianerdorfs besteht. Ursprünglich befand sich dort eine Siedlung der Anasazi, die vermutlich um 1050 in diesen Teil Utahs kamen und hier etwa 150 Jahre lang lebten. Das historische Indianerdorf *Coombs Site* wurde 1958/59 von Archäologen der Universität von Utah ausgegraben, dann aber wieder zugeschüttet, um die Strukturen zu erhalten. 20 Jahre später entschloß man sich, das alte Dorf originalgetreu nachzubauen. Das Museum zeigt historische Exponate über die Anasazi.

Von Boulder kann man auf der Straße 12 nach Norden weiterfahren über **Boulder Mountain**, von wo man in den östlich gelegenen **Capitol Reef National Park** hineinsieht. Die Straße führt dann hinunter in das Farmstädtchen **Torrey**, das als Versorgungszentrum dienen kann, bevor man über die Straße 24 in den Nationalpark weiterfährt. Läden, Hotels und Tankstellen gibt es östlich von Torrey erst wieder im 72 Meilen entfernten **Hanksville**. Man kann Boulder aber auch in südöstlicher Richtung über den *Burr Trail* verlassen, eine regelmäßig instand gehaltene Schotterstraße, die

Im Kodachrome State Park

durch den südlichen Teil des Capitol Reef National Park bis nach Bullfrog Marina am Lake Powell führt. Dort hat man Anschluß an das Asphaltstraßennetz und kann über die Straße 276 nach Hanksville fahren oder über den Highway 95 zum **Natural Bridges National Monument**.

Burr Trail ist ein Streckenabschnitt ganz nach dem Geschmack derjenigen, denen ein Schuß Abenteuer auf der Reise durch den Südwesten nicht fehlen darf. Mit Allradfahrzeugen ist die Route das ganze Jahr über befahrbar, mit normalen Personenwagen sollte man sich auf die trockeneren Sommermonate beschränken. In jedem Fall ist empfehlenswert,

35 Meilen östlich von Boulder erreicht man den tiefen Einschnitt des Waterpocket Fold, der ein atemberaubendes Panorama bietet. Vielfältige geologische Formationen wie Klippen und Canyons, Tafelberge und entfernte Bergspitzen, Verwerfungen und Abbrüche offenbaren hier Erdgeschichte in den unglaublichsten Formen und Farben. Die Staubstraße windet sich in engen Serpentinen auf einer Länge von etwa einer Meile rund 270 m bergab. Auf dem Talgrund verläuft eine Schotterstraße Richtung Norden durch den Capitol Reef National Park zum Parkzentrum (42 Meilen), Richtung Südosten 33 Meilen bis zum Ufer des Lake Powell.

Wer eine Rundtour plant und in das Gebiet des Bryce Canyon zurückkehren will, wendet sich, sobald er über die Südroute die Straße 276 erreicht, nach Norden und gelangt über den Highway 95 nach Hanksville, wo die Straße 24 durch den nördlichen Teil des Capitol Reef National Park nach Torrey und von dort zur Straße 12 führt, die über Boulder und Escalante zum Ausgangspunkt der Tour am Bryce Canyon National Park zurückkehrt.

Alternativ kann man nach **Bullfrog Marina** am Lake Powell weiterfahren, wo die Straße endet. Bullfrog, die größte Station am nördlichen Seeufer, verfügt über eine Bootsrampe, Campingplatz, ein Rollfeld für kleine Flugzeuge, Tankstellen, Restaurant, Unterkünfte und Versorgungsmöglichkeiten. Zwischen Bullfrog Marina und der gegenüberliegenden Station **Hall's Crossing** besteht regelmäßiger Fährverkehr. Wer sich mit dem Auto übersetzen läßt, erspart sich viele Meilen Umweg, wenn das Fahrziel z. B. Monument Valley oder das nördliche Arizona ist.

sich vor der Abfahrt in Boulder bei den zuständigen Behörden nach dem Straßenzustand zu erkundigen.

Erster Aussichtspunkt auf dem *Burr Trail* ist Gulch Overlook, von dem man die steilabfallenden roten Sandsteinklippen des Unteren Long Canyon überblickt. Vor dort wendet sich der Weg Richtung Nordosten bis zum Long Canyon Overlook, wo man den Anfang des Long Canyon sehen kann. Im Osten dehnen sich die blauen Henry Mountains aus, die um die Jahrhundertwende eines der bevorzugten Verstecke des legendären Bank- und Zugräubers Butch Cassidy und seiner Wild Bunch waren (s. S. 270 ff.).

Mit Butch Cassidy auf dem Outlaw Trail

Der Interstate Highway 15 ist die meistbefahrene Straße zwischen Salt Lake City und dem Südwesten Utahs. Wer es nicht eilig hat und etwas Landeskunde betreiben will, kann sich östlicher halten und durch die Sanpete- und Sevier-Täler parallel zum Interstate 15 Richtung Süden fahren, wo sich der Mormonenstaat ländlich gibt. Auf den Weiden steht das Vieh, und wenn man nach Gunnison oder Richfield, dem Sitz der Verwaltung des Sevier County, kommt, ändert sich an der provinziellen Atmosphäre wenig, die im Sommer nach Heu und Kuhdung riecht. Südlich von Richfield läuft die Nord-Süd-Verbindung Nr. 89, dem Sevier River folgend, zwischen den einzelnen, bis über 3000 m hohen Plateaus hindurch und nähert sich hinter Junction dem Dorf Circleville, wo die Leute genauso wie andernorts im Sevier-Tal auf ihren Gehöften Hühner halten, den hochwertigen Alfalfa-Klee anbauen oder einer anderen landwirtschaftlichen Tätigkeit nachgehen.

Circleville hat trotz aller Durchschnittlichkeit einen festen Platz in der Geschichte Utahs, ja sogar des amerikanischen Westens. Hier wuchs ein gewisser Robert LeRoy Parker auf, der am 13. 4. 1866 im etwa 25 Meilen westlich gelegenen Beaver zur Welt gekommen

war und im Wilden Westen um die Jahrhundertwende unter dem Namen Butch Cassidy Furore machte. Tatkräftig unterstützt durch die legendäre Wild Bunch ging er dem lukrativen ›Gewerbe‹ nach, Banken und Züge um teils erkleckliche Summen zu erleichtern. Etwa 2 Meilen südwestlich des Ortes liegt heute noch rechts der Straße 89 die Farm der Familie Parker, die später von Butchs Schwester Lula Betenson und dann von deren Großenkeln bewirtschaftet wurde. Andenkensammler setzten dem Anwesen in den 60er Jahren so zu, daß man sich entschloß, dem Treiben entgegenzutreten und dem interessierten Publikum die Ursprungsstätte mancher Westernlegende zugänglich zu machen. Als schließlich im Juni 1973 in das Hauptgebäude, das wie ein kleines Museum hergerichtet worden war, eingebrochen wurde, sperrten die Eigentümer das Grundstück. Heute kann man es nur noch aus etwa 150 m Entfernung von der Straße aus betrachten.

Wer sich im ehemaligen geographischen ›Wirkungskreis‹ von Butch Cassidy auf Spurensuche begibt, muß wahrscheinlich nicht lange suchen, um auf den Namen des Banditen zu stoßen. Ob in Utah oder anderen Bundesstaaten des Westens – auch fast ein Jahrhundert nach den Untaten der Wild Bunch trifft man noch Leute, die Stein und Bein schwören, jemanden zu kennen, der Butch einmal über den Weg lief. In **Panguitch** (Südwest-Utah) steht das alte Blue Pine Hotel auf der Ostseite der Main Street, und die Besitzer erzählen gerne, wie sich Butch hier zum letzten Mal mit seiner Mutter traf. Daß die letzte Schwester des Banditen vor Jahren in einem örtlichen Hospital starb, ist nachweisbar.

Pansilee Larson ist Kuratorin des Museums der *North Central Nevada Historical Society* in Winnemucca (Nevada) und also schon von Amts wegen glaubhaft. Sie berichtet, ihr Vater sei als kleiner Junge am Mittwoch, den 19. 9. 1900, am Ufer des Humboldt River von Butch und zweien seiner Begleiter angesprochen worden, die sich über den Ort erkundigen wollten. Tatsache ist, daß an diesem Tag ein Überfall auf die *First National Bank* in Winnemucca stattfand, bei dem den Räubern 32 640 Dollar in Goldmünzen in die Hände fielen. Ob Pansilee Larson sich recht erinnert und ein Informationsblatt, das vom örtlichen Besucherzentrum verbreitet wird, stimmt, indem es als Räuber Butch Cassidy, Harry Longabaugh (Sundance Kid) und Will Carver nennt, ist zweifelhaft. Schon im Herbst 1982 veröffentlichte der »Humboldt Historian« einen Artikel

Überfälle des Butch Cassidy

Wann und wo Butch Cassidy zusammen mit seiner Wild Bunch wieviel raubte, ist seit Jahrzehnten unter Biographen, Historikern und Memoirenschreibern umstritten. Die folgende Auflistung von nachweisbaren Überfällen auf amerikanischem Territorium – die südamerikanischen Aktivitäten von Butch sind hier nicht erfaßt – basiert auf dem Buch von Larry Pointer »In Search of Butch Cassidy« (Auf der Suche nach Butch Cassidy), Norman, Oklahoma.

Telluride, Colorado	24. 6. 1889	20 750 $
Delta, Colorado*	7. 9. 1893	700 $
Montpelier, Idaho	13. 8. 1896	7 165 $
Castle Gate, Utah	21. 4. 1897	7 000 $
Belle Fourche, Süd-Dakota*	28. 6. 1897	97 $
Wilcox, Wyoming	2. 6. 1899	60 000 $
Folsom, New Mexico	11. 7. 1899	70 000 $
Tipton, Wyoming	29. 8. 1900	55 000 $
Winnemucca, Nevada*	19. 9. 1900	21–31 000 $
Wagner, Montana	3. 7. 1901	65 000 $

* Wild Bunch-Überfälle ohne persönliche Beteiligung von Butch Cassidy

von Lee Berk, der sich auf Unterlagen des damaligen Bankers George Nixon stützte und nachwies, daß Butch an diesem Raubzug nicht beteiligt war. Dessenungeachtet wurde die Räubergeschichte in Winnemucca so populär, daß früher jährlich die *Butch Cassidy Days* veranstaltet wurden (in Moab finden sie heute noch jedes Jahr im Juni statt) und vor der *First National Bank* eine kleine Erinnerungstafel an das historische Ereignis erinnert – ebenso wie übrigens in der Halle der Bank eine Photographie der Wild Bunch, die Butch nach dem Überfall ›zum Dank‹ an das Geldinstitut geschickt haben soll.

Warum gerade der Name von Butch Cassidy mit so zahlreichen Legenden und Wildwest-Geschichten verbunden ist und in der Erinnerung vieler Menschen weiterlebt, hat unterschiedliche Gründe. Einmal wird Butch in allen Erzählungen als sympatisch und hilfsbereit dargestellt. Der Wild Bunch verbot er mutwilliges Blutvergießen und schwor seine Bande, die bis zu 100 Mitglieder hatte, auf einen Ehrenkodex ein. Zudem ging er mit erbeutetem Geld, das nur Gutbetuchten geraubt wurde, sehr freigiebig um, was ihm einen ähnlich legendären Ruf wie Robin Hood einbrachte. Hochgradig legendenbildend war natürlich auch sein Lebenswandel, der Stoff für zahlreiche Bücher und den Edelwestern »Butch Cassidy und Sundance Kid« mit Paul Newman und Robert Redford lieferte.

Als 13jähriger begann Butch, auf einer Farm in Hay Springs bei Milford am Rande des Großen Beckens zu arbeiten und half ab und zu auf der etwa 13 Meilen entfernten Marshall Ranch aus, auf der seine Mutter beschäftigt war. Dort lernte er den zwielichtigen Mike Cassidy kennen, der ihm den Umgang mit Waffen beibrachte und von dem er sich später den Nachnamen ›entlieh‹. Im Jahre 1884 kam Butch zum ersten Mal mit dem Gesetz in Konflikt, als ihm zwei Halunken einen Pferdediebstahl anhängten. Jahre später versuchte er, sich in der Bergbaustadt Telluride in Colorado mit Pferderennen über Wasser zu halten. Als er das Geld, das er früher bei einem Schlachter verdient hatte – daher wahrscheinlich der Spitzname Butch von *butcher* –, los war, beschloß er, am 24. 6. 1889 zusammen mit seinem Freund Matt Warner die örtliche Bank zu überfallen. Bei diesem Coup fiel kein einziger Schuß, alles lief wie am Schnürchen, und die Beute von 21 000 oder 31 000 Dollar – die Angaben widersprechen sich – ermunterte zu neuen Taten.

Im Sommer 1889 tauchte Butch zum ersten Mal in **Browns Park** auf, einem der wichtigsten Stützpunkte auf dem berühmten *Outlaw Trail*. Dieser Pfad der Gesetzlosen bestand etwa zwischen 1870 und 1910 aus einem Wegenetz zwischen der kanadischen und der mexikanischen Grenze, das sich über sieben heutige amerikanische Bundesstaaten (Montana, Wyoming, Utah, Colorado, Arizona, New Mexico und Texas) erstreckte und über das eine Reihe von Verstecken und Stützpunkten verteilt war. Browns Park galt unter Räubern und Dieben, Galgenvögeln und Spitzbuben als absolut zuverlässiger Schlupfwinkel. Das Gebiet besteht aus einem von Bergen umgebenen Tal, das sich im äußersten Nordosten Utahs am Green River entlang bis nach Colorado hinein erstreckt; die Grenze nach Wyoming liegt in unmittelbarer Nähe. Selbst noch ein halbes Jahrhundert nach der Zeit Butch Cassidys war diese isolierte Ecke eine fast unbe-

Die Wild Bunch um 1900, rechts außen Butch Cassidy

kannte und nur über schlechte Straßen zugängliche Region. Die wenigen Viehzüchter und Farmer, die um die Zeit der Jahrhundertwende hier lebten, hatten in den Gesetzlosen billige Arbeitskräfte, und nichts störte den Frieden dieses entlegenen Zufluchtsortes, solange sich jeder Farmer an die goldene Regel hielt, keine Fragen zu stellen.

Ein anderes strategisches Rückzugsgebiet vor allem für Butch und seine Leute wurde auf dem *Outlaw Trail* Ende des 19. Jh. **Robber's Roost** in Süd-Utah. Fährt man auf der Straße 24 von Hanksville 21 Meilen Richtung Norden, biegt nach Westen die Straße zum Goblin Valley, nach Osten der Weg zum Horseshoe Canyon, zum Maze District des Canyonlands National Park und nach Robber's Roost ab. Die etwa 28 Meilen lange Piste ist zum Teil sandig und sehr löchrig.

Wer diese Gegend besucht, sollte wissen, daß er sich in den unbekanntesten und am wenigsten besuchten Teil der Canyonlandschaft Utahs wagt – allerdings auch in eines der schönsten und unberührtesten Gebiete. Ein Allradfahrzeug ist ratsam, entsprechende Ausrüstung (inklusive Wasservorrat) Voraussetzung, um den Spuren Butch Cassidys in eine Wüsten- und Schluchtwildnis zu folgen, die selbst auf neuesten Karten noch nicht genau verzeichnet ist.

An einigen Stellen wie etwa im Horseshoe Canyon und am Eingang des Roost Canyon zeugen indianische Felsmalereien davon, daß hier schon lange vor Butch Cassidy Menschen Schutz und Geborgenheit suchten. Welchen Kulturen z. B. die lebensgroßen Figuren im Horseshoe Canyon, die zu den schönsten im Südwesten gehören, zuzuordnen sind, ist fraglich. Eventuell zählten die Künstler zur mit den Anasazi verwandten Fremont-Kultur, die im Zeitraum zwischen 950 und 1200 existierte.

Robbers Roost und Umgebung wird noch heute von Ranchern als Weidegebiet und wegen seines ausgezeichneten Quellwassers sehr geschätzt. Butch, ein paar seiner Leute aus der Wild Bunch sowie einige Frauen, darunter Sundance Kids Freundin Etta Place, verbrachten den Winter 1896/97 in dieser abgelegenen Gegend, u. a. um neue Überfälle zu planen und vor allem die Pferde für bevorstehende Eisenbahnüberfälle zu trainieren. Als am 21. 4. 1897 die Rio Grande-Bahn mit Lohngeldern für die Bergarbeiter und Angestellten der *Pleasant Valley Coal Company* in Castle Gate nördlich von Price hielt, waren Butch und die Wild Bunch zur Stelle. Im Juni 1899 folgte ein Zugraub in Wilcox (Wyoming), welcher der Verfilmung der Lebensgeschichte von Butch und Sundance als Vorlage diente, und rund ein Vierteljahr später überfiel die Gang einen weiteren Zug in Folsom (New Mexico) mit blutigem Ende. Bei einer 45minütigen Schießerei ließen zwei Sheriffs ihr Leben. Butchs engster Freund Elzy Lay wurde schwer verwundet und saß dann bis 1906 im Gefängnis.

Banken, Firmen und Eisenbahngesellschaften sahen dem Treiben von Butch und seiner Bande nicht tatenlos zu. Detektive der berühmten Agentur Pinkerton waren auf die Wild Bunch, vor allem deren Anführer angesetzt. Butch Cassidy wurde der Boden des amerikanischen Südwestens langsam zu heiß. In Salt Lake City nahm er Kontakt mit der Justiz auf, um sich eventuell den Behörden zu stellen. Nachdem die Verhandlungen gescheitert waren, kehrte Butch zu seiner

alten ›Tätigkeit‹ zurück, ehe er sich im Jahre 1901 zusammen mit Sundance Kid und dessen Freundin Etta Place nach Südamerika absetzte.

Zunächst lebte das Trio in Argentinien, dann in Chile und Bolivien, wo der Western mit Paul Newman und Robert Redford die Geschichte von Butch Cassidy und Sundance Kid im Kugelhagel bolivianischer Kavalleristen enden läßt. Das Filmfinale entspricht aber nicht der Wirklichkeit. Was aus Etta und Sundance Kid wurde, ist unbekannt. Zum letzten Mal trafen sie sich mit Butch in Mexico City, dann verwischen sich ihre Spuren.

Butch Cassidy selbst kehrte 41 Jahre nachdem er Circleville verlassen hatte 1925 in seine Heimat zurück, nicht im Sattel, sondern mit einem schwarzen Ford. Auch sonst hatten sich die Zeiten geändert. Schenkt man seiner Schwester Lula Betenson Glauben, die 1975 ihre Memoiren veröffentlichte, lebte Butch nach einem rastlosen Dasein in Südamerika, in Spanien, Italien, Mexiko und Alaska schließlich unter dem Namen William T. Phillips als Geschäftsmann – der ehemalige Bankräuber stellte sinnigerweise u. a. Rechenmaschinen her – im amerikanischen Westen und starb am 20. 7. 1937 in der Nähe von Spokane im

Bundesstaat Washington an Magenkrebs. Unter seiner persönlichen Habe fand man u. a. einen Colt, in den ein umgekehrtes E und hinter zwei parallelen Strichen ein normales E eingraviert waren – unverwechselbar Butch Cassidys Zeichen.

Dennoch ist die Geschichte des Gentleman-Bankräubers mit vielen Fragezeichen versehen. Ob W. T. Phillips tatsächlich Butch Cassidy war, wird vermutlich ewig ein Geheimnis bleiben. Wer im Capitol Reef National Park südöstlich des Besucherzentrums vom Talboden der engen Schlucht Grand Wash einen knapp 3 km langen Pfad durch die roten Sandsteinklippen hinaufsteigt, erreicht am Ende des *Trail* einen schönen Naturbogen, den man nach dem gesetzlosen Volkshelden Cassidy Arch genannt hat. Und im Red Rock Canyon, westlich von Bryce Canyon, führt ein Wanderweg namens *Butch Cassidy Draw* durch die wundersame Landschaft, die der Anführer der Wild Bunch vor mehr als 100 Jahren mit seinen Leuten durchstreifte. »Die Zeit, wie ein ständig dahinwälzender Strom, trägt all ihre Söhne hinweg...« (Isaac Watts). Selbst für Butch Cassidy hat sie keine Ausnahme gemacht.

Alter Pferdekorral in Utah

Wunder über
Wunder

Rundreise durch Süd-Utah

Wenn auf irgendeine Gegend des Südwestens der Begriff Theaterlandschaft zutrifft, dann auf den Süden Utahs. Die Naturkräfte haben sich als Bühnenbildner und Kulissenmaler in diesem eindrucksvollen Teil des Mormonenstaates selbst übertroffen. Seit Jahrmillionen sind in diesem Wunderland der Colorado River und dessen Nebenflüsse wie Green River, Virgin River und Dirty Devil River am Werk, um das Colorado-Plateau in eine merkwürdige und zum Teil groteske Erosionslandschaft zu verwandeln, die an Formenvielfalt und Farben kaum zu überbieten ist.

Als Startpunkt einer etwa 320 Meilen langen Rundtour (ohne Abstecher) durch diese steinerne Märchenwelt bietet sich das Städtchen **Moab** am Colorado River an. Seit einigen Jahren ist es ruhig geworden um Moab; wo einst Filmteams ihre Zelte aufschlugen (s. S. 37), erhalten heute Touristen die örtliche Hotelerie und Gastronomie am Leben. Am nördlichen Stadtausgang ließ sich eine Reihe von Unternehmen nieder, die für Urlauber Ausflugsfahrten und Wildwassertouren auf dem Colorado River veranstalten. Eine Touristenattraktion ist die abendliche Bootsfahrt, bei der die Canyonwände zu sphärischer Musik von Scheinwerfern angestrahlt werden.

In Moab gibt es gute Einkaufsmöglichkeiten, um sich für eine eventuell mehrere Tage dauernde Rundreise zu rüsten. Süd-Utah ist relativ dünn besiedelt, die Ortschaften liegen zum Teil weit auseinander, so daß man rechtzeitig die Trinkwasservorräte ergänzen und den Benzintank füllen sollte. Wer nicht nur die Hauptstrecke dieser Rundtour befährt, sondern auch für einige Abstecher zu sehenswerten Plätzen Zeit hat, wird auf der ›Großen Süd-Utah-Schleife‹ mindestens 400 Meilen zurücklegen und sollte dafür wenigstens zwei bis drei Tage veranschlagen. Ohne von Langeweile geplagt zu werden, kann man diese Tour aber über eine Woche ausdehnen, vor allem wenn man sich gelegentlich zu einer Wanderung entschließt.

Etwa 5 Meilen nördlich von Moab liegt an der Straße 191 der Eingang zum **Arches National Park** (s. Farbabb. 35), von dessen 30 000 ha Fläche ungefähr 25 % aus Sandstein bestehen. In dem einzigartigen Park findet man die größte Ansammlung von Naturbögen in Amerika – bis ins späte Frühjahr geben die verschneiten, rund 4000 m hohen La Sal Mountains im Südosten einen maleri-

In einem Seitental des Colorado River östlich von Moab

Wer ist der Größte?
Die Suche nach dem Superbogen

Utahs Südosten ist auch unter dem Namen ›Land der Canyons‹ bekannt. Tiefe Schluchten und enge Täler kennzeichnen diesen zum Teil schwer zugänglichen Landesteil, in dem die Natur wahre Kapriolen schlägt. Nirgendwo auf der Welt kommen durch Naturkräfte entstandene Gesteinsbögen und Felsbrücken so zahlreich und auf so relativ engem Raum vor wie hier – genauer gesagt im **Arches National Park** und im **Natural Bridges National Monument**. Amerika wäre nicht Amerika, ginge es nicht längst darum, welcher Bogen der weiteste und welche Naturbrücke die höchste ist.

Bislang hat man im ›Bogenpark‹ Arches allein mehr als 200 Sandsteinbögen fein säuberlich vermessen, angefangen von ›Löchern‹ mit einer lichten Weite von einem Meter (Mindestmaß) bis hin zum ›König aller Bögen‹, Delicate Arch, der ebenmäßig und isoliert auf einer Felskuppe steht, als habe man ihn eigens für film- und photobesessene Touristen dort aufgestellt. Nicht von ungefähr mutmaßten frühe Expeditionsreisende, welche die ›Bauwerke‹ zur Gesicht bekamen, hier handle es sich um Ruinen einer inzwischen untergegangenen Kultur. Heute lächelt man über solche Vermutungen, weil man dem Geheimnis der Entstehung der Bögen und Brücken längst auf die Spur kam.

Die Suche nach dem Superbogen beschäftigt nicht nur Parkbesucher und dort arbeitende Ranger, sondern auch wissenschaftliche Vermessungsteams, für die ausschließlich Fakten zählen. Jedoch konnte man sich auf keine einheitlichen Meßverfahren einigen, so daß eine objektive Vergleichbarkeit von Daten unterschiedlich arbeitender Teams bislang nicht gegeben war. Das verwundert allerdings nicht, wenn man sich die doch sehr unterschiedlichen Formen der Bögen von Arches und der Brücken von Natural Bridges National Monument vor Augen hält, die eine exakte Definition dessen, was überhaupt gemessen werden soll, erschweren.

Bögen und Brücken mit Spannweiten zwischen 30 und 60 m gibt es im amerikanischen Südwesten zu Dutzenden, von kleineren ganz abgesehen. Für die Hitparade qualifizieren sich jedoch nur jene, die einer Mindestanforderung genügen: einer Spannweite von nicht weniger als 200 Fuß bzw. 66 m. In dieser Kategorie gibt es nach bisherigem Wissen lediglich neun Exemplare , die alle – mit einer einzigen Ausnahme – in Utah zu finden sind. Das Kopf-an-Kopf-Rennen konnte bislang wegen der unterschiedlichen Vermessungsmethoden nicht entschieden werden. Deshalb liegen an der Spitze zwei Bögen gleichauf: Landscape Arch (Arches National Park) und Kolob Arch (Zion National Park). Beide wurden von getrennt arbeitenden Meßteams unter die Lupe genommen, die zu unterschiedlichen Ergebnissen kamen. Die vorläufige Hitliste sieht folgendermaßen aus:

Rang	Name/Gebiet	Spannweite
1/2	Landscape Arch (Arches National Park, Utah)	97–103 m
	Kolob Arch (Zion National Park, Utah)	97–102 m
3	Rainbow Bridge (Lake Powell, Utah)	91 m
4	Sipapu Natural Bridge (Natural Bridges National Monument, Utah)	87 m
5	Morning Glory Arch (Negro Bill Canyon, Utah)	81 m

6	Stevens Arch (Glen Canyon, Utah)	75 m
7	Kachina Natural Bridge (Natural Bridges National Monument, Utah)	68 m
8	Owachomo Natural Bridge (Natural Bridges National Monument, Utah)	66 m
9	Wrather Arch (Paria Canyon Wilderness Area, Arizona)	66 m
10	Snake Bridge (Sanostee Canyon, New Mexico)	62 m

schen Hintergrund für die rote und zerrissene Steinlandschaft ab. 44 Meilen geteerte Straße (hin und zurück) führen zu den bekanntesten Sehenswürdigkeiten wie etwa Balanced Rock, einem 3000 t schweren Steinblock, der jeden Augenblick aus der Balance zu kippen scheint, aber seit Menschengedenken sein prekäres Gleichgewicht hält.

Die Geschichte der bizarren Felsformationen von Arches begann vor etwa 300 Mio. Jahren, als sich in einem riesigen Becken im südöstlichen Utah und dem südwestlichen Colorado ein Binnenmeer bildete. Als dieser Ozean im Laufe der Jahrmillionen langsam verdunstete, blieben mehrere tausend Meter mächtige Salzlager zurück, über denen sich durch Ablagerung neue, etwa 1500 m dicke Gesteinsschichten bildeten. Für das gigantische Gewicht dieser späteren Formationen war das Salz eine zu instabile Basis, die nachgab, sich verschob und dünnere Felsschichten zu biegen begann. Nach mehrfachen Hebungen, die durch Brüche im Gestein begleitet waren, wurde der Fels durch Erosion freigelegt, so daß die Kräfte der Verwitterung Ritzen und Löcher im Sandstein zu Bögen und Fenstern erweiterten. Die meisten Bögen im Arches National Park bestehen aus lachsrotem Entrada-Sandstein.

Arches National Park liegt zwischen 1500 und 1700 m hoch und ist das ganze Jahr über geöffnet. Am Eingang gibt es ein Besucherzentrum, das eine Reihe von Schaubildern zur geologischen Geschichte des Parks ausstellt. Im Frühjahr bzw. Spätsommer blühen viele Blumen, Büsche oder Kakteen, so daß sich ein Besuch vor allem während dieser Jahreszeiten anbietet, zumal im Hochsommer die Temperaturen bis auf über 40° C ansteigen.

Drei Teile des Parks sind für Fußtouren besonders geeignet. In der Windows Section führen kurze *Trails* zu den imposanten Felsfenstern. Vor allem sollte man dem Double Arch im Norden des Parkplatzes einen Besuch abstatten, weil man kaum irgendwo sonst einen so unmittelbaren Eindruck von der Größe der Naturbögen des Nationalparks bekommt. 2,5 Meilen hinter der Abzweigung zur Windows Section führt eine ungeteerte Straße zum Parkplatz Wolfe Ranch. Von den Resten der Ranch folgt man einem 2,5 km langen Pfad, der am Delicate Arch endet, einem Naturbogen, den Photographen zum Wahrzeichen des Arches National Park machten. Die Autostraße durch den Nationalpark endet in Devil's Garden, von wo man zu Fuß zum Landscape Arch, dem wohl größten Naturbogen, gehen kann, der allerdings nur am frühen Morgen in gutem Photolicht liegt. Aber auch einige andere Bögen in diesem Gebiet lohnen den Besuch.

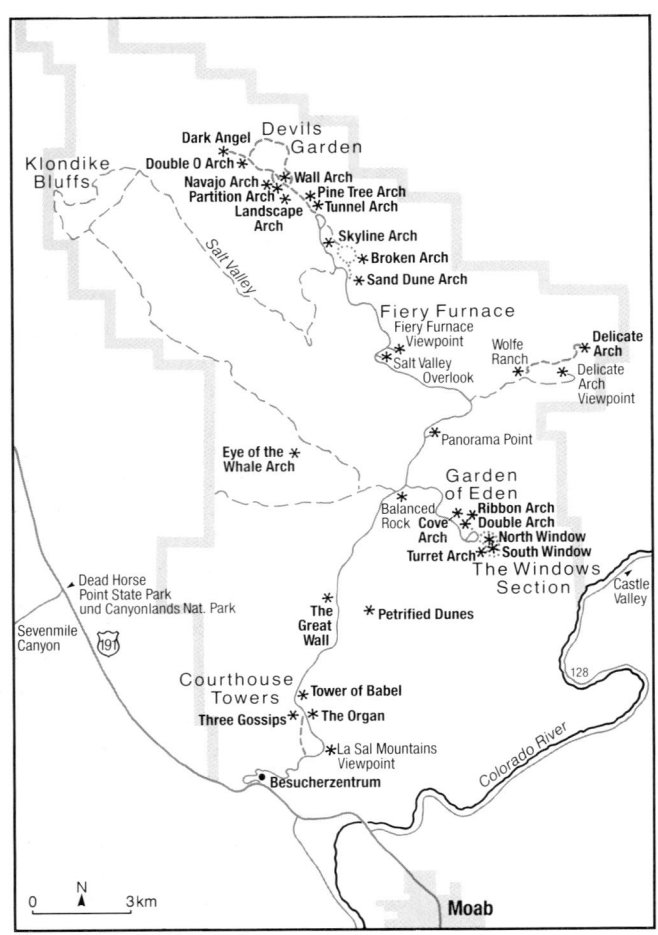

Arches National
Park

Fährt man vom Eingang des Parks auf der Straße 191 rund 8 Meilen weiter nach Norden, biegt in westlicher Richtung die Straße 313 ab, über die man sowohl den grandiosen **Dead Horse Point State Park** als auch den nördlichen Teil des **Canyonlands National Park** erreichen kann (Informationen beim Superintendent, Canyonlands National Park, Moab, UT 84532, ✆ 801/259–7164). Dead Horse Point liegt an der extremen, 1830 m hohen Canyonkante, von der man über eine unglaublich zerrissene und zerfurchte Wüstenlandschaft sieht, in der der Colorado River eine hufeisenförmige Schleife zieht (s. Farbabb. 13).

Der Name des Parks stammt aus dem letzten Jahrhundert, als in der Gegend noch Wildpferde lebten. Cowboys trieben die Tiere, um sie zu fangen und später zuzureiten, in diesen Winkel des Plateaus, von wo die Mustangs nicht mehr entkommen konnten. Die Legende erzählt, daß hier hoch über dem Colorado einige Pferde verdursteten, obwohl ihnen niemand den Weg zurück über die Hochfläche verwehrte. Biegt man von der Straße 313 nicht zum Dead Horse Point ab, sondern fährt geradeaus weiter, kommt man direkt an den Island in the Sky (Himmelsinsel) genannten Teil des Canyonlands National Park. Dieses Gebiet liegt in einem Dreieck zwischen Colorado und Green River, die südlich des Grand View Point zusammenfließen.

32 Meilen nordwestlich von Moab endet die Straße 191 bei Crescent Junction an der Interstate 70. Rund 20 Meilen westlich liegt der Ort **Green River** am gleichnamigen Fluß, der in den Wind River Mountains in Wyoming entspringt. Bereits vor etwa 150 Jahren hatte die Gegend Bedeutung, weil hier der *Old Spanish Trail* von New Mexico über den Fluß führte. Zwischen 1963 und 1979 war die Wüste nordöstlich von Green River Testgelände für Raketen, heute fließt der Verkehr meist auf der Interstate 70 am Ort vorbei.

Westlich von Green River biegt Richtung Süden die Straße 24 von der I-70 ab und erreicht nach 23 Meilen eine asphaltierte Nebenstraße, die 5 Meilen später endet. Eine 8 Meilen lange Piste führt in südlicher Richtung zum ganzjährig geöffneten **Goblin Valley State Park**. Selbst alteingesessenen Bewohnern Utahs ist dieses Tal teilweise unbekannt, weil es abseits liegt und unter den Highlights des südlichen Utah ein Aschenbrödeldasein führt – allerdings zu Unrecht. Wind und Regen haben im Tal der Kobolde Formationen entstehen lassen, daß man meinen könnte, ganze Bildhauergenerationen seien hier damit beschäftigt gewesen, aus dem relativ weichen Entrada-Sandstein vielköpfige Armeen von Zwergen und Fabelwesen herauszuarbeiten. Im späten Tageslicht entfalten die Figuren ihre ganze Pracht, und wer gar bei Vollmond durch das Zaubertal streift, meint, die grotesken Gestalten lautlos durch die Einöde wandeln zu sehen.

Hanksville war schon im ausgehenden 19. Jh. ein recht einsamer Flecken mitten in einer wüstenhaften Landschaft. Wahrscheinlich hätte man die Geschichte des Orts längst vergessen, wäre nicht ab und zu Utahs berühmtester Gesetzloser, Butch Cassidy, mit seinen Freunden hier vorbeigekommen auf dem Weg nach Robber's Roost, einem Versteck der Bande im Canyonland. Im Jahre 1959 erreichte die erste befestigte Straße das Dorf, das bis heute nicht mehr ist als eine Straßenkreuzung, an der man auftanken, einen Kaffee trinken und notfalls auch in einem Motel übernachten kann. Von Hanksville führt die Straße 95, auch *Bicentennial Highway* genannt, über 126 Meilen bis nach **Blanding** – eine zwar beinahe menschenleere, aber sehenswerte Route durch ein Labyrinth von roten Sandsteincanyons, vorbei am nordöstlichen Ende des Lake Powell und dem **Natural Bridges National Monument**.

Südlich von Hanksville zweigen von der Straße 95 einige nichtasphaltierte Nebenwege in die wilden Naturlandschaften von Utahs Canyonregion ab, die man bei schlechtem Wetter oder drohenden Gewittern meiden sollte. Empfehlenswert ist gutes Kartenmaterial. Rund 9 Meilen südlich von Hanksville biegt von der Straße 95 eine Piste in westlicher Richtung in die Henry Mountains ab und führt an der Fairview Ranch vorbei auf die Ostflanke des Mount Ellen zu, den mit 3541 m höchsten Gipfel in dieser Bergkette. Nach 16 Meilen auf der

Straße 95 verläuft ein Weg Richtung Osten zum 11 Meilen entfernten Burr Point, einem unvergleichlichen Aussichtspunkt über den grandiosen Klippen und Schluchten des Dirty Devil River und seinen Zuflüssen. Etwas weiter südlich führt ein zweiter Weg über den Poison Spring Canyon in diese Gegend.

26 Meilen südlich von Hanksville erreicht man die Kreuzung mit der Straße 276, die über Bullfrog Marina und die Autofähre nach Hall's Crossing auf die Straße 95 zurückführt. Bleibt man auf der Nr. 95, erspart man sich etwa 60 Meilen und kann die Landschaft am nordöstlichen Ende des Lake Powell genießen, wo eine Brücke bei Hite Crossing den Cataract Canyon des Colorado River überspannt, der östlich von dort zu den abenteuerlichsten Wildwasserstrecken der Welt zählt.

Auf der Weiterfahrt kann man **Natural Bridges National Monument** einen Besuch abstatten, indem man 45 Meilen südöstlich von Hite auf die Straße 275 abbiegt. Der Welt größte Ansammlung von natürlichen Brücken findet sich in diesem kleinen Park, durch den eine 8 Meilen lange Rundstrecke führt. Im White und Armstrong Canyon liegen die drei größten Brücken: Kachina (Höhe 64 m, Spannweite 62,8 m), Sipapu (67 und 81,5 m) und Owachomo (32,3 und 54,9 m), die sich von den Bögen im Arches National Park dadurch unterscheiden, daß sie vor etwa 225 Mio. Jahren durch fließendes Wasser geschaffen wurden. Neben dem Besucherzentrum befindet sich eine Sehenswürdigkeit jüngeren Datums: eine 0,4 ha große Anlage von Sonnenkollektoren, die zum Zeitpunkt der Installation im Jahre 1980 die größte derartige Einrichtung der Welt war.

Vier Meilen südlich von Blanding mündet die Straße 95 in die Straße 191, die in nördlicher Richtung nach Moab zurückführt. Westlich von Monticello steigt eine schöne Aussichtsstraße in die Kiefernwälder der Blue Mountains an und schließt 5 Meilen nördlich der Ortschaft den Kreis mit der Straße 191. Einige Meilen weiter Richtung Moab biegen zwei Straßen zum **Canyonlands National Park** ab. Die Nr. 211 führt zum Needles District, der mit seinen Aussichtspunkten für den 40 Meilen langen Anfahrtsweg reichlich entschädigt. Über einen weiter nördlich gelegenen Abstecher erreicht man **Canyon Rims Recreation Area** mit dem Anticline und Needles Overlook, wo es jeweils Campingplätze mit fließendem Wasser, Feuerstellen und Toiletten gibt. Auf der Straße 191 sind es zurück nach Moab nur noch ungefähr 30 Meilen.

◁ Delicate Arch im Arches National Park

SILVER STATE NEVADA

Alljährlich zieht es mehr als 30 Mio. in- und ausländische Besucher nach Nevada – und doch spielt das Land unter den vier Staaten des Südwestens touristisch eine Außenseiterrolle. Gemeinhin als Wüstenstaat apostrophiert, gilt Nevada bei vielen als fast menschenleerer, trockener und von der Sonne ausgebleichter Landstrich, dessen ›einzige‹ Attraktionen, die Glücksspieloasen, man am besten per Flugzeug ansteuert. Tatsächlich lernt der überwiegende Teil der Nevada-Besucher kaum mehr kennen als die luxuriösen klimatisierten Casinobetriebe, in denen man einen nerven-kitzelnden Abenteuertrip schon unternehmen kann, indem man einen Nickel (5 Cent-Münze) in einen Spielautomaten steckt.

Eingeweihte lächeln über die Nur-Spieler, da die wahren Abenteuer Nevadas in den weiten Ebenen liegen, in denen es nach Kreosote- und Wermutbüschen riecht, wo die Sonne ganze Seen austrocknet und Becken voll zersprungenem Salzschlamm zurückläßt, wo nachts der kalte Wind die kahlen Bergrücken entlangstreicht und an den halbverfallenen Geisterstädten rüttelt, in denen die Geschichte des amerikanischen Westens lebendiger blieb als sonst irgendwo. Wer sich über die einsamen Highways treiben läßt, wird bald verstehen, warum in abgelegenen Bergbaucamps immer noch einige Unentwegte ein Pionierleben fast wie im vergangenen Jahrhundert führen.

Nevada hat viele sehr unterschiedliche Gesichter. Auf den Höhen der Santa Rosa Range nördlich von Winnemucca wogt während des Sommers ein Blütenmeer von Bergblumen. Hoch oben in der Sierra Nevada an der Grenze zu Kalifornien liegt, eingebettet zwischen Gipfeln, die bis ins späte Frühjahr Schneemützen tragen, mit dem Lake Tahoe einer der schönsten Seen Amerikas. Im Great Basin National Park steigt man mitten in der Wüste in märchenhafte Tropfsteinhöhlen hinunter oder in eine alpine Welt hinauf. 45 Meilen nordöstlich von Las Vegas liegt mit dem Valley of Fire Nevadas archäologisches ›Freilichtmuseum‹ mit phantastischen Sandsteinformationen und indianischen Felszeichnungen. Unweit dieser steinernen Wunderwelt breitet sich der Lake Mead aus, der größte künstliche See der westlichen Hemisphäre, der in den letzten Jahren zu einem beliebten Sport- und Freizeitgebiet wurde.

Nevada hat eine bewegte Geschichte hinter sich und sieht vermutlich einer großen Zukunft entgegen. Beständigkeit zeigte dieses Land seit der ersten Besiedlung durch Weiße vor allem in der permanenten Berg- und Talfahrt zwischen Boom und Bank-

Nevada

Name: Der Name Nevada (span.: schneebedeckt) entstand um 1858, als erste Schritte zur Bildung des Sierra Nevada Territory unternommen wurden.

Beinamen: Silberstaat, Wermutstaat (nach den weitverbreiteten Wermutbüschen; engl.: *sagebrush*)

Fläche: Mit etwa 286000 km^2 etwas größer als die Bundesrepublik Deutschland und damit der siebtgrößte Staat der USA. Nevada ist aufgeteilt in 16 *Counties* (Landkreise) und die Metropole Carson City.

Bevölkerung: Mit etwa 1,1 Mio. Einwohnern (1989) gehört Nevada zu den am dünnsten besiedelten US-Bundesstaaten, aber auch zu den am schnellsten wachsenden. Pro Quadratkilometer leben weniger als 4 Einwohner (zum Vergleich: in der BRD etwa 247 E/km^2).

Hauptstadt: Carson City, 40000 Einwohner. Die größten Städte sind Las Vegas mit 190000 und Reno mit 115000 Einwohnern. Größte Stadt in den ländlichen Regionen ist Elko mit rund 10000 Einwohnern.

Landesnatur: Der Bundesstaat liegt zum überwiegenden Teil im sogenannten Großen Becken, einer von zahlreichen Gebirgsketten durchzogenen wüstenhaften Trockenzone, die von der Sierra Nevada im Westen bis zu den Ausläufern der Rocky Mountains im Osten (Utah) reicht. Höchster Punkt ist der Boundary Peak (4309 m) an der Grenze zu Kalifornien. Tiefster Landstrich ist Clark County im äußersten Süden am Colorado River (154 m).

Wirtschaft: Wichtigste Sektoren sind das Glücksspiel und der Tourismus sowie Bergbau, Industrie, Landwirtschaft und das Transportgewerbe. Unter den industriellen Erzeugnissen führen Spielautomaten und Zubehör sowie andere elektronische Artikel. Zu den abgebauten Bodenschätzen gehören Quecksilber, Silber und Baryt. Für Gold, Kupfer und Magnesium ist Nevada dem Wert nach führender Produzent in den USA. Etwa 60% der US-Produktion an Gold stammt aus Nevada. Der Staat unternimmt Anstrengungen, seine auf den Tourismus konzentrierte Wirtschaft zu diversifizieren. 1985 lag das Durchschnittseinkommen bei knapp 14000 Dollar, die Arbeitslosenrate betrug 8,5%. Nevada zählt zu den sieben US-Bundesstaaten, deren Bewohner keine Einkommensteuer entrichten müssen.

rott, die Nevada durch den damals kaum kalkulierbaren Bergbau aufgezwungen wurde. Gold- und Silberlager wurden entdeckt und manchmal innerhalb weniger Monate oder Jahre leergeräumt. Städte schossen wie Pilze aus dem Boden und zerfielen, wenn die letzten Prospektoren ihre Schaufeln in die Ecke stellten. Zurück blieb, was die Schürfergemeinde nicht mitschleppen konnte oder nicht mehr brauchte. Auf diese Weise entstanden ›Wegwerfstädte‹, die man in aller Eile zusammengezimmert und mit ein paar Scheinfassaden versehen hatte. Andere Ansiedlungen, in deren Nähe die Bodenschätze vielversprechend waren, wurden eher auf Dauer geplant.

Die Wechselbäder zwischen unermeßlichem Reichtum und völligem Ruin haben Land und Leute in Nevada seit jeher stärker geprägt als alles andere. Die Unwägbarkeiten des Daseins hielten bei vielen eine ausgesprochene Pioniermentalität lebendig, die sich auch in einer Hilfsbereitschaft zeigt, wie man sie in städtischen Gebieten kaum mehr findet. Eine stetige Entwicklung mit abschätzbaren Perspektiven scheint sich erst in der Gegenwart abzuzeichnen. Diversifizierung ist das neue Schlagwort. Die ›Beinahe-Monokultur‹ der Glücksspielindustrie soll allmählich durch die Ansiedlung neuer Industrien vor allem des High Tech-Bereichs aufgelockert werden. Las Vegas wird, wenn es nach den Zukunftsplanern geht, zu Beginn des 21. Jh. nicht mehr nur Glamour City, sondern auch Industriemetropole sowie Kunst- und Kulturhauptstadt des Landes sein mit futuristischen Einschlägen wie etwa mobilen Gehsteigen, die wie riesige Laufbänder Personen transportieren.

Solcherlei Visionen stehen in einem Kontrast zur Gegenwart in den ländlichen Gebieten, der größer kaum sein könnte. In der Provinz mag es zwar einige ›Zivilisationsinseln‹ wie Glücksspielhallen, Munitionslager, nukleare Versuchszentren und elektronische Horchposten geben. Häufig hat jedoch im Hinterland ein guter Teil des Alten Westens überlebt, so wie ihn heute noch die *Buckaroos,* wie man die Cowboys in Nevada nennt, verkörpern – hart, stolz und unabhängig. Wer Nevadas Provinznester kennenlernt und in den zum Teil noch bewohnten Geisterstädten Kontakt zur Bevölkerung bekommt, wird spüren, daß diese Amerikaner aus ganz anderem Holz geschnitzt sind als die Einwohner von Salt Lake City oder Los Angeles. Meist genießen sie den Lebensrhythmus, den ihnen die unermeßliche Weite ihres Landes und die damit verbundene Abgeschiedenheit vorgibt. Sie leben aus den häufig nicht gerade üppigen Möglichkeiten an Ort und Stelle, aber sie leben dort in der Gewißheit, Regie über das eigene Dasein zu führen.

Bergarbeiter in Virginia City; historische Aufnahme aus dem späten 19. Jh.

Von der Spitzhacke zum Royal Flush

Wie überall im Südwesten Amerikas waren auch in Nevada Spanier die ersten Weißen, die das Territorium betraten. 1776 durchquerte der Missionar Francisco Garces den südlichen Landesteil auf der Suche nach einer Verbindungsroute zwischen den spanischen Ansiedlungen in New Mexico und Süd-Kalifornien. Ein halbes Jahrhundert verstrich, ehe im Frühjahr 1826 der Trapper Peter Skene Ogden im Auftrag der mächtigen *Hudson Bay Company* während der Jagd nach Biberpelzen von Nordosten her auf das heutige Staatsgebiet Nevadas gelangte. Er war der erste Weiße, der jenen Fluß zu Gesicht bekam, den der Entdecker John C. Fremont 1845 nach dem deutschen Universalwissenschaftler Alexander von Humboldt benannte.

Der Humboldt River entsteht durch den Zusammenfluß einiger Quellflüsse im Nordosten Nevadas und endete durch Verdunstung im sogenannten Humboldt Sink nördlich von Fallon, bevor man sein Wasser im Rye Patch Reservoir südwestlich von Winnemucca staute und zur Bewässerung verwendete. Die Entdeckung des Flusses war für die etwas später einsetzende amerikanische Westwärtsbewegung von bahnbrechender Bedeutung, da das Humboldt-Tal die einzige Ost-West-Passage durch das Große Becken bildet, die nicht durch Bergketten blockiert wird. In diesem Korridor tauchten dann auch die ersten Planwagenkonvois auf, die ersten Siedler Nevadas nahmen diesen Weg, und die ersten Prospektoren zogen auf dem *Humboldt Trail* in die erfolgversprechenden Bergbauregionen.

Die eigentliche Öffnung Nevadas begann im Jahre 1844 mit den Expeditionen Fremonts, der das Große Becken durchquerte, vielen Orten einen Namen gab, Karten anfertigen und Routen entwerfen ließ. Selbst heute noch ist das Tal des Humboldt River mit der Interstate 80 ein Hauptzugang ins nördliche Nevada. Bis zur Unterzeichnung des Guadalupe-Hidalgo-Vertrags zwischen den USA und Mexiko im Jahre 1848 noch mexikanisches Territorium, wurde das Land zwei Jahre später dem Utah-Territorium angegliedert und dessen Gouverneur Brigham Young unterstellt.

Daß aus Nevada bereits 1861 ein eigenständiges Territorium und 1864 ein US-Bundesstaat wurde, hat zweierlei Gründe. Erstens drängten die Bewohner West-Utahs den US-Kongreß jahrelang, auf ihrem Gebiet ein eigenes, von den Mormonen losgelöstes Staatswesen zu errichten, was Washington vor dem Hintergrund der Streitigkeiten mit dem selbsternannten Gottesstaat (im Zentrum stand die Diskussion um die Polygamie) als tunlich erschien. Zweitens wollten sich die Einwohner des

Territoriums Nevada auch von den Utah-Mormonen abschotten, um nicht die Einnahmen aus den Bergbauunternehmungen mit ihnen teilen zu müssen.

Der Traum vom schnellen Reichtum war nach dem Goldrausch von 1849 in Kalifornien bereits ausgeträumt, als Peter O'Riley und Patrick McLaughlin ihre dortigen Schürfplätze verließen, um am Ostrand der Sierra Nevada ihr Glück zu versuchen. Als Dritter gesellte sich Henry Comstock zur kleinen Schürfergemeinschaft, die 1859 auf Gold stieß. Weitere Funde ließen in dem Gebiet, das den Namen Comstock Lode bekam, nicht lange auf sich warten, darunter die bedeutendsten Silberlager, die im 19. Jh. entdeckt wurden. Innerhalb weniger Jahre entstand aus dem Bergbaucamp Virginia City die bedeutendste Stadt jener Zeit zwischen San Francisco und Denver mit rund 30 000 Einwohnern. Bis heute wurden dort Erze im Wert von mehr als einer Milliarde Dollar abgebaut.

Ende der 70er Jahre des 19. Jh. setzte in Virginia eine wirtschaftliche Rezession ein, die auch im übrigen Nevada spürbar war. Schürfer begannen andere Landesteile auf Reichtümer abzusuchen und wurden 1900 bzw. 1902 in Tonopah und Goldfield fündig. Diese Entdeckungen leiteten eine neue Ära des Bergbaus und der infrastrukturellen Erschließung Nevadas ein, weil die abgelegenen Lagerstätten nur durch den Bau von Straßen und Eisenbahnen erschlossen werden konnten. 1915 waren im Staat bereits mehr als 2000 Meilen Bahngleise verlegt. Aber auch in Tonopah und Goldfield folgte der Hochkonjunktur des Bergbaus schon wenige Jahre später der Niedergang. Die Folge von Boom und Bankrott wurde spätestens um diese Zeit zum Strukturmerkmal der Wirtschaft Nevadas, noch immer deutlich sichtbar an der großen Zahl von Geisterstädten, die sich über fast das ganze Staatsterritorium verteilen.

Auch heute noch leiden Nevadas Minenbetriebe unter den wirtschaftlichen Berg- und Talfahrten. In den 50er Jahren fand ein erneuter Boom statt, Ende der 70er bzw.

Frachtkonvoi in Winnemucca um die Jahrhundertwende

Anfang der 80er Jahre folgte ein weiterer, diesmal auf der Basis wissenschaftlicher Expertisen und neuer Technologien. Da das Geschäft mit Erzen aber stets Risiken barg, versuchte man schon vor über 100 Jahren, andere, vielleicht verläßlichere Wirtschaftszweige zu fördern. Eine einmalige Chance bot die Glücksspielindustrie.

Bereits im Jahre 1869 hatte der Staat das Glücksspiel, das in jedem Bergbaucamp und in jedem Saloon die Bevölkerung in Gewinner und Verlierer einteilte, legalisiert – sehr zum Leidwesen der übrigen US-Bundesstaaten. Massive Kritik wurde laut, und Nevada haftete das Stigma der Unmoral und Verruchtheit so sehr an, daß man 1909 den Glücksspielbetrieb verbot. Die neuen Vorschriften wurden, wann immer sich eine Möglichkeit bot, unterlaufen, aufgeweicht oder schlichtweg mißachtet. Unter dem Druck der Weltwirtschaftskrise änderte das Parlament das Gesetz im Jahre 1931 und ebnete der Glücksspielindustrie den Weg in eine strahlende Zukunft, wobei die Kommunen und *Counties* erstmals am grünen Tisch mitverdienten.

Nach Ende des Zweiten Weltkriegs zeitigten die Pokerparadiese Las Vegas und Reno einen atemberaubenden Höhenflug. Die profitablen Gold- und Silberminen lagen jetzt nicht mehr irgendwo im wüstenhaften Niemandsland, sondern inmitten der lichterglänzenden Spielermetropolen in den eleganten Casinos. Der Staat erkannte das wirtschaftliche Potential dieser Riesenindustrie, erhob Steuern und begann durch entsprechende Kontrollgremien und die Vergabe von Lizenzen, den Spielbetrieb aus den Niederungen der Anrüchigkeit zu befreien und zu einem staatstragenden Wirtschaftssektor auszubauen. Nevadas landschaftliche Attraktivität bot zusätzliche Anreize für einen Jahr um Jahr wachsenden Tourismus. Der gesamte Wirtschaftssektor bringt jährlich stolze 5,5 Mrd. Dollar ein.

Weite Teile Nevadas sind wüstenhafte Gegenden, die erst der Mensch mit moderner Technik bewohnbar machte. Las Vegas könnte ohne den Hoover-Staudamm am

Soldaten als Zuschauer bei einem der ersten Atombombenversuche

Colorado River und den dort produzierten Strom nicht existieren. Andererseits bewies der Mensch in Nevada aber auch, daß er in der Lage ist, lebensfeindliche in absolut unbewohnbare Regionen zu verwandeln. Rund 70 Meilen nordwestlich von Las Vegas beginnt ein nukleares Testgelände, dessen Zentrale in Mercury abseits des Highway 95 liegt. In Las Vegas hat man sich schon daran gewöhnt, daß die Gläser in den Vitrinen zittern, wenn wieder einmal eine unterirdische Explosion erfolgt. Als 1953 zum wiederholten Mal eine Atombombe gezündet wurde, war auch ein heute prominenter Berliner als Rundfunkberichterstatter mit dabei, der Zukunftsforscher Robert Jungk, der die Detonation mit den Worten kommentierte: »Das war der Ton der neuen Zeit – ein dumpfes Brüllen«.

Hochburgen
der Glücksritter

Las Vegas, Reno, Laughlin

Vom Staat legalisiert, von der Wirtschaft als liebstes Kind gehätschelt und von Einheimischen wie Fremden gleichermaßen als totale Unterhaltung geschätzt, hat sich in der Wüste des amerikanischen Westens in den vergangenen Jahrzehnten ein Glücksspielparadies entwickelt, das auf der Erde seinesgleichen sucht. Spielautomaten als Freizeitspaß oder hartgesottenes Zockertum als Verdienstquelle gibt es andernorts zwar auch, auf amerikanischem Boden etwa seit 1977 in Atlantic City (New Jersey). Aber nirgendwo auf der Welt beherrschen Roulette und Black Jack, Poker und Keno das Stadtbild ganzer Zentren und den Lebensrhythmus der dortigen Bevölkerung so sehr wie in Nevada.

Besuchern, die von einem Nachbarstaat nach Nevada einreisen, bleibt das nicht verborgen. Unmittelbar hinter der Grenzlinie locken riesige Werbeplakate für millionenschwere Jackpots und spottbillige Schlemmerbuffets der Extraklasse Reisende in die klimatisierten Spielhallen, die in den heißen Wüstenregionen wie erholsame Oasen erscheinen.

Der Heilige Gral, die absolute Erfüllung irdischer Glückseligkeit, ist dem Glücksspieler, Nachtschwärmer und Showliebhaber natürlich nur eine Stadt in den USA, Las Vegas, die Glitzer-City mitten in der Wüste (s. Farbabb. 22, 23, 32, 33). Sein heutiges Gesicht mit autobahnbreiten Boulevards und 30stöckigen Luxushotels, mit Lichteralleen, welche die Nacht zum Tag machen, mit Casinos fast so groß wie Flugzeughallen und einem selbst für Amerika außergewöhnlichen Aufgebot an Showprominenz – hat sich Las Vegas erst nach dem Zweiten Weltkrieg zugelegt.

Anfang des Jahrhunderts waren die ›Wiesen‹, wie Las Vegas wegen seiner Grundwasservorkommen auf Spanisch heißt, ein nur von wenigen Ranchern und Cowboys besiedeltes Gebiet. Als der Kupfermagnat William Clark aus Montana eine Station der *San Pedro, Los Angeles and Salt Lake Railroad* einrichten ließ, entwickelte sich im Zeitalter des ›Eisernen Pferdes‹ aus dem provisorischen Zeltcamp rasch eine Kleinstadt. Einen zweiten Entwicklungsschub bekam der 5000-Seelen-Flecken in den 30er Jahren dieses Jahrhunderts durch den Bau des Hoover-Staudamms am Colorado River, als über die Eisenbahn das gesamte Baumaterial herangeschafft wurde und viele Arbeiter sowie Techniker in Las Vegas wohnten.

Die 40er Jahre waren für die Stadt die Goldene Dekade, eine Zeit des Aufbruchs in eine strahlende Zukunft. Mit El Rancho eröffnete das erste Casinohotel in Las Vegas. Weitere Superhotels folgten, die mit Luxusunterkünften, nobel ausstaffierten Spielhallen, perfektem Service sowie einem noch nie dagewesenen Aufgebot an Showstars Gästewerbung betrieben. Das Glanzstück der Stadt war nach Kriegsende zweifellos das prunkvolle Flamingo, das 1946 von Benjamin ›Bugsy‹ Siegel erbaut wurde, der in der Unterwelt kein Unbekannter war. Da er von den zum Teil wohl ›heißen‹ Geldern, mit denen er das Hotelprojekt finanzierte, offensichtlich einiges auf private Konten in Europa umdirigierte, zog er sich den Unmut der Syndikatsbosse zu, die ihn im Juni 1947 durch einige wohlgezielte Schüsse beseitigen ließen.

Im Desert Inn gab Frank Sinatra im September 1951 sein ›Wüstendebut‹. Wie kein anderer sollte der Entertainer zum Markenzeichen des Show-Bizz im Glücksspieler-paradies werden. Die Universität von Las Vegas verlieh ihm in Anerkennung seiner ›Verdienste‹ 1976 die Ehrendoktorwürde. Weniger zugkräftig war Ronald Reagan, der 1954 im Last Frontier auftrat – für ein Taschengeld, wenn man seine Gage mit den

Der Star unter Amerikas Cowboys

Er ist die Verkörperung des Cowboys schlechthin: schlank und hochgewachsen, den breitkrempigen Stetson in die Stirn gerückt, die Zigarette lässig im Mundwinkel, strahlend blaue Augen und ein ebenso strahlend rotes Halstuch umgebunden. Seit 1947 steht Vegas Vic, wie der Typ genannt wird, in der Fremont Street in Las Vegas und lädt mit schlacksigen Armbewegungen zum Casinobesuch ein (s. Farbabb. 33). Obwohl er nur das Stadtleben kennt und noch nie im Sattel gesessen hat, ist er wahrscheinlich Amerikas berühmtester Cowboy, Symbolfigur des Westens in Hunderten von Filmen und Fernsehspots. Wahrzeichen des ›Glitter Gulch‹ von Las Vegas, wie die Fremont Street wegen ihrer Superbeleuchtung auch genannt wird.

Vegas Vic paßt in diese Umgebung, denn er ist aus bunten Neonröhren gebaut. Im Grunde genommen hat er seine Existenz zwei Europäern zu verdanken. Der schotti-sche Chemiker William Ramsay entdeckte 1898 das Edelgas Neon und bekam 1904 dafür den Nobelpreis. Der französische Arzt George Claude baute 12 Jahre später das erste Neonzeichen. Ab 1934 erschienen die ersten Leuchtreklamen in den Stra-ßen von Las Vegas, ohne die das Glücksspielparadies nie einen so ›glänzenden‹ Ruf bekommen hätte.

Vegas Vic hat beeindruckende Maße. Immerhin wiegt er 6 t, eine Mannschaft von rund 10 Männern brauchte drei Tage, um den Hut- und Sporenträger am Pioneer Club zu installieren. Dort steht er wie eh und je und beobachtet aus einer Augenhöhe von 24 m das Treiben zu seinen Füßen. Die eigentliche Attraktion an ihm ist jedoch seine Stimme.

Jede Viertelstunde läßt sich Vegas Vic mit einem sonoren »Howdy pardner, wel-come to downtown Las Vegas« (Grüß dich, Kumpel, willkommen mitten in Las Vegas) hören. Lediglich zwischen 1966 und 1980 verschlug es ihm die Sprache. Über den Grund kursieren zwei Versionen. Die einen behaupten, die Stadtverwaltung sei bestrebt gewesen, den Geräuschpegel zu senken. Die anderen erzählen, das stän-dige »Howdy pardner« sei dem Filmschauspieler Lee Marvin, der außerhalb von Las Vegas für den Kinohit ›Die Professionals‹ vor der Kamera stand, so auf die Nerven gefallen, daß er den Langen in der Neonkluft zum Verstummen gebracht habe.

50 000 Dollar vergleicht, die der ›Klaviervirtuose‹ Liberace im neuen Riviera pro Woche einstrich.

Wenn es zur damaligen Zeit im amerikanischen Westen eine Stadt gab, die das Prädikat *boom town* verdiente, war es Las Vegas. Das Vergnügungsparadies zählte mit Umgebung rund 80 000 Einwohner. Hinzu kamen täglich etwa 20 000 Besucher, die die 5 Meilen lange Lebenslinie, den sogenannten Strip, auf- und abflanierten und aus dem Staunen über die verschwenderische Pracht der Glücksspieltempel nicht herauskamen.

Daran hat sich im Prinzip bis heute nichts geändert, nur daß alles, getreu dem amerikanischen Verlangen nach Superlativen, inzwischen noch größer, höher, attraktiver wurde. Und legaler. Denn seitdem Nevada im Jahre 1931 das Glücksspiel legalisierte, flossen dem Staat ständig wachsende Einnahmen aus Steuern und Lizen-

Eheschmiede für Schnellentschlossene

zen zu, im Jahre 1980 beispielsweise in Höhe von 170 Mio. Dollar. Da man diese Geldquelle nicht durch illegale Machenschaften, Schiebereien und Betrug aufs Spiel setzen wollte, sorgte man seit 1955 für entsprechende Kontrollgremien und gesetzliche Rahmenbedingungen des Glücksspiels.

Heute ist Las Vegas längst nicht mehr nur eine Hochburg der Spieler, sondern gleichzeitig ein Freizeit- und Ferienparadies mit fast unbegrenztem Unterhaltungsangebot sogar für ganze Familien. Die großen Hotels bieten sehr preisgünstige Übernachtungsmöglichkeiten an, in manchen Casinos gibt es Spieletagen für Kinder wie etwa im Circus Circus sowie Imbißecken für den kleinen Hunger. Mitten am Strip bietet sich mit ›Wet 'n Wild‹ ein Bade- und Freizeitpark mit Rutschbahnen, Wasserfällen und Wildwasserkanälen an, der die Sommertemperaturen von häufig über 40 °C erträglicher macht.

Publikumsmagnete zu schaffen, die Besucher zu locken, war immer schon eine der vornehmsten Aufgaben der Glücksspielindustrie. Als besonders zugkräftig erwiesen sich Boxveranstaltungen, die Las Vegas Ende der 60er Jahre zur Weltmetropole der Faustkämpfe machten. Gladiatoren wie Muhammad Ali, Sugar Ray Robinson, Sonny Liston, Floyd Patterson, Mike Tyson und viele andere standen seit damals im Ring. Ein unvergeßliches Ereignis war der Kampf Muhammad Alis gegen Larry Holmes im Jahre 1980, sportlich zwar ein Debakel, finanziell aber ein Hit. Schätzungen zufolge brachte diese Posse etwa 100 Mio. Dollar nach Las Vegas. Einen in der Geschichte der Stadt einmaligen Erfolg verbuchten zwei Deutsche zwischen 1981 und 1988 mit ihrer Show ›Beyond Belief‹ im Frontier. Über 2,5 Mio. Besucher sahen die legendären Auftritte von Siegfried und Roy mit weißen Tigern und anderen exotischen Tieren. Inzwischen sind die beiden Artisten selbst ins Hotelcasinogeschäft eingestiegen. Sie treten nun im Hotel Mirage auf.

Den Ruf als Heirats- und Scheidungsparadies teilt sich Las Vegas mit Reno. Als 1931 das Glücksspiel legalisiert wurde, erließ der Staat gleichzeitig auch ein neues Scheidungsgesetz, von dem man sich eine wirtschaftliche Stimulanz erhoffte – und nicht zu Unrecht. 1931 heirateten in Las Vegas die Filmstars Rex Allen und Clara Bow als erstes Prominentenpaar, wenn auch in aller Heimlichkeit. 1939 ließ sich Clark Gable als erster Prominenter in Las Vegas von seiner Frau Rhea scheiden, unter großer Anteilnahme des Publikums.

Als der Schauspieler Kirk Douglas 1954 heiratete, registrierte die einschlägige ›Industrie‹ jährlich bereits 20800 Vermählungen und 3500 Scheidungen, noch ehe ›Traumpaare‹ wie Elvis Presley und Priscilla sowie Jane Fonda und Roger Vadim für neue Publicity sorgten. Wer heute nach prominentem Vorbild – vielleicht sogar an

Casino in Laughlin

gleicher Stelle – heiraten will, muß 18 Jahre alt sein, Ausweis und Geburtsurkunde vorlegen und einen Obolus von 27 Dollar entrichten. Bei der Scheidung genügen der Nachweis eines mindestens sechswöchigen ständigen Wohnsitzes innerhalb Nevadas und die Teilnahme an einer halbstündigen Beratung für 20 Dollar.

Reno, das in seiner Gründungsgeschichte Ähnlichkeiten mit der ›großen Schwester‹ aufweist, ist neben Las Vegas das größte und bekannteste Glücksspielzentrum Nevadas (Farbabb. 31). Auch in Reno war die Eisenbahn treibendes Element beim Aufbau der Stadt. Im Jahre 1868 wurde die *Central Pacific*-Linie von Sacramento über die Sierra Nevada bis nach Reno fertiggestellt, ein Jahr später die letzte Lücke der transkontinentalen Verbindung in Utah geschlossen – für den Bergbau im benachbarten Comstock Lode ein wichtiges Datum. Als dort der Gold- und Silberboom zu Ende ging, ersetzte Reno Virginia City als Wirtschaftszentrum und als bevölkerungsstärkste Ansiedlung in Nevada.

Erst gegen Mitte dieses Jahrhunderts verdrängte Las Vegas seinen Rivalen aus dieser Position. Reno besitzt nicht das großstädtische Flair von Las Vegas, sondern mutet eher wie eine Kleinstadt an, der die Casinos im wahrsten Sinne des Wortes über den Kopf gewachsen sind. Dieser Situation durchaus bewußt, nennt sich Reno in stolzer Bescheidenheit ›die größte Kleinstadt der Welt‹. Ein Neonbogen mit diesem Namen überspannt unübersehbar die Virginia Street. Offensichtlich hat sich die Stadt vom Gedanken gelöst, mit Las Vegas konkurrieren zu müssen. Heute konzentrieren sich die Planer eher darauf, gerade dieses kleinstädtische Flair und damit Renos spezifischen Charakter zu erhalten.

Übt Reno eine gewisse Zurückhaltung beim Ausbau seiner Glücksspielindustrie aus, so wird dies mehr als wettgemacht vor allem von jenen Orten, welche die Grenznähe zu den umliegenden Bundesstaaten als ihr größtes Wirtschaftspotential betrachten und jenseits der Grenzen ihre Kundschaft rekrutieren. Spitzenreiter unter diesen Wachstumsenklaven ist Laughlin im Süden Nevadas, von Arizona nur durch den Colorado River getrennt. Im Jahre 1964 gab es hier nur den Fluß und die höchsten Temperaturen in den USA. Ende der 80er Jahre beschäftigten die Hotels und Casinos bereits rund 7000 Angestellte und verzeichneten mit über 30 % die höchsten Wachstumsraten pro Jahr in den Einnahmen aus dem Glücksspiel.

Andere *boom towns* mit ähnlicher Entwicklung sind Mesquite an der Arizona-Utah-Grenze, Wendover an der Interstate 80 nach Salt Lake City, Jackpot an der Idaho-Grenze, Lake Tahoe an der kalifornischen Grenze sowie Jean an der Interstate 15 nach Los Angeles. An Wochenenden sind diese Provinznester häufig ausgebucht, weil dann der große Spielerstrom aus dem benachbarten ›Ausland‹ einsetzt. Mit dem Glücksspiel hat der Staat Nevada eine phänomenale Einnahmequelle geschaffen. Die Idee, daran mitverdienen zu wollen, hat auch schon die Indianer erfaßt. Die *Fort Mohave Indian Reservation* im äußersten Süden Nevadas liegt zu einem kleinen Teil auf Nevada-Territorium. Dort wollen die Indianer ihr Recht erstreiten, genau wie die Weißen alle Arten von Glücksspiel betreiben zu dürfen.

Die Revolution des Einarmigen Banditen

Sie blinken, klingeln, hupen, jaulen, trällern Gassenhauer und spucken auch schon mal, und wenn, dann klingende Münzen. Ging es früher in den Spielcasinos vor allem an den Würfeltischen und beim Black Jack hoch her, so hat sich die Geräuschkulisse seit den späten 70er Jahren verändert und verlagert, von den Tischspielen zu den Spielautomaten.

Wer in Las Vegas, Reno oder irgendwo in der Provinz Nevadas ein Casino besucht – Schlips und Kragen sind hier übrigens ebenso überflüssig wie moralische Bedenken –, wird meist von einer Armee sogenannter Einarmiger Banditen in Empfang genommen, wie man die traditionellen Spielautomaten wegen des seitlichen Starthebels nennt. Das war nicht immer so.

Noch in den frühen 70er Jahren installierten die Casinobetriebe diese Glücksmaschinen eigentlich nur, um den Damen einen Zeitvertreib zu schaffen, während die Herren Fortuna bei ›echten‹ Spielen herausforderten. Aber die Einarmigen Banditen haben längst zum Sturm auf die etablierte Casinoherrschaft von Baccarat und Black Jack, Roulette und Würfeln angesetzt. Vielleicht ist die Revolution sogar bereits vorbei. Im Jahre 1970 erwirtschafteten die Casinos noch rund 66 % ihrer Einnahmen mit Tischspielen und 33 % mit Automaten. 1987 hatten sich die Anteile schon stark verschoben: Tischspiele 40 % und Spielautomaten 57 % – die restlichen Prozente für Poker und Wetten.

Den Prototyp des herkömmlichen Glücksspielautomaten baute der aus Bayern stammende Charlie Fey im Jahre 1895 und nannte ihn sinnigerweise Liberty Bell – Freiheitsglocke. Zwei Enkel des Erfinders betreiben heute in Reno Liberty Bell Saloon and Restaurant, wo man nicht nur gut essen, sondern gleichzeitig auch zahlreiche antike Automaten bewundern kann. Feys epochemachende Maschine ging Anfang des 20. Jh. in San Francisco in Produktion und wurde mit kleineren Abänderungen jahrzehntelang hergestellt. Über einen Hebel wurden drei Glücksräder mit je 20 Symbolen in Bewegung gesetzt, die 8000 unterschiedliche Kombinationen erlaubten. Der Apparat schluckte jeweils nur ein Geldstück, meist ein Quarter. Zwischen 18 und 25 % des Umsatzes blieb im Hause, der Rest wurde als Gewinn ›ausgespuckt‹.

Die große Wende erfolgte Ende der 70er Jahre, als die ersten Glücksspielautomaten auftauchten, an denen man statt eines Quarters auch einen ganzen Dollar, später sogar 5, 10, 25 und sogar 50 Dollar setzen konnte. So löste sich das Automatenspiel

Glücksspielautomaten in Reno

vom Makel der Pfennigfuchserei, weil nun größere Summen auf dem Spiel standen. Damit war der technologische Reifeprozeß der Automaten aber längst noch nicht abgeschlossen.

Heute sind Videospiele und vor allem Videopoker der große Renner. Glücksräder kann man per Knopfdruck in Schwung bringen, den Einsatz über die Kreditkarte abbuchen lassen. Sogenannte Megabuck-Automaten sind im ganzen Staat telefonisch miteinander verbunden und jeder Geldeinsatz, gleichgültig ob im Las Vegas Hilton oder in einem Supermarkt an der Grenze zu Idaho, stockt den Jackpot auf. Die allerneuesten Meldungen kommen aus der Glücksspielprovinz New York. Dort hat eine Firma einen beweglichen Roboter entwickelt, der im Casino ferngelenkt auf Kundenfang geht. Er hat zwar keinen Verstand im Kopf, aber etwas Wichtigeres im Bauch: Glücksräder.

Schaufenster in die Vergangenheit

»Keine Blumen blühen hier, und kein grüner Fleck erfreut das Auge. Die Vögel, die über das Land fliegen, tragen ihren Proviant mit sich.« Diese verdrießlichen Worte kritzelte in den frühen 60er Jahren des 19. Jh. ein enttäuschter Prospektor namens Samuel Clemens in sein Notizbuch. Mißerfolg und Geldnot trieben ihn schließlich ins aufstrebende Virginia City, wo er in der Redaktionsstube des »Territorial Enterprise« einen Job bekam und eine Karriere begann, die ihm Weltruhm einbrachte – unter dem Pseudonym Mark Twain.

Tausenden widerfuhr damals ähnliches Schürferschicksal, wenngleich mit weniger glücklichem Ausgang. Comstock Lode mit seinem Zentrum Virginia City war in den 60er Jahren des 19. Jh. das neue Eldorado und das erste auf dem Territorium Nevadas. Aber selbst hier, wo Gold und Silber scheinbar auf der Straße lagen, hausten Enthusiasmus und Niedergeschlagenheit sehr eng beieinander. Kein Wunder, daß jede Kunde von einem auch noch so entlegenen neuen Fundort Hoffnungen schürte und die Verzweifelten und Elenden, Glücklosen und Entmutigten wieder aufrichtete und weiterziehen ließ. Die Spuren, welche die Bergbaugeschichte im Land zurückließ, sind vielerorts noch sichtbar in einigen Dutzend *ghost towns*, die über das ganze Land verstreut sind.

Wie viele es genau sind, läßt sich schwer feststellen. Denn allein darüber, was eigentlich eine Geisterstadt ist, herrscht keine einhellige Meinung. Manche zählen unter diesem Begriff nur Ansiedlungen, in denen niemand mehr wohnt. Doch gibt es viele ehemalige Bergbauorte, in die sich Sonderlinge und Aussteiger zurückgezogen haben. Andere *ghost towns* waren jahrzehntelang unbewohnt, bis sich irgend jemand entschloß, in alten Schächten und Stollen neues Glück zu suchen. Wieder andere Orte sind heute so stark verfallen, geplündert oder verwüstet, daß fast nichts mehr vorhanden ist, einige wurden im Laufe der Zeit eingeebnet, um Platz für neue Unternehmungen zu schaffen.

Wer sich auf den Pfad der Geisterstädte begibt, sollte sich zunächst mit nützlichen Informationen und gutem Kartenmaterial versorgen (s. S. 386). Die in diesem Kapitel aufgeführten *ghost towns* wurden aus dreierlei Gründen ausgewählt. Ihr Besuch lohnt sich, weil Mensch und Natur noch genug Sehenswertes übriggelassen haben, die Orte sind mit normalen Personenwagen bzw. Wohnmobilen erreichbar, und sie liegen im Bereich der Hauptverbindung zwischen Reno und Las Vegas entlang der Grenze nach Kalifornien.

Man verläßt Reno in südlicher Richtung auf dem Highway 395 und biegt nach 9 Meilen auf die Straße 341 ab, die sich als *Old Virginia Road* durch die grünen Truckee Meadows mit Viehweiden und Gärten in die Virginia Mountains hineinwindet. Diese Bergstrecke wurde als Mautstraße schon im Jahre 1862 von Pionieren als Verbindung zwischen dem Talgrund und dem Gold- und Silbergebiet Comstock Lode angelegt. Jahrzehntelang machte die Route durch die Berge Geschichte. Die hier verkehrenden Kutschen und Wagen, nicht selten mit wertvoller Fracht beladen, wurden häufig von Wegelagerern überfallen. Virginia City (s. Farbabb. 22) in Comstock Lode sieht alles andere als geisterhaft aus – die alte Bergbausiedlung hat sich seit den 60er Jahren in ein vielbesuchtes Touristenzentrum verwandelt. Man findet hier jedoch noch zahlreiche Gebäude aus der ›Bonanza‹-Zeit, die einen Abstecher lohnend machen. Virginia City, in den 70er Jahren des 19. Jh. die wichtigste und mit einer Bevölkerung von rund 30 000 zugleich größte Stadt zwischen der Pazifikküste und Denver in Colorado, hat heute nur noch etwa 750 ständige Einwohner. Während ihrer Glanzzeiten besaß diese ›Schatzinsel‹ in den Bergen Nevadas mehr als 100 Saloons, sechs Kirchen und vier Banken. Hier machte auch die *Virginia & Truckee Railroad* halt, die eine Zeitlang bis zu 50 Züge täglich zwischen Virginia City und Franktown, das nicht mehr existiert, verkehren ließ. Nach einem Großfeuer im Jahre 1875, das etwa Dreiviertel der Gebäude zerstörte, wurde die Stadt sofort wiederaufgebaut. Aber die Gold- und Silberschwemme ließ langsam nach.

Im Jahre 1899 belief sich die Produktion ›nur‹ noch auf 400 000 Dollar. Seit 1974 nahmen Geologen mit neuen Methoden und Techniken das Gebiet unter die Lupe, und der Bergbau wurde in der Nachbarschaft von Virginia City wiederbelebt.

Haupterwerb in der Stadt ist heute das Touristengeschäft, das viel Historisches kommerzialisiert und damit verwässert hat. Dies gilt vor allem für die C Street, in der sich Andenkenläden, Bars und *Candy Shops* aneinanderreihen. Wer sich jedoch die Mühe macht, einen Straßenzug bergan zu steigen, findet in der B Street sehenswerte viktorianische Architektur wie etwa das *Court House*, das nach dem Brand von 1875 erbaut wurde. In der Nachbarschaft befindet sich *Piper's Opera House*, einst eines der führenden Theater in Comstock Lode. In der Sommersaison werden noch täglich Ein-Mann-Stücke über die große Geschichte von Virginia City aufgeführt.

Schöne Gebäude befinden sich auch unterhalb der C Street, so z. B. die beiden Kirchen *St Mary's in the Mountains* und *St Paul's Episcopal Church*, die beide Besuchern offenstehen. Die alte *Virginia & Truckee Railroad* fährt als Touristenbahn zwischen Virginia City und Gold Hill hin und her. Am nördlichen Stadtausgang liegt an exponierter Stelle ein relativ gut erhaltener Friedhof mit vielen interessanten Grabsteinen.

Südlich von Virginia City schließen sich die beiden Orte **Gold Hill** und **Silver City** an, die in der Bergbaugeschichte von Comstock Lode ebenfalls eine Rolle spielten. In Gold Hill hat ein Hotel die Zeit überdauert, das als ältestes Herberge in Nevada gilt.

Dort wo die Straße 341 auf den Highway 50 stößt, kann man Richtung Osten

Clark Gable...

abbiegen, um dem Städtchen **Dayton** einen Besuch abzustatten. Der 1849 gegründete Ort diente mit seinen noch erhaltenen alten Gebäuden einigen Filmen als Kulisse. Schon Clark Gable, Marilyn Monroe und Montgomery Clift agierten dort im Jahre 1960 in John Hustons »The Misfits«. Einige Gebäude aus der damaligen Zeit sind den Flammen zum Opfer gefallen. Im alten Feuerwehrhaus steht ein ›Eisenkäfig‹, der vor Jahrzehnten als Gefängnis benutzt wurde.

Auf dem Highway 50 fährt man von Dayton 12 Meilen bis nach **Carson City,** der Hauptstadt von Nevada. Die heute etwa 40000 Einwohner zählende Metropole verlor durch ein kräftiges Bevölkerungswachstum nach dem Zweiten Weltkrieg den Ruf, die kleinste Staatshauptstadt in den ganzen USA zu sein. Das Capitol im Stadtzentrum stammt aus dem Jahre 1875. Glücksspielbetriebe fallen im Stadtgebiet weit weniger auf als anderswo, Carson City besitzt zwei se-

henswerte Museen (Eisenbahnmuseum und Staatsmuseum zur Geschichte Nevadas) sowie einige Dutzend malerische Wohnhäuser und Kirchen aus dem vergangenen Jahrhundert. Im örtlichen Büro der *Chamber of Commerce* (1191 South Carson Street, ✆ 702/882-1565) liegen Pläne aus, welche die Suche nach den historischen Gebäuden erleichtern.

Die erste echte *ghost town* und zugleich eine der sehenswertesten überhaupt ist **Bodie,** etwa 5 Meilen von der Grenze nach Nevada auf kalifornischem Boden gelegen. Von Carson City fährt man auf dem Highway 395 am Topaz Lake vorbei südlich über die Staatsgrenze nach Kalifornien und biegt 5 Meilen südlich von Bridgeport Richtung Osten ab. Nach weiteren 12 Meilen erreicht man auf einer guten Schotterstraße Bodie, das jedem Geisterstadtfan das Herz höher schlagen läßt.

Die Stadt entstand dort, wo ein gewisser Waterman S. Body 1859 Gold ent-

... und Marilyn Monroe in »The Misfits«

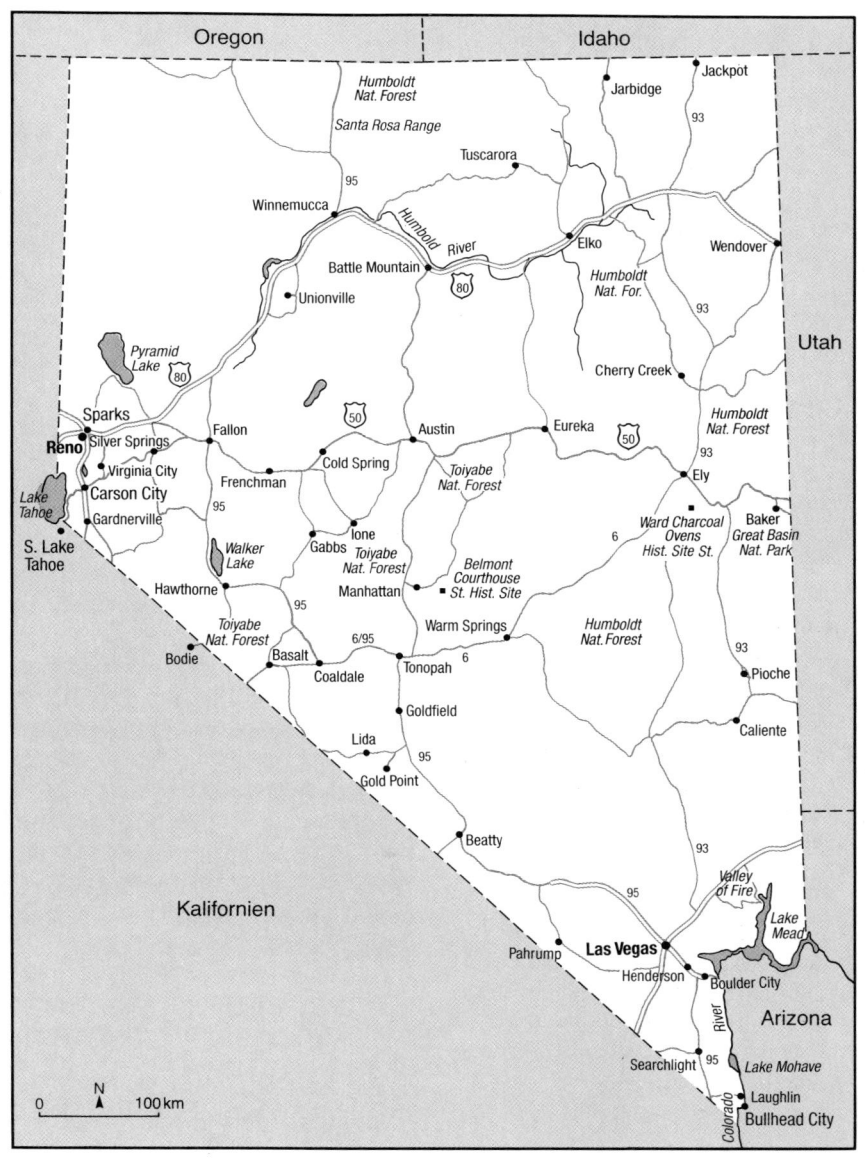

deckte. Zwanzig Jahre später hatte Bodie 10 000 Einwohner, worunter eine stattliche Anzahl von Halunken und Halsabschneidern gewesen sein muß. Die Feuerglocke, die auch als Totenglocke diente, war jedenfalls fast täglich zu hören. Schießereien, Prügeleien, Mord und Totschlag werden u. a. der Tatsache zugeschrieben, daß es 65 Saloons in der Stadt gab, in denen ziemlich mieser

Whiskey ausgeschenkt wurde. Das rauhe Bergklima soll ein übriges getan haben. Reverend F. M. Warrington charakterisierte die Zustände in Bodie 1881 mit den Worten: »Ein Meer der Sünde, gepeitscht vom Sturm der Wollust und Leidenschaft.«

Man verläßt Bodie auf der gleichen Straße, die als Hinweg diente. Gleich hinter dem Zahlhäuschen, an dem die Gebühr für den Besuch des *State Historic Park* entrichtet wurde, gabelt sich die Schotterstraße. Rechts führt sie zurück nach Bridgeport, links nach Lee Vining. Diesen Weg sollte man einschlagen, weil von der Bergstraße bald der Blick auf den wunderschönen **Mono Lake** frei wird, in dessen Norden man auf die Straße 167 trifft, die schnurgerade nach Nevada zurückführt.

Hawthorne südlich des Walker Lake ist ein ›brisantes‹ Städtchen, die Einwohner dort leben tatsächlich auf einem Pulverfaß. Im Jahre 1926 suchte die Armee einen bevölkerungsarmen Landstrich für ein Munitionsdepot und entdeckte Hawthorne. Die Umgebung der Stadt ist heute weiträumig untertunnelt und mit Bunkern gespickt.

Nach 25 Meilen auf dem Highway 95 in östlicher Richtung erreicht man **Luning** und biegt dort ab auf die Straße 361 zu einem Abstecher über **Gabbs** in die Geisterstädte Ione und Berlin. 22 Meilen von Luning entfernt liegt links der Straße ein Hügel, auf dem sich die Reste einer ausgedienten Radaranlage befinden. Von oben hat man einen weiten Blick über diese typische Nevada-Landschaft. Manchmal kann man den Donner der Testexplosionen in den militärischen Sperrgebieten hören.

Zwei Meilen nördlich von Gabbs, wo sich ein Magnesiumbergwerk befindet,

Die Geisterstadt Bodie

zweigt Richtung Osten die Straße 844 ab. Der Teerbelag endet nach 12 Meilen, die Schotterstraße führt durch ein weites Tal, auf dessen Sohle sich der Weg teilt: nach Norden zur *ghost town* Ione und geradeaus nach Berlin. **Ione** ist von dieser Gabelung 5,5 Meilen entfernt. Einst war die Bergbaustadt Sitz der Verwaltung des Nye County. Aber schon zu

Beginn der 80er Jahre des 19. Jh. war die Bergbauära beendet, Iones Dasein als Geisterstadt begann. Zwar stehen noch einige Gebäude aus der alten Zeit, aber die Natur holt sich allmählich zurück, was ihr der Mensch vor über 100 Jahren abgerungen hat.

Berlin wurde später als Ione zu einem Bergbaucamp, aber auch dort ließen die wirtschaftlichen Aktivitäten schon zu Beginn des 20. Jh. nach. Die alten Bauten und Ausrüstungsgegenstände des Orts konnten über die Zeit gerettet werden, als im Jahre 1954 Charles Camp in einem nahe gelegenen Felsen das Skelett eines gigantischen, über 10 m langen Ichthyosauriers entdeckte. Diese Art von Fischechsen lebte während des Mesozoikums im Meer und starb in der Kreidezeit aus, die vor etwa 70 Mio. Jahren endete. Im **Berlin-Ichthyosaur State Park** wurden inzwischen mehr als drei Dutzend Skelette freigelegt, einen Teil davon hat man zum Schutz in eine Halle integriert. Ranger führen interessierte Besucher durch diese Ausstellung.

Zurück auf dem Highway 95, fährt man weiter Richtung Süden bis Tonopah und folgt dort dem Highway 6 bis zur Abzweigung der Straße 376. Nach knapp 14 Meilen auf dieser Straße biegt man rechts die Straße 82 ab, die nach 19 Meilen die Geisterstadt **Belmont** erreicht. Shoshone-Indianer waren hier wie auch häufig an anderen Plätzen die ersten, die wertvolles Erz entdeckten. Seit 1866 entwickelte sich Belmont zu einem respektablen Städtchen von rund 2000 Einwohnern, bis Ende der 80er Jahre des 19. Jh. die Minen erschöpft waren. Doch selbst nach 100 Jahren leben hier noch einige Leute, welche die Abgeschiedenheit des malerischen Fleckens schätzen gelernt haben. Prominentestes Haus ist das Gerichtsgebäude, das als *State Park* verwaltet wird.

Rund 27 Meilen südlich von Tonopah, am Highway 95, liegt **Goldfield**, das zwar bewohnt ist, dennoch aber viele Merkmale einer alten Goldgräberstadt aufweist – windschiefe Holzhütten, mit Brettern vernagelte Fenster, von Bäumen und Sträuchern überwucherte Veranden. Große Teile der Stadt wurden nach einem Gewitter bei einer Hochwasserkatastrophe 1913 und einem Großbrand 1927 zerstört.

In dem 1902 gegründeten Goldfield wurde schon wenig später täglich Gold im Wert von 10 000 Dollar geschürft. Die Stadt war damals so bekannt, daß dort 1906 ein Meisterschaftsboxkampf um ein Preisgeld von 20 000 Dollar stattfand. Der Fight endete nach drei Stunden in der 42. Runde, als Oscar Nelson wegen Unfairness disqualifiziert wurde. Neuer Champion war der dunkelhäutige Joe Gans.

Gold Point, eine weitere echte *ghost town*, befindet sich etwa 25 Meilen südlich von Goldfield (über den Highway 95 sowie die Straßen 266 und 774 erreichbar). Zwar stören einige moderne Wohnmobile das Bild, aber dank privater Initiative wird der sehenswerte Ort seit einiger Zeit touristisch aufpoliert (s. S. 307 ff.).

Auch **Rhyolite**, 5 Meilen westlich von Beatty an der Straße 374, ist eine bekannte *ghost town*, in deren Ruinenlandschaft ein sehenswerter Bahnhof aus der Bergbauzeit steht. Im Jahre 1904 stieß Shorty Harris in den Bergen auf goldhaltiges Erz. Um seine Entdeckung gebührend feiern zu können, ließ er per Bahn aus Los Angeles eine Wagenladung Whisky und Eier kommen. Die ›Ingredienzien‹ wurden in Rhyolite unter Anteilnahme der ganzen Bevölkerung mit Schaufeln und anderen Gerätschaften zu Eierlikör verrührt. Ob Dichtung oder Wahrheit: aus diesem Stoff sind die Geschichten und Märchen, Legenden und Zoten, die in Nevadas *ghost towns* weiterleben und zwischen Trümmern und Ruinen schemenhaft den Alten Westen, seine Pioniere und seine Menschenschicksale erkennen lassen.

Wie man Träume flicken kann

Die Restaurierung von Ghost Towns

Die wilden Geschichten, die ich über Rawhide gelesen habe, zerren solange an meinen Nerven, bis ich mich entschließe, doch noch hinzufahren. Trotz Hitze, Staubstraße und ausgelaugten Knochen. Aber was tut man nicht alles, um Anfälle von Wildwest-Romantik zu besänftigen und das auf Zelluloid zu bannen, was Karl May zwischen Buchdeckeln komprimiert hat ...

Ich streiche meine Mittagspause in Gabbs und mache mich auf den Weg. Nach knapp 30 Meilen Rumpelstrecke müßte ich eigentlich in Rawhide sein. Aber die Stadt existiert nicht mehr, nichts blieb übrig von der legendären ›sündigen Meile‹, den schnapsgetränkten Saloons, den verrauchten Spielzimmern. Keine verirrte Kugel mehr in einem Türpfosten, keine Fensterscheibe, die durch einen taumelnden Zecher in Brüche gegangen ist. Nichts.

Sammler haben den größten Teil der *ghost town* schon vor Jahren auf Fahrzeuge verladen und zum Verkauf in die Großstädte gekarrt. Vereinzelt bemühen sich aber auch Privat- oder Geschäftsleute um die Bewahrung und Restauration alter Gebäude wie in Goldfield südlich von Tonopah am Highway 95. Ende 1902 entdeckte man dort Goldlagerstätten, was innerhalb weniger Wochen zu einer Ansammlung von primitiven Zelten und später zur Gründung der Stadt führte.

Im Jahre 1901 hatte Goldfield schon 14000 Einwohner und das eleganteste Hotel zwischen San Francisco und Salt Lake City. Nachdem der Boom zu Ende war, blieben auch die Gäste aus – das Goldfield Hotel mußte 1936 schließen. Während des Zweiten Weltkriegs waren dort vorübergehend Soldaten einquartiert, aber es dauerte bis zum Jahre 1986, ehe ein Geschäftsmann aus San Francisco mit der Restaurierung des alten Hotels begann. Aus statischen Gründen wurde eine Stahl- und Betonkonstruktion in den Bau eingezogen, ohne das Äußere des Gebäudes zu verändern. Auch bei der Inneneinrichtung wollte man an alte Zeiten anknüpfen.

Rettungsaktionen wie diese sind relativ selten, weil die Wiederherstellung von Altbauten häufig aufwendig und kostspielig ist. Im Fall von Goldfield bietet sich eine solche Lösung noch am ehesten an, da die Stadt an einer Durchgangsstraße liegt und für Besucher das Erlebnis *ghost town* mit den Annehmlichkeiten der Zivilisation verbindet. Entlegene, unbewohnte Geisterstädte besitzen natürlich mehr High Noon-Atmosphäre, aber Restaurierung nur um der Bewahrung alter Strukturen willen ist nicht jedermanns Sache.

Herb Robbins ist Fachmann auf diesem Gebiet. Der gelernte Tapezierer betätigt sich seit Anfang der 80er Jahre vornehmlich als Restaurator ›seiner‹ *ghost town* Gold Point. Dieser malerische Bergbauort liegt südwestlich von Goldfield nur etwa 15 Meilen von der kalifornischen Grenze entfernt. Vom Highway 95 biegt man auf die Straße 266 ab, bis die Schotterstraße 744 nach links in die Berge hineinführt. Gold Point hieß ursprünglich Lime Point, weil man 1868 Kalklagerstätten entdeckte. Nach anderen Bodenschätzen wurde zwar auch gesucht, aber der Abbau gestaltete sich schwierig und entmutigte viele Prospektoren. Im Jahre 1902 stieß man auf erste Goldvorkommen, 1908 auf Silberminen, worauf der Ort in Hornsilver umbenannt wurde. 1930 kam die Siedlung schließlich zu ihren heutigen Namen, als der Goldertrag die Silberförderung überstieg.

Als ich Herb treffe, ist er gerade dabei, Vorbereitungen für eine große Party zum Unabhängigkeitstag am 4. Juli zu treffen. Das ehemalige Gebäude der *Hornsilver Town Site and Telephone Company* ist in einen Saloon umfunktioniert, in dem nach der vollständigen Restaurierung von Gold Point einmal Touristen ihr Frühstück einnehmen werden.

Herb will sich hier seinen Traum einer unabhängigen Existenz erfüllen: eine *ghost town* soweit herrichten, daß Besucher in ihr übernachten und kleine Mahlzeiten einnehmen können. Großen Wert will er darauf legen, den ursprünglichen Charakter des Orts nicht zu verändern. »Ich kann nicht investieren, ohne an der ganzen Sache jemals etwas zu verdienen«, sagt er, als er mir hinter seinem Wohnhaus seine *ghost*

Ghost Town-Restaurator Herb Robbins in seinem Museum in Gold Point

town-Sammlung zeigt: Kochherde aus der Pionierzeit, auf denen einmal Bohnen und Speck in riesigen Pfannen schmorten, verrostete Schubkarren, Blechwannen, Munitionskisten, Leitungen aus Holz, über die man Wasser kanalisierte, um damit loses Gestein auszuwaschen, Werkzeuge und jede Menge Bergbaugerät. In Herbs Museum sieht es ähnlich aus: Petroleumlampen, Nahrungsmitteldosen, Schilder, alte Zeitungen und Magazine und vor allem Flaschen in jeder erdenklichen Form.

Herb führt mich durch Gold Point, wo er bislang fast 20 Gebäude von Privatleuten aufgekauft und restauriert hat. Wann immer möglich, benutzt er für die Ausbesserungsarbeiten originale Materialien. Das alte Postamt des Orts will er genauso lassen, wie er es vorgefunden hat, vom Staub einmal abgesehen. Vor dem Haus befindet sich eine Tankstelle mit einer Zapfsäule aus den 30er Jahren, die ebenfalls hergerichtet wird. Andere Einwohner der *ghost town* gehen mit der Vergangenheit weniger sorgfältig um. Einigen schönen alten Bauten hat man moderne Fenster mit Aluminiumrahmen eingesetzt, was ebenso fürchterlich aussieht wie die riesigen, salatschüsselartigen Satellitenantennen, die Witzbolde ob ihres häufigen Vorkommens bereits zur Staatsblume Nevadas ernannt haben. Herb empfindet manche Errungenschaften der modernen Zivilisation in *ghost towns* als störend. »Wenn man hier allerdings auf Dauer lebt, macht man schon Zugeständnisse«, meint er mit Blick auf die Fernsehantenne auf seinem Hausdach.

Höhe und

Great Basin National Park

Höhle

Langsam, nachdem die Augen sich an die Dunkelheit gewöhnt haben, tauchen aus Ecken und Winkeln die märchenhaften Konturen auf, nach und nach stellt sich auch ein besseres Farbempfinden ein. »Aaaahs« und »Oooohs« sind von vorne zu hören, wo die ersten der Besuchergruppe sich in den Grand Palace vortasten. Im sparsamen Licht der Scheinwerfer lösen sich verschnörkelte Pfeiler und ziselierte Kolonnaden, gesprenkelte Simse und mehrfach übereinandergeschichtete Wälle aus dem Dunkeln, alles in Farbabstufungen um Ocker und Beige. Man könnte meinen, der Konditorei eines riesigen Schlaraffenlandes seien Cremetorten zerlaufen, Töpfe mit Schokoladenglasuren übergekocht und Vanilleeisbecher umgestürzt, ehe die süßen Spuren in der Kühle des Kellers erstarrten.

Kühl, wenn nicht sogar kalt, ist es hier unten tatsächlich. Eine beständige Temperatur von 10° C läßt vergessen, daß man sich mitten in der Wüste befindet, hart an der Staatsgrenze zu Utah, wo der Highway 50 vorbeiführt. Zudem beträgt die Luftfeuchtigkeit innerhalb der Höhle, die man durch künstliche Tunnel betritt und verläßt, fast 100 %. Man merkt deutlich, wie die Kleidung während einer Tour klamm wird. Der weibliche Ranger erzählt, wie ein Farmer namens Absalom Lehman die Höhle vermutlich Anfang der 70er Jahre des 19. Jh. entdeckte und sich zwischen Stalagmiten und Stalagtiten mit einer Petroleumlampe in der Hand in diese wundersame Unterwelt zwängte. Noch heute können Besucher das Erlebnis des Farmers in Ansätzen nachempfinden, wenn im Sommer jeweils bei der letzten Höhlenführung die elektrische Beleuchtung ausgeschaltet wird, um einen Eindruck davon zu vermitteln, was der neugierige Absalom vor mehr als 100 Jahren zu Gesicht bekam.

Kalksteinhöhlen wie die Lehman Caves entstehen, wenn Wasser über Millionen von Jahren durch Felsspalten und Ritzen ins Kalkgestein sickert und Kalk auflöst, was zu unterirdischen Auswaschungen führt. Wissenschaftler haben jedoch herausgefunden, daß reines Wasser allein keinen Kalkstein aufzulösen vermag. Wenn jedoch Regen fällt, absorbiert das Wasser Kohlendioxyd aus der Luft, das bei allen Verbrennungsvorgängen, aber auch bei der Atmung von Menschen und Tieren entsteht. Dieser Regen dringt dann nicht mehr nur als Wasser ins Erdreich ein, sondern als sehr schwache Kohlensäure, die Kalk angreift.

Als die Lehman Caves ausgehöhlt waren, wurde das Klima immer trockener, und der Grundwasserspiegel begann zu sinken. Die Höhlen standen nicht mehr voller

Wasser, sondern waren hauptsächlich mit Luft gefüllt. Durch verschiedene Höhlen-öffnungen begann das in den unterirdischen Hallen verbliebene Wasser zu verdunsten. Vorher gelöste Kalkpartikel schlugen sich an den Decken der Höhlen nieder und fingen an, wie Eiszapfen zu wachsen, von denen wiederum kalkhaltiges Wasser abtropfte und darunter kleine Türme entstehen ließ. Auf diese Weise kann man sich, grob vereinfacht, die Entstehung von Stalagtiten und Stalagmiten erklären.

In den weitverzweigten Höhlen werden täglich mehrere Führungen angeboten. Man sollte entsprechende Kleidung mitnehmen, um für den Temperatursturz gewappnet zu sein. Photographen benötigen Blitzlicht, Stative sind nicht erlaubt. Die Touren dauern etwa eineinhalb Stunden, doch plant der *National Park Service*, sein Programm zu erweitern.

Die Lehman Caves gehörten zwar schon seit 1922 zu einem *National Monument*, aber erst 1986 konnte nach zahlreichen gescheiterten Versuchen die Einrichtung eines Nationalparks, des **Great Basin National Park**, durchgesetzt werden. Am Höhleneingang befindet sich ein Besucherzentrum mit einer Snack Bar und einem kleinen Andenkenladen. Proviant kann man im 5 Meilen entfernten Baker einkaufen. Dort gibt es auch Übernachtungsmöglichkeiten.

Wer Kontrastprogramme mag, kann seine Tour unter dem Berg durch einen Ausflug auf den Berg ergänzen. Anfang der 60er Jahre wurde eine 12 Meilen lange Panoramastraße, der *Wheeler Peak Scenic Drive*, in die faszinierende Bergwelt der Snake Range gebaut. Mit jedem Meter, den man höher steigt, wird die Aussicht auf

Im Great Basin National Park

die graue, in der Hitze flimmernde Wüste des Großen Beckens besser, Wermut- und Manzanitasträucher bleiben zurück.

Kiefern, Douglasien und Espen mehren sich nach jeder Kurve der geteerten Bergstraße, die beim Wheeler Peak Campground in 3033 m Höhe endet. Hier beginnt der Wanderweg zum zweithöchsten Gipfel Nevadas, dem Wheeler Peak (3982 m). Auf der etwa 7 km langen (einfache Strecke) Normalroute gibt es einige steilen Passagen, allerdings ohne technische Schwierigkeiten. Geübte Bergwanderer können Aufstieg und Rückweg in weniger als einem halben Tag schaffen.

Man kann aber auch schöne Alternativrouten gehen, die am Stella Lake und Teresa Lake vorbeiführen, zwei von mehreren Bergseen in diesem Gebiet. Ein Rundweg, der beide Seen berührt und zum Ausgangspunkt am Campingplatz zurückführt, ist 4,5 km lang und überwindet einen Höhenunterschied von nur etwa 150 m.

Ein Erlebnis besonderer Art ist ein Fußmarsch zum südöstlich gelegenen **Bristlecone Pine Forest**, wo eine Kiefernart wächst, die zu den ältesten Lebewesen der Erde zählt. Am Fuße des Wheeler Peak Rock-Gletschers fanden Wissenschaftler vor einigen Jahren einen Baum dieser Art, dessen Alter mit 4900 Jahren angegeben wurde. Heute führt ein Fußweg durch die Landschaft aus Felsschutt, in der die bizarr geformten Bäume stehen mit zerzausten Kronen, verdrehten Ästen und rissigen Stämmen, wie uralte Krieger, die jahrhundertelang gegen Wind und Wetter, Eis und Schnee gekämpft und überlebt haben.

Der Great Basin National Park mit seinen 30000 ha Fläche ist eine Freizeitinsel mitten in der Wüste, deren Reiz vor allem darin besteht, daß sie unterschiedliche Klima- und Vegetationszonen einschließt. Die Abgelegenheit des Parks im Zentrum des Großen Beckens weitab von städtischen Ballungsräumen sorgt im übrigen dafür, daß man in dieser Naturlandschaft noch ungestörte Ferien verbringen kann. Zwar ist der Park das ganze Jahr über offen, die Panoramastraße wird im Winter jedoch nicht immer vom Schnee geräumt. (Informationen: Great Basin National Park, Baker, NV 89311, ✆ 702/234-7331).

Wilde Reiter GmbH

In einer Zeitung San Franciscos tauchte im Jahre 1860 eine Stellenanzeige auf, die selbst für das Pionierzeitalter Kaliforniens recht ungewöhnlich war. »Gesucht – junge, schlanke, drahtige Kerle, nicht über 18. Müssen erstklassige Reiter sein und gewillt, täglich Kopf und Kragen zu riskieren. Waisen bevorzugt. Lohn 25 Dollar pro Woche...« Dieses Jobangebot bildete den Auftakt zu einem der kühnsten Geschäftsunternehmen, die Amerika im 19. Jh. erlebte: die Einrichtung des berittenen Kurierdienstes Pony Express zwischen den Bundesstaaten Missouri und Kalifornien.

Als die Annonce erschien, hatte Kalifornien den Goldrausch von 1848/49 bereits ebenso hinter sich wie seine Eingliederung in die amerikanische Union. Etwa 300 000 Menschen lebten im äußersten Westen des amerikanischen Kontinents, durch 2000 Meilen Wüste, Gebirge, Indianergebiete, Salzseen und fast endlose Prärien vom Osten Amerikas getrennt, der damals am Missouri endete. Der sich schnell entwikkelnde Außenposten Kalifornien wollte mit Nachrichten versorgt sein, doch dauerte es oft Monate, wenn nicht sogar Jahre, bis ein Brief von der Ostküste schließlich den Weg in ein abgelegenes Goldschürfercamp am American River fand.

Diesen mißlichen Zustand abzuschaffen, hatte sich die in Kansas ansässige Frachtfirma Russell, Majors & Waddel in den Kopf gesetzt. Nach einigen Versuchen, eine Postkutschenlinie bis Denver einzurichten, machte man sich 1860 daran, zwischen St Joseph in Missouri und Sacramento in Kalifornien einen Reiterkurierdienst aufzubauen, der unter dem Namen Pony Express in die amerikanische Geschichte einging. Auf einer Distanz von mehr als 2000 Meilen wurden 80 Relaisstationen eingerichtet, an denen die Reiter Pferde wechseln, sich verpflegen und die Post an andere Kuriere weitergeben konnten. 400 der besten Reitpferde standen zur Verfügung, die je nach Terrain speziell ausgesucht wurden.

Speziell ausgesucht wurden in erster Linie auch die Reiter, von denen der Erfolg des Kurierdienstes weitgehend abhing. Als die Stellenanzeige in der Zeitung erschien, stürmten Hunderte von jungen Leuten die Büros der Frachtfirma, um als Pony Express-Reiter eingestellt zu werden. Ausgewählt wurden am Ende jene, denen zuzutrauen war, daß sie nicht nur mit Wind und Wetter, Wäldern und Wüsten, sondern auch mit der ständigen Gefahr von Indianerüberfällen fertig würden, die nahezu überall drohte.

Für einen Pony Express-Reiter war Schnelligkeit deshalb nicht nur Teil seines Berufs, sondern eine Überlebensfrage. Jedes Pferd sollte eine maximale Last von 165

Pfund tragen: 120 Pfund für den Reiter, 25 Pfund an Ausrüstung und 20 Pfund Post. Briefe wurden in der *mochila* transportiert, einer ledernen Satteltasche, die schnell ausgetauscht werden konnte. Zur Standardausrüstung zählten ferner ein rotes Hemd und blaue Hosen, ein leichtes Gewehr, ein Colt sowie eine Bibel.

Billy Richardson hieß der Reiter, der am 3. 4. 1860 als erster in St Joseph in den Sattel stieg und unter dem Applaus der Zuschauer in einer Staubfahne aus dem Ort Richtung Westen galoppierte. Ungefähr um die gleiche Zeit machte sich im kalifornischen Sacramento Sam Hamilton auf die erste, etwa 60 Meilen lange Etappe Richtung Osten.

Rund um die Uhr waren in den folgenden Monaten sowohl nach Westen wie nach Osten Stafetten von etwa 40 Reitern unterwegs, die alles daran setzten, die Post so schnell und so sicher wie möglich an ihren Bestimmungsort zu bringen. Bereits der erste Ritt setzte zeitliche Maßstäbe. In beiden Richtungen benötigten die verwegenen Kuriere für die Gesamtstrecke nur rund 10 Tage. Im Nu war der Pony Express, der wie ein Wirbelwind durch Amerika fegte, in den Schlagzeilen der amerikanischen Presse.

Schwierigstes Teilstück auf der gesamten Distanz waren die 700 Meilen zwischen Salt Lake City und der kalifornischen Grenze, im großen und ganzen also die Durchquerung Nevadas. Das lag weniger am Gelände oder an der Trockenheit des Great Basin als vielmehr an den Paiute-Indianern, die sich 1860 am Pyramid Lake erfolgreich gegen einen Überfall weißer Siedler und Goldschürfer wehrten und in der Folge weißen Zuwanderern immer feindlicher gegenüberstanden.

Auseinandersetzungen zwischen Pony-Reitern und Indianern waren selten, da die Kuriere die Anordnung hatten, allen Kontakten mit Indianern möglichst aus dem Weg zu gehen. Dennoch wurde der Posttransport durch die ›roten Männer‹ nicht selten beeinträchtigt. Ein Beispiel dafür war der legendäre Einsatz von Bob Haslam. Er fand in der ersten Station keine frischen Pferde vor. In der zweiten weigerte sich der Reiter, wegen

der Indianergefahr die Post zu übernehmen. Die dritte Station, Cold Springs, hatten die Indianer niedergebrannt; alle Bewohner wurden massakriert. Als Bob Haslam schließlich aus dem Sattel stieg, hatte er 380 Meilen hinter sich gebracht.

Als der Kurierdienst nach nur 18 Monaten am 24. 10. 1861 aufgegeben wurde, weil die transkontinentale Telegrafenlinie fertiggestellt war, hatten insgesamt 120 Reiter für den Pony Express im Sattel gesessen und ungefähr 650 000 Meilen zurückgelegt. Trotz der vielfältigen Gefahren mußte nur ein einziger Kurier seinen Einsatz mit dem Leben bezahlen, und nur eine *mochila* mit unbedeutender Post war verlorengegangen. Noch heute ist der Begriff Pony Express ein Synonym für Schnelligkeit und Mut, Tatkraft und Ausdauer. In der Altstadt Sacramentos steht das Standbild eines Pony-Reiters als Erinnerung an die waghalsige Kurierlinie – wie eine in Bronze gegossene Sammlung von Tugenden, die Amerika so gerne als seine typischen preist.

Erinnerung an den Pony Express

Einsamer Asphalt

Highway 50 –

Die einsamste Landstraße Amerikas

Lokaltermin auf dem Highway 50. Von der Staatsgrenze des US-Bundesstaates Utah quer durch Nevada bis zur kalifornischen Grenze verläuft dieses schwarze Asphaltband, 400 Meilen Einsamkeit, amerikanischer Westen, wie man ihn aus Fernwehträumen kennt – unberührte Naturlandschaften, verdunstete Seen mit salzverkrusteten Flächen, ausgetrocknete Täler, Bergketten in gleichbleibender, faszinierender Monotonie, hie und da ein Gehöft, eine verlassene Raststätte, umzäuntes Land, die eintönige Melodie des Windes in den Telefondrähten und kein Anhaltspunkt für das Auge bis zum Horizont.

Das gelbe Verkehrsschild mit einer schwarzen Kuh mahnt zur Vorsicht vor freilaufendem Vieh. Sein stabiles Blech wurde von ›blauen Bohnen‹ in ein wahres Sieb verwandelt. Befürchtungen, daß die bleihaltige Luft jemandem hätte nicht bekommen können, sind hier aber fehl am Platz. Die nächste menschliche Behausung ist 30 Meilen entfernt. Trotz, nein wegen dieser Abgeschiedenheit, machte der Highway 50 Karriere und ging als rekordverdächtig in die Geschichte amerikanischer Verkehrsverbindungen ein.

Im Jahre 1986 befuhr ein Reporter eines bekannten US-Magazins diesen Highway und verarbeitete den Frust über die seiner Ansicht nach trostlose Route in einem kurzen Artikel mit vernichtendem Tenor: »Die Straße passiert neun Ortschaften, zwei verlassene Bergbaucamps, einige wenige Tankstellen und gelegentlich einen Koyoten.« Der amerikanische Automobilclub AAA schlug in die gleiche Kerbe: »Der Highway ist völlig leer. Keine Plätze von Interesse. Wir warnen Autofahrer davor, diese Straße zu benutzen, wenn sie sich nicht auf ihr Überlebenstraining verlassen können!«

Die Handelskammer von Ely reagierte auf diese Anti-Werbung prompt und clever. Arbeiter wurden mit Hacke und Schaufel losgeschickt, um entlang der geschmähten Route Tafeln mit der weithin sichtbaren Aufschrift ›Highway 50 – die einsamste Straße Amerikas‹ aufzustellen. Inzwischen bietet die Handelskammer Reisenden ein nicht ganz ernstgemeintes Überlebens-Set an: Straßenkarten, Touristeninformationen, eine echte Survival-Broschüre für die Wüste, Highway 50-Aufkleber sowie einen Gutschein für eine Portion kühlendes Speiseeis. Läßt man ein beiliegendes Zertifikat in fünf Orten entlang der Straße in Geschäften oder Filialen der Handelskammer beglaubigen, stellt einem die Tourismuskommission des Staates Nevada auf

Antrag eine Überlebensurkunde mit der Unterschrift des Gouverneurs aus. Der witzige Einfall der Leute von der Handelskammer trägt auch schon kommerzielle Früchte. In fast jedem Laden entlang der Straße hängen T-Shirts mit der aufgedruckten Siegesmeldung: ›Ich habe Highway 50 überlebt‹.

Im Osten beginnt die umgetaufte Landstraße an der Staatsgrenze zwischen Utah und Nevada exakt so, wie der Slogan sie beschreibt, einsam im wüstenhaften Niemandsland. Ein kleiner Abstecher in Richtung Baker führt zum **Great Basin National Park**, dem einzigen Nationalpark Nevadas, mit seinen Tropfsteinhöhlen und Bergwanderwegen um den fast 4000 m hohen Mount Wheeler – ein lohnendes, von Besuchern bislang wenig frequentiertes Naturschutzgebiet.

Nach einer Stunde Fahrt durch menschenleeres Hügelland erreicht man **Ely**, den historischen Bergbauort und heutigen Sitz der County-Verwaltung. In den Ruth-Minen buddelte man während der ersten Hälfte des 20. Jh. Kupfer, Gold und Silber im Wert von mehr als einer Milliarde Dollar aus der farbigen Erde. Seit Jahren nimmt die Förderung immer mehr ab, Arbeitslosigkeit ist deshalb ein gravierendes Problem in der Region um Ely.

In jüngster Zeit entwickelte sich der Ort mit seinen etwa 600 Hotel- und Motelbetten und seinen Geschäften und Supermärkten zu einem Verteilungszentrum für das östliche Nevada. Zudem spielt der Tourismus eine wachsende Rolle: Ely hat vor allem für Eisenbahnfreunde einiges Sehenswerte. Dazu zählen der historische Bahnhof East Ely und vor allem das *Nevada Northern Railway Museum*. Die Linie der *Northern Railway* wurde im Herbst 1906 fertiggestellt und verband die Kupferminen um die Stadt mit dem Streckennetz der *Southern Pacific Railroad*. An manchen Wochenenden werden auch heute noch die Dampfkessel angeheizt, um mit einer der historischen Loks eine Ausflugsfahrt zu unternehmen.

Große Firmen haben sich aus dem Bergbau um Ely mehr und mehr zurückgezogen, private Schürfer sind geblieben. So etwa der Goldsucher Bob Ostlund, der mit seiner Frau Karen, einem Irischen Setter und einem klimatisierten Wohncontainer Anfang der 80er Jahre in die verlassene Geisterstadt **Osceola** zog, um dort sein Glück zu versuchen. Osceola liegt am Westhang der Snake Range, 40 Meilen südöstlich von Ely. Bob studierte die Geschichte seiner heutigen Heimat intensiv, sozusagen als Arbeitsgrundlage. In der Gegend wurde im Sommer 1872 Gold entdeckt, und noch im selben Jahr entstanden die ersten Bergbaucamps, deren Bewohner sich 10 Jahre lang mit primitivsten Mitteln durch einen 12 Meilen langen goldhaltigen Quarzgürtel gruben. Spektakuläre Funde waren nie Osceolas Sache, eher stete Entwicklung auf der Basis von Kanälen, über die man Wasser für das *placer-mining* heranschaffte, d. h. das Ausschwemmen von losem Gestein.

Spricht man Bob und Karen, die beide in der Stadt groß wurden, auf die Einsamkeit des Highway 50 an, erntet man nur ein mildes Lächeln. Abgeschiedenheit und enges Zusammenleben mit der Natur waren die Gründe, weshalb das Paar nach Osceola ›auswanderte‹ – ein Entschluß, den beide bisher keine Sekunde bereut haben. Stadtmenschen verwundert das, da es außer ein paar verrosteten Autoskeletten, zerfallenen Mauern, verlassenen Arbeitsplätzen und einem Haufen rostiger Bergbaumaschinen in Osceola nichts gibt, was auch nur im Entferntesten an Zivilisation erinnert.

Rund 17 Meilen südöstlich von Ely findet man abseits vom Highway 50 die *Ward Charcoal Ovens*, bienenkorbförmige Steinöfen, in denen Holzkohle hergestellt wurde. Die Öfen sind rund 10 m hoch und haben an ihrer Basis fast denselben Durchmesser. Die darin produzierte Holzkohle wurde für den Schmelzprozeß von Erzen im Bergbaucamp von Ward verwendet, bis die Anlage in den 80er Jahren des 19. Jh. stillgelegt wurde. Danach dienten die Öfen Schafhirten und Cowboys als Unterkünfte und Ställe.

Westlich von Ely liegen 77 Meilen asphaltierte Einsamkeit – Weideflächen, in denen sich das Vieh verliert, hie und da ein Autowrack als Erinnerung daran, den Gegenverkehr doch nicht ganz aus den Augen zu verlieren, selbst wenn seit der letzten Begegnung schon eine halbe Stunde vergangen ist. Böse Zungen behaupten, Autofahrer hätten angesichts der Trostlosigkeit dieses Streckenabschnittes schon des öfteren ihr Fahrziel vergessen. Man kann das aber auch anders sehen. Leere Straßen sind gerade für streßgeschädigte Mitteleuropäer wahrer Nervenbalsam. Und wenn man auf offener Strecke jemanden trifft, weiß man solche Kontakte ganz anders zu schätzen.

Eureka und **Austin**, beide im Zentrum von Nevada gelegen, machen mit zum Teil historischen Gebäuden und ihrem Western-Flair den Eindruck, als sei John Wayne gerade um die Ecke gegangen, um nach den Pferden zu sehen. In Bars und Hotelhallen klingeln die Glücksspielautomaten, von denen es im Staate Nevada mehr geben soll als weggeworfene Bierflaschen, eine zwar gewagte, aber vermutlich zutreffende Behauptung. Wer hier übernachten will, tut gut daran, sich rechtzeitig nach einem Quartier umzusehen. Der Sonnenuntergang treibt die Reisenden auf dem Highway 50 in die bewohnten Gebiete – und davon gibt es in Zentral-Nevada nicht allzu viele.

Über den 1935 m hohen New Pass Summit führt Amerikas einsamste Landstraße westlich von Austin in ein Gebiet mit ausgetrockneten Seen und kahlen Bergrücken. Und wenn der stetige Wind nicht wäre, würde einen die Hitze wahrscheinlich ziemlich schlauchen. **Cold Springs** taucht auf, eine Raststätte, in der die Wirtin gerade dabei ist, größere Mengen Kartoffelsalat für einen anstehenden Schießwettbewerb hinter dem Haus vorzubereiten. An der Bar sitzen ein paar Gestalten, die offenbar aufs äußerste entschlossen sind, der schleichenden Einsamkeit alkoholisches ›Gegengift‹ in ausreichenden Mengen entgegenzusetzen.

Gleich hinter dem benachbarten Depot der Straßenmeisterei beginnen die grauen, in der Mittagshitze flirrenden Berge, die die Raststätte mit Wasser versorgen – daher auch der Name ›Kühle Quelle‹. Vor fast 120 Jahren befand sich in der Nähe eine Relaisstation des berühmten Pony Express, einer von abenteuerlustigen und verwegenen Reitern aufrechterhaltenen Postlinie (s. S. 313 ff.). Außer einigen eingestürzten Grundmauern des Gebäudes sind davon nur die Erinnerungen geblieben.

Rund 48 Meilen im Westen von Cold Springs erstreckt sich südlich der Straße der Carson Lake, der heute von einer dicken Salzkruste bedeckt ist. Im Norden schließen sich die gleißend hellen Dünen des Sand Mountain an, eines über zwei Meilen langen und rund 200 m hohen Sandbergs. Viele Besucher haben hier schon ein Phänomen wahrgenommen, das auch Wissenschaftlern bekannt ist: singender Sand. Ist der trockene Sand im Sommer durch die Sonne stark aufgeheizt, kann man beim Aufstieg bei

Amerikas ›einsamste Landstraße‹, der Highway 50

jedem Schritt ein vibrierendes Brummen hören, das vermutlich durch Hitze, Spannungen, Reibung und eventuell elektrische Einflüsse zustande kommt. Das Städtchen **Fallon** mit seinen Getreidefeldern, Gemüsegärten und Viehfarmen wird auch der ›Brotkorb Nevadas‹ genannt. Hier empfängt den Highway 50-Reisenden wieder der belebte Teil Amerikas mit Tankstellen, Hamburger-Ständen, Motels und Supermärkten. Fallon hat jedoch noch mehr zu bieten. Jedes Jahr im Hochsommer findet ein Indianer-Rodeo statt, zu dem die Stämme aus der gesamten Region anreisen, um ihre Rodeo-Künste zu messen und alte, halbvergessene Tänze aufzuführen (s. Farbabb. 24). Diese Festtage sind voller Leben, der Umzug der Indianer durch die Stadt lockt Besucher selbst von weither an. Auf dekorierten Traktoranhängern und den Kühlerhauben ihrer chromblitzenden Autos präsentieren sich die einzelnen Indianergruppen, vor allem Paiute und Shoshone, in Federschmuck und perlenbesetzter Wildlederkleidung. Mag sein, daß manch romantisiertes Indianerbild durch ›Störfälle‹ wie Turnschuhe, Trainingshosen, Digitaluhren und ähnliches ins Wanken gerät. Aber die Parade zeigt deutlich, wie stark die Indianer in den Sog der dominierenden Kultur des weißen Amerika geraten sind.

Jenseits von Fallon zieht sich der Highway 50 weiter nach Westen. An einer Gabelung verläuft er nordwestlich bis zur Interstate 80, Richtung Südwesten über Carson City bis zur Grenze zwischen Nevada und Kalifornien am Lake Tahoe. Aber für jeden, der den Highway bis Fallon befahren hat, endet dort das Abenteuer Einsamkeit, weil der Rest der Strecke durch dichter besiedeltes Gebiet führt. Läßt man sich für das Unternehmen Highway 50 einige Tage Zeit, wird man Gelegenheit haben, sich auf die menschenleere Weite und den fast endlosen Himmel einzustellen. Entfernungen werden auf der ›Loneliest road in America‹ nicht nur in Meilen ausgedrückt, sondern auch im Gefühl, auf sich selbst gestellt zu sein. Überlebenstraining ist ebenso überflüssig wie Eile.

Amerika wäre nicht Amerika, hätte der vom Highway 50 in Anspruch genommene Superlativ ›Einsamste Straße Amerikas‹ nicht sofort Statistiker auf den Plan gerufen. Manche unter ihnen behaupten, die Überlandstraße schmücke sich mit fremden Federn. Verkehrsfachleute vom *Nevada Department of Transportation* haben herausgefunden, daß es innerhalb der Staatsgrenzen noch einsamere Straßen gibt. Spitzenreiter in Sachen Trostlosigkeit soll dem Verkehrsaufkommen nach die Straße 375 zwischen Warm Springs und Hiko im Südosten Nevadas sein. Dort werden pro Tag maximal 80 Fahrzeuge gezählt. Manche Leute behaupten, diese gottverlassene Einöde sei die günstigste Gegend in ganz Amerika, um als erster eine Geheimentwicklung der US-Luftwaffe beim Probeflug zu Gesicht zu bekommen.

Indianerjunge bei einer Parade in Fallon

Das ›andere‹ Nevada

Seentour im Wüstenstaat

Wenn man von den Glücksspielparadiesen einmal absieht, zählen zu den bevorzugten Ferien- und Erholungsgebieten Nevadas ohne Zweifel die zahlreichen Seen – kein Wunder in einem Land, in dem der größte Teil des Territoriums in einer ausgesprochenen Trockenzone mit zum Teil ausgedehnten Wüsten liegt. Aber dies ist eben nur das eine Gesicht des Bundesstaates. Das ›andere‹ Nevada, das der Seen, findet man vornehmlich im zentralen Westen um Reno und Carson City sowie im äußersten Süden an der Staatsgrenze zu Arizona.

An der Spitze der Urlaubergunst steht unumstritten **Lake Tahoe**, das smaragdfarbene Juwel in den Bergen der Sierra Nevada. Als Mark Twain 1862 den See zum ersten Mal zu Gesicht bekam, war das für ihn »das lieblichste Bild, das die Erde von sich geben kann.« Auf einer Bootsfahrt lernte er neben der Schönheit später noch ein weiteres Merkmal des Gewässers kennen: »So einzigartig klar erwies sich das Wasser, daß man dort, wo es nur 20 oder 30 Fuß tief war, den Seeboden ganz deutlich erkennen konnte, als treibe das Boot in der Luft darüber.« Tatsächlich enthält der Lake Tahoe so wenig Schwebstoffe wie kaum ein anderer See der USA und imponiert darüber hinaus auch noch mit anderen

Qualitäten. Er ist mit rund 500 m der zweittiefste See Nordamerikas, lediglich übertroffen vom Crater Lake. Mit einer Fläche von rund 520 km² zählt er zu den größten Bergseen. Trotz seiner Höhenlage auf 1900 m – auch als Wintersportgebiet ist er beliebt – friert er nie zu, weil dauernd Wasser nach oben getrieben wird, das in 70 m Tiefe beständig 7–8 °C warm ist.

Die Staatsgrenze zwischen Nevada und Kalifornien zieht sich quer durch den Lake Tahoe, so daß die 72 Meilen-Rundtour entlang seiner Ufer auf einem Abschnitt von 28 Meilen in Nevada und auf 44 Meilen in Kalifornien verläuft. Beginnt man die Fahrt in **Stateline** am Südende des Sees und orientiert sich nach Norden, erreicht man nach 4 Meilen **Zephyr Cove**, wo die Ausflüge mit dem Raddampfer M.S. Dixie nach Emerald Bay beginnen (Reservierungen ✆ 702/588-3508). Drei Meilen weiter liegt Cave Rock, die unterseeische Heimat des Monsters ›Tahoe Tessie‹ (›Nessie‹ aus Schottland läßt schön grüßen). Hier fanden im vergangenen Jahrhundert Kämpfe zwischen Washoe- und Paiute-Indianern um Fisch- und Jagdrechte statt.

Sobald man vom Highway 50 auf die Straße 28 abgebogen ist, liegt östlich der **Spooner Lake** (s. Farbabb. 36), an dem

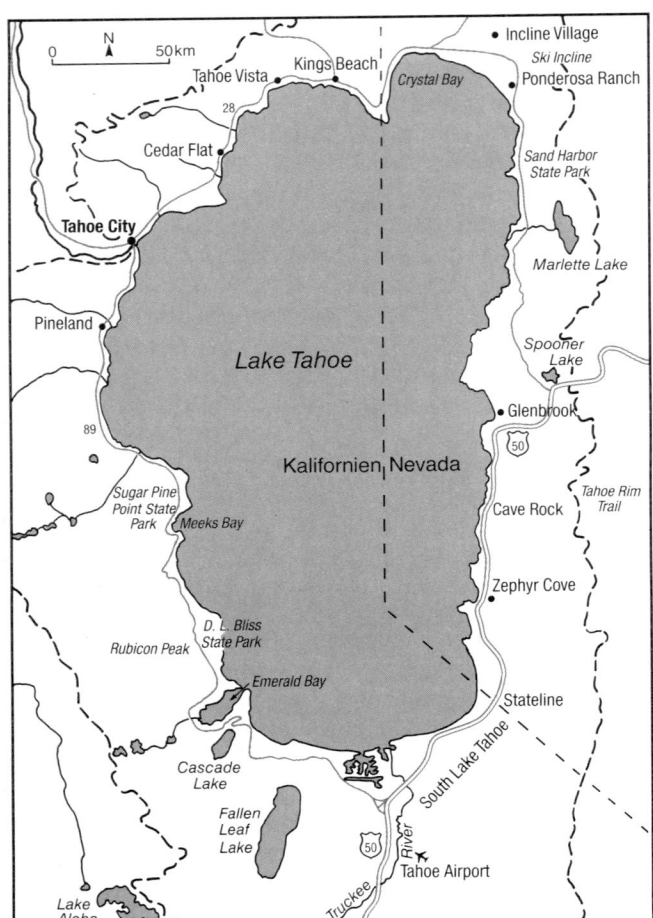

Map labels:
N
0 50 km
Tahoe Vista · · Kings Beach
Incline Village
Ski Incline
Ponderosa Ranch
Crystal Bay
28
Cedar Flat ·
Sand Harbor
State Park
Tahoe City
Marlette Lake
Pineland ·
Spooner
Lake
Lake Tahoe
89
Glenbrook
50
Kalifornien Nevada
Sugar Pine
Point State
Park · Meeks Bay
Cave Rock
Tahoe Rim
Trail
Zephyr Cove
D. L. Bliss
State Park
Rubicon Peak
Emerald Bay
Stateline
Cascade
Lake
South Lake Tahoe
Fallen
Leaf
Lake
50
Truckee River
Tahoe Airport
Lake
Aloha

ein schöner Waldpfad entlangführt. Ein
Teil des im Bau befindlichen Tahoe Rim
Trail ist hier schon fertig und stellt eine
Verbindung zum 2 Meilen nördlich gele-
genen Marlette Lake her. Über den **Sand
Harbor State Park** gelangt man nach **In-
cline Village,** wo man der berühmten
Ponderosa Ranch aus der Fernsehserie
»Bonanza« einen Besuch abstatten kann
(geöffnet: Ende Mai bis Anfang Septem-
ber tägl. 10–17 Uhr; ✆ 702/831–0691).
Einen schönen Blick über den See hat
man von der Straße 431 aus, die in Incline

Village zum Skigebiet Mount Rose abbiegt.

Auf kalifornischer Seite ist das Ufer
durch Strände, Marinas, Bootstege und
Ortschaften stärker erschlossen. In
Tahoe Pines steht der Herrensitz Fleur
du Lac des Industriellen Henry J. Kaiser,
auf dem der Kinohit »Der Pate«, Teil II,
gedreht wurde. Emerald Bay weiter südlich ist die schönste Bucht am Lake Tahoe. Mit dem *Vikingsholm Castle* befindet sich dort ein interessantes Beispiel
skandinavischer Architektur. Die Rund-

tour endet in **South Lake Tahoe**, der größten Stadt am Ufer, die mit Stateline auf der Nevada-Seite zusammengewachsen ist. Bevor man die Staatsgrenze überquert, kann man nach rechts abbiegen zur Seilbahn zum Heavenly Valley Ski Resort. Aus einer Höhe von über 2500 m hat man von dort einen großartigen Blick über das Tahoe-Becken und die umliegenden Berge.

Völlig anders sieht die Landschaft aus, in welcher der **Pyramid Lake** 33 Meilen nordöstlich von Reno liegt. Von einer Anhöhe blickt man über den See hinweg,

Der Riese am Colorado
Der Hoover-Staudamm

An der Großen Pyramide von Gizeh in Ägypten arbeiteten vermutlich 100 000 Menschen rund 20 Jahre lang. Der Hoover-Staudamm am Colorado River war ein noch gewaltigeres Bauprojekt. Er wurde von 1200 Menschen innerhalb von viereinhalb Jahren unter Einsatz eines riesigen Aufgebots an Maschinen und Fahrzeugen errichtet.

Vor Baubeginn hatte man entlang des Colorado ungefähr 70 Stellen untersucht, die für einen Damm in Frage kamen. Schließlich entschied man sich für den Black Rock Canyon an der Stelle, wo heute der Highway 93 die Staatsgrenze zwischen Nevada und Arizona überquert. Das Problem war, belastbaren Fels zu finden, in dem man den Damm verankern konnte. Offizieller Baubeginn war der 20. 4. 1931. Man legte vier riesige Tunnel mit einem Durchmesser von jeweils 16 m an, um den Fluß umzuleiten. Danach mußten etwa 9 Mio. t losen Materials aus dem Colorado-Bett gebaggert werden, ehe mit den Betonierarbeiten begonnen werden konnte. Am 30. 9. 1935 war der Damm fertiggestellt, der aus soviel Beton besteht, daß man mit der gleichen Menge eine zweispurige Autostraße von Küste zu Küste durch ganz Amerika hätte errichten können. An Baustahl enthält der Damm etwa soviel wie das Empire State Building in New York.

Als der Damm am 1. 3. 1936 in Betrieb genommen wurde, war er der größte seiner Art auf der Erde. Er staut heute den Colorado River zum Lake Mead auf, den größten künstlichen See der westlichen Hemisphäre. Und auch hinsichtlich der aus Wasserkraft gewonnenen Energie ist der Hoover-Damm ein Superlativ: 17 Turbinengeneratoren produzieren 1 334 800 Kilowatt. Ebenfalls beeindruckend sind die Ausmaße des Damms: Er ist 240 m hoch, an der Krone 400 m breit und 15 m dick, während seine Basis 216 m stark ist.

Um den ›Riesen am Colorado‹ ranken sich natürlich viele Geschichten. Hartnäckig hält sich beispielsweise das Gerücht, der Damm sei ein Friedhof für einige Arbeiter, die bei den Betonierarbeiten vom Gerüst gestürzt seien. Die Geschichte ist erfunden; Tatsache ist allerdings, daß während des Baus 96 Arbeiter verunglückten.

Am Hoover-Damm werden halbstündige Führungen angeboten, die den Teilnehmern auch einen Blick auf die hydroelektrischen Installationen erlauben. Die Touren beginnen auf der Nevada-Seite und werden zwischen 8 und 17 Uhr veranstaltet (während der sommerlichen Hochsaison bis 20 Uhr). Ebenfalls auf der Nevada-Seite gibt es ein Museum, das ein Modell des Damms mit den wichtigsten Colorado-Zuflüssen zeigt.

dessen azurblaue Fläche einen grandiosen Farbkontrast zu den umliegenden grauen und vegetationslosen Bergen herstellt. Dieser See ist viel flacher und wärmer als Lake Tahoe, und seine Ufer sind weniger leicht zugänglich.

Erster Amerikaner am Pyramid Lake war der Entdecker John C. Fremont, der im Januar 1844 an die Ufer des Sees stieß und ihm, als er im Osten eine Felsformation in der Gestalt einer Pyramide ausmachte, seinen heutigen Namen gab. Im Mai 1860 brach hier ein kurzer Krieg aus, als sich die Paiute-Indianer gegen die zu Tausenden ins Land strömenden Weißen wehrten. In der Folge errichtete die amerikanische Armee Fort Churchill am Carson River, um die Indianer unter Kontrolle halten zu können. Heute ist Pyramid Lake ein Mekka für Angler und Wassersportler. Auf **Anaho Island** brüten weiße Pelikane in einem Naturschutzgebiet.

Weitere Seen in diesem Teil Nevadas sind **Topaz Lake** an der Grenze zwischen Kalifornien und Nevada südöstlich von Lake Tahoe, **Washoe Lake** zwischen Reno und Carson City sowie **Walker Lake** am Highway 95 nördlich von Hawthorne. Alle drei sind touristisch erschlossen mit leicht zugänglichen Strandabschnitten, Bootsstegen, Bademöglichkeiten und Campingplätzen.

Setzt man die Seentour in südlicher Richtung fort, liegen abseits der Hauptrouten zwar einige ausgetrocknete Seen, auf echtes Wasservergnügen trifft man erst wieder im äußersten Süden Nevadas, am Colorado River, der durch den Hoover Damm zum 115 Meilen langen **Lake Mead** aufgestaut ist, dem größten künstlichen See der westlichen Welt. Nach-

dem der *National Park Service* das Management übernahm, entstand am rund 550 Meilen umfassenden Ufer ein Bade- und Wassersportparadies, das jedes Jahr Millionen von Amerikanern anzieht. Saison ist nicht nur der Sommer, sondern auch der Winter, wenn die *snowbirds* aus den kalten Staaten Amerikas am Ufer ihre Lager aufschlagen.

Fährt man von Las Vegas über den Highway 95 Richtung Arizona, kann man etwa 4 Meilen vor dem Hoover-

Ausflugsdampfer auf dem Lake Tahoe

324

Damm auf die Lakeshore Road bzw. Northshore Road abbiegen, die am Lake Mead entlangführt und Freizeitgebiete wie Hemenway Harbor, Lake Mead Marina, Callville Bay und Echo Bay verbindet. Manche davon verfügen über Läden und Übernachtungsmöglichkeiten. Andere bestehen nur aus Campingplätzen und Bootsrampen.

Ein Strandaufenthalt läßt sich in dieser Gegend übrigens mit einer interessanten Besichtigungstour kombinieren. In Höhe von Overton Beach zweigt nach Westen die Straße in den **Valley of Fire State Park** ab. Bizarre Formationen aus rotem, vom Wind auserodierten Sandstein sind Merkmal dieser Märchenlandschaft, die ihre ganze Pracht vor allem in der schräg stehenden Sonne entfaltet. Das Valley war zeitweise von den Anasazi bewohnt, wovon einige Petroglyphen zeugen, sowie Ruinen, die jedoch durch die Stauung des Colorado zum Lake Mead überschwemmt wurden.

Kartenverzeichnis

Raum für Reisenotizen

Praktische Reiseinformationen

Vor Reiseantritt

Information

Amerika-Bibliotheken gibt es in Deutsch-Amerikanischen Instituten (Heidelberg, Tübingen, Regensburg, Nürnberg, Saarbrücken, Kiel, Darmstadt und Freiburg) sowie in Amerika-Häusern (Hamburg, Berlin, München, Stuttgart, Köln, Frankfurt und Hannover).

Fremdenverkehrsamt der USA
Bethmannstraße 56
6000 Frankfurt/M. 1, ∅ 069/295211
Zuständig auch für Österreich und die Schweiz; keine Prospekte.

Diplomatische Vertretungen der USA

... in der Bundesrepublik Deutschland
Botschaft der USA
Deichmanns Aue 29
5300 Bonn 2, ∅ 0228/3391
Geöffnet: Mo–Fr 9–12 Uhr

... in Österreich
Botschaft der USA
Bolzmanngasse 16
A–1091 Wien IX, ∅ 01/315511

Generalkonsulat der USA
Franz-Josef-Kai 1
A–5020 Salzburg, ∅ 0662/46461

... in der Schweiz
Amerikanische Botschaft
Jubiläumstraße 93
CH–3005 Bern, ∅ 031/437011

Amerikanisches Generalkonsulat
Zollikerstraße 141
8008 Zürich, ∅ 01/552566

Amerikanische Generalkonsulate mit Visumabteilung in der Bundesrepublik

Amerikanisches Generalkonsulat
Clay-Allee 170
1000 Berlin 33, ∅ 030/8324087
Geöffnet: Mo–Fr 8.30–12 und 13.30 bis 15.30 Uhr

Amerikanisches Generalkonsulat
Siesmayerstraße 21
6000 Frankfurt/M. 1, ∅ 069/753040
Geöffnet: Mo–Fr 8–13 Uhr

Amerikanisches Generalkonsulat
Alsterufer 27–28
2000 Hamburg 1, ∅ 040/441061
Geöffnet: Mo–Fr 8–12 Uhr

Amerikanisches Generalkonsulat
Königinstraße 5
8000 München 22, ∅ 089/23011
Geöffnet: Mo–Fr 9–12 Uhr

Amerikanisches Generalkonsulat
Urbanstraße 7
7000 Stuttgart 1, ∅ 0711/210221
Visainformation ∅ 0711/242565
Geöffnet: Mo–Fr 8.30–13.30 Uhr

In Österreich und der Schweiz sind die jeweiligen Botschaften für Visa zuständig.

Reisepapiere

Die Vereinigten Staaten haben in den vergangenen Jahren den Visumzwang für Deutsche und Österreicher abgeschafft. Für die Einreise in die USA benötigen Deutsche, Österreicher und Schweizer heutzutage einen mindestens noch sechs Monate gültigen Reisepaß, jüngere Reisende einen Kinderausweis. Liegt die Besuchsdauer bei maximal 90 Tagen, ist kein Visum notwendig, sofern der Reisende mit einer Fluggesellschaft ankommt, welche die Genehmigung zur Ausstellung von Einreiseformularen erhalten hat. Dazu zählen die meisten gängigen Gesellschaften.

Bereits während des Flugs müssen diese Formulare ausgefüllt werden. Zudem muß der Reisende im Besitz eines Rück- oder Weiterflugtickets sowie ausreichender Geldmittel sein. Wer während eines USA-Aufenthalts für kurze Zeit ins benachbarte Kanada, nach Mexiko oder auf anliegende Inseln reist, kann ohne Visum wieder einreisen. Wird durch einen Notfall die 90-Tage-Grenze überschritten, muß sich ein Besucher umgehend mit dem nächstgelegenen Büro der Einwanderungsbehörde *(Immigration and Naturalization Service)* in Verbindung setzen.

Der Visumzwang gilt weiterhin für Personen, die länger als 90 Tage in den USA bleiben wollen bzw. für die ein Urlaubs-, Geschäfts- oder Transitaufenthalt nicht zutrifft (z. B. Studenten, Austauschschüler, Flugzeug- und Schiffsbesatzungen usw.). Staatsbürger Österreichs und andere, die ein Visum brauchen, beantragen dies mit einem ausgefüllten Formular und Paßfoto beim zuständigen US-Konsulat.

Mit dem Verbot der Einreise müssen Personen rechnen, die an einer ›schwerwiegenden ansteckenden Erkrankung‹ leiden. Keine Einreisegenehmigung bekommen Drogensüchtige oder Mitglieder von ›subversiven oder kommunistischen oder ihnen angegliederten Organisationen‹.

Gesundheitsvorsorge

Vor Reisebeginn sollte man sich bei seiner Krankenkasse erkundigen, ob bzw. in welchem Umfang eventuell anfallende Kosten für ärztliche Versorgung, Krankenhausaufenthalt oder einen Rücktransport von der Kasse übernommen werden: Empfehlenswert ist der Abschluß einer Reisekrankenversicherung, da sich die Kassenleistungen für Behandlungen bzw. Medikamente im Ausland verschlechtert haben. Inhaber von bestimmten Kreditkarten sind automatisch auslandsversichert.

Auf eine Reise in den Südwesten sollte man auf jeden Fall eine Kopfbedeckung und Hautpflegemittel mit hohem Sonnenschutzfaktor mitnehmen. Bequemes Schuhwerk und luftige Kleidung sind für die Sommermonate unerläßlich. Die Hitze in Verbindung mit der geringen Luftfeuchtigkeit trocknet leicht die Nasenschleimhäute aus, so daß man vorsichtshalber ein Spray oder eine entsprechende Salbe einpacken sollte. Wer die Süd-West-Küche genießen will, seinem Magen aber nicht ganz traut, tut gut daran, sich beim Arzt über Vorbeugemaßnahmen zu informieren.

Reisegepäck

Bei den meisten Charterflügen ist das Reisegepäck auf ein bestimmtes Gewicht beschränkt, normalerweise zwischen 20 und 30 kg ohne Handgepäck. Die entsprechenden Fluggesellschaften geben Auskunft über Gewichtsbeschränkungen. Wer mit einem Linienflug reist, sollte wissen, daß zwar zwei Gepäckstücke mit je 32 kg erlaubt sind, zugleich aber Maximalmaße eingehalten werden müssen. Beide Gepäckstücke in Länge, Breite und Höhe abgemessen und die Zentimeter addiert, dürfen nicht mehr als 273 cm ergeben. Beim Handgepäck darf die Summe von Länge, Breite und Höhe 115 cm nicht überschreiten.

Devisenvorschriften

Weder die Ein- noch die Ausfuhr von Dollar oder anderer Währung ist reglementiert. Allerdings müssen Beträge, sofern sie 5000 Dollar übersteigen, deklariert werden.

Einreise- und Zollbestimmungen

Wer als Pauschaltourist in die USA einreist, kommt in der Regel ohne größere Schwierigkeiten zu seinem Stempel im Paß, sofern er das meist schon im Flugzeug verteilte Formular der US-Einwanderungsbehörde *(Immigration Card)* korrekt ausgefüllt hat (inklusive Adresse, Hotelanschrift genügt) und es bei eventuellen Fragen nach Ort und Dauer des beabsichtigten Aufenthalts nicht am nötigen Ernst fehlen läßt. Herumalbernde Ankömmling, die den obligatorischen ›Bierernst‹ der Beamten nicht teilen, müssen sich u. U. ebenso auf zeitraubende Befragungen einstellen, wie auch Rucksacktouristen, die länger als die üblichen 4 Wochen im Lande bleiben wollen – häufig werden von ihnen ein gültiges Rück- bzw. Weiterflugticket und ›ausreichende‹ Geldmittel verlangt.

Auf vielen Internationalen Flughäfen der USA stehen große Container für Waren wie etwa Gemüse, Obst, Fleisch und Pflanzen, die unter keinen Umständen eingeführt werden dürfen. Für Haustiere benötigt man amtsärztliche Zeugnisse (genaue Auskünfte beim Center for Disease Control, Public Health Service, Atlanta, GA 30 333). Zollfrei einführbar ist alles, was dem persönlichen Gebrauch während einer Reise dient sowie (nur einmal innerhalb von 6 Monaten) 1350 g

Tabak (oder 50 Zigarren bzw. 200 Zigaretten); 1 l alkoholische Getränke; Geschenke bis zu einem Wert von 100 Dollar. Videogeräte müssen deklariert werden. Informationen über Zollformalitäten erteilen die Generalkonsulate oder
U.S. Customs Service
P.O. Box 7118
Washington D.C. 20044, ✆ 202/566–8195

Karten

Am zuverlässigsten und für eine Autoreise sehr praktisch ist der laufend aktualisierte Straßenatlas von Rand McNally, der auch in Europa in größeren Buchhandlungen erhältlich ist.

Reisezeit/Klima

Im Südwesten ist eigentlich immer Saison. Wers nicht ganz so warm mag, sollte im Winter oder Frühjahr in den heißen Regionen reisen, wenn die Temperaturen selbst in den Wüstengegenden um etwa 16° C liegen. Fotogenste Zeit sind dort die Monate April und Mai, wenn die Kakteen blühen. Auch im Hochsommer bietet der Südwesten in den höher gelegenen Gebieten kühle Oasen, wenn gleichzeitig die Quecksilbersäule in den Canyons 40° C weit übersteigt. Ab November kommen die Wintersportler auf ihre Kosten. Ausgezeichnete Skigebiete liegen vor allem in Utah und New Mexico.

Allgemeine Informationen zum Südwesten

Anreise

... mit dem Flugzeug

Wer aus Europa in den amerikanischen Südwesten reist, fliegt meist nicht direkt, sondern über New York, Atlanta, Dallas/Fort Worth, Los Angeles, Chicago oder andere Städte. So haben Reisende die Paß- bzw. Zollkontrolle schon bei der Zwischenlandung erledigt. Für die heißumkämpfte Nordatlantikroute gibt es eine Reihe von Sondertarifen (z. B. Holiday Tarife; Jugend-Tarif), die sich relativ häufig ändern und über die Reisebüros Auskunft geben.

Größter Flughafen im Südwesten ist Sky Harbor Airport in Phoenix, Arizona, 3 Meilen östlich des Stadtzentrums. Am preiswertesten erreicht man die Stadt mit dem Phoenix Transit Bus 17, der Mo bis Fr zwischen 6 und 18 Uhr alle 30 Minuten verkehrt (Sa stündlich zwischen 7.30 und 17.30 Uhr). Taxis: Yellow Cab Company, ∅ 602/275–8501. Die Flughäfen in Salt Lake City, Las Vegas und Albuquerque haben eher regionale Bedeutung.

... mit dem Auto/Bus

Die vier Staaten Arizona, New Mexico, Utah und Nevada sind Teil eines Netzes von Fernstraßen, das sich über die gesamten USA erstreckt. Diese Interstate Highways sind mit europäischen Autobahnen vergleichbar. Für ihre Numerierung gilt ebenso wie für die Straßen anderer Kategorien: Gerade Zahlen führen in Ost-West-Richtung, ungerade Zahlen in Nord-Süd-Richtung.

Eine wichtige Ost-West-Straße ist I–80 von San Francisco quer durch Nevada (Reno, Winnemucca, Elko) und Utah (am Südrand des Großen Salzsees entlang) nach Osten. Die weiter im Süden gelegene I–40 führt von Süd-Kalifornien über Arizona (Kingman, Flagstaff) und New Mexico (Gal-lup, Albuquerque) sowie u. a. Texas, Oklahoma und Tennessee bis zur Ostküste.

In Nord-Süd-Richtung verläuft I–15 von der kanadischen Grenze durch Utah (Salt Lake City, Cedar City, St George), Nevada (Las Vegas) bis nach San Diego an der mexikanischen Grenze. Weiter östlich führt I–25 von Wyoming quer durch Colorado und New Mexico (Santa Fe, Albuquerque, Las Cruces) bis nach El Paso an die Grenze von Texas und Mexiko. Zentral-Utah ist über die I–70, die bei Salina beginnt und in östlicher Richtung über Green River führt, mit Denver in Colorado verbunden.

In Arizona ist die Interstate-Verbindung in Nord-Süd-Richtung wegen der Colorado-Schlucht in Nord-Arizona problematisch. In Nogales beginnt I–19 (weiter nördlich I–17), doch endet diese Schnellverbindung in Flagstaff, so daß man auf Straßen niedrigerer Kategorie ausweichen muß. Auf diesen Fernstraßen verkehren auch die Busse der beiden großen Unternehmen Greyhound und Continental Trailways. Von Arizonas Hauptstadt Phoenix fahren mehrmals täglich Busse z. B. nach Los Angeles, San Diego, El Paso, Las Vegas, Tucson und Flagstaff. Ebenso sind die Hauptorte Nevadas, New Mexicos und Utahs an dieses Busnetz angeschlossen. Informationen zu Fahrplänen und Routen der Buslinien sind in den meisten größeren Reisebüros erhältlich.

... mit der Bahn

Die Amtrak-Intercity-Strecke hat Haltestellen in allen vier Südwest-Staaten. Von Los Angeles führt eine Linie über Las Vegas nach Salt Lake City, eine zweite über Arizona (Kingman, Flagstaff) nach New Mexico (Gallup, Albuquerque, Rafton). Die Hauptstadt Santa Fe hat keinen eigenen Bahnhof, sondern bedient sich der Bahnanlagen des

18 Meilen entfernten Dorfes Lamy. Eine dritte Linie verbindet Süd-Kalifornien, Süd-Arizona (Yuma, Phoenix und Tucson) und den südlichen Teil von New Mexico (Deming, Lordsburg) mit El Paso, Housten und New Orleans. Weiter im Norden existiert eine weitere Amtrak-Linie von San Francisco über Nord-Nevada (Reno und Elko) nach Ogden in Utah und Denver in Colorado.

Ärztliche Versorgung

Auf den meisten Fernsprechern ist eine spezielle Notfallnummer angegeben. Falls nicht, wählt man den *Operator* (Nummer 0) an und bittet um Vermittlung. Krankenhäuser verfügen über Notaufnahmen, wo Hilfe am schnellsten gefunden werden kann, allerdings zu höheren Preisen als in Arztpraxen. Der Abschluß einer Reisekrankenversicherung ist daher zu empfehlen. Wichtige Telefonnummern für einzelne Staaten:

Arizona
Polizei, Feuer, Ambulanz   911
Vergiftungen   800/362–0101

New Mexico
Polizei, Feuer, Ambulanz   911
New Mexico Medical Crisis
Center (für medizinische
Notfall-Information)   800/432–6866

Utah
Ambulanz   911
Vergiftungen   801/581–2151

Nevada
Polizei, Feuer, Ambulanz   911

In den größeren Städten gibt es Krankenhäuser, die jedoch nicht alle über Spezialabteilungen verfügen. Notaufnahmen sind grundsätzlich möglich, Notstationen vor allem an Wochenenden häufig die einzig einsatzbereiten Möglichkeiten zur ärztlichen Versorgung. Krankenhäuser besitzen eige-

ne Apotheken, die in der Regel jedoch nur den Patienten zur Verfügung stehen, die im betreffenden Hospital auch behandelt werden.

Apotheken

Apotheken, *Pharmacies* oder *Drug stores* genannt, sind in den gelben Steiten der Telefonbücher ausgewiesen. Häufig befinden sie sich in Supermärkten (z. B. K-Mart). In Europa ausgestellte Rezepte werden nicht akzeptiert, können aber lokalen Ärzten gegebenenfalls als Information für Verschreibungen dienen.

Autofahren

Auf amerikanischen Straßen wird erheblich defensiver gefahren als auf europäischen. Daß der Verkehr ruhiger läuft und weit weniger Überholanöver stattfinden, liegt auch am allgemeinen Tempolimit. Wetterbedingungen können Überlandfahrten unversehens zum Problem machen. Nützliche Informationen über den Straßenzustand:

Arizona   602/256–7706
New Mexico   800/432–4269
Utah   800/752–7600
Nord-Nevada   702/793–1313
Süd-Nevada   707/385–0181

Verkehrsregeln
Auf Interstate Highways darf nicht schneller als 65 Meilen pro Stunde gefahren werden, auf Straßen niedriger Kategorie 55 Meilen. Innerhalb von Ortschaften sind Tempobegrenzungen ausgeschildert. Die Höchstgeschwindigkeiten in Nationalparks sind niedriger. Besondere Vorsichtsmaßnahmen gelten für Straßen in der Nähe von Schulen und Kindergärten. Selbst wenn sie auf offener Strecke halten, dürfen Schulbusse, die blin-

ken und auf der Fahrerseite ein Stoppschild ausklappen, auf keinen Fall passiert werden, weder von nachfolgenden noch von entgegenkommenden Autos.

Es besteht Anschnallpflicht. Rechtsabbiegen bei roter Ampel ist generell erlaubt, außer dort, wo es durch entsprechende Verkehrszeichen ausdrücklich untersagt ist *(no turn on red)*. Beim Parken sollte man darauf achten, den Wagen in keiner *Tow-Away-Zone* abzustellen, weil Fahrzeuge dort abgeschleppt werden.

An Kreuzungen mit vier Stoppstellen gilt: Jeder Wagen muß zunächst halten, wer zuerst stand, fährt als erster weiter. Auf mehrspurigen Fahrbahnen heißt die Regel: Spur halten. Rechts überholen ist auf solchen Straßen gestattet. Wer von einem Polizisten angehalten wird, bleibt im Wagen sitzen und wartet, bis er von dem Beamten angesprochen wird. Eventuelle Bußgelder bezahlt man nie bar, sondern überweist den Betrag.

Es gibt eine Reihe von Verkehrszeichen, deren Bedeutung Sprachunkundige nicht unbedingt sofort erkennen. Ein auf der Spitze stehendes, rotumrandetes Dreieck mit dem Wort *Yield* bedeutet Vorfahrt achten. Das Zeichen *No passing* signalisiert Überholverbot, *Slippery when wet* macht auf Rutschgefahr bei Nässe aufmerksam. Die Abkürzungen *ped xing* und *xing* bedeuten Fußgängerweg bzw. Kreuzung. Das Verkehrsschild *dip* warnt vor einer Senke, *No U Turn* verbietet eine Spitzkehre um 180°; *mph* auf Schildern ist die Abkürzung für *miles per hour*, Meilen pro Stunde.

Entfernungen

Salt Lake City – Phoenix	648 Meilen
Salt Lake City – Albuquerque	604 Meilen
Salt Lake City – Las Vegas	433 Meilen
Albuquerque – Phoenix	459 Meilen
Albuquerque – Carlsbad	279 Meilen
Albuquerque – Santa Fe	62 Meilen
Albuquerque – Las Vegas	587 Meilen

Phoenix – Grand Canyon	227 Meilen
Phoenix – Tucson	123 Meilen
Las Vegas – El Paso	697 Meilen
Las Vegas – Flagstaff	268 Meilen

Autovermietung

Das ideale Mittel, um den Südwesten der USA kennenzulernen, ist ein Mietwagen oder Campmobil. Öffentliche Transportmittel sind angesichts der Abgelegenheit mancher Sehenswürdigkeiten weniger empfehlenswert. Wer ein Fahrzeug über eine Kreditkarte anmietet, muß keine Kaution hinterlegen. Manche Urlaubstarife gelten nur, wenn man schon in Europa reserviert hat. Auf jeden Fall sollte ein Tarif gewählt werden, der *unlimited mileage*, unbegrenzte Kilometer, garantiert. Ansonsten sind meist nur etwa 700 Meilen pro Woche frei (für die großen Distanzen nicht sonderlich viel). Für die restlichen Meilen muß pro Meile ein fester Satz bezahlt werden.

Die US-Mietpreise sind, verglichen mit den europäischen, auf den ersten Blick äußerst günstig. So kostet ein kleinerer Wagen für eine Woche weniger als 100 Dollar – ein verlockendes Angebot. Aber die Sache hat einen Haken. Schließt man eine freiwillige Versicherung *(Collision Damage Weaver – CDW)* ab, beträgt die Versicherungssumme pro Tag normalerweise um die 10 Dollar!! Wer auf diese Versicherung verzichtet, wird bei Unfall, Diebstahl, Beschädigung u. ä. in voller Schadenshöhe haftbar gemacht. Große Autovermieter (wie z. B. Hertz) bieten für Anmieter in Europa deshalb Mietverträge inklusive erhöhter Haftpflichtversicherungen an. Eine reguläre CDW-Versicherung deckt Schäden in nur relativ geringer Höhe ab. Durch eine Zusatzversicherung *(Liability Insurance Supplement)* für etwa 5 bis 6 Dollar pro Tag kann man die Deckungssumme bis auf 1 Mio. Dollar für Personen- und Sachschäden aufstocken. Campmobile sind z. T.

(aus versicherungstechnischen Gründen) weder mit Ersatzrad noch mit Wagenheber bzw. Werkzeug ausgestattet. Beim Mieten muß die Pannenhilfe verlangt werden.

Pannen/Unfälle

Nach einem Unfall sollte sich der Fahrer eines Mietwagens mit der Verleihfirma in Verbindung setzen. Reifenpannen kann man direkt bezahlen, den Betrag erhält man nach Rückgabe des Wagens zurück. Notrufsäulen gibt es auf amerikanischen Straßen nicht, dafür patrouilliert die Polizei häufiger. Hilfe auch für Nichtmitglieder leistet die *American Automobile Association* (AAA).

AAA Mexican Border Office
941 N. Grand Ave.
Nogales, AZ 85621, ✆ 602/287–2749

Arizona Highway Patrol ✆ 800/525–5555

AAA New Mexico
10501 Montgomery Blvd.
Albuquerque, NM 87111, ✆ 505/291–6611

New Mexico/Polizei ✆ 505/768–1986

Automobile Club of Utah
560 E. 5th S. St.
Salt Lake City, UT 84102, ✆ 801/364–5615

Utah Highway Patrol ✆ 801/965–4505

Nevada Highway Patrol ✆ 702/789–0200

Behinderte

Der Südwesten ist auf Behinderte relativ gut eingerichtet. In New Mexico z. B. schreibt ein Gesetz vor, daß alle neuen öffentlichen Gebäude entsprechende Einrichtungen für Behinderte aufweisen müssen. Große Hotelketten bieten speziellen Behinderten-Service an. Viele Nationalparks und *National Monuments* haben Wege, die mit dem Rollstuhl befahren werden können. Informationen über Reisemöglichkeiten für Behinderte:

Consumer Information Center
Pueblo, CO 81109

Society for the Advancement of Travel for the Handicapped
26 Court St.
Brooklyn, NY 11242

Diplomatische Vertretungen

Diplomatische Vertretungen der deutschsprachigen Länder existieren im Südwesten nicht. Zuständig sind folgende Konsulate bzw. Generalkonsulate:

... für die Bundesrepublik Deutschland
Generalkonsulat der Bundesrepublik Deutschland
6222 Wilshire Blvd., Suite 500
Los Angeles, CA 90048, ✆ 213/930–2703; für Arizona

Generalkonsulat der Bundesrepublik Deutschland
1330 Post Oak Blvd., Suite 1850
Houston, TX 77056, ✆ 713/627–7770; für New Mexico

Generalkonsulat der Bundesrepublik Deutschland
1960 Jackson St.
San Francisco, CA 94109,
✆ 415/775–1061; für Utah und Nevada

... für Österreich
Österreich hat in keinem der vier Staaten des Südwestens eigene diplomatische bzw. konsularische Vertretungen. Die für österreichische Staatsbürger zuständigen Vertretungen sind:

Konsulat der Republik Österreich
Fairmont Hotel, 950 Mason St.
San Francisco, CA 94106,
✆ 415/397–7821; keine Paß- und Sichtvermerkbefugnis

Generalkonsulat der Republik Österreich
11859 Wilshire Blvd., Suite 501
Los Angeles, CA 90025, ℘ 213/444–9310
und 213/473–47421

... für die Schweiz
Schweizer Konsulat
3018 N. Scottsdale Rd.
Scottsdale, AZ 85251, ℘ 602/947–0020
und 602/945–4545

Einreise

Das Formular der US-Einwanderungsbehörde muß korrekt ausgefüllt sein (s. S. 332). Wer auf die Frage nach einem kürzlichen Aufenthalt auf einem Bauernhof positiv antwortet, muß mit einer eingehenden Befragung rechnen, da man in den USA die Einfuhr von Schädlingen verhindern will. Aus diesem Grunde ist auch das Mitbringen von Gemüse, Obst und Fleisch verboten.

Feiertage

1. 1. (New Year's Day)
Dritter Montag im Januar (Martin Luther King Day)
12. 2. (Lincoln's Birthday; nicht überall)
Dritter Montag im Februar (Washington's Birthday)
Letzter Montag im Mai (Memorial Day)
4. 7. (Unabhängigkeitstag)
Erster Montag im September (Labor Day)
Zweiter Montag im Oktober (Columbus Day)
11. 11. (Veterans Day/Armistice Day)
Vierter Donnerstag im November (Thanksgiving Day)
25. 12. (Weihnachten)

Geld und Geldwechsel

Um im Südwesten keine Zeit zu verlieren, sollte man sich bereits zu Hause mit der nöti-

gen Dollarwährung eindecken, entweder in Form von Bargeld oder Reiseschecks, die man wie Bares verwenden kann. Als Münzen sind im Umlauf: 1 Cent (Kupfermünze); 5 Cent (Nickel); 10 Cent (Dime); 25 Cent (Quarter); 50 Cent (Half Dollar) und 1 Dollar.

Scheine (*greenbacks* genannt wegen der grünen Farbe – Achtung: alle im gleichen Format) gibt es zu 1, 2, 5, 10, 20, 50, 100 Dollar und größer. Sehr praktisch sind Kreditkarten, mit denen man fast überall bezahlen kann. Allerdings gibt es Tankstellen und andere Geschäfte, die ausschließlich Bargeld *(cash)* akzeptieren. Eine Kreditkarte erleichtert das Anmieten eines Autos. In Banken und Hotelcasinos in Nevada erhält man über die Kreditkarte auch Bares gegen eine Gebühr. Populäre Kreditkarten sind im Südwesten Visa, American Express und Mastercard (Eurocard).

Gesetzliche Bestimmungen

Um der Bevölkerung einige verlängerte Wochenenden zu bescheren, wurden einige nationale Feiertage in den USA auf den Montag verlegt. Ämter und Behörden sind dann in der Regel ebenso geschlossen wie Post- und Telegrafenämter, Museen, Bibliotheken sowie Banken. Zumindest ein Supermarkt pro Stadt hat aber meistens geöffnet, von den wichtigsten Festtagen wie Weihnachten, Ostern und *Thanksgiving Day* abgesehen.

An Werktagen öffnen Läden meist um 9 Uhr und schließen nicht vor 18 Uhr. In Supermärkten großer Ketten kann man zumindest in Großstädten z. T. rund um die Uhr einkaufen (außer in Utah).

Das gesetzliche Mindestalter für den Kauf, Besitz oder Genuß von Alkohol liegt in New Mexico, Utah und Nevada bei 21 Jahren, in Arizona bei 19 Jahren. Ausschank und Verkauf von Alkoholika sind in allen vier Staaten reglementiert. In New Mexico sind der Sonntag, Weihnachten sowie Wahltage zwischen

7 und 19 Uhr ›trocken‹, d. h. die privaten, wenngleich staatlich überwachten *Liquor Stores* (dazu zählen auch die Fachabteilungen der Supermärkte) dürfen keine Alkoholika verkaufen. Ist ein Restaurant nicht *fully licensed*, darf es – je nach Konzession – Wein oder Bier nur an Gäste ausschenken, die gleichzeitig eine Mahlzeit zu sich nehmen.

In Utah verkaufen staatliche Läden oder *Package Liquor Agencies* (häufig in Lodges und Hotels) Wein und Bier. Bier in Flaschen bieten auch Einkaufsmärkte an. Viele Restaurants der gehobenen Klasse besitzen Konzessionen zum Ausschank von Alkoholika; in andere kann man eine eigene Flasche mitnehmen und sie vom Ober öffnen lassen. Auch in zahlreichen Privatclubs bekommt man Alkohol zu trinken, sofern man für 5 Dollar Beitrag Mitglied auf begrenzte Zeit geworden ist. Die liberalsten Alkoholgesetze hat Nevada, wo es in den großen Glücksspielzentren eine ganze Reihe von Bars gibt, die seit Jahrzehnten nicht mehr geschlossen hatten.

Maße, Gewichte, Temperaturen

Längenmaße

1 inch	=	2,54 cm
1 foot	=	30,48 cm
1 yard	=	91,44 cm
1 mile	=	1,61 km

Flächenmaße

1 square inch	=	6,45 cm^2
1 square yard	=	0,836 m^2
1 square mile	=	2,589 km^2
1 acre	=	0,405 ha

Flüssigkeitsmaße

1 gill	=	0,118 l
1 pint	=	0,473 l
1 quart	=	0,946 l
1 gallon	=	3,787 l

Gewichte

1 ounce	=	28,35 g
1 pound	=	453,59 g
1 central	=	45,36 kg
1 short ton	=	0,907 t

Temperaturen

Grad C	–5	0	5	10	15	20	25	30	35	40	45	50
Grad F	23	32	41	50	59	68	77	86	95	104	113	122

Die Umrechnungsformel von Fahrenheit in Celsius: Grad Fahrenheit minus 32, multipliziert mit 5 und dividiert durch 9.

Post

Postämter gibt es selbst in kleinen Dörfern im Südwesten, teils kombiniert mit Krämerläden, wie vor Jahrzehnten auch noch in Europa. Luftpost-Aerogramme nach Europa kosten 39 Cents, Luftpostbriefe 45 Cents und Postkarten 36 Cents (Stand: Ende '90). Die Post ist bis zu 10 Tagen unterwegs.

Preisniveau

Der Südwesten der USA zählt, was Preise für Unterkünfte sowie Essen und Trinken anbelangt, nicht zu den teuren Regionen der USA. In einem der gängigen *Coffee Shops*, die man überall findet, bekommt man für 3 bis 4 Dollar ein reichliches Frühstück. Das Mittagessen, mit einem Sandwich oder einem Hamburger bestritten, braucht nicht mehr als 2,50 Dollar zu kosten. Das Abendessen, für den Amerikaner die größte Mahlzeit, beläuft sich je nach Örtlichkeit auf einen Preis von etwa 5 Dollar aufwärts. Soviel kostet etwa ein normales mexikanisches Gericht in einem kleinen Restaurant.

Steakhäuser sind teurer, man muß für ein gutes Steak mindestens 8 Dollar rechnen.

Kostspieliger sind Dinners in renommierten Restaurants oder in Spezialitätenlokalen, wo man pro Person (inklusive eines Getränks und Nachspeise) mindestens 20 Dollar rechnen muß. Hotels und Motels findet man in Preisklassen ab etwa 20 Dollar. Nach oben ist die Skala offen, weil der Südwesten *Resort Hotels* der Spitzenklasse bietet, deren unterste Preisgrenze bei 80 bis 100 Dollar pro Doppelzimmer liegt.

Sprache

Aussprache und Vokabular des amerikanichen Englisch unterscheiden sich zum Teil von dem britischen Englisch, das die meisten Reisenden in der Schule lernten. Nachfolgend sind thematisch einige Ausdrücke und Redewendungen zusammengestellt, welche die Verständigung mit Einheimischen erleichtern können.

Autofahren/Verkehr

accident	Unfall
break	Bremse, Pause
collision damage weaver	Unfallversicherung
dead end	Sackgasse
detour	Umleitung
flat tire	Reifenpanne
freeway	kreuzungsfreie Autobahn
gas station	Tankstelle
gear-box	Getriebe
muffler	Auspuff
one way	Einbahnstraße
parking lot	Parknische
recreation vehicle (RV)	Wohnwagen, Campmobil
rest area	Rastplatz
shock absorber	Stoßdämpfer
spare wheel	Ersatzrad
speed limit	Höchstgeschwindigkeit
tow away-zone	Abschleppzone
traffic light	Ampel
trunk	Kofferraum
unlimited mileage	unbegrenzte Meilen
windshield	Windschutzscheibe
windshield wiper	Scheibenwischer

I ran off gas. – Mir ist das Benzin ausgegangen.

Would you please adjust the carburettor. – Würden Sie bitte den Vergaser einstellen.
Don't back in. – Nicht rückwärts einparken (steht häufig auf Motelparkplätzen).
Would you please call for help. – Würden Sie bitte Hilfe holen.

Hotel/Unterkunft

single room	Einzelzimmer
double room	Doppelzimmer
queen size bed	Doppelbett
king size bed	Doppelbett mit Überbreite
air conditioning (A/C)	Klimaanlage
bellboy	Hotelboy, Gepäckträger
efficiencies	Zimmer mit Herd/Kühlschrank u. ä.
elevator	Aufzug
fan	Ventilator
additional towels	zusätzliche Handtücher
front desk	Empfang
(no) vacancies	(keine) Zimmer frei
restrooms	Toiletten
shower	Dusche
wake up call	Weckruf

Im Restaurant/Coffee Shop

order	Bestellung
menu	Speisekarte
plate	Teller
cup	Schüssel/Schale
bowl	Schüssel/Schale
spoon	Löffel
fork	Gabel
knife	Messer
doggy bag	spezielle Faltbehälter, um restliches Essen mitzunehmen
health food	Reformkost
special of the day	Tagesangebot
all you can eat	für einen Einheitspreis ißt man, soviel man will

Südwest-Küche

burritos	weiche, gerollte Weizenmehl-Tortillas, die als ›Tüte‹ für verschiedene Füllungen dienen
carne adovada	mariniertes Schweinefleisch, klein geschnitten
chiles rellenos	mit Käse gefüllte Chilies

enchiladas	weichgebackene Mais-Tortillas, gerollt und mit Fleisch oder Käse gefüllt und überbacken mit Chili-Sauce
huevos rancheros	Spiegeleier mit Käse und Chili-Sauce auf Tortillas
margarita	Tequila, Limonensaft, Triple Sec ›on the Rocks‹ oder mit zerstoßenem Eis (Frozen Margarita)
posole	mit Schweine- oder auch Hühnerfleisch sowie Limonensaft und Gewürzen geschmorter Maisbrei
salsa	scharfer Dip
taco shells	frittierte Mais-Tortillas in Muschelform, gefüllt
tamales	Fleisch in Maisteig mit Maisblättern umhüllt, gedämpft
tostada	knusprige Tortilla
Breakfast	*Frühstück*
coffee (decaffeinated, sanka)	Kaffe (entkoffeiniert)
refill	nachschenken (meist gratis)
tea	Tee
juice	Fruchtsaft
cereals	Getreideflocken/Corn-flakes
hash browns	Bratkartoffeln
french toast	Toast (in Ei gebacken)
sweet rolls	süßes Gebäck
blueberry muffin	Rührteiggebäck mit Blaubeeren
sausages	Würstchen (ohne Pelle)
ham	Schinken
bacon	Speck
pancakes	eine Art Pfannkuchen
whipped cream	Schlagsahne
Maple syrup	Ahornsirup
doughnut, donut	Spritzkuchenring
How would you like your eggs? (scrambled, sunny side up, over easy)	Wie möchten Sie ihre Eier? (Rührei, Spiegelei, auf beiden Seiten gebraten)
Lunch	*Mittagessen*
sandwich with cold turkey	belegtes Brot mit Putenfleisch

hamburger	Hamburger
cheeseburger	Hamburger mit Käse
french fries	Pommes frites
hot dog	Hot dog
Dinner	*Abendessen*
meat	Fleisch
beef (rare, medium rare, medium, well done)	Rindfleisch (innen blutig, innen rot, rosa, durch)
pork chops	Schweinekoteletts
lamb chops	Lammkoteletts
prime rib	saftige Rinderbratenscheibe
barbeque (BBQ)	Barbecue
baked	im Ofen gebacken
broiled	gekocht/gegrillt
fried	in Fett gebraten (oft paniert)
deep fried	frittiert (meist mit Panade)
stuffed	gefüllt
chicken	Hühnchen
duck	Ente
seafood	Meeresfrüchte
bass	Barsch
clams	Muscheln
clam chowder	gebundene Kartoffelsuppe mit Muschelfleisch
codfish	Kabeljau
flounder	Flunder
haddock	Schellfisch
halibut	Heilbutt
lobster	Hummer
mackerel	Makrele
mussels	Miesmuscheln
oysters	Austern
prawns	Riesengarnelenschwänze
scallops	Jakobsmuscheln
shrimps	Krabben
sole	Seezunge
swordfish	Schwertfisch
Salad	*Salat*
salad bar	Salattheke
lettuce	eine Art Eisbergsalat
chef salad	Eisbergsalat mit Schinkenstreifen, Ei und Mais
dressing	Salatsauce
French dressing	Essig, Öl, Salz, Pfeffer, Zwiebeln, Tomaten, Senf, Knoblauch

Italian dressing	wie French, aber mit Kräutern
Blue Cheese dressing	Salatsauce mit Käse zubereitet
Thousand Islands	rosa-farbene, süßliche Sauce
oil and vinegar	Essig und Öl

Side orders	*Beilagen*
baked potatoe with sour cream	Ofenkartoffeln in Alu-Folie mit Crème fraiche
sweet corn	Mais
squash	Kürbis
vegetables	Gemüse
rice	Reis
noodles	Nudeln
gravy	Bratensauce

Dessert	*Nachtisch*
icecream	Speiseeis
sundae	Eisbecher mit unterschiedlichen Zutaten
apple pie	Apfelkuchen

Drinks (Beverages)	*Getränke*
iced tea	Tee über zerstoßenem Eis
soft drinks (pop)	Limonadengetränke
can	(Getränke-)Dose
pitcher	Krug
draught beer	Bier vom Faß
wine (red, white, dry, sweet)	Wein (rot, weiß, trocken, lieblich)

May I have the cheque please? – Kann ich bitte die Rechnung haben?

Separate cheques, please. – Bitte getrennte Rechnungen.

Do you accept traveller cheques? – Nehmen Sie Reiseschecks?

Post/Telefon

post office	Post
postcard	Postkarte
letter	Brief
by air mail	Luftpost
stamps	Briefmarken
local call	Ortsgespräch
long distance call	Ferngespräch
collect call	R-Gespräch
operator	Vermittlung
toll free number (800-number)	gebührenfreie Rufnummer

international number	Internationale Vorwahl
area code	Ortsvorwahl
please dial . . .	Wählen sie bitte . . .
I was disconnected.	Ich wurde unterbrochen.

I'd like to make a long distance call to West Germany. – Ich möchte ein Ferngespräch nach Westdeutschland führen.

Sonstiges

toothbrush	Zahnbürste
movie	Kino
purse	Handtasche
ID-card	Personalausweis
bolo tie	amerikanische Krawatte (Lederband mit Schließe)
neck tie	europäische Krawatte
raft trip	Gummifloßfahrt

Is this seat taken? – Ist dieser Platz besetzt?

flight confirmation	Flugbestätigung

I'd like to reconfirm flight Number . . . from Los Angeles to Frankfurt/West Germany on . . . for (Name) – Ich möchte den Flug Nr. . . . von Los Angeles nach Frankfurt/Westdeutschland am . . . für (Name) bestätigen.

I want to cancel my flight. – Ich möchte meinen Flug annullieren.

Einkaufen

store	Laden, Geschäft
mall	Einkaufsstraße
sale	Ausverkauf
bargain	Sonderangebot
size	Größe
jewelry	Schmuck
necklace	Halskette
crafts	(Kunst-)Handwerk
pottery	Töpferware
gem	Edelstein
rug	(Navajo-)Decke
beads	Perlen
embroidery	Stickerei
turquoise	Türkis
How much do you charge?	Wieviel verlangen Sie?
cash or charge?	Zahlen Sie bar oder mit Kreditkarte?
Do you have change?	Haben Sie Wechselgeld?
free admission	freier Eintritt
Come in and browse.	Kommen Sie rein und schauen Sie sich um.
Sorry, we are closed.	Wir haben leider geschlossen.

Spanische und indianische Begriffe

adovado	eine saure, aus Chili, Kräutern und Essig hergestellte Würze zu Fleischgerichten
arroyo	ausgetrocknetes Flußbett
bulto	geschnitzte Heiligenfigur
cacique	religiöser Führer eines Pueblos
Dineh	so nennen sich die Navajo (das Volk)
fonda	Restaurant
frijoles	Bohnen
hogan	traditionelle Behausung der Navajo
kiva	Zeremonialraum (meist unterirdisch) der Pueblo-Indianer
mariachi	Musikgruppe
pahaana	Bezeichnung der Hopi für Weiße
plaza	Platz im Ortszentrum
rista	Chili, Maiskolben oder Knoblauch, dekorativ an einem Bindfaden zum Trocknen aufgehängt
viga	Dachgebälk

Telefon

Telefon und Post haben in den USA nichts miteinander zu tun. Zuständig sind vielmehr private Telefongesellschaften wie z. B. Bell oder AT & T. Telefoniert man vom Hotel aus, werden für Gespräche zum Teil kräftige Aufschläge verlangt.

Nach Übersee telefoniert man am billigsten vom Straßentelefon aus, jedoch muß man sich zuvor mit einer Tüte 25 Cent-Münzen eindecken. Man wählt den *Operator* an (Nummer 0) und gibt die gewünschte Rufnummer in der Folge: Internationale Nummer (Bundesrepublik Deutschland 49; Österreich 43; Schweiz 41), Ortsvorwahl (ohne Null) und Rufnummer durch. Sobald die Verbindung steht, muß man 6,80 Dollar für die ersten drei Minuten zahlen.

Erst wenn alle Münzen eingeworfen sind, gibt der *Operator* das Gespräch frei. Wer auf diese Weise von den USA zu Hause anrufen will, sollte mögliche Gesprächspartner in dieses Procedere einweihen, weil sie sonst wahrscheinlich auflegen, bevor die Verbindung überhaupt zustande gekommen ist. Viele Firmen und Ämter haben *toll free numbers*, Rufnummern, die mit 800 beginnen und gebührenfrei gewählt werden können.

Trinkgeld

Trinkgelder *(tips)* sind in den USA nicht wie in Europa ein zusätzlicher Verdienst. In zahlreichen Dienstleistungsberufen ergibt sich ein dem europäischen Niveau entsprechender Lohn erst durch Trinkgelder. Wer z. B. im Restaurant ißt, muß etwa 15 % des Rechnungsbetrages als Trinkgeld bezahlen, weil die Preise den Service nicht einschließen. Man läßt das Geld einfach auf dem Tisch liegen. Dem Gepäckträger bezahlt man etwa 1 Dollar pro Gepäckstück. An Tankstellen sind Tips unüblich.

Unterkunft

Zur Standardausrüstung in den Unterkünften des Südwestens zählen Klimaanlage, Eismaschine (Achtung! Zimmer direkt gegenüber von Eismaschinen können die Nachtruhe trüben, da die herunterfallenden Eiswürfel erheblichen Lärm verursachen), Fernseher und Bibel, in Utah die Bibel der Mormonen. Für bestimmte TV-Programme muß man gesondert bezahlen (Filmprogramme; ›Erwachsenensendungen‹). In der Regel sind die Zimmer sauber und häufig preiswert – auch, weil man für eine Übernachtung zu zweit oder zu dritt nicht wesentlich mehr bezahlt als allein. Preise schwanken manchmal je nach Saison oder an Wochenenden bzw. Feiertagen.

Hotels findet man meist in den Städten. Die Ausstattung reicht von sehr einfach bis luxuriös. Die Hotels großer Ketten sind überall gleich ausgestattet. Einer speziellen Kategorie gehören die **Resort Hotels** an, wie sie z. B. in den Glücksspielzentren in Nevada und im Valley of the Sun in Arizona häufig vorkommen – meist gepflegte und teure Häuser mit vielfältigem Freizeitangebot. Am häufigsten findet man im Südwesten Motels, die fast immer an Ausfallstraßen liegen. Man stellt das Auto direkt vor der Zimmertür ab und muß sich nicht lange mit dem Gepäck herumquälen. Preisgünstig ist z. B. die Kette Motel 6 (Doppelzimmer ab etwa 25 Dollar). **Inns** unterscheiden sich häufig kaum von Motels oder Hotels.

Bed and Breakfast-Unterkünfte nach britischem Vorbild sind seit einigen Jahren populärer geworden. Diese preisgünstige Alternative zu Motels und Hotels bietet Ausländern Einblick in amerikanisches Familienleben. Manche *Bed and Breakfast*-Unterkünfte haben sich jedoch zu kleinen Resort-Hotels entwickelt. Junge Leute steigen häufig in den Hotels der christlichen Organisationen **YMCA** und **YWCA** ab (mit dem deutschen CVJM vergleichbar) oder in **Youth Hostels** (Jugendherbergen). Der Deutsche Jugendherbergsverband gibt eine Broschüre mit den Adressen amerikanischer *Youth Hostels*

heraus (das Verzeichnis kostet DM 9,– und ist in allen deutschen Jugendherbergen und im Buchhandel erhältlich).

Echte **Gäste-Ranches**, auf denen es noch zugeht wie auf dem Bauernhof, sind sehr selten geworden. Meist verstecken sich hinter dem Namen *Dude Ranches* nach Westernmanier gestylte und nicht gerade billige Hotelbetriebe. Für **Camper** ist der Südwesten ein wahres Paradies, weil alle vier Staaten sowohl über private wie auch staatliche Camping- und Stellplätze für *Mobil Homes* verfügen.

Zeitunterschied

In Arizona, New Mexico und Utah gilt die *Mountain Standard Time* (d. h. MEZ abzüglich 8 Stunden). Wenn es also in Frankfurt 14 Uhr ist, zeigen die Uhren in Phoenix, Salt Lake City und Santa Fe 6 Uhr an. Im Navajo- und Hopi-Reservat ist man zwischen April und November durch die Sommerzeit dieser Zeit allerdings um eine Stunde voraus. Auch New Mexico und Utah schalten auf Sommerzeit um, Nevada liegt in der *Pacific-Time-Zone* (d. h. MEZ minus 9 Stunden). Zeitangaben sind in den USA immer mit den Kürzeln *a.m.* (vor 12 Uhr) und *p.m.* (nach 12 Uhr) versehen.

Arizona-Informationen

Auskunft

Arizona Office of Tourism
1100 W. Washington
Phoenix, AZ 85007, ∅ 602/542 – TOUR
Geöffnet: tägl. 8–17 Uhr

Phoenix & Valley of the Sun
Convention & Visitors Bureau
505 N. 2nd St. Suite 300
Phoenix, AZ 85004, ∅ 602/254–6500
Geöffnet: Mo–Fr 8.30–17 Uhr
Filialen gibt es auch im Hyatt Regency, Ecke
Adam St. und 2nd St.
Geöffnet: Mo–Fr 9–15 Uhr sowie im
Flughafen Sky Harbor
Halle 2 und 3
Geöffnet: Mo–Fr 9–21, Sa und So 9–17 Uhr

Lake Havasu City
Chamber of Commerce
Lake Havasu City, AZ 86403,
∅ 602/855–4115
Geöffnet: tägl. 9–17 Uhr

Prescott Chamber of Commerce
117 Goodwin St. P.O. Box 1147
Prescott, AZ 86302, ∅ 602/445–2000
Geöffnet: Mo–Fr 9–17 Uhr

Metropolitan Tucson Convention & Visitors
Bureau
130 S. Scott Ave.
Tucson, AZ 85701, ∅ 602/624–1889
Geöffnet: Mo–Fr 8.30–17 Uhr

Telefonische Information
Zweiminütige, auf Band gesprochene Informationen können täglich 24 Stunden unter
∅ 602/252–5588 abgerufen werden, Kulturprogramme sind beim *Arts Council* unter
∅ 602/271–9052 zu erfahren.

Informationsbroschüren
Der »Phoenix/Scottsdale and Valley of the
Sun Visitor's Guide«, eine kostenlose Informationsbroschüre des *Phoenix and Valley of
the Sun Convention & Visitors Bureau*, erscheint jährlich. Der »Tucson Official Visitors
Guide«, die jährlich erscheinende kostenlose Informationsbroschüre ist beim örtlichen
Besucherzentrum erhältlich. »New Times«
und »City Life« sind Gratis-Programmhefte
für Phoenix und das Valley, die man überall
dort erhält, wo Zeitungen verkauft werden.

Autovermietung

In Phoenix und Umgebung sowie in Tucson
und anderen größeren Städten Arizonas
sind alle großen Verleihfirmen vertreten. Die
Rufnummern sind in den *Yellow pages*
(Branchenverzeichnis) der Telefonbücher
angegeben (s. auch S. 336).

Banken

Citibank
3300 N. Central Ave.
Phoenix, AZ 85012, ∅ 602/263–7226

United States Foreign Exchange
Sky Harbor Airport, Terminals 2 und 3
Phoenix, AZ 85036, ∅ 602/273–9011

Chase Bank of Arizona
5151 E. Broadway Blvd.
Tucson, AZ 85711, ∅ 602/748–2300

Camping

Arizona verfügt über Hunderte von Campingplätzen, die entweder vom Bund, dem

Staat oder privaten Organisationen betrieben werden. Empfehlenswert sind diejenigen, die dem *Forest Service*, dem *National Park Service* oder dem *Bureau of Land Management* unterstehen. Die Gebühren liegen zwischen 5 und 7 $ pro Nacht und Fahrzeug. Kommerzielle Plätze sind in der Regel wesentlich teurer, aber auch besser ausgestattet; Informationen bei:

Arizona State Parks Headquarters
1688 W. Adams St.
Phoenix, AZ 85007, ∅ 602/255−4174

U.S. National Park Service
1115 N. 1st St.
Phoenix, AZ 85004, ∅ 602/261−4956

Das *Arizona Office of Tourism* gibt ein Verzeichnis sämtlicher Camping- und Stellplätze für Wohnmobile *(Campground Directory)* heraus.

Einkäufe und Souvenirs

Arizona bietet ausgezeichnete Einkaufsmöglichkeiten vor allem für Indianerschmuck, andere kunsthandwerkliche Souvenirs und typische Western-Accessoires. Beim Kauf sollten einige Ratschläge beherzigt werden (vgl. S. 28 ff.), da auch importierte fernöstliche Ware als ›original indianisch‹ verkauft wird. Fachgeschäfte sind in jedem Fall ambulanten Ständen vorzuziehen.

Einkaufszentren
The Borgata of Scottsdale
6166 N. Scottsdale Rd.
Scottsdale, AZ 85253, ∅ 602/998−1822
Elegantes Zentrum mit rund 50 Boutiquen in einer Anlage, die architektonisch einem alten italienischen Dorf nachempfunden ist.

Metrocenter
9617 Metro Pkwy
Phoenix, AZ 85051, ∅ 602/997−2641
Fünf Kaufhäuser, beinahe 300 Einzelge-

schäfte, 17 Kinos und Theater, zwei Hotels und 54 Restaurants bzw. Eßplätze

El Con Mall
3601 E. Broadway Blvd.
Tucson, AZ 85716, ∅ 602/327−6787
Erstes und größtes Einkaufszentrum der Region mit rund 135 Geschäften

Fachgeschäfte/Souvenirs
Bruchman's
113 W. 2nd St.
Winslow, AZ 86047, ∅ 602/289−3831
Große Auswahl an indianischen Töpferwaren, Kachinas, Körben, Schmuck und Teppichen

Trader Jack's
2750 E. Andy Devine Ave.
Kingman, AZ 86401, ∅ 602/753−9471
Indianisches Kunsthandwerk, u. a. Türkisschmuck

Boot Barn Inc.
2949 N. Scottsdale Rd.
Scottsdale, AZ 85251, ∅ 602/946−1381
Größte Auswahl an Westernstiefeln in Arizona

Desert Son, Inc.
The Village, 2900 E. Broadway Blvd.
Tucson, AZ 85716, ∅ 602/795−5168
Indianische und Western-Souvenirs, Bücher und Indianermusik

Monogya Studio of Hopi Art
Oraibi (Third Mesa, Hopi Reservation) an der Straße 264
Kachinas, Töpfereien, Korbwaren, Schmuck und Bücher

Hubbell Trading Post
An der Straße 264 westlich von Ganada (Navajo Indian Reservation)
Geöffnet: Juni−September 8−18, sonst 8−17 Uhr

Die ehemalige Handelsstation aus dem Jahre 1876 steht heute unter Denkmalschutz. Verkauf von originalen Navajo-Waren. Man kann auch Indianern bei ihrem Kunsthandwerk zusehen.

Essen und Trinken

Zu den Spezialitäten Arizonas gehören Steaks und mexikanische bzw. südwestliche Küche. Daneben finden sich aber vor allem im Valley of the Sun und im Raum Tucson zahlreiche Restaurants, die auf kreolische, europäische, indische, fernöstliche und polynesische Gerichte spezialisiert sind.

The Tack Room
2800 N. Sabino Canyon Rd.
Tucson, AZ 85715, ✆ 602/722–2800
Einziges Fünf-Sterne-Restaurant in Arizona, 10 Meilen nordöstlich des Stadtzentrums. Nur Abendessen; teuer

Rustler's Rooste
The Point at South Mountain
7777 S. Point Pkwy
Phoenix, AZ 85044, ✆ 602/231–9111
Sehr schön gelegenes, rustikal-gediegenes Steak-Restaurant im Western-Stil mit allabendlicher Life-Westernmusik und Rutschbahn ins Erdgeschoß; gehobene Preise

Dirtwater Springs
586 W. Apache Trail
Apache Junction, AZ 85220,
✆ 602/983–3478
Serviert werden u. a. die größten Steaks Arizonas (bis zu 2 kg). Wer seine Portion mit Beilagen vollständig verzehrt, bekommt sie gratis; gehobene Preise

El Charro
311 N. Court Ave.
Tucson, AZ 85701, ✆ 602/622–5465
Ältestes mexikanisches Restaurant der Stadt, 1922 gegründet; gemäßigte Preise

Der amerikanische Einfluß ist in Arizona nicht nur am Eßtisch, sondern auch am Tresen spürbar. In vielen Hotelbars, Lounges bzw. Restaurants werden Drinks wie Margaritas und Pina Coladas serviert. Eine *Happy Hour* (Glückliche Stunde) ist in vielen gastronomischen Betrieben üblich, d. h. am Spätnachmittag werden zwei Stunden lang Getränke zu ermäßigten Preisen ausgeschenkt nach dem Motto *Two for One* (man bekommt zwei Drinks zum Preis von einem).

Toolie's Country Saloon and Dance Hall
4231 W. Thomas Rd.
Phoenix, AZ 85019, ✆ 602/272–3100
Jeden Abend Life Music mit Westernbands; sonntags gratis Tanzunterricht

Studebaker's
705 Rural Rd., Suite 101
Tempe, AZ 85281, ✆ 602/829–8617
Musik der 50er und 60er Jahre; tägl. Happy Hour und Dinner-Buffet

Dos Locos Cantina
Sheraton Tucson El Conquistador
10000 N. Oracle Rd.
Tucson, AZ 85737, ✆ 602/742–7000
Authentische mexikanische Speisen und Drinks mit Mariachi-Musik und Tanz

Zazoo
909 E. Camelback Rd.
Phoenix, AZ 85014, ✆ 602/241–0999
Nachtclub mit Licht- und Toneffekten; Dinner Buffet von Di–Fr zwischen 17 und 20 Uhr

Feste und Feiertage

Das Arizona *Office of Tourism* gibt jedes Jahr einen Veranstaltungskalender heraus. Auch die Informationsbroschüren der Tagungs- und Besucherzentren enthalten Hinweise auf Veranstaltungen aller Art. Die wichtigsten Termine Nord-Arizonas liegen in den Sommermonaten, während viele Veranstaltungen im Süden des Landes aus klimatischen Gründen im Winter stattfinden.

Januar	Phoenix City Marathon
Februar	Lost Dutchman Days in Apache Junction
	Gem & Rock Show in Quartzsite
März	Phoenix Jaycees Rodeo of Rodeos
	Heard Museum Guild Indian Fair in Phoenix
	Tombstone Territorial Days
	Tucson Festival
April	Scottsdale Indian Pow Wow
Mai	Cinco de Mayo (Das Fest anläßlich des Sieges Mexikos über französische Truppen 1862 wird in vielen Orten Arizonas gefeiert.)
	Wyatt Earp Days in Tombstone
Juni	Prescott Territorial Days
	Tucson Summer Arts Festival
Juli	Frontier Days in Prescott
	Arizonas Holzhacker-Meisterschaften in Payson
August	Tanz der Smoki People in Prescott
	Payson Rodeo in Payson
September	Fiestas Patrias (Feste zur Unabhängigkeit Mexikos), Phoenix Civic Plaza
	State Championship Old Time Fiddler's Contest (Meisterschaften im Fiedeln) in Payson
	Jazzfestival in Sedona
	Wild West Days in Tombstone
Oktober	Arizona State Fair (Messe) in Phoenix
	Cowboy Artists of America Exhibit (Ausstellung von Western-Künstlern) in Phoenix
	Helldorado Days in Tombstone

November	Heißluftballon-Meisterschaften nordwestlich von Phoenix
	Checker 500 (Internationales Autorennen) in Phoenix
Dezember	Fiesta of Lights (Lichterfest) in Phoenix
	Markt für indianisches Kunstgewerbe beim Pueblo Grande
	Victorian Holiday (Fest auf dem Heritage Square in Phoenix)

Film/Photo

Rasche Filmentwicklung und Farbabzüge innerhalb eines Tages bei:
Grand Canyon Color Lab
4117 N. 7th Ave.
Phoenix, AZ 85013, ∅ 602/266–5671

Magna Professional Photographic Lab
2601 N. 32nd St.
Phoenix, AZ 85008, ∅ 602/955–0700

Führungen/Organisierte Touren

Bei jeder Art von Tourreservierung – vom Helikopterflug bis zum Ausflug durch die Sonora-Wüste – hilft das *Phoenix & Valley of the Sun Conventions and Visitors Bureau,* ∅ 800/528–0483 – von USA und Kanada aus – und 800/992–6005 innerhalb Arizonas.

AAA Cab Service Company
1215 E. Curry Rd.
Tempe, AZ 85281, ∅ 602/437–4000
24-Stunden-Taxi-Service

Phoenix Transit
1st and Washington St. (Terminal)
Phoenix, AZ 85030, ∅ 602/253–5000

Agave Hiking Adventures
3443 N. Central Ave., Suite 902
Phoenix, AZ 85012, ∅ 602/240–6760
Geführte Wandertouren, halbtags bis mehrere Tage

Tucson
Sun Tran (Tucson Transit Management)
∅ 602/792–9222
Öffentliches Bussystem, das ganz Tucson
bedient

Yellow Cab Company
411 N. Fifth Ave.
∅ 602/624–6611
Taxiunternehmen

Arizona Awareness Jeep Tours Inc.
2422 N. 72nd Pl.
Scottsdale, AZ 85257, ∅ 602/947–7852
Jeeptouren mit ›Western- und Indianer-Pro-
grammen‹, Mahlzeiten im Freien u. ä.

Arizona Amazing Adventure/Pink Jeep Tours
Lambs Shop/Uptown Sedona, P. O. Box 1447
Sedona, AZ 86336, ∅ 602/282–5000
Touren (auch Allrad) in alle Landesteile

Kenai Helicopters Grand Canyon
Hwy. 64, Tusayan, P.O. Box 1429
Grand Canyon, AZ 86023,
∅ 602/638–2412
Hubschrauberflüge über dem Grand Can-
yon

Crawley's Navajo Nation Tours
P. O. Box 187
Kayenta, AZ 86033, ∅ 602/697–3463
Ausflüge ins Monument Valley und benach-
barte Gebiete

Adventure Trails of the West
P. O. Box 1494
Wickenburg, AZ 85358, ∅ 602/684–3106
Mehrtägige Luxustouren durch das Monu-
ment Valley und den Canyon de Chelly

Geisterstädte

Einen guten Überblick über die in Arizona
noch existierenden *ghost towns* gibt das
Buch von Philip Varney »Arizona's Best
Ghost Towns. A Practical Guide«, Northland
Press, 1980.

Jerome
An der Straße 89A zwischen Prescott und
Flagstaff
Zwischen 1885 und 1953 wurden hier Bodenschätze im Wert von 800 Mio. Dollar gefördert. Außerhalb des Touristenorts liegt die
historische *Gold King Mine.*

Chloride
Rund 20 Meilen nordwestlich von Kingman,
abseits der Straße 93
Sehenswerter halbverfallener, jedoch immer
noch bewohnter ehemaliger Bergbauort.
Der Maler Roy Purcell hat hier Felsen bemalt.

Vulture Mine
15 Meilen südwestlich von Wickenburg
1863 wurde dort Gold entdeckt. Heute ist es
eine echte *ghost town,* aber in der Gegend
gibt es immer noch Goldschürfer.

Stanton
20 Meilen nördlich von Wickenburg
Der Bergbau begann hier 1863, fünf Jahre
später hatte der Ort 3500 Einwohner. Heute
wird hier immer noch in den Minen gearbei-
tet; viel altes Bergbaugerät liegt herum.

Apacheland
Südöstlich von Apache Junction an der Straße 60
Keine echte *ghost town,* vielmehr ein Filmdrehort, der als Touristenattraktion ausgebaut wurde

Pearce
An der Straße 666 nordöstlich von Tombstone

Seit den 30er Jahren leben nur noch wenige Menschen in diesem ehemaligen Bergbauort. Besonders sehenswert ist ein altes Kaufhaus, The Old Store.

Gleeson

16 Meilen östlich von Tombstone, erreichbar über eine gute Schotterstraße
Abbau von Kupfererz von 1909 bis 1953. Neben Ruinen und einem alten Friedhof kann man einen Laden besichtigen, dessen Besitzer vielfältige Gegenstände aus Klapperschlangenhaut anfertigen und verkaufen.

Kinder

Arizona Museum for Youth
35 N. Robson St.
Mesa, AZ 85201, ∅ 602/898–9046
Geöffnet: Di–Sa 10–17, So 13–17 Uhr
Das ganze Jahr über sind hier wechselnde, speziell für Kinder arrangierte Ausstellungen zu sehen. Die jungen Besucher können sich auch selbst künstlerisch betätigen.

The Phoenix Zoo
5810 E. Van Buren St.
Phoenix, AZ 85010, ∅ 602/273–7771
Geöffnet: tägl. 9–17, Juni–August 8–17 Uhr
Für Kinder hat man auf dem Gelände einen Streichelzoo eingerichtet.

Mesa Museum
53 N. Macdonald St.
Mesa, AZ 85201, ∅ 602/834–2230
Geöffnet: Di–Sa 10–17, So 13–17 Uhr
Kinder haben hier zahlreiche Unterhaltungsmöglichkeiten, u. a. Goldwaschen oder Entschlüsselung der rätselhaften Karten der Lost Dutchman Mine.

Tucson Children's Museum
300 E. University Blvd.
Tucson, AZ 85705, ∅ 602/884–7511
Geöffnet: Di–Sa 10–17, So 13–17 Uhr
Bietet Spiel- und Betätigungsmöglichkeiten für Kinder aller Altersklassen.

Museen, Galerien, kulturelle Institutionen

Phoenix und Valley of the Sun

Heard Museum
22 E. Monte Vista Rd.
Phoenix, AZ 85004, ∅ 602/252–8848
Geöffnet: Mo–Sa 10–16.45, So 13–16.45 Uhr, an Feiertagen geschlossen
Das in einem Gebäude im spanischen Kolonialstil untergebrachte Museum bietet eine der besten Ausstellungen südwestlicher Indianerkulturen mit Werkzeugen, Waffen, Webarbeiten, Töpfereien und Malereien. Zu besichtigen ist auch ein hogan, ein traditionelles Navajo-Haus. Einige Teile des Museums beschäftigen sich mit Südamerika, Afrika, dem pazifischen Gebiet und Asien. Jeweils im März findet ein Indianermarkt mit Tänzen, Zubereitung von indianischen Gerichten und Ausstellungen statt.

Pueblo Grande Museum
4619 E. Washington St.
Phoenix, AZ 85034, ∅ 602/495–0901
Geöffnet: Mo–Sa 9–16.45, So 13–16.45 Uhr
Das Museum schließt einen originalen, rund 200 Jahre bewohnten Siedlungsplatz der Hohokam am Ufer des Salt River ein. Viele Exponate dieser Kultur und zahlreiche Illustrationen sind zu besichtigen. Der Bau von Pueblo Grande wurde von den Hohokam etwa um das Jahr 1200 begonnen. Neben den Ruinen sind auch die Reste alter Bewässerungskanäle und eines Ballspielplatzes vorhanden.

Phoenix Art Museum
1625 N. Central Ave.
Phoenix, AZ 85004, ∅ 602/257–1222
Geöffnet: Di–Sa 10–17, Mi bis 21, So 13–17 Uhr
Das Museum verfügt über rund 11000 Kunstwerke aus den vergangenen fünf Jahrhunderten mit dem Schwergewicht auf der französischen Malerei des 18. Jh.

Arizona Historical Society
1242 N. Central Ave.
Phoenix, AZ 85007, ℘ 602/255–4470
Geöffnet: Di–Sa 10–16 Uhr; Eintritt frei
Die Geschichte Zentral-Arizonas ist Hauptthema der Ausstellungen, welche die Aufbauphase des Landes u. a. mit einer Apotheke aus dem Anfang des Jahrhunderts dokumentieren.

Hall of Flame – Fire Museum
6106 E. Van Buren St.
Phoenix, AZ 85008, ℘ 602/275–3473
Geöffnet: Mo–Sa 9–17 Uhr
Das Museum beherbergt die wohl größte Ausstellung der Welt an Feuerwehrgeräten, zum Teil aus dem 18. und 19. Jh.

The Phoenix Zoo
5810 E. Van Buren St.
Phoenix, AZ 85010, ℘ 602/273–7771
Geöffnet: tägl. 9–17, zwischen Juni und August 8–17 Uhr

Arizona State Capitol Museum
1700 W. Washington St.
Phoenix, AZ 85007, ℘ 602/542–4675
Geöffnet: Mo–Fr 8–17 Uhr; Eintritt frei
Das Museum befindet sich im alten Capitol, in dem früher die Staatsregierung ihren Sitz hatte, bevor das neue Regierungsgebäude errichtet wurde. Die Ausstellungen geben Aufschluß über Arizonas Vergangenheit.

Arizona Museum of Science & Technology
80 N. 2nd St.
Phoenix, AZ 85004, ℘ 602/256–9388
Geöffnet: Mo–Sa 9–17 Uhr, So 13–17 Uhr
Technikmuseum, das interessante Exponate für alle Altersgruppen besitzt

Phoenix Civic Plaza Convention Center & Symphony Hall
225 E. Adams St.
Phoenix, AZ 85004, ℘ 602/262–6225
Ein ultramoderner Tagungs- und Ausstellungskomplex und zugleich das wichtigste Kunst- und Kulturzentrum im Valley of the Sun

Phoenix Symphony Orchestra
3707 N. 7th St.
Phoenix, AZ 85014, ℘ 602/264–4754

Arizona Theatre Company
17. E. Thomas Rd.
Phoenix, AZ 85012, ℘ 602/234–2892

Arizona State University
Tempe, zwischen Mill Avenue (US 60, 70, 80) und Scottsdale Road
Auf dem Campus befinden sich u. a.
– *University Art Collection* (geöffnet: Mo–Fr 8–17, So 13–17 Uhr, ℘ 602/965–2874; Eintritt frei)
– *Northlight Gallery* (Ausstellung von Photographien; geöffnet: So–Do 10.30–16.30 Uhr, im Sommer geschlossen; ℘ 602/ 965–5667; Eintritt frei)
– *Anthropology Museum* (Ausstellung über die prähistorischen Hohokam und heutige Indianer, archäologische Techniken und völkerkundliche Themen; geöffnet: Mo–Fr 8–17 Uhr, ℘ 602/965–6213, Eintritt frei)
– *Planetarium* (Öffnungszeiten erfragen; ℘ 602/965–6891
– *Hayden Library* (Hauptbibliothek der Universität mit Spezialsammlungen; geöffnet: Mo–Do 7–24, Fr 7–22, Sa 9–17, So 10–24 Uhr; ℘ 602/965–3106

Scottsdale Center for the Arts
7383 Scottsdale Mall
Scottsdale, AZ 85252, ℘ 602/994–2301
Geöffnet: Di–Fr 10–20, Sa 12–20, So 12–17 Uhr; Eintritt für die Galerie frei
Das Zentrum gehört der Stadt und beherbergt eine Galerie zeitgenössischer Kunst sowie ein Theater und ein Kino.

Champlin Fighter Museum
Falcon Field, 4636 Fighter Aces Dr.

Mesa, AZ 85202, ∅ 602/830–4540
Geöffnet: tägl. 10–17 Uhr
Ausstellung von Flugzeugen

Übriges Arizona
Museum of Northern Arizona
Fort Valley Rd.
Flagstaff, AZ 86001, ∅ 602/774–5211
Geöffnet: tägl. 9–17 Uhr
Hervorragende Ausstellungen zur Geschichte und Geologie Arizonas sowie zur indianischen Kultur

Arizona Historical Society Pioneer Museum
Fort Valley Rd.
Flagstaff, AZ 86001, ∅ 602/774–6272
Geöffnet: Mo–Sa 9–17, So 13.30–17 Uhr
Exponate zur Pioniergeschichte des Landes

Tusayan Ruin and Museum
East Rim Dr.
Grand Canyon, AZ 86023
Geöffnet: tägl. 9–16.30 Uhr
Ruinen eines Pueblos der Anasazi

Mohave Museum of History and Arts
400 W. Beale St.
Kingman, AZ 86402, ∅ 602/753–3195
Geöffnet: Mo–Fr 10–17, Sa, So 13–17 Uhr, feiertags geschlossen

Navajo Tribal Museum
Im Navajo Arts and Crafts Enterprise Building
Window Rock, AZ 86515, ∅ 602/871–6673
Geöffnet: Mo–Fr 8–16.45 Uhr; Eintritt frei
Das Museum in der Hauptstadt der Navajo-Reservation hat die Navajo-Kultur zum Thema. Jeweils Anfang September findet hier die größte Indianermesse der Welt statt.

Sharlot Hall Museum
415 W. Gurley St.
Prescott, AZ 86301, ∅ 602/445–3122
Geöffnet: Di–Sa 9–17, im Winter 10–16, So 13–17 Uhr

Prähistorische und historische Ausstellungen

Smoki Museum
143 N. Arizona Ave.
Prescott, AZ 86302, ∅ 602/445–2000
Geöffnet: Di–Sa 10–16, So 13–16 Uhr
Indianer des Südwestens

Tucson Museum of Art
40 N. Main Ave.
Tucson, AZ 85701, ∅ 602/624–2333
Geöffnet: Mi–Sa 10–17, Di 10–21, So 13–17 Uhr
Ständige und wechselnde Ausstellungen zeitgenössischer Kunstwerke

Arizona Historical Society
949 E. 2nd St.
Tucson, AZ 85719, ∅ 602/628–5774
Geöffnet: Mo–Sa 10–16, So 12–16 Uhr
Exponate zur Geschichte Arizonas

Fort Lowell Museum
2900 N. Craycroft Rd.
Tucson, AZ 85712, ∅ 602/885–3832
Geöffnet: Mi–Sa 10–16 Uhr
Dokumentiert die Geschichte eines Forts im Arizona des 19. Jh.

John C. Fremont House
151 S. Granada Ave.
Tucson, AZ 85702, ∅ 602/622–0956
Geöffnet: Mi–Sa 10–16 Uhr
Residenz des damaligen Gouverneurs des Territoriums Arizona und des früheren Entdeckers des amerikanischen Westens

Arizona Opera Company
3501 N. Mountain Ave.
Tucson, AZ 85719, ∅ 602/293–4336
Pro Saison (Oktober bis März) werden vier professionelle Produktionen vorgestellt

The Gaslight Theatre
7000 E. Tanque Verde Rd.

Tucson, AZ 85715, ∅ 602/886−9428
Musikalische Komödien und Melodramen
für die ganze Familie

Pima Air Museum
6000 E. Valencia Rd.
Tucson, AZ 85706, ∅ 602/574−0462
Geöffnet: tägl. 9−17 Uhr (letzter Eintritt 16
Uhr)
Mehr als 140 Flugzeuge sind in diesem Museum ausgestellt.

Arizona-Sonora Desert Museum
2021 N. Kinney Rd.
West-Tucson, AZ 85743, ∅ 602/883−1380
Geöffnet: tägl. 8.30−17, im Sommer 7.30−18
Uhr
Eines der schönsten ›lebenden‹ Museen,
eine Mischung zwischen Zoo und Museum
(s. S. 113)

Tubac Presidio
Tubac, AZ 85646, ∅ 602/398−2252
Geöffnet: tägl. 8−17 Uhr
Dieses wehrhafte Fort wurde 1752 zum
Schutz der weißen Siedler vor Indianern gegründet.

Yuma Territorial Prison
Prison Hill Rd.
Yuma, AZ 85364, ∅ 602/783−4771
Geöffnet: tägl. 8−17 Uhr
Historisches Gefängnis, das bis 1909 ›in Betrieb‹ war.

Sport und Freizeit

Ballonfahren
A Aeronautical Adventure
10001 N. 28th Place
Phoenix, AZ 85028, ∅ 602/992−2627
Ballonfahren über der Sonora-Wüste

Unicorn Balloon Company
15001 N. 74th St., Suite F
Scottsdale, AZ 85251, ∅ 602/991−3666

Hausbootferien
Für Hausbootferien bieten sich vor allem Lake Powell und die Colorado-Region im westlichen Arizona an. Buchungen möglichst
sechs Monate vor Urlaubsantritt bei:

Havasu Springs Resort
P. O. Box 624
Parker, AZ 85344, ∅ 602/667−3361
22 Meilen südöstlich von Lake Havasu City

Lake Powell Marinas
Reservierungen unter ∅ 800/528−6154;
für Reservierungen weniger als sieben Tage
im voraus: Wahweap Marina, ∅ 602/
645−2433. Für schriftliche Buchungen: Del.
E. Webb Recreational Properties, 2916 N.
35th Ave., Suite 8, Phoenix, AZ 85017

Radfahren
Arizona bietet sich aufgrund seines Klimas
für Radtouren an. Vorsicht ist während der
heißen Jahreszeit geboten. Nützliche Informationen über Touren im Gebiet um Phoenix und Tucson gibt der Führer von Peter
Bower »Bicyclist's Guide to Arizona«, Phoenix Books 1980. Ratschläge erteilt auch der
Arizona Bicycle Club unter der Adresse von
American Youth Hostels, 1026 N. 9th St.,
Phoenix, AZ 85006.

Reiten
Desert Shadow Stables
P. O. Box 158
Dragoon, AZ 85609, ∅ 602/790−9520
Gäste-Ranch mit Reitmöglichkeiten

Golden Horseshoe Stables
P. O. Box 37
Greer (White Mountains), AZ 85927,
∅ 602/735−7330
Halb- oder ganztägige Reitmöglichkeiten,
auch mit Übernachtung im Freien

Pusch Ridge Stables
11220 N. Oracle Rd.
Tucson, AZ 85737, ∅ 602/297−6908

Wandern

Die unterschiedlichen Klimazonen und Höhenlagen Arizonas bieten Wanderfreunden vielfältige *Hiking*-Möglichkeiten. Eine übersichtliche Beschreibung von 100 Wanderwegen in Arizona inklusive Karten gibt der Führer von David Mazel »Arizona Trails«, Wilderness Press, 1984

... in der Wüste

Im *Saguaro National Monument/West* gibt es Wanderpfade von etwa 16 Meilen Länge. Ein beliebter Weg ist der King Canyon Trail zum Wasson Peak (1428 m). Es gibt auch von Rangern geführte Wanderrouten. Im Besucherzentrum sind Wanderkarten und -informationen erhältlich. (∅ 602/883–6366, geöffnet: tägl. 8–17 Uhr). Im *Organ Pipe Cactus National Monument* beginnen Pfade am Campground 2 km vom Besucherzentrum (geöffnet: tägl. 8–17 Uhr, ∅ 602/ 387–6840) entfernt. Der Victoria Mine Trail z. B. (7,2 km hin und zurück) führt zu einer alten Mine. Schönster Weg ist Estes Canyon-Bull Pasture Trail (6,6 km hin und zurück), der vom Ajo Mountain Drive abbiegt.

... in den Bergen

Das höchste Gebirge Arizonas sind die San Francisco Mountains (3851 m) nördlich von Flagstaff, in denen es ausgezeichnete Wandermöglichkeiten gibt. Der Humphrey's Peak Trail z. B. führt von Snow Bowl auf den höchsten Gipfel (14,5 km hin und zurück; etwa 8 Stunden). Verlassen der Pfade ist aus Naturschutzgründen in Höhen über 3500 m verboten. Man sollte sich auf einen möglichen Wetterumschwung einstellen. Informationen bei Fairfield Snowbowl and Country Club, P. O. Box 1208, Flagstaff, AZ 86002, ∅ 602/779–6127. Ein lohnendes Wandergebiet ist auch *Mount Baldy Wilderness* südwestlich von Eager und Springerville in Ost-Arizona. Mount Baldy ist ein erloschener, 3533 m hoher Vulkan. Zwei Trails führen auf den Gipfel. Informationen bei White Mountain Apache Game and Fish Office, White-

river, ∅ 602/338–4385. Weitere Wandergebiete sind u. a. *Chiricahua Wilderness* (Südost-Arizona), Santa Catalina Mountains (nordöstlich von Tucson), Mount Graham-Gebiet (südwestlich von Safford), Hannagan Meadow (südlich von Alpine in Ost-Arizona), *Blue Range Wilderness* (östlich des Coronado Trails sowie Superstition Mountains (östlich von Phoenix).

... in Canyons

Neben dem Grand Canyon (s. S. 90f.) gibt es in Arizona zahlreiche weitere Canyons wie das Huachuca-Gebiet (Südost-Arizona), Oak Creek Canyon (bei Sedona) und Canyon de Chelly (Nordost-Arizona). Vor Beginn einer Wandertour sollte man bei den Behörden (*National Park Service, National Forest* usw.) Informationen einholen.

Wintersport

In den Bergregionen Arizonas ist der Wintersport mindestens so populär wie der Wassersport an Flüssen und Seen. Die bekanntesten Skigebiete sind Fairfield Snow Bowl (vier Sessellifts) und das Flagstaff Nordic Center (30 km Loipen) in den San Francisco Mountains, Mount Lemmon Ski Valley (nordöstlich von Tucson), die *White Mountain Apache Reservation* in Ost-Arizona. Saison ist von November bis April; sehr populär ist in den White Mountains auch das Eisfischen.

Wassersport

Hualapai River Runners
P. O. Box 246
Peach Springs, AZ 86434,
∅ 602/769–2210
Von Indianern geführte, ein- oder zweitägige Floßtouren durch die Lower Granite Gorge des Colorado (inkl. Verpflegung zwischen 160 und 350 $)

Arizona Raft Adventures
4050 E. Huntington Dr.
Flagstaff, AZ 86004, ∅ 602/526–8200
Grand Canyon-Floßtouren (6–14 Tage)

Blue Water Adventure
697 N. Navajo St.
Page, 86040, ✆ 602/645–3087
Boots- und Tauchtouren im Lake Powell,
auch Geräteverleih

Jerkwater Canoe Co.
P. O. Box 800
Topock, AZ 86436, ✆ 602/768–7753
Kanutouren auf dem Colorado zwischen
Hoover-Damm und Yuma

Tourenvorschläge

**Große Arizona-Rundreise (etwa 1750
Meilen – mindestens 1 bis 2 Wochen)**
Vom Grand Canyon fährt man über die Straßen 180 bzw. 64 nach Williams (unterwegs
kann man in Valle ein Dorf der Comic-Figur
Fred Feuerstein besuchen) und über die I-40
weiter bis Seligman. Ab dort verläuft nördlich
der I-40 die Historische Route 66 über Peach
Springs (von dort hat man Zugang zur *Hualapai Indian Reservation*), Kingman und die
Beinahe-Geisterstadt Oatman bis Topock
am Colorado River. Lake Havasu City ist als
neuer Standort der aus England herange-
schafften London Bridge bekannt.

Durch einsame Wüstenlandstriche führt
die Straße 95 bis Yuma. Sehenswert ist dort
das ehemalige *Yuma Territorial Prison* sowie
das *Quechan Indian Museum*. Man folgt der
I-8 bis Gila Bend und biegt dort auf die Straße 85 ab, um über Ajo (der Ort besitzt eine
hübsche Plaza) zum *Organ Pipe Cactus
National Monument* zu fahren, einem
Schutzgebiet, dem der weitverbreitete Or-
gelpfeifenkaktus *(Lemaireocerus thurberi)*
den Namen gegeben hat.

Auf der Straße 86 gelangt man nach
Tucson, wo sich mit dem *Saguaro National
Monument (West)* eine der schönsten Kak-
teenlandschaften des Südwestens befindet.
Dort liegen auch das bekannte *Arizona- So-
nora Desert Museum* und die Filmstadt *Old
Tucson*. Die I-19 führt in südlicher Richtung
nach Nogales, wo man einen Spaziergang

nach Mexiko unternehmen kann. Die Straße
82 mündet nördlich von Tombstone in die
Straße 80.

Ein Abstecher in die alte Westernstadt
Tombstone mit ihren typischen Gebäuden
und dem legendären Friedhof *Boothill
Graveyard* lohnt sich, ehe man über Benson
und die I-10 nach Willcox und über die Straßen 666 und 70 nach Globe weiterfährt. Dort
sollte man auf die Straße 88, den sehenswerten *Apache Trail*, abbiegen, der durch
die Superstition Mountains an einigen Stauseen vorbei nach Apache Junction führt, von
wo man durch das östliche Valley of the Sun
in die Hauptstadt Phoenix gelangt.

Von Arizonas Metropole setzt man die
Reise über die einsamen und durch große
Waldgebiete führenden Straßen 87, 260 und
377 bis Holbrook fort, wo Gesteinssammlun-
gen und Verkaufsläden für versteinertes
Holz den nahegelegenen *Petrified Forest
National Park* ankündigen. Am zweckmäßig-
sten nimmt man den südlichen Eingang an
der Straße 180 und durchfährt den Park in
nördlicher Richtung. Kostenlose Landkarten, die man am Eingang bekommt, weisen
eine Reihe geologisch und historisch interessanter Stellen aus, in erster Linie natürlich
die Plätze, wo man sich zwischen den versteinerten Baumstämmen auf befestigten
Fußwegen frei bewegen kann. Der Nationalpark endet an der I-40, über die man bis
Chambers fährt, um dort auf die Straße 191
abzubiegen, die über Ganado (am westlichen Ortsrand liegt *Hubbell Trading Post*,
eine alte Handelsstation) in die Navajo-Reservation hineinführt.

Chinle ist Ausgangspunkt für eine von Indianern geführte Tour mit umgebauten Ar-
meetrucks in den spektakulären Canyon de
Chelly. In Many Farms (14 Meilen nördlich
von Chinle) biegt man auf die Straße 59 ab,
um die Fahrstrecke nach Kayenta abzukür-
zen. Von Kayenta sollte man auf keinen Fall
den Abstecher über die Straße 163 zum Monument Valley auslassen, die Landschaft mit

den roten Sandsteintürmen, die John Ford mit seinen frühen Western weltberühmt machte. Man kehrt nach Kayenta zurück und setzt die Fahrt über die Straße 160 in südwestlicher Richtung fort.

Wer die alten Anasazi-Ruinen im *Navajo National Monument* besichtigen möchte, biegt 20 Meilen von Kayenta entfernt auf die Straße 564 ab. Die Straße 98 stellt die kürzeste Verbindung durch das nördliche Navajo-Reservat nach Page dar, wo der Glen Canyon-Damm den zweitgrößten, von Menschenhand geschaffenen See der westlichen Hemisphäre staut.

Zentral-Arizona-Rundtour (etwa 310 Meilen – 2 bis 3 Tage)

In Phoenix nimmt man die I-17 nach Norden bis zum Exit 262 (Cordes Junction), um dem 3 Meilen westlich gelegenen Arcosanti, der ›Stadt der Zukunft‹ des Italieners Pablo Soleri, einen Besuch abzustatten. Zurück auf der I-17 fährt man weiter bis Camp Verde Exit und besichtigt *Fort Verde State Historic Park*, wo sich während der Indianerkriege in der zweiten Hälfte des 19. Jh. ein Kavallerieposten befand. Über die Montezuma Castle Road kann man 5 Meilen zum *Montezuma Castle National Monument* fahren, wo Klippenwohnungen der Sinagua-Indianer aus dem 12. Jh. liegen. Auf der I-17 erreicht man Flagstaff am Fuße der San Francisco-Berge mit ihren Wanderpfaden und Skigebieten.

Die Straße 89 A verläuft in südlicher Richtung im Tal des Oak Creek, von wo man leicht den idyllischen Oak Creek Canyon besuchen kann, ehe man über das 1300 m hoch gelegene Sedona mit seinem Künstler- und Kunsthandwerkerviertel Tlaquepaque nach Cottonwood zum *Tuzigoot National Monument* (geöffnet: tägl. 8–19, im Winter bis 17 Uhr, Ø 602/634–5564) fährt. Sinagua-Indianer lebten dort zwischen 1125 und 1425 in zweigeschossigen Häusern, die keine Türen hatten und die man über eine Leiter durch einen Dacheinstieg betrat. Bei Aus-

Ost-Arizona-Rundreise
Zentral-Arizona-Rundreise
Große Arizona-Rundreise

0   N   50 km

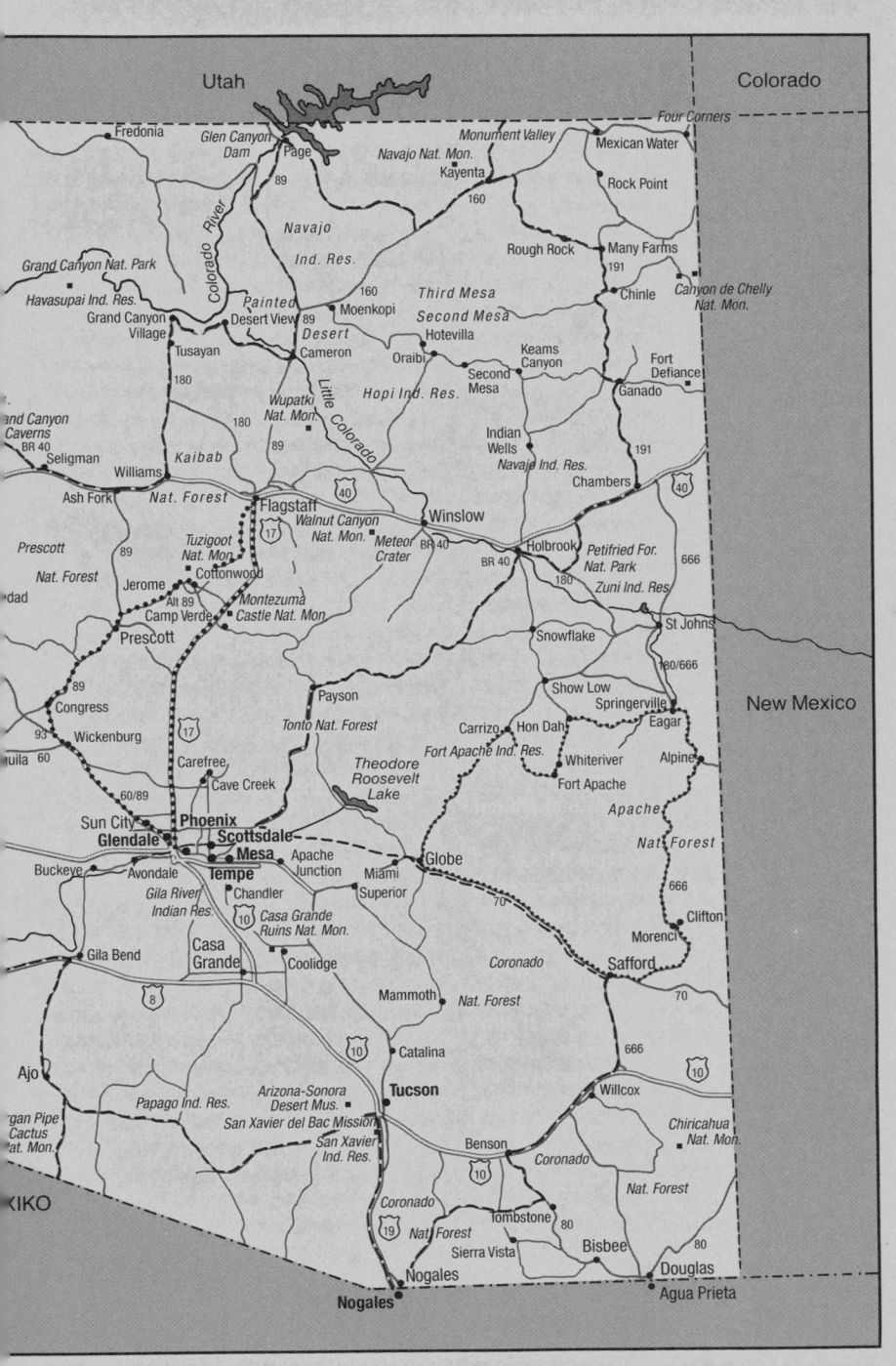

grabungsarbeiten in den Jahren 1933/34 entdeckte man eine Grabstätte mit 450 Skeletten sowie viele Grabbeigaben, die z. T. im örtlichen Besucherzentrum ausgestellt sind.

Das weiter westlich am Cleopatra Hill gelegene Jerome ist eine ehemalige Bergbausiedlung, der das Schicksal einer *ghost town* beschieden gewesen wäre, hätten sich nicht die restlichen Einwohner für die Erhaltung der alten Gebäude eingesetzt. Historische Maschinen und einen für Touristen angelegten Stollen kann man bei der *Gold King Mine* außerhalb des Orts besichtigen.

Nächste lohnende Stopps sind Prescott, die frühere Hauptstadt Arizonas mit ihren Museen und den berühmten Rodeo-Veranstaltungen, sowie Wickenburg, wo sich das *Desert Caballeros Western Museum* (geöffnet: Di–Sa 10–16, So 13–16 Uhr, ∅ 602/ 684–2272) befindet, zwar ein Nachbau des im Jahre 1972 durch Feuer zerstörten Originalgebäudes, aber mit seiner Sammlung von Westernkunst, Malereien und mineralischen wie indianischen Exponaten dennoch sehenswert. Von Wickenburg führt die Straße 93 bzw. 60 zurück nach Phoenix.

Ost-Arizona-Rundreise (etwa 500 Meilen – 2 bis 4 Tage)
Von Globe fährt man über die Straße 60 nach Nordosten und durchquert nach etwa 30 Meilen den 650 m tiefen Salt River Canyon. Durch die *Fort Apache Indian Reservation* geht es weiter bis Carrizo, dann über die Straße 73 via Fort Apache, wo ein Fort aus der Zeit der Indianerkriege steht, nach Whiteriver in das Verwaltungszentrum der Reservation. In Hon Dah (Apachenwort für ›Willkommen‹) gelangt man auf die Straße 260 und nach etwa 10 Meilen in östlicher Richtung an die Abzweigung der Straße 473, die zum fischreichen Hawley Lake führt.

Weiter im Osten kommt man auf den Straßen 260 und 273 zum Skigebiet Sunrise, das im Winter Skiläufer, im Sommer Bergwanderer anzieht. Auf der Straße 260 fährt man

weiter bis zur Abzweigung der Straße 273, die bis zum Big Lake asphaltiert ist. Östlich von Eager hält man sich auf der Straße 666 in Richtung Süden. Die Straße, die zu den schönsten Routen in Arizona zählt, heißt auf dieser Strecke *Coronado Trail*.

Über Alpine kommt man nach Morenci, ein ehemaliges Zentrum des Kupferbergbaus, sowie nach Clifton und Safford, von wo man einen Abstecher nach Südwesten zum 3266 m hohen Mount Graham in den Pinalenos-Bergen machen kann. Die Straße 366 (auch *Swift Trail* genannt) führt aus der kakteenbewachsenen Trockenzone über 35 Meilen in die kühlen Bergwälder auf rund 3000 m Höhe. Die letzten 7 Meilen sind ungeteert. Über Safford kehrt man zurück nach Globe.

Tagesausflüge von Tucson
Zur mexikanischen Grenze über die I-19 mit Besichtigungsstopps bei der *Mission San Xavier del Bac*, bei *Tubac Presidio* und *Tumacacori National Monument*. Die Gesamtstrecke bis nach Nogales und zurück nach Tucson beträgt etwa 150 Meilen.

Mount Lemmon-Tour: Von Tucson fährt man in Richtung Nordosten über den Catalina Highway bis zum Dorf Summerhaven, wo sich eine Lodge mit Restaurant befindet. Um den Ort liegen die Ski- und Freizeitgebiete am 2791 m hohen Mount Lemmon, und je nach Saison kann man Reiten, Wandern bzw. Skilaufen; Informationen unter ∅ 602/ 576–1400 und 602/576–1321. Hin- und Rückweg belaufen sich auf etwa 85 Meilen.

Man verläßt Tucson über die I-10 in Richtung Südosten und nimmt bei Exit 279 die Abzweigung nach Vail zur *Colossal Cave* (geöffnet: tägl. während der Sommermonate 8–18, So und feiertags bis 19 Uhr, im Winter 9–17, So und feiertags bis 18 Uhr; ∅ 602/ 791–7677), der größten Höhle Arizonas, in der ein Goldschatz im Wert von 60000 Dollar versteckt sein soll. Geführte 45minütige Touren beginnen jede halbe Stunde.

Über einen Abschnitt des *Old Spanish Trail*, eine ehemalige Landroute von Santa Fe an die kalifornische Pazifikküste, kommt man zum *Saguaro National Monument (East)* – für Autos offen von 8–20 Uhr –, wo viele Saguaro-Kakteen stehen. Über 8 Meilen schlängelt sich der Cactus Forest Drive durch die Ausläufer der Rincon Mountains, die auch durch Wanderwege, z. T. mit Lehrpfaden, erschlossen sind. Höchster Gipfel der Gegend ist mit 2641 m der Mica Mountain. Bis man in Tucson zurück ist, hat man auf der Rundtour etwa 70 Meilen zurückgelegt.

Unterkunft

Die hier genannten Unterkünfte sind mit Dollarsymbolen als preiswert ($) bis sehr teuer ($$$$) gekennzeichnet.

Phoenix und Valley of the Sun

Bei der Reservierung von Unterkünften hilft *Phoenix & Valley of the Sun Conventions & Visitors Bureau Reservations* kostenlos unter ∅ 800/528–0483. Die großen Hotels im Valley reduzieren ihre Preise im Sommer z. T. bis um die Hälfte, weil die heiße Jahreszeit dort als Nebensaison gilt. In der E. Van Buren und der Grand Ave. zwischen Interstate 17 und Van Buren St. liegen die preisgünstigsten Motels in Phoenix.

Arizona Biltmore
24th St. und Missouri Ave.
Phoenix, AZ 85016, ∅ 800/528–3696 (außerhalb Arizonas), 602/955–6600 (in Arizona)
Berühmtestes Resort-Hotel im Valley aus dem Jahre 1929 mit schöner Architektur und Gartenanlagen; $$$–$$$$

Desert Sun Hotel
1325 Grand Ave.
Phoenix, AZ 85007, ∅ 602/258–8971

Fünf Minuten vom Civic Center im Stadtzentrum entfernt; 24-Stunden-Restaurant; $

Executive Park Hotel
1100 N. Central Ave.
Phoenix, AZ 85004, ∅ 602/252–2100
Zentral gelegen; $$–$$$$

Scottsdale/Camelback Resort & Spa
6302 E. Camelback Rd.
Scottsdale, AZ 85251, ∅ 602/947–3300; $$–$$$$

Scottsdale Inn Suites at Eldorado Park
7707 E. McDowell Rd.
Scottsdale, AZ 85257, ∅ 800/842–4242 und 602/941–1202
$$–$$$

Comfort Inn I-10 South
5300 S. 56th St.
Tempe, AZ 85283, ∅ 800/228–5150 und 602/893–6100
Das Hotel liegt fünf Minuten vom Phoenix Airport entfernt; $$

Übriges Arizona

Bisbee
Copper Queen Hotel
11 Howell Ave.
Bisbee, AZ 85603, ∅ 602/432–2216
Traditionsreiches 1902 gebautes Hotel im Zentrum von Bisbee; $–$$$

Bullhead City
Desert Rancho Motel
205 Main St.
Bullhead City, AZ 86430, ∅ 602/754–2578
Zwei Blocks von der Colorado-Fähre nach Laughlin entfernt; $–$$$

Chinle
Thunderbird Lodge
Am Eingang zum Canyon de Chelly
Chinle, AZ 86502, ∅ 602/674–5841 und 602/674–5842; $$

Douglas
The Gadsden Hotel
1046 G. Ave.
Douglas, AZ 85607, Ø 602/364–4481
Hotel aus dem Jahre 1907; $–$$$

Flagstaff
Holiday Inn-Flagstaff
1000 W. Hwy 66
Flagstaff, AZ 86001, Ø 602/774–5221;
$–$$

Grand Canyon
Grand Canyon Park Lodges
P. O. Box 699
Grand Canyon, AZ 86023, Ø 602/
638–2631 (kurzfristige Reservierungen)
und 602/638–2401 (Buchungen im voraus)
über diese Adresse laufen alle Reservierungen für die Unterkünfte im Grand Canyon
Village, zur Reisezeit unbedingt einige Monate im voraus buchen. Reservierungen am
Nordrand des Canyons sind zu richten an:

TWA Services
P. O. Box TWA
Cedar City, UT 84720, Ø 801/586–7686

Moqui Lodge
Tusayan, AZ 86023 (5 Meilen südlich des
Grand Canyon Park), Ø 602/638–2424;
$$–$$$

Kingman
Quality Inn
1400 E. Andy Devine Ave.
Kingman, AZ 86401, Ø 602/753–5531; $$

Lake Havasu City
Holiday Inn
245 London Bridge Rd.
Lake Havasu City, AZ 86403, Ø 602/
855–4071; $–$$$

Nogales
Best Western Siesta Motel

910 Grand Ave.
Nogales, AZ 85621, Ø 602/287–4671;
$$–$$$

Page
Wahweap Lodge
Wahweap Marina, AZ 86040, bei Page am
Lake Powell, Ø 602/645–2433; $$–$$$

Prescott
American Motel
1211 E. Gurley St.
Prescott, AZ 86301, Ø 602/778–0787; $

Sedona
Best Western Cottonwood Inn
993 S. Main St.
Sedona, AZ 86336, Ø 602/634–5575; $$

Tombstone
Best Western Lookout Lodge
Highway 80
Tombstone, AZ 85638, Ø 602/457–2223;
$$–$$$

Tucson
Arizona Inn
2200 E. Elm St.
Tucson, AZ 85719, Ø 602/325–1541
Wird zu den besten Hotels Amerikas ge-
zählt; $$$$

Best Western Aztec Inn
102 N. Alvernon Way
Tucson, AZ 85711, Ø 602/795–0330; $–$$

Tusayan
Quality Inn Red Feather
Tusayan, AZ 86023, Ø 602/638–2673;
$$–$$$

Yuma
El Rancho Motel
2201 4th Ave.
Yuma, AZ 85364, Ø 602/783–4481;
$$

New Mexico-Informationen

Auskunft

Santa Fe Convention and Visitors Bureau
Sweeney Center Ecke Marcy und Grant
Streets, P. O. Box 909
Santa Fe, NM 87504, ∅ 505/984–6760
oder 800/528–5369 außerhalb New Me-
xicos

Albuquerque Convention and Visitors Bureau 625 Silver St., Suite 210, P.O. Box 26866
Albuquerque, NM 87125, ∅ 505/243–3696
oder 800/284–2282 außerhalb New Mexicos oder 800/843–3659 innerhalb New
Mexicos

El Paso Convention and Visitors Bureau
1 Civic Center Plaza
El Paso, TX 79901, ∅ 915/534–0696

Gallup Convention & Visitors Center
P. O. Box 1395
Gallup, NM 87305, ∅ 505/863–3841 und
800/242–4282

Taos Chamber of Commerce
P. O. Drawer I Taos, NM 87571,
∅ 505/758–3873 und 800/732–8267

Autovermietung

In Albuquerque und zum Teil auch in Santa
Fe sind Verleihfirmen vertreten, die *Yellow
pages* (Branchenverzeichnis) geben die Telefonnummern an (vgl. S. 336).

Banken

First Interstate Bank of Santa Fe
150 Washington Ave.
Santa Fe, NM 87501, ∅ 505/982–3671

First National Bank
40 First Plaza
Albuquerque, NM 87102, ∅ 505/765–4976

Camping

New Mexico ist ein Staat mit ausgezeichneten *outdoor*-Möglichkeiten. Das zeigt sich
auch an den Plätzen für Camping und
Campmobile. Größter privater Anbieter ist
die KOA-Kette, deren Preise um etwa 10 $ pro
Nacht liegen; kostenlose Informationsbroschüre bei:

KOA, Inc. P. O. Box 30558
Billings, MT 59114, ∅ 406/252–3104

Fast alle der rund 50 *State Parks* verfügen
über Campingmöglichkeiten (etwa 5 $ pro
Nacht). Informationen über:

New Mexico State Parks and Recreation
Division
141 E. De Vargas St., Room 35
Santa Fe, NM 87503, ∅ 505/827–7465

In den *National Forests* sind die Einrichtungen meist einfacher und billiger (etwa 2 $ pro
Nacht). Auch in einigen Indianerreservationen gibt es Campingeinrichtungen. Auskunft
unter den entsprechenden Telefonnummern
der Reservate.

Einkäufe und Souvenirs

Über die besten Einkaufsmöglichkeiten in
New Mexico verfügen die beiden Städte
Albuquerque und Santa Fe. Indianisches
Kunstgewerbe und Indianerschmuck, Male-
reien, Skulpturen und Töpferwaren teils
auch renommierter Künstler des Südwe-

stens werden nahezu allerorts angeboten. Günstigste Zeiten zum Einkauf in Indianer-Pueblos (s. S. 190) sind im allgemeinen die Festtage.

Märkte
Indian Market
Auf der Plaza in Santa Fe findet am dritten Wochenende im August einer der bekanntesten Indianermärkte der USA statt, auf dem kunsthandwerkliche Erzeugnisse aus dem Südwesten verkauft werden.

Spanish Market
Bei diesem Markt auf der Plaza in Santa Fe jeweils am letzten Juli-Wochenende dominiert die traditionelle, spanisch geprägte Handwerkskunst mit Erzeugnissen aus Zinn und Holz (dekorativer Wohnungsschmuck, religiöse Kunst, Mobiliar).

Eight Northern Pueblos Crafts Fair
Der Zusammenschluß der acht nördlichen Pueblos veranstaltet diesen Markt jeweils in einem der Rio Grande-Dörfer in der zweiten Juli-Hälfte. Neben Töpfereien, Webarbeiten, Flechtereien usw. werden traditionelle Tänze gezeigt.

Southwest Annual Craft Fair
In der letzten Juni-Woche wird auf dem Messegelände (State Fair Ground) in Albuquerque Kunst und Kunsthandwerk aus allen Bereichen angeboten.

Galerien in Albuquerque
Treasure House
Old Town
Albuquerque, NM 87104, ∅ 505/242-7204
Schnitzarbeiten aus Eisenholz, Navajo Sand paintings, Indianerschmuck, Kunsthandwerk im Südwest-Stil

Yucca Art Gallery
1919 Old Town Rd.
Albuquerque, NM 87104, ∅ 505/247-8931

Älteste Galerie in der Altstadt mit älterer und zeitgenössischer Kunst des Südwestens

El-Dor Galleries
Old Town
Albuquerque, NM 87104, ∅ 505/842-6667
Malereien, Lederarbeiten, Schnitzereien, Glasarbeiten, Töpfereien, Instrumente

Galerien in Santa Fe
In Santa Fe gibt es mehr als 100 Kunstgalerien mit einem breiten Spektrum sämtlicher Stilrichtungen von spanischer Kolonialkunst über Pueblo-Kunstgewerbe und moderne Metallskulpturen bis zu zeitgenössischer Malerei. Die besten Einkaufsmöglichkeiten bestehen im Stadtzentrum sowie in der Canyon Road. Galerien und Geschäfte sind normalerweise von 10 bis 17 Uhr geöffnet, sonntags und während der Wintersaison montags geschlossen.

Channing, Dale, Throckmorton
53 Old Santa Fe Trail
Santa Fe, NM 87501, ∅ 505/984-2133
Kunst der Indianer, Eskimos sowie afrikanischer und ozeanischer Völker

Cristof's
106 W. San Francisco St.
Santa Fe, NM 87501, ∅ 505/988-9881
Navajo-Webereien, Kachinas, Skulpturen, Sandbilder und Schmuck

Robert F. Nichols
419 Canyon Rd.
Santa Fe, NM 87501, ∅ 505/982-2145
Pueblo-Töpferwaren

Shop of the Frightened Owl
1117 Canyon Rd.
Santa Fe, NM 87501, ∅ 505/983-7607
Spezialisiert auf Schmuck

Linda Durham Gallery
400 Canyon Rd.

Santa Fe, NM 87501, ∅ 505/988–1313
Abstrakte Malerei und Photographien amerikanischer Künstler New Mexicos

Dewey Galleries
74 E. San Francisco St.
Santa Fe, NM 87501, ∅ 505/982–6244
Malerei im Westernstil

Essen und Trinken

Essen und Trinken halten auch in New Mexico – oder gerade dort – Leib und Seele zusammen. In der neu-mexikanischen Küche spiegelt sich die indianische und hispanische Vergangenheit des Staates ebenso wider wie die moderne amerikanisch geprägte Zeit – daher auch die Vielfalt der Gerichte. Unverzichtbare Ingredienzien der südwestlichen Küche sind rote und grüne Chilis, die man aber auch problemlos umgehen kann, weil es genügend andere Gerichte gibt.

Albuquerque
Adobe Rose Cafe
6724 Central Ave.
Albuquerque, NM 87108, ∅ 505/255–7673
Hervorragende *fajitas* und andere authentische mexikanische Gerichte; legere Atmosphäre, moderate Preise, tägl. geöffnet

High Finance Restaurant
Auf dem Sandia Peak östlich von Albuquerque, ∅ 505/243–9742
Steaks, Meeresfrüchte und mexikanische Küche. Elegantes und doch ungezwungenes Restaurant mit fabelhafter Aussicht; gehobene Preise, tägl. geöffnet

Sandy's Kitchen
9119 Central Ave.
Albuquerque, NM 87108, ∅ 505/299–9535
Geöffnet: 5–20 Uhr
Gutes und sehr reichliches Frühstück, mexikanisch; leger, preiswert, tägl. geöffnet

The Food Park
Im Winrock Center (Nähe Louisiana-Ausfahrt der Interstate 40)
Ein *Food Fair* mit rund 15 unterschiedlichen ethnischen ›Küchen‹, preiswert; nur zu Geschäftszeiten geöffnet

El Paso
Sioux Street
1616 Sioux Dr.
El Paso, TX 79925, ∅ 915/772–1800
Große Auswahl von Menüs, *Happy Hour*; moderate Preise, tägl. geöffnet

The Great American Land and Cattle Co.
7600 Alabama St.
El Paso, TX 79924, ∅ 915/751–5300
U. a. 2,5 Pfund T-Bone-Steaks; moderate Preise, tägl. geöffnet

Santa Fe
La Posada de Santa Fe
330 E. Palace Ave.
Santa Fe, NM 87501, ∅ 505/986–0000

Rincon del Oso
639 Old Santa Fe Trail
Santa Fe, NM 87501, ∅ 505/983–5337
Regionale Küche, Abendessen nur freitags; gehobene Preise, tägl. geöffnet

Maria Ysabel Restaurant
409 W. Water
Santa Fe, NM 87501, ∅ 505/986–1662
Geöffnet: Mo–Fr 11–15, Sa und So 12–22 Uhr; preiswert.
Die Wirtin ist weit über Santa Fe hinaus bekannt als ›Königin des Carne Adovada‹ (mariniertes Schweinefleisch).

Taos
The Apple Tree
Bent St.
Taos, NM 87571, ∅ 505/758–1900
Selbstgemachtes Brot und gute Desserts; gehobene Preise, tägl. geöffnet.

Burrito Wagon
Santa Fe Road (kein Tel.)
Beliebter Imbißwagen mit Burritos, die bei den Einheimischen der Region einen hervorragenden Ruf genießen; preiswert, So geschlossen

Bars

New Mexico ist alles andere als ein *hot spot* für Nachtschwärmer, aber es gibt zahlreiche Clubs und Hotellounges, vor allem in Santa Fe und Albuquerque mit Tanz und Life-Entertainment (häufig Gitarren- oder Mariachi-Musik). Einige ausgesuchte Adressen:

Vanessie of Santa Fe
434 W. San Francisco St.
Santa Fe, NM 87501, ∅ 505/982–9966
Die einzige Piano-Bar der Hauptstadt

Ore House On The Plaza
An der Plaza von Santa Fe
Santa Fe, NM 87501, ∅ 505/983–8687
In der Lounge werden Cocktails bis Mitternacht serviert.

La Fonda
100 E. San Francisco St.
Santa Fe, NM 87501, ∅ 505/982–5511
Allabendliches Life-Entertainment in der La Fiesta Lounge. Cocktails werden auf der Terrasse und der Bell Tower Bar im fünften Stock serviert.

The Cantina
1901 University St. (im Albuquerque Hilton)
Albuquerque, ∅ 505/884–2500
Piano-Bar; am Wochenende ab 17 Uhr geöffnet

Feste und Feiertage

Auf Band gesprochene Informationen über lokale Veranstaltungen für Albuquerque können unter ∅ 505/243–3696 nach 17.30 Uhr (wochentags) und an Wochenenden abgefragt werden (zu Pueblo-Festen s. S. 190).

Januar	Wild West Winter Carnival in Red River
Februar	Bach Festival in Santa Fe
März	Jährliches Treffen von Gesteins- und Mineralien-Händlern in Deming
April	Arts and Crafts Festival in Alamogordo
	Carlsbad Summer Celebration Expo in Carlsbad
Mai	Frühlingsfestival in La Cienega, südlich von Santa Fe
Juni	Kammermusikfestival in Taos
	Indianertänze im Red Rock State Park in Gallup
	New Mexico Arts and Crafts Fair in Albuquerque
	Lea County's Ice Cream for America (alles dreht sich um Eiscreme) in Lovington
Juli	Santa Fe Chamber Music Festival (bis August) Rodeo de Santa Fe
	Mescalero Apache Mountain Spirits Dance in der Mescalero Reservation bei Ruidoso in Süd-New Mexico
	Spanish Market in Santa Fe
August	Indian Market und Mountain Men Rendezvous in Santa Fe
	Santa Fe Desert Corale
	Old Lincoln Days in Lincoln (zugleich traditioneller Pony Express-Ritt von Lincoln nach White Oaks)
	Intertribal Indian Ceremonial im Red Rock State Park bei Gallup. (Veranstaltung von über 50 Indianerstämmen aus den USA und Mexico)
	Feria Artesana in Albuquer-

	que (hispanische Kulturver-anstaltung)
	Great American Duck Race in Deming (>spektakuläres< Entenrennen)
September	Banjo und Fiedler Wettbewerb in Santa Fe
	Fiesta de Santa Fe
	Santa Fe Film Festival
	All American Futurity (hochdotiertes Pferderennen) in Ruidoso
	New Mexico State Fair in Albuquerque
	Whole Enchillada Fiesta in Las Cruces (Kochwettbewerb)
	Feast Day in Taos
Oktober	Jährliches internationales Heißluft-Ballon-Festival in Albuquerque
	Santa Fe Festival of the Arts
	Trinity Site Tour (Tag der offenen Tür auf dem Gelände der ersten Atombombenexplosion bei Alamogordo in Süd-New Mexico)
November	Southwest Arts and Crafts Festival in Albuquerque
	Indian National Finals Rodeo in Albuquerque
Dezember	Weihnachtliches Lichterfest in Albuquerque am 24. Dezember

Film/Photo

Photographen und Filmer können damit rechnen, in New Mexico auf ihre Kosten zu kommen angesichts der vielfältigen Zeugnisse indianischer Kultur. Sie sollten allerdings wissen, daß Filmen und Photographieren in den Pueblos z. T. grundsätzlich verboten bzw. auf bestimmte Anlässe wie etwa Festtage beschränkt ist. Bevor man die Kamera auspackt, sollte man sich erkundigen, ob man Aufnahmen machen darf bzw. ob man dafür eine Erlaubnis benötigt. Wer nicht wahrhaben will, daß er sich als Gast in einem Indianerdorf an die Gepflogenheiten und Anstandsregeln zu halten hat, bekommt Ärger und setzt seine Photoausrüstung aufs Spiel.

Führungen/Organisierte Touren

In Santa Fe verkehren Trolley-Busse der *Santa Fe Chile Line* innerstädtisch auf zwei festen Routen mit mehr als 40 Haltestellen. Die Busse fahren außer sonntags tägl. von 8–17.30 Uhr (Informationen: ∅ 505/ 989–8595). Unter dem Stichwort *Excursions/Tours* weist das Branchenverzeichnis (*Yellow Pages*) eine Vielzahl von Veranstaltern aus, die Touren in ganz New Mexico anbieten. Bei Buchungen helfen die örtlichen Touristenbüros. Für individuelle Stadtrundfahrten durch Albuquerque kann man Kassetten mit englischem Text mieten und auf dem eigenen Rekorder Informationen über bestimmte Sehenswürdigkeiten abspielen (American West Auto Tape Tours, P. O. Box 693, Albuquerque, NM 87103, ∅ 505/255–5710).

Geisterstädte

Mogollon
Südwest-New Mexico, 8 Meilen östlich von Alma an der Straße 78
Drei Jahre nach der Gründung wurde 1879 das erste Gold im Wert von 200 Dollar gefunden. Da sich die Produktionskosten im Bergbau als zu hoch erwiesen, wurde der Ort schon Ende des 19. Jh. verlassen. Heute zählt Mogollon zu den malerischsten Geisterstädten New Mexicos.

Elisabethtown
Nordöstlich von Santa Fe, 5 Meilen von Eagle Nest
Der Ort war in der zweiten Hälfte des 19. Jh. eine Produktionsstätte für Kupfer.

White Oaks
Lincoln County
Der heute noch von einigen Familien bewohnte Ort war in den 80er Jahren des 19. Jh. die lebhafteste Stadt im Territorium.

Kingston
9 Meilen westlich von Hillsboro an der Straße 180
In dem 1880 gegründeten Ort wurde bis 1893 Silber im Wert von mehr als 7 Mio. Dollar gefördert.

Tyrone
3 Meilen südlich von Silver City
Anfang des 20. Jh. eines der luxuriösesten Bergbaucamps in New Mexico

Kinder

Santa Fe Children's Museum
Armory for the Arts Complex
Santa Fe, NM 87501, ∅ 505/989–8359
Kinder können hier selbst künstlerisch tätig werden.

Smokey Bear Museum
Captain, NM 88316, ∅ 505/354–2612
Geöffnet: tägl. 8–16 Uhr, Filmvorführungen; Eintritt frei
Hunderte von Erinnerungsstücken an das nationale Symbol der Waldbrandverhütung

Uncle Cliff's Amusement Park
4800 Osuna NE
Albuquerque, NM 87122, ∅ 505/883–9063
Geöffnet: tägl. 10–17 Uhr; von September bis März geschlossen
New Mexicos größter Vergnügungspark

Museen

Albuquerque
New Mexico Museum of Natural History
1801 Mountain Rd.

Albuquerque, NM 87104, ∅ 505/841–8837
Geöffnet: tägl. 9–17 Uhr
Zoologische, botanische, geologische und paläontologische Ausstellungen sowie ein Kohlebergwerk, ein Salzwasseraquarium und ein Laser-Theater

University Art Museum
Cornell St. (Campus der Universität)
Albuquerque, NM 87131, ∅ 505/277–4001
Geöffnet: Di 9–21, Mi–Fr 9–16, So 13–16 Uhr; Eintritt frei
Größte Kollektion schöner Künste im Staat

Indian Pueblo Cultural Center
2401 12th St.
Albuquerque, NM 87102, ∅ 505/843–7270
Geöffnet: Mo–Sa 9–17.30 Uhr
Das Museum wird von den 19 Pueblo-Stämmen New Mexicos betrieben.

National Atomic Museum
Kirtland Air Force Base
Albuquerque, NM, ∅ 505/845–6670
Geöffnet: tägl. 9–17 Uhr; Eintritt frei
Exponate zur Geschichte der Atombombe, Film »Die zehn Sekunden, die die Welt erschütterten«

The Albuquerque Museum
2000 Mountain Rd.
Albuquerque, NM 87104, ∅ 505/242–4600
Geöffnet: Di–Fr 10–17, Sa und So 13–17 Uhr
Größte Sammlung von Ausstellungsstücken aus der spanischen Kolonialzeit in den USA

Alamogordo
Space Center Hwy 2001
Alamogordo, NM 88310, ∅ 505/437–2840
Geöffnet: tägl. 9–18 Uhr
Ausstellungsstücke zum Raumfahrtzeitalter

Carlsbad
Carlsbad Museum and Art Center
101 S. Halagueno Park
Carlsbad, NM 88220, ∅ 505/887–0276

Geologische, historische und Kunstexponate

Fort Sumner
Billy the Kid Museum
1601 E. Sumner Ave.
Fort Sumner, NM 88119, ✆ 505/355−2380

Lincoln
Lincoln County Court House
Hwy 380
Lincoln, NM 88338, ✆ 505/653−4372
Besichtigungstour: tägl. 11, 14.30 und 16.30 Uhr
Berühmtes Gerichtsgebäude, aus dem Billy the Kid ausbrach

Santa Fe
The Palace of the Governors
Nordseite der Plaza
Santa Fe, NM 87504, ✆ 505/827−6483
Geöffnet: tägl. 10−17 Uhr, im Winter Mo geschlossen (diese Öffnungszeiten gelten für alle staatlichen Museen in Santa Fe)
Ältestes, ständig benutztes Gebäude New Mexicos aus dem Jahre 1610

Museum of International Folk Art
Im Südosten des Zentrums
Santa Fe, NM 87504, ✆ 505/827−8350
Über 120000 Ausstellungsstücke aus mehr als 100 Ländern

The Museum of Fine Arts
107 W. Palace Ave.
Santa Fe, NM 87504, ✆ 505/827−4455
Ältere und zeitgenössische Arbeiten bedeutender Maler, Photographen und Bildhauer der Region

The Museum of Indian Arts and Culture
708 Camino Lejo
Santa Fe, NM 87504, ✆ 505/827−8941
Ausstellungen über die Geschichte und heutige Lebensweise der Pueblos, Navajo und Apachen

Wheelwright Museum of the American Indian
Beim Folk Art Museum
Santa Fe, NM 87504, ✆ 502/982−4636
Ausstellungen über sämtliche amerikanische Indianerkulturen; Eintritt frei

El Rancho de las Golondrinas
In La Cienega südwestlich von Santa Fe,
✆ 505/471−2261
Malerische spanische Kolonialranch

Taos
Governor Bent House and Museum
Bent Street
Taos, NM 87571, ✆ 505/758−2376
Geöffnet: tägl. 9−17, im Winter 10−17 Uhr

Kit Carson Home and Museum
E. Kit Carson Rd.
Taos, NM 87571, ✆ 505/758−4741
Geöffnet: tägl. 9−17, im Winter 10−16 Uhr
Haus des berühmten Scouts des amerikanischen Westens.

Ernest L. Blumenschein Home
222 LeDoux St.
Taos, NM 87571, ✆ 505/758−0330
Geöffnet: tägl. 10−17, Mo und Do auch 17−20 Uhr, So geschlossen; Eintritt frei
Exzellente Sammlung von Malereien

Nicolai Fechin Institute
N. Pueblo Rd.
Taos, NM 87571, ✆ 505/758−1710
Geöffnet: jedes Sommerwochenende 13−17.30 Uhr und auf Anfrage
Adobe-Anwesen, das dem russischen Maler Nicolai Fechin gewidmet ist

Sport und Freizeit

Ballonfahren
Jedes Jahr im Oktober findet die *Albuquerque International Balloon Fiesta statt*, die Zuschauer und Ballonfahrer aus aller Welt

nach New Mexico zieht. Etwa 500 Heißluft-ballone steigen anläßlich dieses Festes in den blauen Himmel. Wer selbst ein solches Luftfahrtabenteuer unternehmen möchte, hat dazu reichlich Gelegenheit:

Balloon Rides
4740 Pan American Fwy
Albuquerque, NM 87101, ∅ 505/884−1742
Champagnertouren, spezielle Hochzeitsbal-lonfahrten und Gruppentouren bis zu acht Personen

World Balloon Corporation
4800 Eubank NE
Albuquerque, NM 87111, ∅ 505/293−6800
Dieses Unternehmen bietet auch ein Ballon-fahrer-Ausbildungsprogramm an.

Floßfahrten
River Rafting, wie die Amerikaner ihren be-vorzugten Wassersport nennen, ist auch in New Mexico populär. Zwei besonders be-liebte Strecken sind Taos Box, ein 17 Meilen langer Rio Grande-Abschnitt westlich von Taos, sowie die harmlosere Rio Chama-Tour nordwestlich von Española. Diese Flußabschnitte können auch mit Kajaks und Kanus befahren werden, die man bei lokalen Vermietern leihen kann; Kontaktadressen:

New Wave Rafting Co.
107 Washington Ave.
Santa Fe, NM 87501, ∅ 505/984−1444
und 505/455−2633

Rio Grande Rapid Transit
P. O. Box
Pilar, NM 87571, ∅ 505/758−9700 und 800/545−4020

Pferderennen
Pferderennen sind ein sehr populärer Zu-schauersport und ein schwunghaftes Ge-schäft für die Buchmacher in New Mexico. Das Jahr über finden sieben große Veran-staltungen statt, zwei auf den *State Fair-grounds* in Albuquerque, die restlichen fünf

in Santa Fe, in *La Mesa Park* in Raton, den *San Juan Park Downs*, den *Ruidoso Downs* sowie in *Sunland Park* südlich von Las Cru-ces. Informationen über die genauen Daten der Rennen bei:

New Mexico Tourism and Travel Division
Joseph M. Montoya Building
1100 St Francis Dr.
Santa Fe, NM 87503, ∅ 800/545−2040

Wandern
New Mexico verfügt über eine Reihe von *Wil-derness Areas* (Naturschutzgebiete), deren Charakter nicht durch Straßenbau oder an-dere Maßnahmen verändert werden darf und die sich für Wanderungen ganz beson-ders eignen. In diesen vom *U. S. Forest Ser-vice* verwalteten Gebieten existieren etwa 5000 km Wanderpfade, meist in abgelege-nen Landstrichen, die man nur zu Fuß oder mit dem Pferd erreichen kann. Die erste von Präsident Roosevelt im Jahre 1907 unter Schutz gestellte *Wilderness Area* war Gila Wilderness im Südwesten des Landes zwi-schen den Gila Cliff Dwellings und den Mo-gollon Mountains. Auskünfte über *Hiking Trails* bei:

Gila Wilderness Area
2610 N. Silver St.
Silver City, NM 88061, ∅ 505/388−8201

Informationen über Wanderpfade im Berg-land der Sacramento Mountains und der Capitan Mountains bei:

Lincoln National Forest
11th & New York Streets
Alamogordo, NM 88310, ∅ 505/437−6030

Weitere für Wandertouren attraktive Gebiete sind: *Dome Wilderness* in den vulkanischen Jemez Mountains westlich von Santa Fe, *Pecos Wilderness* östlich von Santa Fe, *San Pedro Parks Wilderness* nordöstlich von Cuba an der Straße 44, *Wheeler Peak Wilderness* und *Latir Peak Wilderness* um New Mexicos höchsten Berg nordöstlich von Taos, *Chama River Canyon Wilderness* am Chama River nordwestlich von Espanola. Informationen über diese Gebiete bei:

Santa Fe National Forest 1220 St Francis Dr. Santa Fe, NM 87504, ℘ 505/988–6940

Wintersport
Wintersport in New Mexico? Was reichlich exotisch klingt, ist längst Alltäglichkeit. In den National Forests Carson, Cibola, Gila, Lincoln und Santa Fe existieren viele Langlaufmöglichkeiten. Informationen über Loipen und Verleih von Ausrüstung bei:

New Mexico Ski & Travel Club
7101 Prospect Place NE
Albuquerque, NM 87111, ℘ 505/881–7832

New Mexico Ski Touring Club
7521 Bear Canyon
Albuquerque, NM 87109, ℘ 505/821–0309

Abfahrtspisten gibt es in folgenden Skigebieten: Angel Fire (östlich von Taos), Red River (nordöstlich von Taos), Sandia Peak (15 Meilen nordöstlich von Albuquerque), Santa Fe (13 Meilen nordöstlich von Santa Fe), Sipapu (25 Meilen südöstlich von Taos), Ski Apache (16 Meilen nordwestlich von Ruidoso), Ski Cloudcroft (bei Cloudcroft), Ski Rio (nordöstlich von Questa), Sugarite (nördlich von Raton), Taos Ski Valley (19 Meilen nordöstlich von Taos). Generelle Informationen über Wintersport:

Ski New Mexico
P. O. Box 1104
Santa Fe, NM 87504, ℘ 505/982–5300

Das New Mexico-Schneetelefon ist unter ℘ 505/984–0606 (24-Stunden-Mitteilungen über Schneeverhältnisse) erreichbar.

Tourenvorschläge

Rundreise Enchanted Circle in Nord-New Mexico (etwa 270 Meilen – 1 bis 2 Tage)
Von Santa Fe fährt man auf der I-25 über den Glorieta-Paß, wo jeden Juni eine Entscheidungsschlacht aus dem Bürgerkrieg nachgespielt wird. Über die Abzweigung auf die Straße 223 gelangt man zum *Pecos National Monument*. Die Ruinenanlagen, die man dort besichtigen kann, waren zur Ankunft der Spanier im Jahre 1540 von etwa 2000 Pueblo-Indianern bewohnt, die in den nachfolgenden drei Jahrhunderten von Hungersnöten, Pockenepidemien und marodierenden Comanchen stark dezimiert wurden, ehe sie um 1838 das Pueblo aufgaben.

Über die Straße 223 kehrt man zurück auf die I-25 und fährt weiter über Las Vegas zum *Fort Union National Monument,* das zum Schutz der Reisenden auf dem *Santa Fe Trail* errichtet wurde. Am letzten Juli-Wochenende findet dort jedes Jahr ein historisches Fest statt. In Wagon Mound biegt man auf die Straßen 120 und 38 nach Agua Fria und Eagle Nest ab, einem Anglerparadies am Eagle Nest Lake.

Die Straße 38 überquert den Bobcat-Paß (2993 m) und führt in den Gebirgsort Red River, wo im Jahre 1892 Gold entdeckt wurde und ein rauhes Wildwestleben herrschte, bis die Goldadern erschöpft waren. Seit 1925 hat sich Red River zu einem Touristenort für Sommer- wie Winterurlauber entwickkelt. Der Mount Wheeler erhebt sich gleich in der Nachbarschaft.

In Questa erreicht man die Straße 3 und hält sich Richtung Süden. 15 Meilen vor Taos biegt nach Osten eine Zufahrt zur *San Cristobal Ranch* ab, wo der Schriftsteller D. H. Lawrence wohnte und begraben liegt. Am Ortseingang von Taos zweigt nach Osten die Asphaltstraße Richtung Taos Pueblo ab. Von Taos folgt man auf der Straße 68 dem Rio Grande und kehrt über Española nach Santa Fe zurück.

Eine Alternativroute von Taos nach Santa Fe sind die landschaftlich sehr reizvollen Straßen 3 und 76, auf denen man aber nur langsam vorankommt. Auf dieser Strecke sollte man in Ranchos de Taos (südlich von Taos) die Kirche *San Francisco de Asis* besichtigen, das am häufigsten photographierte Gotteshaus in New Mexico.

Nord-Süd-Tour im westlichen New Mexico (etwa 350 Meilen – 2 bis 3 Tage)

Von Shiprock, der größten Stadt in der Navajo-Reservation, hält man sich auf der Straße 666 in südlicher Richtung und passiert die *Trading Posts* Sheep Springs und Naschitti auf dem Weg nach Tohatchi am Fuß des Chuska Peak (2680 m). Von Gallup durchquert man auf der Straße 32 die Zuni-Reservation und fährt über Fence Lake und die Straßen 36 und 117 nach Quemado, wo man sich bei der örtlichen Rangerstation über den *Gila National Forest* informieren kann.

Die Straße 32 zieht sich durch die Gallo Mountains bis nach Apache Creek. Fünf Meilen vor dem Ort zweigt ein 7,5 km langer Wanderpfad in den Lee Russel Canyon ab. Über Reserve erreicht man Alma an der Straße 180. Dort lebte die Wild Bunch unter Butch Cassidy eine Zeitlang auf der W-S-Ranch. Der Abstecher nach Osten in die 9 Meilen entfernte Geisterstadt Mogollon über eine schmale und steile Straße lohnt sich. Der nur noch von wenigen Leuten bewohnte ehemalige Bergbauort zählt zu den malerischsten Geisterstädten New Mexicos.

Von Glenwood sollte man einen Abstecher zum Whitewater Canyon machen, wo ein 4 km langer Steg dem Canyon folgt. Von Cliff erreicht man über die Nebenstraße 211 die Kwilleylekia-Ruinen der Salado-Indianer, die während des 14. und 15. Jh. im Tal des Salt River lebten. Die Ruinen liegen auf Privatland und sind nicht immer zur Besichtigung offen. Über Silver City – dort kann man den Spuren von Billy the Kid folgen – gelangt man nach Deming an der I-10.

Unterkunft

Die hier aufgelisteten Unterkünfte sind mit Dollarsymbolen als preiswert ($) bis sehr teuer ($$$$) gekennzeichnet. Hotels und Motels können über folgende Adresse reserviert werden:

New Mexico Hotel/Motel Association
Santa Fe, NM 87501, ✆ 505/471–1066

Santa Fe Central Reservations
1210 Luisa St.
Santa Fe, NM 87501, ✆ 505/983–8200
und 800/982–7669

Albuquerque
New Mexico Motor Inn
4501 Central Ave.
Albuquerque, NM 87108,
✆ 505/262–1681; $

Econo Lodge
13211 Central Ave./Exit 167 von I–40
Albuquerque, KM 87123,
✆ 505/292–7600; $$

Carlsbad
Carlsbad Inn
601 S. Canal St.
Carlsbad, NM 88220, ✆ 505/887–3541; $

El Paso
Westin Paso del Norte
101 S. El Paso St.
El Paso, TX 79901, ✆ 915/534–3000
$$$–$$$$

Farmington
The Farmington Lodge
1510 W. Main St.
Farmington, NM 87401, ✆ 505/325–0233;
$

Gallup
Best Western, The Inn

3009 W. Hwy 66
Gallup, NM 87301, ✆ 505/722-2221; $$

Las Cruces
Best Western Mission Inn
1765 S. Main St.
Las Cruces, NM 88001, ✆ 505/524-8591;
$$

Las Vegas
Plaza Hotel
230 Old Town Plaza
Las Vegas, NM 87701, ✆ 505/425-3591;
$$

Mescalero
Inn of the Mountain Gods
Carizzo Canyon
Mescalero, NM 88340, ✆ 505/257-5141
oder 800/545-6040 (gebührenfrei)
Hotel der Mescalero-Apachen mit vielfälti-
gen Freizeitmöglichkeiten; $$$-$$$$

Santa Fe
La Fonda
100 E. San Francisco St.
Santa Fe, NM 87504, ✆ 505/982-5511
oder 800/523-5002 (gebührenfrei)
Zimmer mit handgearbeitetem Mobiliar in
neu-mexikanischem und spanischem Stil;
$$$-$$$$

Travelodge Santa Fe
646 Cerrillos Rd.
Santa Fe, NM 87501, ✆ 505/982-3551;
$-$$

Hotel Santa Fe
Ecke Cerrillos Rd./Paseo de Peralta
Santa Fe, NM 87501, ✆ 505/982-1200
oder 1-800/825-9876 (gebürenfrei)
Neues Hotel im Adobe-Stil; $$$-$$$$

Silver City
The Copper Manor Motel
708 Silver Heights Blvd.

Silver City, NM 88062, ✆ 505/538-5392;
$$

Taos
Sagebrush Inn
S. Santa Fe Rd.
Taos, NM 87571, ✆ 505/758-2254 oder
800/428-3626 (gebührenfrei); $-$$

White's City
Best Western Cavern Inn
12 Carlsbad Caverns Hwy
White's City, NM 88268, ✆ 505/785-2291;
$$

Gäste-Ranches
Angel Fire Resort, NM 87710
12 Meilen südlich von Eagle Nest an der
Straße 64, ✆ 505/377-2301
Vielfältige Freizeitmöglichkeiten; $$$

Bitter Creek
P.O. Box 310
Red River, NM 87558, ✆ 505/754-2587
Kleine Ranch in der Nähe des Wheeler
Peak; $$

Mundy Ranch
Chama, NM 87520, ✆ 505/756-2177
Sieben Meilen südlich von Chama, an der
Straße 84, das ganze Jahr geöffnet; $$$$

Bed and Breakfast
Orange Street Bed and Breakfast
3496 Orange St.
Los Alamos, NM 87544, ✆ 505/662-2651
Mitten in den Jemez-Bergen gelegen; $

The Galisteo Inn
P.O. Box 4
Galisteo, NM 87540, ✆ 505/982-1506
Altes Adobe-Gebäude; $$-$$$

Rancho Arriba
P.O. Box 338
Truchas, NM 87578, ✆ 505/689-2374
Noch in Betrieb befindliche Farm am Rand
der Pecos Wilderness; $$

Utah-Informationen

Auskunft

Informationsbroschüren wie »Utah Holiday Magazine«, »Salt Lake Visitors Guide«, »Connections« und »City Center Magazine«, die in den staatlichen Besucherzentren erhältlich sind, geben einen Überblick über Veranstaltungen, Sehenswürdigkeiten und Freizeitmöglichkeiten in Salt Lake City und Utah.

Salt Lake Convention & Visitors Bureau
180 S. West Temple
Salt Lake City, UT 84101,
∅ 801/521–2868, gebührenfrei,
∅ 800/831–4332,
geschäftliche Informationen
∅ 801/521–2822
Geöffnet: Mo–Fr 8–19, Sa 9–18, So 10–16 Uhr
Zweigstelle im Salt Lake City international Airport, Terminal 2, ∅ 801/575–2800
Geöffnet: tägl. 9–21 Uhr

Utah Travel Council
Council Hall/Capitol Hill
Salt Lake City, UT 84114, ∅ 801/538–1030
Geöffnet: im Sommer tägl. 8–17 Uhr

Salt Lake Area Chamber of Commerce
175 E. 400 S., Suite 600
Salt Lake City, UT 84111, ∅ 801/364–3631
Geöffnet: Mo–Fr 8–17 Uhr

Autovermietung

In Salt Lake City und Umgebung sind alle größeren Verleihfirmen vertreten. Die Rufnummern sind in den *Yellow Pages* (Branchenverzeichnis) der Telefonbücher angegeben (vgl. S. 336).

Banken

American Express
175 S. West Temple
Salt Lake City, UT 84101, ∅ 801/328–4154

First Security Bank
15 E., 100 S./1st. Floor Deseret Plaza
Salt Lake City, UT 84111, ∅ 801/350–5227

Morris Travel
Salt Lake International Airport
Terminals 1 und 2
Salt Lake City, UT 84116, ∅ 801/539–2471
Geöffnet: Mo–Fr 6.30–19, Sa, So 7–19 Uhr;
Terminal 2 tägl. 8–21 Uhr

Camping

Camping ist in Utah in den Wald- und Canyonregionen auf nichtprivatem Grund und Boden generell erlaubt. In den *National Parks* und *National Monuments* muß man sich jedoch an die speziell für Camping ausgewiesenen Areale halten. Neben privaten Campingplätzen gibt es auch solche, die vom *Bureau of Land Management* und von den *National Forest*-Organisationen betrieben werden. Kontaktadressen:

Utah Parks and Recreation
125 W. 200 N.
Moab, UT 84532, ∅ 801/259–8151

Dixie National Forest Main Office
82 N. 100 E. P.O. Box 580
Cedar City, UT 84720, ∅ 801/865–3700

Utah Division of Parks and Recreation
1636 W. North Temple, Suite 116
Salt Lake City, UT 84116–3156,
∅ 801/533–6011

Einkäufe und Souvenirs

Die mit Abstand größte Stadt Utahs, Salt Lake City, bietet auch bei weitem die besten Einkaufsmöglichkeiten. Gerne rühmt sich die Metropole, die einzige ›wirkliche‹ Großstadt zwischen der kanadischen Grenze und der Haupstadt Arizonas zu sein – immerhin eine Distanz von etwa 1600 km.

Die bekanntesten Einkaufszentren im Zentrum sind Crossroads Plaza und ZCMI Center in unmittelbarer Nähe des Temple Square an der Main Street. Das Shopping Center mit dem größten Unterhaltungswert ist Trolley Square im Osten des Stadtzentrums mit Kinos, Food Fair und Restaurants. Die Einkaufszentren Cottonwood Mall, Fashion Place Mall und South Towne Center liegen im südlichen Teil des Salt Lake Valley.

Spezialgeschäfte

A Bootmaker at Work
628 S. West Temple
Salt Lake City, UT 84101, ⌀ 801/328−BOOT
Dort kann man nicht nur Erzeugnisse aus exotischem Leder kaufen, sondern auch den Handwerkern bei der Herstellung von Cowboystiefeln und Sätteln zusehen.

House of Copper
Crossroads Plaza, 50 S. Main St.
Salt Lake City, UT 84111, ⌀ 801/322−3173
Wer ein kupfernes Souvenir aus dem Kupferstaat Utah kaufen will, ist dort an der richtigen Stelle – das Geschäft verfügt auch über ein Museum.

Old Gardner Mill
1095 W. 7800 S.
Midvale, UT 84084, ⌀ 801/566−2842
Restaurierte unter Denkmalschutz stehende Mühle aus dem Jahre 1877. Auf drei Stockwerken Möbel und Gebrauchsgegenstände von der Zeit um die Jahrhundertwende.

Utah Designer Craftsmen
38 W. 200 S.

Salt Lake City, UT 84101, ⌀ 801/359−2770
Verkaufsgalerie einer lokalen Künstlerkooperative (Keramik, Schmuck, Glas- und Holzkunsthandwerk).

Essen und Trinken

Das einzig Typische an der Mormonengastronomie im Staat Utah hat mit Küche und Keller nichts zu tun: Es ist der Gesang. In einigen Hotel- und Restaurantbetrieben wie z. B. in der Bryce Canyon Lodge ist es üblich, daß die gesamte Belegschaft vor Dienstantritt die Gäste mit einem Lied empfängt. Die Gerichte dort wie anderswo sind meist amerikanisch geprägt (d. h. Fleisch, Beilagen und Salat). Allerdings findet man selbst in kleineren Orten in der Regel chinesische, italienische oder mexikanische Restaurants. Der Ausschank von alkoholischen Getränken ist in Utah reglementiert. Für Liebhaber von Käse und anderen Milchprodukten bietet das Cache Valley westlich von Logan ein wahres Paradies. Etwa 10 % der gesamten US-Produktion an Hartkäse stammt aus dieser Gegend. Einige Molkereien können auch besichtigt werden.

Cache Valley Dairy
6351 N. 2150 W.
Amalga

Gossner Foods
1000 W. 1000 N.
Logan, UT 84321
Besichtigungen: von 8.30−17.30 Uhr

Salt Lake City

Charlie Chow
277 Trolley Square
Salt Lake City, UT 84102, ⌀ 801/575−6700
Ausgezeichnetes chinesisches Restaurant, das sich großer Beliebtheit bei den Einwohnern Salt Lake Citys erfreut. Täglich geöffnet für Lunch und Dinner.

Old Spaghetti Factory
5718 S. 1900 W.
Salt Lake City, UT 84118, ∅ 801/966–2765
Dort kann man in einem alten Eisenbahnwaggon speisen.

Shenanigans
274 S. West Temple
Salt Lake City, UT 84101, ∅ 801/364–3663
Geöffnet: Mo–Do 11–23, Fr, Sa 11–24,
So 11–22 Uhr
Großes Angebot an Menüs, alkoholische
Getränke; gehobene Preise

Little America
500 S. Main St.
Salt Lake City, UT 84101, ∅ 801/363–6781
Steaks, Hummer, frischer Lachs; empfehlenswert sind die Buffalo Steaks, alkoholische Getränke, gehobene Preise

Coyote Bill's Steak House
W. Temple/2nd St. (gegenüber Salt Palace)
Salt Lake City, UT 84111, ∅ 801/355–8106
Tägl. 24 Stunden geöffnet; moderate Preise

Marianne's Delicatessen
149 W. 200 S.
Salt Lake City, UT 84101, ∅ 801/364–0486
Geöffnet: Di–Fr 9–18, Sa 9–16 Uhr
Der Platz für heimwehkranke Deutsche, die
sich ihren USA-Aufenthalt durch Bratwurst,
Sauerkraut, Schokolade, europäischen Käse oder Schwarzbrot aus der Heimat ver-
schönern wollen.

Privatclubs
Ausschank von alkoholischen Getränken

Room at the Top, Salt Lake City Hilton
150 W. 500 S.
Salt Lake City, UT 84101, ∅ 801/532–3344

Bourbon Street
78 W. 400 S.
Salt Lake City, UT 84101, ∅ 801/521–0589

DB Cooper's
19 E. 200 S.
Salt Lake City, UT 84111, ∅ 801/532–2948

Green Parrot
155 W. 200 S.
Salt Lake City, UT 84101, ∅ 801/363–3201

Dead Goat Saloon
W. Temple St. (gegenüber Salt Palace im
Hinterhof)
Große Bierbar mit Life-Musik

Le Bistro
417 S. 300 E.
Salt Lake City, UT 84102, ∅ 801/364–5515

Feste und Feiertage

Januar	Utah Winter Games (Skiren-nen) in Park City
März	Utah Winter Special Olympic Games und Helikopterski-Wettbewerbe in Park City
April	Kunstfestival in St George
	Konzert des Salt Lake Sym-phonic Choir in der Hauptstadt
Mai	Golden Spike Anniversary in Promontory (Jahrestag der Fertigstellung der transkonti-nentalen Eisenbahnlinie)
	Asian Fair in Salt Lake City (Messe der asiatischen Ge-meinde)
Juni	Desert Vagabond Days in Kanab
	Freedom Festival mit Para-den und Feuerwerk in Provo
	Utah Summer Games (Sport) in Cedar City
	Utah Arts Festival in Salt Lake City
	Black Diamond Stampede (Rodeo) in Price
	Sommerfest in Orem
	Erdbeertage in Pleasant Grove

Juli
Outlaw Trail Festival of the West in Vernal
Rodeo in Oakley und Gunlock
Ute Stampede (Parade und Rodeo) in Nephi
Dinosaur Rodeo Roundup in Vernal
Utah Shakespearean Festival in Cedar City
Greek Festival in Price
Days of '47 Celebrations and Rodeo in Salt Lake City
Pioneer Days Rodeo in Ogden
Festival of the American West in Logan

August
Annual Arts Festival in Park City
Oktoberfest in Snowbird (bis September)
Carbon County Fair and International Days in Price
Dinosaur Days in Vernal
Swiss Days in Midway

September
Bonneville Nationals Speed Trials (Autorennen) auf den Bonneville Salt Flats 10 Meilen westlich der Nevada-Grenze an der Interstate 80
Miner's Days in Park City
Southern Utah Folklife Festival in Springdale
Annual Peach Days (mit Parade) in Brigham City
Utah State Fair in Salt Lake City
Greek Days in Salt Lake City (Griechische Tage)
Gesteins- und Mineralien-Show in Tooele

Oktober
Annual Marathon in St George

November
Thanksgiving Day Rodeo in Santa Clara
Temple Square Christmas Lightning (bis Neujahr) in Salt Lake City (Weihnachtsbeleuchtung des Tempelbezirks)

Dezember
Annual Jubilee of Trees in St George
Christmas Festival in Cedar City
Christmas Days in Park City

Film/Photo

Im dünn besiedelten Utah bietet sich an, in Salt Lake City Film- und Photomaterial bzw. andersweitige Ausrüstung zu besorgen. Im Stadtzentrum gibt es sowohl in den Einkaufszentren Croosroads Plaza und ZCMI wie auch der nördlichen Main Street einige Fachgeschäfte. Wer sich für Kunstphotographie im Westernstil interessiert, kann die 701 Galerie besichtigen (7th E. und S. Temple, erstes Obergeschoß, UT 84102, ∅ 801/364–6645, geöffnet Di–Fr 9.30–17.30, Sa 9.30–13 Uhr).

Führungen/Organisierte Touren

Goulding's Lodge and Tours
P.O. Box 1
Monument Valley, UT 84536,
✆ 801/727–3232
Halb- oder Ganztagestouren in Allradfahrzeugen durch das Monument Valley – im Sommer eine Fahrt am Spätnachmittag.

Canyon Country Scenic Tours
P.O. Box 426
Mexican Hat, UT 84531, ∅ 801/683–2226
Touren in das Monument Valley und zu Indianerruinen im San Juan-Becken

Classic Helicopter
9151 S. 255 W.
Salt Lake City, UT 84070, ✆ 800/444–9223
Hubschraubertouren in Utah

375

Custom Tours of Salt Lake City
P.O. Box 8962, 369 E. 900 S. Suite 146
Salt Lake City, UT 84111, ✆ 8 01/3 63–65 50
Stadttouren durch Salt Lake City mit Hotel-
abholung

Grayline Motor Tours
553 W. 100 S.
Salt Lake City, UT 84101, ✆ 8 01/5 21–70 60
Sightseeing-Touren, auch durch die Nationalparks (Gruppenermäßigungen)

Helicopter Nature Tours
P.O. Box 4243
Park City, UT 84060, ✆ 8 01/6 49–26 10
Halb- und Ganztagestouren durch die Berg-
welt Utahs oder nach Antelope Island im
Großen Salzsee

Kinder

The Children's Museum of Utah
840 N. 300 W.
Salt Lake City, UT 84103, ✆ 8 01/3 28–33 83
Geöffnet: im Sommer Di–Sa 11–17 Uhr
Kinder können selbst aktiv werden, z. B. im
Cockpit eines Flugzeuges oder an einer TV-
Kamera.

Hogle Zoo
2600 E. Sunnyside Ave.
Salt Lake City, UT 84112, ✆ 8 01/5 82–16 31
Geöffnet: tägl. 9–17 Uhr

Dinosaur Museum of Natural History
235 E. Main St.
Vernal, UT 84078, ✆ 8 01/7 89–40 02
Geöffnet: tägl. 9–17 Uhr
Im Dinosaurier-Garten stehen 14 lebensgro-
ße Replikas von Sauriern, die vor über 100
Mio. Jahren hier lebten.

Zion National Park
Zwischen Juni und August finden an fünf Tagen in der Woche im Zion Nature Center für
Kinder im Alter von 6 bis 12 Jahren Veranstaltungen statt, bei denen sie Wissenswer-

tes und Interessantes über den Park erfahren können.

Bryce Canyon National Park
Kinder im Alter zwischen 5 und 12 Jahren
können Parkranger bei ihrer Arbeit begleiten
und sich selbst betätigen. Wer erfolgreich
am Junior Ranger Program teilnimmt, bekommt ein Zertifikat und ein Abzeichen als
Junior Ranger; Informationen im Besucherzentrum.

Wheeler Historic Farm
6351 S. 900 E.
Murray, UT 84107, ✆ 8 01/2 64–22 41
Kinder dürfen beim Füttern der Tiere und
beim Melken helfen (Mo–Sa)

Museen

Utah Museum of Fine Arts
Campus der Universität in Salt Lake City,
✆ 8 01/5 81–73 32
Geöffnet: Mo–Fr 10–17, an Wochenenden
14–17 Uhr; Eintritt frei
Exponate aus dem alten Ägypten, Malereien
der italienischen Renaissance sowie euro-
päischer und amerikanischer Künstler des
17. Jh. bis zur Gegenwart

The Utah Museum of Natural History
Campus der Universität in Salt Lake City
✆ 8 01/5 81–43 03
Geöffnet: Mo–Sa 9.30–17.30, So 12–17 Uhr
Museum der Naturgeschichte

Pioneer Memorial Museum
300 N. Main St.
Salt Lake City, UT 84114, ✆ 8 01/538–1050
Geöffnet: Mo–Sa 9–17 Uhr, So 13–17 Uhr
Unterschiedliche Ausstellungsstücke aus
dem 19. Jh. von Möbeln bis Textilien

State Arboretum of Utah
Campus der Universität Salt Lake City
Geöffnet: tägl. 9–17 Uhr; Eintritt frei

Fort Douglas Museum
S. Campus Dr.
Salt Lake City, UT 84112, ℘ 8 01/5 24 – 41 54
Geöffnet: Di–Sa 10 –12, 13 –16 Uhr
Flaggen, Photographien und andere Exponate zur Militärgeschichte Utahs

Museum of Church History and Art
45 N. West Temple
Salt Lake City, UT 84101, ℘ 8 01/5 31 – 33 10
Geöffnet: Mo –Fr 9 – 21, Sa und So sowie
feiertags 10 –19 Uhr
Ausstellung religiöser Kunst

Hansen Planetarium
15 S. State St.
Salt Lake City, UT 84111, ℘ 8 01/5 38 – 20 98
Geöffnet: Mo –Sa 10 – 21, So 13 –18 Uhr
U. a. Mondgestein und Meteoriten

Hollywood Stuntmen's Museum
111 E. 100 N.
Moab, UT 84532, ℘ 8 01/2 59 – 61 00
Geöffnet: Mo –Fr 10 – 21, Sa und So 14 –18
Uhr
Filmmuseum

Union Depot (Station)
25th St. und Wall Ave.
Ogden, UT 84401, ℘ 8 01/3 99 – 88 88
Geöffnet: Mo –Sa 10 –18 Uhr
Alter Bahnhof aus den Jahren 1923 – 24 im
klassischen spanischen Baustil, der heute
als Museum dient und u. a. das berühmte
John M. Browning Firearms Museum beherbergt (Waffenmuseum), die Browning-Kimball-Oldtimer-Sammlung, eine Kunstgalerie,
sowie ein Eisenbahnmuseum.

Brigham City Museum/Gallery
24 N. 300 W.
Brigham City, UT 84302, ℘ 8 01/7 23 – 67 69
Geöffnet: Mo –Fr 11 –19 Uhr; Sa 13 –19 Uhr;
Eintritt frei
Kunstausstellung mit wechselnden Themen

Sehenswürdigkeiten

Von den im Text beschriebenen Naturwundern und Attraktionen abgesehen, bietet
Utah eine Reihe anderer Sehenswürdigkeiten, die nachfolgend kurz erläutert werden.

Hovenweep National Monument
Nördlich von Aneth an der Straße 262 im äußersten Südosten Utahs – Zufahrt über instand gehaltene Pisten
Hovenweep ist der Begriff der Ute für ›Verlassenes Tal‹. Die insgesamt sechs Ruinengruppen sind die Reste von Wohnanlagen,
die bis um das Jahr 1300 von Pueblo-Indianern bewohnt waren.

Timpanogos Cave National Monument
Etwa 30 Meilen südlich von Salt Lake City im
American Fork Canyon, erreichbar über die
I-15 bzw. die Abzweigung der Straße 92
Geöffnet: Mitte Mai bis Mitte Oktober; wärmere Bekleidung mitnehmen
Drei große Kalksteinhöhlen, die durch Tunnel verbunden sind; die Höhlen erreicht man
nur über einen 2 km langen Pfad.

Golden Spike National Historic Site
32 Meilen nordwestlich von Brigham City, erreichbar über Straße 83 und 13
Die historische Stätte mit den Replikas der
alten Loks ›Jupiter‹ und ›119‹ (ausgestellt
nur von Mai bis September) erinnert an die
Fertigstellung der ersten transkontinentalen
Eisenbahnlinie am 10. 5. 1869. Jedes zweite
Wochenende im August findet das *Railroader's Festival* statt.

Valley of the Gods
Nördlich von Mexican Hat in Süd-Utah zwischen den Straßen 163 und 261
Ähnliche rote Steinformationen wie im Monument Valley

Coral Pink Sand Dunes State Park
Etwa 5 Meilen nördlich von Kanab biegt in

westliche Richtung eine beschilderte Nebenstraße ab
Rosarote Sanddünenlandschaft, die durch erodierten und vom Wind weggetragenen Sandstein entstand

Sport und Freizeit

Angeln

In Utah kann man das ganze Jahr über Angeln, sofern man im Besitz einer gültigen Lizenz ist. Sämtliche Fischarten sind geschützt. Bevor man sich einen Angelplatz aussucht, sollte man sich bei den zuständigen Stellen nach den geltenden Gesetzen erkundigen. Auskünfte bzw. Lizenzen erhältlich bei:

Utah Division of Wildlife Resources
1596 W. North Temple
Salt Lake City, UT 84116, ∅ 801/533–9333

Reiten

Kommerzielle Unternehmen bieten Reittouren in allen fünf Nationalparks Utahs sowie in vielen anderen Gebieten an; Kontaktadressen:

Ed Black Horse Tours
P.O. Box 155
Mexican Hat, UT 84531, ∅ 801/739–4285
und 801/727–3287

Bryce Zion Trail Rides
P.O. Box 58
Tropic, UT 84776, ∅ 801/834–5219
(Mai–Oktober in Bryce) und ∅ 801/772–3967 (Mai–Oktober in Zion); für Wintertouren ∅ 801/679–8665

Piute Creek Outfitters
Ranch Route 2
Kamas, UT 84036, ∅ 801/783–4317
Angeboten werden geführte Reittouren mit Campübernachtung sowie Angel- und Jagdmöglichkeiten.

Wandern

Die Ferien- und Freizeitregion Bridgerland im äußersten Nordosten Utahs, östlich von Logan, ist vor allem im Herbst eine bevorzugte Wandergegend. Canyonlands im südlichen Utah ist das ganze Jahr über ein lohnendes *Hiking*-Ziel. Michael R. Kelsey hat in seinem Führer »Hiking and Exploring Utah's Henry Mountains and Robbers Roost«, Provo 1987, insgesamt 37 einzelne Wandertouren in dieser Gegend exakt beschrieben (mit Karten).

Wer kühlere Regionen bevorzugt, sollte sich in die Uinta Mountains östlich von Salt Lake City begeben. Man kann Wandertouren von einer ganzen Reihe von Punkten aus unternehmen, etwa von der U-Bar Ranch 18 Meilen nördlich von Neola (über die Straße 191 bis Roosevelt und auf der Straße 121 weiter) über den Uinta Canyon Trail in die höchste Region dieses malerischen Gebirgszuges.

Etwa 20 Meilen westlich, in Mountain Home, beginnen der Moon Lake Trail sowie der Swift Creek Trail. Eine gute Karte für die Uinta Mountains gibt es bei:

Uinta National Forest
88 W. 100 N. P.O. Box 1428
Provo, UT 84601, ∅ 801/377–5780

Wassersport

Wildwasserfahrten im Floß gehören im Südwesten zum beliebtesten Freizeitsport. Die zahlreichen Flüsse Utahs bieten für solche mehr oder weniger feuchten Unternehmungen ausgezeichnete Voraussetzungen auf insgesamt über 600 befahrbaren Flußkilometern. Floßfahrten durch das *Dinosaur National Monument* kann man auf dem Green River unternehmen mit:

Western River Expeditions
7258 Racquet Club Dr.
Salt Lake City, UT 84121: ∅ 800/453–7450
Touren: Mo–Sa 10–16 Uhr einschl. An- und Rückfahrt; Reservierung notwendig

Moab, Bluff und Mexican Hat sind bekannte Punkte, um Floßfahrten auf dem Colorado River bzw. dem San Juan River zu beginnen. Utahs ›Küste‹ liegt in der Glen Canyon National Recreation Area

P.O. Box 1507
Page, AZ 86040, ⌀ 602/645−2471, 1−800/528−6154 für Reservierungen

Dort kann man baden, Wasserski fahren, angeln und Ferien auf dem Hausboot machen. Windsurfing ist ebenfalls beliebt in Utah. Möglichkeiten dazu bestehen auf dem Rockport Reservoir (bei Park City), dem Deer Creek Reservoir (bei Heber), dem Rush Lake (bei Tooele), dem Great Salt Lake sowie dem Utah Lake bei Provo.

Wintersport

Mit seinen Bergregionen verfügt der Mormonenstaat über ausgezeichnete Wintersportmöglichkeiten. In Utah liegen insgesamt 16 Wintersportgebiete, sieben davon sind in weniger als einer Stunde von der Hauptstadt aus mit dem Auto erreichbar.

Während der Wintersaison verkehrt ein Skibus zwischen Salt Lake City (Zusteigemöglichkeit bei vielen Hotels) und den nahegelegenen Skigebieten wie Alta, Brighton und Snowbird (Abfahrt 7 Uhr und alle 10 Min zwischen 8 und 9 Uhr); Informationen:

Utah Transit Authority
P.O. Box 30810
Salt Lake City, UT 84130−0810,
⌀ 801/262−5626

Eine umfangreiche Broschüre über Ski-Package-Touren, Unterkünfte in den Skigebieten, Lifts und Preise gibt es kostenlos bei:

Ski Utah
307 W. 200 S., Suite 1003
Salt Lake City, UT 84101, ⌀ 801/534−1779

Über das Schneetelefon 801/521−8102 können Informationen zu Schneeverhältnissen abgefragt werden. In vielen Skigebieten gibt es präparierte Langlaufloipen, häufig kann man auch Schneemobile mieten. Die bekanntesten Skigebiete um Ogden sind Snow Basin (17 Meilen östlich), Nordic Valley (15 Meilen östlich) und Powder Mountain (19 Meilen nordöstlich von Ogden). Weiter im Norden liegt an der Straße 89 zwischen Logan und Bear Lake das Skigebiet Beaver Mountain.

Tourenvorschläge

Süd-Utahs Big Ten-Tour (zehntägige Tour zu Utahs weltbekannten Naturwundern – etwa 850 Meilen)
Erster und zweiter Tag: Besichtigung des *Arches National Park* von Moab aus sowie Fahrt zum Dead Horse Point am *Canyonlands National Park* (eine Hotelübernachtung ist in Moab möglich oder man campiert am Dead Horse Point oder Arches). Dritter Tag: Fahrt über die Straße 191 nach Süden zu den Stichstraßen z. B. Straße 211 zum *Canyonlands National Park* (Übernachtung in Monticello oder Blanding). Vierter Tag: Fahrt über die Straße 163 zum Monument Valley (dortige Übernachtung). Fünfter Tag: Von Monument Valley über die Straßen 163 und 261 zum *Natural Bridges National Monument* und weiter über die Straße 276 nach Hall's Crossing bzw. mit der Fähre über den Lake Powell nach Bullfrog Marina (Übernachtung). Sechster Tag: Eine Bootsfahrt zum *Rainbow Bridge National Monument* (Übernachtung wieder in Hall's Crossing oder Bullfrog Marina). Siebter Tag: Über die Straßen 276, 95 und 24 gelangt man zum *Capitol Reef National Park* (Hotelübernachtung in Torrey oder Camping innerhalb des Parks). Achter Tag: Über die Panoramastraße 12 zum *Bryce Canyon National Park* (Übernachtung im Park oder außerhalb). Neunter Tag: Fahrt über die Straßen 89 und 9 zum *Zion National Park* (Übernachtung im Park oder außerhalb in Springdale). Zehnter Tag: Über die Straße 9 zur I-15. In Cedar City

abbiegen auf die Straße 14 zum *Cedar Breaks National Monument.*

Oquirrh-Rundfahrt (etwa 140 Meilen – 1 Tag)

Man verläßt Salt Lake City über die I-80 und besucht zunächst das Freizeitgebiet Saltair am Großen Salzsee. Weiter geht es auf der I-80 bis zur Abzweigung der Straße 36 nach Tooele. Im ehemaligen Eisenbahndepot ist das *Tooele County Museum* mit einem nachgebauten Bergwerk und einer Reihe von Exponaten für Eisenbahnfreunde untergebracht. Folgt man der Straße 73 Richtung Südosten, kann man einen Abstecher zur Beinahe-Geisterstadt Ophir, etwa 20 Meilen von Tooele entfernt, machen, wo im Jahre 1870 Gold gefunden wurde. Von Cedar Fort aus geht es bis zur Kreuzung der Straßen 73 und 68 und weiter Richtung Norden. In Riverton biegt man in westlicher Richtung ab zur *Kennecott Bingham Canyon Mine,* der größten Tagebau-Kupfermine der Welt (geöffnet: tägl. 9–17 Uhr). Beim Pförtner bekommt man einen Ausweis und kann 1,5 Meilen zum Besucherzentrum fahren. Nach der Minenbesichtigung kehrt man nach Salt Lake City zurück.

Bergland-Rundfahrt Nord-Utah (etwa 290 Meilen – 1 bis 2 Tage)

Von Salt Lake City fährt man über die I-80 in östlicher Richtung bis zur Abzweigung nach Park City, dem bekannten Wintersportort in den Wasatch Mountains. Von Park City geht es über die Straßen 40 bzw. 189 nach Heber City und weiter nach Kamas. Von dort gelangt man über die Straße 150, die im Winter geschlossen ist, durch die malerischen Uinta Mountains an zahlreichen Bergseen vorbei (hier gibt es gute Wandermöglichkeiten) nach Evanston in Wyoming und über die Straßen 89, 16 und 30 zum Bear Lake. In Garden City zweigt man ab auf die Straße 89 bis Logan, über Brigham City kommt man dann zurück nach Salt Lake City.

Rundtour Südwest-Utah (etwa 200 Meilen – mindestens zwei Tage)

Von Cedar City gelangt man über die Interstate 15 südlich zur Abzweigung bei Toquerville, biegt dort auf die Straße 9 zum *Zion National Park* ab und kommt dann durch den oberen Teil des Zion Park nach Mount Carmel Junction. Hier geht es auf der Straße 89 bis zur Abzweigung der Straße 12 zum *Bryce Canyon National Park.* Fährt man von dort zurück auf die Straße 89 und Richtung Norden weiter, erreicht man in Panguitch die Bergstraße 143. Sie führt an fischreichen Seen vorbei bis auf 3000 m Höhe zum *Cedar Breaks National Monument,* einer ähnlich bizarren Erosionslandschaft wie Bryce Canyon. Die Route ist von Mitte Oktober bis Mai geschlossen. Vom Besucherzentrum orientiert man sich südlich bis zur Straße 14, der man in westlicher Richtung bis Cedar City folgt.

Unterkunft

In allen Teilen Utahs, die man über asphaltierte Straßen erreichen kann, findet man Hotels oder Motels in ausreichender Zahl und zu unterschiedlichen Preisen. Große Luxushotels gibt es vor allem in Salt Lake City im Stadtzentrum. Kleinere und preisgünstigere Motels liegen an den südlichen Ausfallstraßen. Die hier aufgelisteten Unterkünfte sind mit Dollarsymbolen als preiswert ($) bis sehr teuer ($$$$) gekennzeichnet.

Beaver

Delano Motel
480 N. Main St.
Beaver, UT 84713, ✆ 801/438–2418;
$–$$

Blanding

Best Western Gateway Motel
88 E. Center St.
Blanding, UT 84512, ✆ 801/678–2278;
$–$$

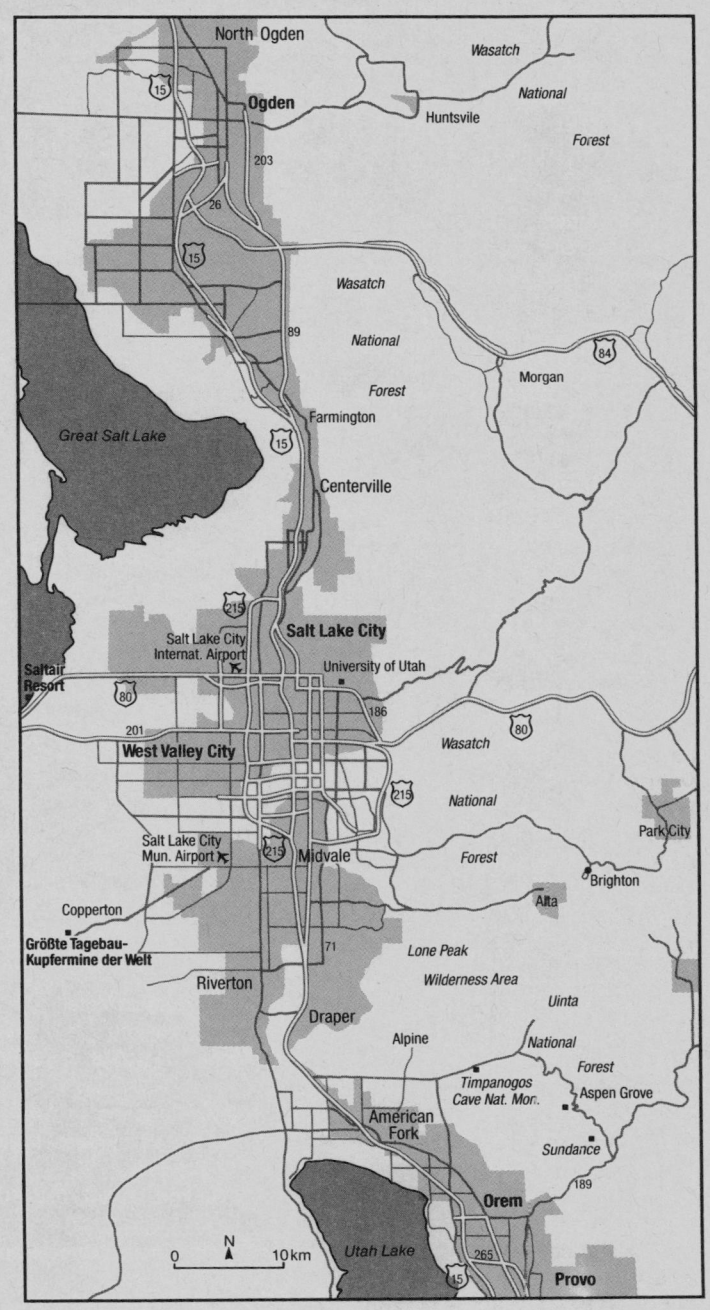

Salt Lake
City und
Umgebung

Brigham City
Best Western Motel
505 N. Main St.
Brigham City, UT 84302, ∅ 801/723–8584;
$

Burbanks Motel
759 N. Main St.
Brigham City, UT 84302, ∅ 801/723–7011;
$

Red Baron Motel
1167 S. Main St.
Brigham City, UT 84302, ∅ 801/723–8511;
$

Bryce Canyon
Bryce Canyon Pine's Motel
Außerhalb des Nationalparks an der Straße
12, ∅ 801/834–5336; $$

Cedar City
Super 6 Motel
190 S. Main St.
Cedar City, UT 84720, ∅ 801/586–6566;
$–$$

Delta
Wilden Motel
127 W. Main St.
Delta, UT 84624, ∅ 801/864–2288; $

Escalante
Moqui Motel
480 W. Main St.
Escalante, UT 84726, ∅ 801/826–4210; $

Green River
Cottage Motel
360 E. Main St.
Green River, UT 84525, ∅ 801/564–3441;
$

Kanab
Parry Lodge Motor Hotel
89 E. Center St.
Kanab, UT 84741, ∅ 801/644–2601

Moab
Moab Travelodge
550 S. Main St.
Moab, UT 84532, ∅ 801/259–6171; $–$$

Ogden
Holiday Inn-Ogden
3306 Washington Blvd.
Ogden, UT 84401, ∅ 801/399–5671; $–$$

Salt Lake City
Howard Johnston's Hotel
122 W. South Temple
Salt Lake City, UT 84101, ∅ 800/336–3684
Direkt neben dem Temple Square; $–$$

Marriott Hotel
75 S. West Temple
Salt Lake City, UT 84101, ∅ 800/228–9290
Gediegenes Hotel im Stadtzentrum;
$$$–$$$$

Covered Wagon Motel
230 W. North Temple
Salt Lake City, UT 84103,
∅ 801/533–9100; $

St George
Dixie Palm Motel
185 E. St George Blvd.
St George, UT 84770, ∅ 801/673–3531;
$–$$

Vernal
Split Mountain Motel
1015 E. Hwy 40
Vernal, UT 84078, ∅ 801/789–9020; $

Gäste-Ranches
Diamond Valley Guest Ranch
P.O. Box 712
St George, UT 84770, ∅ 801/574–2281

Quarter Circle E Guest Ranch
P.O. Box 1050
Roosevelt, UT 84066, ∅ 801/247–2749

Nevada-Informationen

Auskunft

Nevada Commission on Tourism
Capitol Complex
Carson City, NV 89710, ✆ 702/687–3636

Carson City Tourism Authority
1923 N. Carson St., Suite 211,
P.O. Box 1416
Carson City, NV 89701, ✆ 702/883–7442
und 1–800/634–8700 außerhalb Nevadas

Carson City Chamber of Commerce
1900 S. Carson St.
Carson City, NV 89701, ✆ 702/882–1565
Geöffnet: Mo–Fr 9–17 Uhr

Reno/Sparks Convention & Visitors Authority
4590 S. Virginia St., P.O. Box 837
Reno, NV 89502, ✆ 702/827–7600

Las Vegas Chamber of Commerce
2301 E. Sahara Ave.
Las Vegas, NV 89104, ✆ 702/457–4664

Las Vegas Convention & Visitors Authority
3150 Paradise Rd.
Las Vegas, NV 89109, ✆ 702/733–2323

Autovermietung

In Las Vegas und Umgebung sind alle großen Verleihfirmen vertreten. Die Rufnummern sind in den *Yellow Pages* (Branchenverzeichnis) der Telefonbücher angegeben.

Banken

Geldangelegenheiten sind in Nevada meist leichter zu regeln als anderswo in den USA.

Größere Hotels tauschen ausländische Banknoten, allerdings meist zu niedrigeren Raten als die Banken. Auch in den Casinos kann man 24 Stunden am Tag Geld tauschen oder Bargeld über die Kreditkarte bekommen.

American Foreign Exchange
Las Vegas Hilton, 3000 Paradise Blvd.
Las Vegas, NV 89109, ✆ 702/731–4155

Nevada Coin Mart
750 E. Sahara Ave.
Las Vegas, NV 89105, ✆ 702/369–0500

Camping

Vom Glücksspiel einmal abgesehen, hegen die Einwohner Nevadas, wie übrigens viele Amerikaner des Westens, eine große Leidenschaft: das Leben im Freien. Diesem Umstand ist es zu verdanken, daß der Staat in allen Gebieten von touristischem Interesse über vielfältige Campingmöglichkeiten und Stellplätze für Campmobile verfügt. Die *Nevada Commission on Tourism* in Carson City (Adresse s. o.) gibt einen kostenlosen »Camping Guide« heraus, in dem rund 150 Plätze aufgelistet sind.

Einkäufe und Souvenirs

Wer in Nevada Zeit fürs Einkaufen findet, ist selber schuld – das behaupten zumindest jene, die im ›Silberstaat‹ eigentlich nichts anderes sehen als eine riesige Glücksspielmaschine. Wer nach Las Vegas oder Reno reist, wird in der Tat feststellen, daß Einkaufen in den 24-Stunden-Städten höchstens eine Nebenbeschäftigung für solche Zeitgenossen ist, die sich am Spielhebel des Einarmigen Banditen schon einige Blasen geholt haben.

Wer lediglich einige Andenken mit nach Hause bringen will, muß nicht weit gehen. In jedem größeren Hotel gibt es Souvenirläden; die bekannten Häuser am Strip sind zudem meist mit Boutiquen, *Candy Shops* und eleganten Fachgeschäften ausgestattet. In Las Vegas liegen einige Antiquitätengeschäfte am East Charleston Boulevard zwischen Maryland Parkway und Boulder Highway. Große Einkaufsmärkte und die ›größten Souvenirläden der Welt‹ (so jedenfalls der Anspruch) findet man zu beiden Seiten des Strip südlich der Sahara Avenue. Bekannte Supermarkt-Ketten wie Safeway, K-Mart und andere befinden sich in North Las Vegas.

Einkaufszentren
Fashion Show Mall
3200 S. Las Vegas Blvd.
Las Vegas, NV 89109
Mehr als 140 Einzelgeschäfte, Food Fair, Unterhaltung

Franktown Corners
Ecke Kietzke und Grove Street
Reno, NV 89501
Boutiquen, Geschenkläden, Spezialitäten, Restaurants; Geschäfte sind geöffnet Mo bis Sa, Restaurants täglich

Smithridge Plaza
South Virginia und South McCarran Streets
Reno, NV 89501
Einkaufszentrum mit guten Restaurants; tägl. geöffnet

Spezialgeschäfte
Cowtown Boots
328 W. Sahara Ave.
Las Vegas, NV 89102, ✆ 702/384–8622
Geöffnet: Mo–Sa 10–18 Uhr, So geschlossen
Spezialgeschäft für handgearbeitete Lederstiefel und Westernkleidung

A 1 Casino Collectables
2240 Paradise Rd.
Las Vegas, NV 89104, ✆ 702/735–3935
Verkauf von Einarmigen Banditen und anderen Glücksspielautomaten; Versand in alle Welt

Don Pablo Cigar Co.
3025 Las Vegas Blvd.
Las Vegas, NV 89109, ✆ 702/369–1818
oder 800/537–4957 (für Preislisten)
Fabrikation und Verkauf von Zigarren aus kubanischem Tabak

Essen und Trinken

Las Vegas, Reno, Lake Tahoe und Laughlin sind nicht nur Hochburgen des Glücksspiels, sondern kulinarische Oasen der Extraklasse. Alle renommierten Hotelcasinos verfügen über mehrere Restaurants und Buffets, an denen man zum Teil für vergleichsweise wenig Geld nach Lust und Laune schlemmen kann.

Am größten ist die Auswahl aus Küche und Keller in Las Vegas, wo sich über ein Dutzend der größten Hotelcasinos befinden, die alle zumindest zum Frühstück und Abendessen wohlsortierte Buffets anbieten, das größte davon im Circus Circus mit einer Auswahl von etwa 50 verschiedenen Speisen und Beilagen. In der Regel sind in den angekündigten Preisen (ohne Verkaufssteuer in Höhe von 5,75 %) alle nicht-alkoholischen Getränke inbegriffen. Wer in den Spielcasinos an Tischen oder Automaten spielt, bekommt Drinks von den allgegenwärtigen Cocktail-Bedienungen gratis. An Wochenenden werden von vielen Betrieben *Champagner Brunches* zwischen 4 und 10 Dollar angeboten.

Feste und Feiertage

Januar	Winterkarneval in South Lake Tahoe

März	Cowboy-Dichtertreffen in Elko	**August**	Rennwoche in Wendover
	Bristlecone Birkenbiener-Langlaufskirennen in Ely		Lander County-Messe in Battle Mountain
	Spring Fling Square Dance in Ely		Frontier Days in Lovelock
	St Patrick's Day in Austin		White Pine County-Messe in Ely
	St Patrick's Day-Parade in Las Vegas		Eureka County-Messe in Eureka
Mai	Sternwheeler-Rennen in Lake Tahoe		Churchill County-Messe und Pioniertage in Fallon
	Eisenbahnmesse in Ely		Lyon County-Messe und Rodeo in Yerington
	Wild Bunch Stampede in Fallon		Santa Maria Days in Dayton
	Mason Valley Days in Yerington		Lincoln County-Messe und Rodeo in Panaca
	Jim Butler Days in Tonopah		Schatztage in Goldfield
	Armed Forces Day in Hawthorne	**September**	Internationales Kamelrennen in Virginia City
	Golfturnier in Las Vegas		County Fair in Elko
	Helldorado Days und Rodeo in Las Vegas		Rodeo in Winnemucca
Juni	Rodeo in Wells		Western Art Roundup in Winnemucca
	Westernfestival in Elko		Numaga Indian Days in Reno/Sparks
	Baskenfest in Winnemucca		Pinenut Festival in Schurz
	Indianermesse und Pow Wow in Carson City		Hearts of Gold Cantalupe Festival in Fallon
	Mal Thom Memorial Rodeo in Schurz		Clark County Baskenfest in Las Vegas
	Red Mountain Indian Rodeo in McDermitt	**Oktober**	Oldtimer-Rennen in Las Vegas
	Wildeselrennen in Pioche		Heißluftballon-Wettbewerb in North Las Vegas
	Gridley Days Fiddlers Contest in Austin	**November**	Veterans Days Pow Wow in Owyhee
	Off Road-Rennen in Caliente		Walker Lake Angler-Wettbewerb in Hawthorne
Juli	Sommer-Musikfestival in North Lake Tahoe	**Dezember**	Neujahrsfest in der Fremont Street in Las Vegas
	Rodeo in McDermitt		National Finals Rodeo in Las Vegas
	All Indian Rodeo and Stampede in Fallon		Weihnachtsparade in North Las Vegas
	Baskenfest in Ely		Lake Mead Harbor-Lichterparade in Boulder City
	Rodeo in Eureka		
	Street Games in Austin		
	Pioniertage in Panaca		
	River Days in Laughlin		

Film/Photo

Zweifellos sind Nevadas Spielcasinos für viele Besucher attraktive Photomotive. Aber wer im Innern filmen oder photographieren will, braucht eine spezielle Genehmigung der jeweiligen Geschäftsleitung.

Film- und Photomaterial sollte man nur in den großen Einkaufszentren der Städte einkaufen, da mancher Film im Krämerladen irgendwo auf dem Land das Verfallsdatum schon hinter sich gebracht hat. Für Interessenten historischer Photographie bietet das Nevada Magazine (Capitol Complex, Carson City, NV 89710) einen preiswerten Kalender mit alten Photos.

Führungen/Organisierte Touren

Bei Buchungen organisierter Touren in Nevada helfen:

Nevada Commission on Tourism
Capitol Complex
Carson City, NV 89710, ✆ 8 00/2 37–0774
und 7 02/6 87–36 36

Western Coach Services
120 W. McWilliams St.
Las Vegas, NV 89106, ✆ 7 02/3 85–59 49

Reno-Tahoe Tour Company
P.O. Box 20985
Reno, NV 89502, ✆ 7 02/3 22–63 43

Frontier Travel & Tours
1923 N. Carson St., Suite 105
Carson City, NV, ✆ 7 02/8 82–21 00 und 8 00/6 48–09 12

Geisterstädte

Bei folgenden Adressen kann man Informationsmaterial über Nevadas Geisterstädte beziehen:

Nevada Commission on Tourism
Capitol Complex
Carson City, NV 89710, ✆ 7 02/8 85–43 22

Nevada Magazine
101 S. Fall St.
Carson City, NV 89710, ✆ 7 02/8 85–54 16

Dieses Monatsmagazin gibt eine bebilderte Information über mehr als 400 Geisterstädte und historische Plätze heraus (4.50 $).
Bücher über ghost towns:
Carter, W.: Ghost Towns of the West, Menlo Park, California 1978; ausführliche Informationen über Geisterstädte im ganzen amerikanischen Westen (mit Photos und Karten)

Florin, L.: Nevada Ghost Towns, Seattle, Washington 1971; über 37 ghost towns in Nevada (mit Schwarzweiß-Photos)

Kinder

Great Basin Adventure
Rancho San Rafael Regional Park
1502 Washington St.
Reno, NV 89503, ✆ 7 02/7 85–40 64
Wechselnde Öffnungszeiten
Neben dem Nachbau einer Goldmine gibt es dort eine Dinosaurierausstellung, einen Streichelzoo und Ponyritte.

Wilbur D. May Museum & Arboretum
Rancho San Rafael Regional Park
1502 Washington St.
Reno, NV 89503, ✆ 7 02/7 85–59 61
Geöffnet: Di–So 10–17 Uhr, im Winter Mi–So 10–17 Uhr
Hunderte von Ausstellungsstücken des weltreisenden Gründers aus allen Teilen der Welt. Dem Museum ist ein botanischer Garten angegliedert.

Ponderosa Ranch
An der Straße 28

Incline Village, NV 89450, ✆ 702/831–0691
Geöffnet: tägl. Mai–Oktober 10–17 Uhr
Diese Ranch, auf der Teile der TV-Serie
»Bonanza« gedreht wurden, versetzt Besucher mit alten Saloons und Läden in die Vergangenheit zurück. Einige Einrichtungen wie der Streichelzoo sind besondere Attraktionen für Kinder.

Virginia & Truckee Railroad Car
Virginia City Chamber of Commerce
P.O. Box 464
Virginia City, NV 89440, ✆ 702/847–0311
Die alte Erzeisenbahn unternimmt im Sommer regelmäßige Ausflugsfahrten auf der drei Meilen langen Strecke zwischen Virginia City und Gold Hill.

Museen

Las Vegas
Las Vegas Museum of Natural History
3700 Las Vegas Blvd.
Las Vegas, NV 89109, ✆ 702/384–3466
und 702/798–7757
Geöffnet: Mo–Do 9–18 Uhr; zwischen Anfang April und Ende Oktober tägl. 9–21 Uhr
Die zweitgrößte Saurierausstellung der Welt mit 14 Replikas der gigantischen Tiere in Lebensgröße

Old Las Vegas Fort
Las Vegas Blvd. N.
Las Vegas, NV 89109, ✆ 702/382–7198
Geöffnet: Sa, Mo 10–15, So 13–16 Uhr
Diese Anlage war Teil einer 1855 errichteten Mormonensiedlung, aus der später Las Vegas wuchs.

Old-Tyme Gambling Museum
Stardust Hotel, 3000 Las Vegas Blvd.
Las Vegas, NV 89109, ✆ 702/732–6111
Geöffnet: tägl. 10–18 Uhr
Antike Spiel- und Verkaufsautomaten im Wert von über 3 Mio. Dollar, zum Teil mit schönen Verzierungen

Liberace Museum
1775 E. Tropicana
Las Vegas, NV 89109, ✆ 702/798–5595
Geöffnet: Mo–Sa 10–17, So 13–17 Uhr
Das Museum ist dem gleichnamigen Entertainer gewidmet.

Imperial Palace Auto Collection
Imperial Palace Hotel, 3535 Las Vegas Blvd.
Las Vegas, NV 89109, ✆ 702/794–3174
Geöffnet: tägl. 9.30–23.30 Uhr
Oldtimer-Museum

Ripley's Believe It Or Not Museum
Four Queens Hotel, 202 E. Fremont St.
Las Vegas, NV 89101, ✆ 702/385–4011
Geöffnet: So–Do 9–24, Fr, Sa 9–1 Uhr
Sammlung ungewöhnlicher, bizarrer und faszinierender Gegenstände, die von Robert Ripley, einem bekannten Zeitungskolumnisten, in jahrelanger Arbeit zusammengetragen wurde.

Las Vegas Art Museum
3333 W. Washington Ave.
Lorenzi Park, NV, ✆ 702/647–4300
Geöffnet: Di–Sa 10–15, So 12–15 Uhr
Kunstmuseum

Reno/Sparks und Carson City
Nevada Historical Society Museum
1650 N. Virginia St.
Reno, NV 89506, ✆ 702/789–0190
Geöffnet: Di–Sa 10–17 Uhr; Eintritt frei
Ausstellungsstücke aus einem Jahrhundert Nevada, u. a. mit den Weidenflechtarbeiten der Washoe-Indianerin Dat So La Lee.

Nevada Gambling Museum
20 C St.
Reno, NV 89501, ✆ 702/847–0789
Geöffnet: tägl. 10–18 Uhr; für den Eintritt von 2 Dollar gibt es im Delta Saloon Ermäßigungscoupons
Historische Glücksspielausstellungen u. a. mit Photos aus dem 19. Jh.

Sierra Nevada Museum of Art
549 Court St.
Reno, NV 89501, Ø 702/329–3333
Geöffnet: Mo–Fr 12–16 Uhr, feiertags geschlossen
Das Museum zeigt wechselnde Ausstellungen.

Harrah's Automobile Collection
970 Glendale Ave.
Sparks, NV 89431, Ø 702/355–3500 und
702/788–3242
Geöffnet: tägl. 9–18 Uhr
Eine der größten Oldtimer-Ausstellungen
der Welt

Fleischmann Planetarium
University of Reno, 9th und N. Virginia Sts.
Reno, NV 89557, Ø 702/784–4811
Veranstaltungstermine werden telefonisch
bekanntgegeben.

Nevada State Museum
600 N. Carson St.
Carson City, NV 89710, Ø 702/687–4810
Geöffnet: tägl. 8.30–16.30 Uhr
Historische Exponate von der Münzpresse
bis zum Silberservice des amerikanischen
Schlachtschiffes »Nevada«

Nevada State Railroad Museum
Capitol Complex
Carson City, NV 89710, Ø 702/882–1565
oder (an Wochenenden) 702/885–4810
Geöffnet: Ende Mai – Ende Oktober Mi–So
und feiertags 8.30–16.30 Uhr
Eisenbahnmuseum

Sport und Freizeit

Badestrände
Lake Tahoe: (T = Toiletten; P = Picknickplätze; B = Bootssteg; C = Campingplätze)

Südufer (kalifornische Seite)
Baldwin Beach

4 Meilen nördlich der Verzweigung Hwy 89
und 50 (T, P)

El Dorado Beach
Am Hwy 50 zwischen Rufus Allen und Lakeview Streets in South Lake Tahoe, Ø 916/
573–2059 (T, P, B, C)

Emerald Bay Beach
Emerald Bay, eine Meile Fußweg vom Hwy
89 entfernt, Ø 916/541–3030 (T, P, B, C)

Pope Beach
2 Meilen nördlich der Verzweigung Hwy 89
und 50 (T, P)

Südufer (Nevada-Seite)
Zephyr Cove
Am Hwy 50 rund 4 Meilen nördlich der
Staatsgrenze (T, P, B, C), Ø 702/588–6644

Hidden Beach
Nördlich des Lake Tahoe Nevada State Park
am Hwy 28

Sand Harbor Beach
4 Meilen südlich von Incline Village abseits
des Hwy 28 (T, P, B)

Nordufer (kalifornische Seite)
Kings Beach Recreation Area
Im Zentrum von Kings Beach, Zugang auch
für Behinderte (T, P, B)

Lake Forest Beach
Eine Meile östlich von Tahoe City an der
Lake Forest Road, Ø 916/583–5544 (T, P,
B, C)

North Tahoe Beach Center
In Kings Beach; für Sauna und Duschen werden Gebühren erhoben (T, P)

Secline Beach
In Kings Beach am Ende der Secline Street
Sandstrand mit Rasenplätzen (P)

Tahoe City Commons Beach
Im Zentrum von Tahoe City
Spielplatz für Kinder; Sandstrand mit Rasen-
flächen (T, P)

Westufer (kalifornische Seite)
Meeks Bay Campground
10 Meilen südlich von Tahoe City, ∅ 916/
525–7242
Gebühr für Fahrzeuge (T, P, B, C)

William Kent Campground
2 Meilen südlich von Tahoe City bei Sunnyside, ∅ 916/544–6420
Felsiger Strand (T, P, C)

Hausboote
Einige kommerzielle Unternehmen bieten in
Nevada Hausbootferien an:

Overton Beach Resort
Lake Mead
Overton, NV 89040, ∅ 702/394–4040

Cottonwood Cove Resort
Lake Mohave
P.O. Box 1000
Cottonwood Cove, NV 890046, ∅ 702/
297–1464

Reiten
Pferd und Sattel waren schon Nevadas
Kennzeichen, lange bevor sich Kartenspiel
und Einarmige Banditen in den Vordergrund
drängten. Wer Lust hat auszureiten, findet in
allen reizvollen Gegenden Ställe, bei denen
man Pferde mieten kann; Informationen bei
folgenden Kontaktadressen:

Zephyr Cave Stables
Zephyr Cave, NV 89448
Am Hwy 50 am südöstlichen Ufer des Lake
Tahoe
Geöffnet: tägl. 8–18 Uhr

Winter Creek Horseback Riding Stables
Washoe Valley, NV 89511

Am Hwy 395 rund 10 Meilen südlich von
Reno
Geöffnet: Di–So 9–17.30 Uhr

Wer sich für die Aufzucht von Pferden interessiert, kann der *Arabian Horse Ranch* des
berühmten Entertainers Wayne Newton in
Logandale im Moapa Valley nordöstlich von
Las Vegas einen Besuch abstatten.

Wandern
Für Wandertouren bieten sich in Nevada vor
allem die höher gelegenen und kühleren
Bergregionen an. Seit dem Jahre 1984 ist
um den Lake Tahoe der Rim Trail im Bau, ein
Teil des Pacific Coast Trail, der über mehr
als 4000 km von Kanada nach Mexiko führt.
Im Jahre 1992 soll der Wanderweg um den
See fertiggestellt sein. Wer eventuell am
Bau des Pfades mitarbeiten will oder sich für
das Projekt interessiert, wendet sich an:

Lake Tahoe Visitors Authority
P.O. Box 16299
South Lake Tahoe, CA 95706, ∅ 800/
822–5922

Eine Reihe schöner Bergwanderpfade, die
zum Teil auch im Winter mit Skiern began-
gen werden können, gibt es auch im Great
Basin National Park; Informationen bei:

Great Basin National Park
Baker, NV 89311, ∅ 702/234–7331

Der Nordosten Nevadas bietet zwei Wandergebiete, die zu den abgelegensten im
Staat zählen. *Jarbidge Wilderness Area* erreicht man von Elko über die ungeteerte
Straße 225. Der Ort Jarbidge ist nur im Sommer bewohnt, und dann ist auch die dortige
Rangerstation besetzt, in der man sich über
Wanderwege informieren kann; Kontakta-
dresse:

Elko Chamber of Commerce
P.O. Box 470
Elko, NV 89801, ∅ 702/738–7135

Ruby Mountains Scenic Area liegt etwa 20 Meilen südöstlich von Elko und ist erreichbar über die Straße 227. Auf einer Distanz von 15 Meilen windet sich die Straße durch den prächtigen Lamoille Canyon mit vielen Aussichtspunkten und informativen Hinweisschildern. Am Ende des Canyons fangen verschiedene Wanderpfade an, die über insgesamt 70 km durch die abwechslungsreiche Berglandschaft führen; Informationen bei der Elko Chamber of Commerce.

Wintersport

Im Reno- und Lake Tahoe-Gebiet konzentrieren sich die besten Skigebiete Nevadas, überdurchschnittliche Wintersportmöglichkeiten bietet auch die kalifornische Seeseite. Meist fallen dort im Winter über 8 m Schnee auf Berglandschaften in Höhen zwischen 1800 und 3600 m. Die Wintersaison dauert normalerweise von November bis Mai, dann sind hier mehr als 150 Skilifte in Betrieb.

Der bekannteste Wintersportort ist Squaw Valley auf kalifornischer Seite, wo im Jahre 1960 die Olympischen Winterspiele stattfanden. Zu den bekanntesten Skigegenden Nevadas zählen Mount Rose, Slide Mountain und Diamond Peak at Ski Incline.

Präparierte Langlaufloipen findet man im Incline Cross Country (bei Incline Village) und am Spooner Lake. Einige Hotelcasinos in Reno bieten im Winter Package-Touren (Übernachtung mit Transport zu den Skigebieten) zu reduzierten Preisen an.

Tourenvorschläge

Tagestour um Las Vegas
(etwa 170 Meilen)

Man verläßt Las Vegas auf der Straße 93 in südöstlicher Richtung und erreicht nach Henderson die Abzweigung der Straße 147, der man in östlicher Richtung bis zum Anschluß an die Straße 167 folgt. Der Straße 167 folgt man bis zur Kreuzung der Straßen 169 und 12. Über die Straße 169 kann man einen Abstecher ins Valley of Fire machen, Nevadas ältesten *State Park*. Roter Sandstein in bizarren, verschiedenfarbigen Formationen bildet dort eine seltsame Wunderwelt, in der man auch indianische Petroglyphen besichtigen kann.

Nächste Station auf der Rundtour ist Overton im fruchtbaren Moapa-Tal. Das dortige *Lost City Museum* (geöffnet: tägl. 8.30–16.30 Uhr) ist u. a. den Anasazi gewidmet, die vor 1200 Jahren in der Nähe siedelten. Die originalen Pueblo-Ruinen wurden bei der Aufstauung des Lake Mead überschwemmt. Von Overton setzt man die Reise über die Straße 169 bis zum Anschluß an die I-15 fort und kehrt über die Interstate nach Las Vegas zurück.

Zweitagestour um Reno – Carson City –
Lake Tahoe (etwa 200 Meilen)

In Carson City nimmt man den Hwy 50 bis zum Spooner-Paß, wo nördlich der Straße in einem Waldgebiet versteckt der Spooner Lake mit schönen Wanderwegen liegt. Man biegt nach Norden auf die Panoramastraße 28 ab, die bis Crystal Bay am Lake Tahoe entlangführt und an einigen Stellen schöne Ausblicke auf den idyllischen Bergsee erlaubt. Die Straße 431 windet sich zum Skigebiet Mount Rose hinauf und mündet in die Straße 395, der man bis Reno folgt.

Über Renos Nachbarstadt Sparks und die Straße 445 erreicht man Pyramid Lake und hat, noch bevor man nördlich in Richtung Sutcliffe abbiegt, von der Höhe aus einen phantastischen Überblick über den blaugrünen See inmitten einer grauen Wüstenlandschaft. Am südlichen Ortsrand von Sutcliffe gibt es die Fischzucht *Pyramid Lake Fisheries* (Star Route, Sutcliffe, NV 89510, ✆ 702/673–6335; Besichtigung nach Vereinbarung) sowie einen Badestrand.

Vom Ufer des Sees kann man im Osten Anaho Island erkennen, wo in einem Schutzgebiet weiße Pelikane brüten, und etwas weiter nördlich die Felspyramide, die dem

See den Namen gegeben hat. Um das Südufer des Sees kann man nach Nixon fahren,
von wo die Straße 447 nach Norden führt zu
den Zugängen zum Ostufer des Sees (gut-
befahrbare Pisten) und nach Süden in Richtung Wadsworth am Truckee River führt.
Über die I-80 bzw. die Straße 395 fährt man
in Richtung Süden an Reno vorbei bis zur
Abzweigung der Straße 341 nach Virginia
City. Südlich der heutigen Touristenstadt
trifft man auf den Hwy 50 und kehrt zurück
nach Carson.

Unterkunft

Die hier aufgelisteten Unterkünfte sind mit
Dollarsymbolen als preiswert ($) bis sehr
teuer ($$$$) gekennzeichnet.

Las Vegas
In Las Vegas ohne Vorausbuchung an Wochenenden ein Quartier zu finden, kann problematisch werden. Die großen Hotelcasinos nehmen in der Regel keine telefoni-
schen Reservierungen für Wochenenden
entgegen. Notfalls kann man in eines der bil-
ligeren Motels in North Las Vegas ausweichen. Die bekannten Häuser werben oft mit
sehr günstigen Sonderangeboten.

The Mirage
P.O. Box 98544, Las Vegas Blvd.
Las Vegas, NV 89193, ✆ 800/627−6667;
$$$–$$$$

Caesar's Palace
3570 Las Vegas Blvd.
Las Vegas, NV 89109, ✆ 800/648−3353
(gebührenfrei) oder 702/731−7110
Hotel und Casino preisen sich als die Wie-
dergeburt des Alten Rom; $$$–$$$$

Excalibur
S. Las Vegas Blvd.
Las Vegas, NV 89193, ✆ 800/937−7777
Hotelcasino im Märchen-Stil; $$

Mini Price Inn
4155 Koval Lane
Las Vegas, NV 89301, ✆ 800/634−6451
(gebührenfrei); $

Reno – Lake Tahoe – Carson City
Zahlreiche preisgünstige Unterkünfte gibt es
in South Lake Tahoe auf kalifornischer Seite
am Hwy 50, dem eigentlichen Stadtzentrum
am südlichen Seeufer.

Circus Circus Hotel/Casino
500 N. Sierra St.
Reno, NV 89503, ✆ 702/329−0711 oder
800/648−5010 (gebührenfrei)
Zentrale Lage; $

Caesar's Tahoe Resort
Hwy 50
Stateline, NV 89449, ✆ 800/648−3353
(gebührenfrei)
Luxuriöses Hotel direkt an der Staatsgrenze;
$$$$

Lakeside Inn & Casino
Stateline, NV 89449, ✆ 800/523−1241
(gebührenfrei); $–$$$$

Ormsby House Hotel/Casino
600 S. Carson St.
Carson City, NV 89702, ✆ 800/648−0920
(gebührenfrei); $–$$

Motel 6
2749 S. Carson St.
Carson City, NV 89701, ✆ 702/885−7710; $

Übriges Nevada
Austin
Kingston Lodge
Kingston Village
Austin, NV 89310, ✆ 702/964−2646; $

Battle Mountain
Colt Friendship Inn
650 W. Front St.

Battle Mountain, NV 89820,
∅ 702/653–5424; $

Elko
Red Lion Inn & Casino
2065 Idaho St.
Elko, NV 89801, ∅ 800/547–8010 (gebührenfrei); $$–$$$

Super 8 Motel
1755 Idaho St.
Elko, NV 89801, ∅ 800/243–1991 (gebührenfrei); $–$$

Ely
Copper Queen Motel
701 Ave. I
Ely, NV 89301, ∅ 702/289–4884
Mit Restaurant, Casino und Cocktail Lounge; $–$$

Eureka
Jackson House
10209 Main St.
Eureka, NV 89316, ∅ 702/237–5518
Das renovierte Hotel stammt aus dem Jahre 1877; $

Fallon
Fallon Travelodge
70 E. Williams St.
Fallon, NV 89406, ∅ 800/255–3050 (gebührenfrei); $–$$

Goldfield
Goldfield Hotel
Hwy 95

Goldfield, NV 89013, ∅ 800/544–6531 (gebührenfrei) oder 702/485–3410
Das traditionsreiche Hotel aus dem Jahre 1908 wurde 1988 neu eröffnet; $$$

Laughlin
Colorado Belle Hotel & Casino
2100 Casino Dr.
Laughlin, NV 89029, ∅ 800/458–9500 (gebührenfrei)
Gebäude in der Form eines Mississippi-Dampfers direkt am Colorado-River; $–$$

Pioche
Hartley's Motel
Pioche, NV 89043, ∅ 702/962–5551; $

Tonopah
Mizpah Hotel/Casino
Tonopah, NV 89049, ∅ 702/482–6202
Das 1907/08 errichtete Hotel war einst das eleganteste aus Stein erbaute Hotel in der Wüste; $

Wendover
Nevada Crossing Casino/Hotel
1035 Wendover Blvd.
Wendover, NV 898830, ∅ 800/537–0207 (gebührenfrei) oder 702/664–2900; $–$$

Winnemucca
Neda Motel
333 W. Winnemucca Blvd.
Winnemucca, NV 89445, ∅ 702/623–3703; $

DuMont Buchverlag, Postfach 100468, 5000 Köln 1.

Ortsregister

Personenregister

Allen, Rex 122, 296

Bandelier, Adolph 133, 208
Barrett, Stan 219
Becknell, William 173
Bell, J. W. 219
Bent, Charles 138
Berk, Lee 272
Betenson, Lula 270, 275
Billy the Kid (William Bonney) 20, 42,
    134, 214, **218 ff.**
Body, Waterman S. 302
Bonney, William s. Billy the Kid
Borglum, Solon 106
Bow, Clara 296
Bridger, James 17, 229, 246
Burns, Walter Noble 42

Campbell, Donald 251
Campbell, Malcolm 251
Carleton, James 95, 122, 125
Carson, Kit 17, 95, 217
Carver, Will 271
Cash, Johnny 110
Cassidy, Butch (Robert LeRoy Parker,
    William T. Phillips) 269, **270 ff.**, 281
Cato, Regina 199
Chandler, Jeff 38
Clark, William 293
Clemens, Samuel s. Twain, Mark
Clift, Montgomery 297
Cochise 119, 123, **125 f.**
Colbaugh, Charles 99
Colt, Samuel 17
Comstock, Henry 290
Cordero, Helen 192

Coronado, Francisco Vasquez de 16, 48,
    64, 85, 135
Coronado-Expedition 192, 193, 197, 202,
    208
Cruise, Tom 40
Cruz, Veronica 199

Devine, Andy 99
Dominguez-Escalante-Expedition 16, 229,
    238, 246
Dorsay, Tom 248
Douglas, Kirk 110, 296
Douglass, Earl 252

Earp, Wyatt 20, 60, 119, 127, 176

Fey, Charlie 298
Flanigan, David 260
Fonda, Jane 296
Ford, John 34, 37
Fremont, John C. 17, 107, 238, 249, 289,
    324

Gable, Clark 296, 302
Gadsden, James 64
Garcés, Francisco Tomás 85, 289
Gardner, Ava 38
Garrett, Pat 218
Geronimo 20, 72, 119, **125 f.**
Goldwater, Barry 68
Goulding, Harry 19
Grey, Zane 39, 89

Hall, Sharlot 106 f.
Hamilton, Sam 314
Harris, Shorty 306

DuMont Kunst-Reiseführer

Alle Bände mit vielen, zum Teil farbigen Abbildungen; dazu Zeichnungen, Karten, Grundrisse, praktische Reisehinweise.

»Richtig reisen«